고대 그리스사

고대 그리스사

ANCIENT GREECE

선사시대에서 헬레니즘 시대까지

SECOND EDITION

토머스 R. 마틴 지음 | 이종인 옮김

cum libro
책과함께

일러두기

1. 이 책은 Thomas R. Martin의 *Ancient Greece: From Prehistoric to Hellenistic Times*(2nd, Yale University, 2013)를 완역한 것이다.
2. 인명과 지명은 외래어 표기법에 따라 표기하였다.

─────── 지난 여러 해 동안 내게 끊임없이 질문을 던져 고대 그리스사를 새롭게 생각하도록 만든 내 제자들에게, 또 강의실에서 역사를 강의하는 어려움을 잘 해결해갈 수 있도록 나를 도와준 동료 교수들에게, 그리고 이 책을 읽고 많은 논평과 제안을 해준 독자들에게, 마지막으로 과거와 현재의 그리스 사람들에게(이들의 우정xenia은 좋을 때나 궂을 때나 나에게 영감을 주었고 겸손함을 가르쳐주었다) 이 책을 바친다.

서문

이 책의 초판본은 '페르세우스 프로젝트' 속에 포함된 고대 그리스 역사의 개관을 보충해주는 자매편 책자로서 1996년에 처음 나왔다. 그 당시는 아직 인터넷이 폭발적으로 보급되기 전이어서 페르세우스 프로젝트는 시디롬 형태로 배포되었다. 학생들에게 고대 그리스사의 큰 줄거리, 삽화, 관련 고대 사료의 원어본과 영역본을 통합적으로 알려주는 매체로는 시디롬이 유일했기 때문이다. 그러다가 약 10년 전부터 페르세우스 프로젝트의 개관이 페르세우스 디지털 도서관의 한 부분으로 편입되어 'An Overview of Classical Greek History from Mycenae to Alexander' (www.perseus.tufts.edu/hopper/text?doc=Perseus:text:1999.04.0009)라는 제목으로 인터넷에 올라가게 되었다. 지금까지 추산된 바에 따르면 이 인터넷 자료는 전 세계에서 조회수 100만 건 이상을 기록했다. 나는 이 수치를 보고 고대 그리스 역사가 나 자신을 포함하여 여전히 아주 많은 사람들에게 매력적인 주제임을 알고서 크게 고무되었다.

여러 가지 이유들을 감안하여 내려진 정책적 결정 때문에 페르세우스의 개관에는 지난 십수 년 동안 변화가 없었는데 인쇄된 개설서는 그 후 두 번 수정 보완되었다(물론 다루어진 주제의 범위와 소제목들의 배열은 그대로이다). 이제 이 책자는 더는 페르세우스 개관의 자매편이라고 할 수 없을 만큼 저 스스로 우뚝 선 단행본이 되었다. 그렇지만 당초 이 책을 집필하는 데 영감을 불어넣어 주고 소중한 역사 지식을 온 세상에 널리 전파하려 노력한 페르세우스팀의 획기적인 프로젝트와 그 사명감을 여전히 소중하게 간직하고 있다. 이런 점에서, 좁게는 고대 그리스에 관심을 갖고 있는 사람들, 넓게는 디지털 도서관에 관심 있는 사람들은 그레고리 크레인 교수의 공로에 깊은 감사와 존경심을 표시해야 마땅하다. 크레인 교수는 터프츠 대학의 고전 교수 겸 '테크놀로지와 기업가 정신을 담당하는 윈닉 가문 석좌 교수'인 동시에 라이프치히 대학의 '알렉산더 폰 훔볼트 교수'를 겸직하고 있는데, 그는 학자이며 친구이며 그리고 눈이 오나 비가 오나 레드삭스 프로 야구팀의 팬이기도 하다.

감사의 글

먼저 예일 대학 출판부의 수석 편집자인 제니퍼 뱅크스가 내게 거듭하여 베풀어준 인내심, 격려, 지도에 대하여 한없는 감사의 말씀을 드리고 싶다. 그녀의 여러 가지 조언들은 정말로 소중했다. 차석 편집자인 피얄리 바타차리아와 히더 골드는 이 책의 집필 과정에서 많은 도움을 주었고 또 수지 티보는 이 수정판에 들어갈 새로운 그림들을 찾아내는 데 수고를 아끼지 않았다. 교열을 맡은 케이트 데이비스는 원고를 향상시키기 위해 적절하면서도 신속한 편집을 해주었는데, 이 또한 따뜻한 감사의 말씀을 전하고 싶다. 예일 대학 출판부의 또 다른 수석 편집자인 마거릿 오첼은 원고를 단행본으로 만드는 과정에서 끈질긴 격려와 후원을 아끼지 않았다. 익명의 검토자들의 솔직한 비판과 완벽한 분석은 처음부터 끝까지 텍스트를 개선시키는 데 큰 도움이 되었다. 나의 아내이며 동료 그리스 애호가인 아이비 수이유엔 선은 40년 전부터 나를 도와주었다. 당시 우리는 막 결혼한 상태였고 신혼여행 차 처음 간 그리스에서 우리의 헬레니즘 사랑이 시작되었다.

인용 표시, 사료, 연대에 대하여

이 책에서 사용되고 또 고대 그리스사 연구에 통상적으로 쓰이는 '1차 사료'라는 용어는 문학, 문서, 비명碑銘, 동전 등의 고대 텍스트를 가리킨다. 독자들이 이 책의 본문에 들어 있는 1차 사료의 문장들을 쉽게 발견하게 하기 위해 인용 표시는 인용된 1차 사료의 내부 참조 체계에 따라 표기했다. 이것은 현대의 학자용 원문 판본이나 많은(전부는 아니다) 현대어 번역본이 통상적으로 따르는 표준적 표기 체계이다. 예를 들어 "파우사니아스, 《그리스 안내》4.2.3"은 파우사니아스의 책 중에 제4권의 섹션 2에 들어 있는 하부 섹션 3이라는 뜻이다. 독자들은 이 표기를 알고 있으면 이런 내부 참조 체계를 따르는 원본이나 번역본에서 해당 문장을 곧장 찾을 수 있다.

'2차 사료'는 이런 고대 사료들이나 그 사료들이 서술하는 역사에 대하여 연구한 고대 그리스 이후 혹은 현대 학자들의 연구서를 가리킨다. 2차 사료의 인용 표시는 저자의 이름과 짧은 소제목과 해당 페이지가 들어 있다. 기명記銘이나 동전 등 분류된 품목의 경우, 이들 품목의 참조 번호를 표기했다.

1차 사료와 2차 사료에 대한 참고 문헌 정보는 이 책 뒤쪽에 있는 〈추천 도서〉에서 찾아볼 수 있다.

기원전 혹은 기원후라는 별도의 연대 표기가 없는 것은 모두 기원전으로 보면 된다. 인물 이름 뒤의 괄호 속에 나오는 연대는 그 인물의 생몰 연대이고, 통치 기간을 가리키는 연대는 '재위'라는 별도의 표기를 했다.

| 약어표 |

CAF	Theodorus Kock. *Comicorum Atticorum Fragamenta* (Leipzig, Germany: Teubner 1880~1888: reprint, Utrecht, Netherlands: HES, 1976).
D.-K.	Herman Diels. *Die Fragmente der Vorsokratiker.* Ed. Walther Kranz. 11th ed.(Zurich: Weidmann, 1964).
FGrH	Felix Jacoby. *Die Fragmente der griechischen Historiker* (Leiden, Netherlands: Brill, 1954~1964).
GHI	Russell Meiggs and David Lewis, eds. *A Selection of Greek Historical Inscriptions to the End of the Fifth Century B.C.* (Oxford: Clarendon Press, 1988).
IG	*Inscriptions Graecae.* Vol. 4, 2nd ed.; vol.1, 3rd ed. (Berlin: De Gruyter 1929~ ; 1981~).
OGIS	Wilhelm Dittenberger. *Orientis Graeci Inscriptiones Selectae* (Leipzig, Germany: S. Hirzel, 1903~1905; reprint, Hildesheim, Germany: Olms, 1970).

차례

| 지도 목록 |

1

고대 그리스사의 배경

"고대 그리스사 대부분의 사항은 논쟁의 대상이 되어버렸다"(《그리스 안내》 4.2.3). 기원후 2세기에 그리스 유적지를 안내하는 유명한 저서를 집필한 파우사니아스는 고대 그리스사를 연구하는 사람들이 직면하는 도전을 이와 같이 간결하게 요약했다. 고대 그리스사는 이미 파우사니아스 당대에도 논쟁의 대상이었다. 왜냐하면 그리스 사람 파우사니아스는 로마 제국 시대에 살면서 저술을 했는데, 이 당시에 로마 황제의 신민인 그리스인들은 그들이 한때 자랑스럽게 여겼고 또 지키기 위해 맹렬하게 싸웠던 독립을 잃어버렸기 때문이다. 그가 집중적으로 다루었던 논쟁 사항은 이런 것이었다. 왜 그리스인들은 자유를 잃어버렸으며, 영광스러운 조상들의 후예로서 로마의 지배하에 살아야 한다는 것은 무슨 의미인가? 오늘날 고대 그리스사를 연구하는 사람들은 그 역사가 극적으로 제시하는 성공과 실패를 어떻게 평가해야 하는가 하는 문제를 두고서 논쟁이 분분하다. 먼저 성공의 측면을 살펴보기로 하자. 그리스인들은 민주주의, 역사학, 문학, 연극, 철학, 예술, 건축 등 여러 분야에서 창의적인 정치적 능력을 발휘했다. 일찍이 기원전 5세기의 역사가인 헤로도토스는 획기적인 저서 《역사》에서 다양한 사건들과 인물들을 포함시킨 이유를 이렇게 설명했다. 그것들은 "경이롭다." 이와 마찬가지로 고대 그리스의 성공 사례들은 너무나 경이롭다. 그러면 이어서 실패의 측면을 살펴보자. 그들은 노예제를 영속시켰고, 여성들을 정치 분야에서 배제했으며, 일치단결에 실패하여 자신들의 독립국가를 지켜내지 못했다. 이런 점 역시 놀라우면서도 아주 혼란스럽다. 나는 근 40년 동안 고대 그리스를 연구하고 가르치고 저술했는데, 이런 성패의 다양함을 골고루 갖춘 고대 그리스사는 매혹적이면서 때때로 연구자를 혼란에 빠트린다. 왜? 그 역사가 외경을 불러일으키기 때문이다. 외경을 뜻하는 영어 단어 'Awe'는 그리스어 '아코스achos'에서 온 것인데 '정신적 혹은 신체적 고통'을 의미한다. 그리하여 외경은 두 가지 정반대의 뜻을 갖고 있다. 하나는 '경이와 승인'이고 다른 하나는 '공포와 거부'이다. 나는 고대 그리스와 그 역사가 일으키는 논쟁점들을 생각할 때면 이 두 가지 반응을 동시에 느낀다.

고대 그리스는 광범위한 주제이다. 따라서 간결한 입문서를 지향하는 이 개설서는 더 좋은 대접을 받을 수도 있는 주제들을 압축하거나 때로는 생략할 수밖에 없었다. 가능한 곳에서는 다루어진 사건이나 인물들의 제시와 해석 뒤에 더 흥미로운 논쟁들이 대기하고 있다는 것을 일러주기는 했지만, 그런 측면들을 전면적으로 다루면서 개설서의 목적을 달성하는 것은 애당초 불가능한 일이다. 나의 희망은, 독자들이 이 책에서 간결하게 제시된 주제들에 흥미와 도전 의식을 느껴서 그들 스스로 고대의 사료를 위시하여 증거 탐사에 나서는 것이다. 이런 이유로 해서, 나는 본문에 그런 사료들을 간간이 인용하여 그것들을 연구할 때 얻어지는 지식과 즐거움을 살짝 맛보게 했다. 이런 사료들의 영역본에 대한 광범위한 목록이 〈추천 도서〉에 제시되어 있다. 또 특정 주제를 자세하게 다룬 현대 학자들의 저서들, 중요 주제에 대하여 서로 상반되는 해석을 제시하여 논쟁을 일으키는 저서들도 〈추천 도서〉에 함께 수록되어 있다.

이 개설서는 선사시대(이 시대를 증언하는 문서 기록이 없기 때문에 이렇게 불린다)에서 헬레니즘 시대(기원전 323년 알렉산드로스 대왕의 사망 이후의 여러 세기를 가리키는 현대 용어)까지를 다루고 있다. 지리적으로는 이런 간단한 개설서가 다루기에 벅찰 정도로 광대한 지역을 다루는데, 그리스인들이 살았던 지중해 연안의 모든 지역을 포괄한다. 이 개설서의 상당 부분은 아르카이크 시대(기원전 750년에서 기원전 500년까지)와 고전시대(기원전 500년에서 기원전 323년까지), 그리스 본토의 정착지들, 특히 아테네를 집중적으로 다루고 있다. 이처럼 아테네를 중심에 두는 방식은 고대 그리스의 유명한 사건, 인물, 저술, 예술, 건축 등을 강조하는 전통적인 접근 방식을 반영하는 것이다. 이렇게 된 것은 이 400년 동안과 관련된 고대 그리스의 사료가 그 전 시대나 그 후 시대보다 압도적으로 많이 남아 있고 또 많은 학자들이 심도 있게 연구해왔기 때문이다. 하지만 이 같은 시대 간 불균형은 새로운 발굴과 현대 학자들의 연구에 의해 시정되고 있다. 마지막으로, 이 개설서가 고전시대를 많이 다루고 있는 것은 그 몇 세기 동안에 그리스에서 벌어진 사건과 사상에 대하여 저자가 깊은 외경(긍정적인 것이든 부정적인 것이든)을 느끼기 때문이다.

고대 그리스는 인구가 비교적 적었고, 비옥하고 평평한 농토가 별로 많지 않았으며, 단일 국가로 통일된 적이 없었다. 그렇지만 근동(지중해 동쪽 끝이며 아시아의 남서쪽 가장자리)의 번영하는, 분열적인 많은 국가들로부터 여러 사상과 기술을 차용하여 적응했다. 그리스인들은 이런 외부의 영감들을 바탕으로 하여 그들 나름의 사상과 실천을 배양했고 그런 것들 중 일부는 수천 년이 지난 오늘날에도 사람들에게 공명을 일으키고 있다. 물론 고대 그리스인들도 다른 고대인들과 마찬가지로 많은 현대인들이 도덕적으로 혐오스럽다고 여기는 '경이로운' 일들을 저질렀다. 이런 맥락에서 나는 다음과 같이 주장하는 사람들의 이야기에 동의한다. 과거는 개념적으로 '낯선 나라'이며, 그 나라에는 오늘날 현대인들이 믿고 있는 인간의 정체성과 인간의 생활을 지탱하는 도덕의식과는 전혀 '다른' 정체성과 도덕의식을 지닌 사람들이 살고 있었다. 또 모더니티(근대성)를 존중하는 사람들은 때때로 고대를 비판하면서 현대가 도덕적으로 우월하다는 오만한 견해를 내놓기도 했으나, 근세사는 그런 견해를 조금도 뒷받침해주지 않는다. 역사서를 집필하려면 불가피하게 판단을 내리게 되는데, 역사가가 포함시키거나 제외시키며 사료를 선택하는 것 자체가 이미 판단 행위이다. 현대가 과거보다 훨씬 '낮다'라는 주장에 대한 나의 회의적 태도가, 이 개설서에서 가끔 고대 그리스인들을 비판적으로 판단할 때, 엉뚱하거나 위선적으로 보이지 않기를 바랄 뿐이다. 사실 나는 이런 판단을 내릴 때마다 겸손한 마음을 가지려고 애썼으며, 혹시 그 판단이 정곡을 벗어나지 않았는지 스스로 준엄하게 살펴보았다. 고대사 연구에 임할 때마다 내가 새롭게 느끼는 감정은 이런 겸손함, 오판에 대한 두려움, 외경의 느낌이었다.

내가 볼 때, 그리스사에서 가장 성공적인 업적과 가장 한심한 실패는 기원전 8세기 초에 발생했다. 이 당시 그리스는 암흑시대에서 서서히 벗어나기 시작했다. 암흑시대는 경제적 황폐화, 인구의 감소, 정치적 진공 상태 등을 겪은 기원전 1000년부터 기원전 750년까지의 시기를 이르는 용어이다. 그보다 전인 기원전 2000년의 청동기시대에 그리스 사람들의 생활은 안정되어 있었다. '상명하복'식의 정치·사회·경제 제도들을 통하여 유력 가문들이 다스리는, 잘 조직된 독립적 공동체들이 그리스 전역에 퍼져서 번영을 누렸었다. 그리고 아르카이크 시대와 그 이후의 그리스 사람들은 지중해 동쪽 끝에 면한 지역의 사람들과 점증하는 교역과 문화적 상호작용을 통하여 천천히 그들만의 문명을 구축했다. 하지만 이과정에서 그들은 예전의 생활 방식뿐만 아니라 당시의 정치 조직으로부터 벗어났다. 즉, 도시국가를 형성하면서, 왕권에 의한 통치가 인간의 사회와 정치를 구축하는 데에 '부정적 가치'라고 생각하여 거의 보편적으로 거부했던 것이다. 그들이 볼 때, 공동체의 방어에 가담함으로써 의사결정에 참여하는 권한을 얻은 남자 시민들이 그 권한을 행사하는 것은 새로우면서도 정상적인 방식이었다. 그러나 가장 놀라운 것은 일부 그리스인들이 세계 최초로 민주주의를 수립함으로써 이 원칙을 실천했다는 것이다(일부 학자들은 동부 지중해에 그보다 전에 있었던 공동체에서 민주주의 뿌리를 찾는다. 하지만 이런 주장은 근거가 박약하다. 무엇보다도 그 공동체에서는 시민권의 개념이 보이지 않기 때문이다). 아테네에서 민주주의의 기본 원칙은 남자 시민의 재산, 출생, 사회적 지위와 무관하게 '법 앞에서의 평등'과 '언론의 평등'이 되었다. 이러한 평등의 개념은 고대 세계의 통상적 규범과 관습에서 크게 벗어나는 것이었다.

하지만 그리스인들은 참여 원칙을 전면적으로 실천하기 직전에 급작스럽게 멈추어 섰다. 그들은 그 참여의 권리를 여자 시민이나 노예에게까지 확대하지는 않았다. 그들의 문학 작품은 당시 그리스인들의 의식 상태를 단적으로 보여주는데, 당시 여자와 노예는 그 본성상 인지 능력이 떨어지고 윤리 의식이 결핍되어 있으므로 남자들과 함께 공동체의 일에 참여하는 것이 불가능하다는 주장이 있다. 하지만 그리스인들은 이런 주장을 논리적으로 반박하는 다른 타당한 주장에 대해서도 잘 알았지만 아무런 조치도 취하지 않았다. 내가 볼 때, 정치와 법률에 대하여 포괄적인 사상을 수용하여 모든 시민의 참여를 전면적으로 허용하지 않은 것은 고대 그리스 사회의 불가피한 결점이다. 19세기 영국 역사가인 액턴 경 Lord Acton 은 교황과 왕들의 무자비한 행동에 대하여 이렇게 논평했다. "권력은 부패하는 경향이 있으며, 절대 권력은 절대 부패한다"(《역사적 논문과 연구》, p. 504). 고대 그리스에서는 남자 시민들이 권력의 대부분을 차지했고 그 권력은 그들을 부패시켰다. 이것은 모든 시대의 권력을 휘두른 자가 부패한 것과 마찬가지 이치였다.

고대 그리스인들이 자신들의 관습과 모순되는 사상이 존재한다는 것을 알았다는 사실은 겉보기처럼 그리 놀라운 일이 아니다. 왜냐하면 그들의 철학자, 과학자, 문학가 들은 세상과 인간의 본성에 대하여 이른바 '사상 실험thought experiments'을 수행함으로써 엄청난 통찰력을 드러내 보였기 때문이다. 그리스인들은 시, 산문, 연극을 통하여 자신들의 사상을 표현했는데, 그 명민한 사상은 아주 유명했으며 때로는 혼란스러운 파괴적 사상을 보여주기도 했다. 근동, 인도, 중국 등 다른 문명들도 인상적인 과학적 · 철학적 이론들을 전개했는데, 그리스 사람들은 그중에서도 일급에 속한다. 그리스의 문학, 연극, 역사학, 예술, 건축에 대해서도 같은 말을 할 수 있다. 그러나 인간의 체험과 사상 중에서 가장 논쟁적인 분야인 종교와 성^性에 관한 고대 그리스의 가치와 실천을 평가하는 일은 아주 까다롭다. 나중에 이 개설서의 해당 부분에서 분명하게 드러나겠지만, 고대 그리스의 종교와 성은 오늘날의 그것들과는 많은 차이가 있다.

이런 이유들로 해서, 또 이 개설서에서 앞으로 다루어질 많은 주제 덕분에 고대 그리스사는 인간 체험의 가능성과 한계에 대하여 흥미로운 통찰을 제공하며, 또 과거와 현재에 대하여 발견과 반성의 무수한 기회를 준다. 고대 그리스사는 본질적으로 흥미로울 뿐만 아니라(내게는 그렇게 보인다), 좋은 생각 거리를 제공한다. 저명한 프랑스 인류학자 클로드 레비스트로스는 인간 부족이 동물의 특정 종을 토템으로 삼은 이유를 다음과 같이 해석하고 설명한다. 후손들은 전설 속 조상들의 특징을 물려받았다고 생각하며 또 자신들의 정체성을 결정하는 과정에서 조상의 특징을 오랫동안 간직해야 하는데, 토템이 바로 그런 역할을 한다는 것이다 《토테미즘》, p. 89). 간단히 말해서 토템은 그들의 정체성을 떠올리게 해주는 상징물이라는 이야기인데, 이런 점에서 고대 그리스사도 우리에게 정체성에 관한 좋은 화두를 안겨준다.

사료와 증거
—

고대 그리스사에 대해서 배우고 판단을 내리는 가장 좋은 방법은 먼저 고대의 증거를 연구하고, 이어서 특정 주제를 다룬 현대 학자들의 전문 서적을 참고하는 것이다. 고대의 문헌, 기명, 파피루스에 쓰인 문건, 동전, 고고학 유적 등을 통칭하여 '1차 사료^{primary source}'라고 한다. 하지만 이

1차 사료들도 그것들이 가리키는 역사와 동시대가 아니다. 학자들이 1차 사료로 여기는 증거들은 관련 사건이나 인물보다 훨씬 후대의 것이다. 가령 이 책의 4장에서 해외 식민지들을 언급하면서 인용한 키레네의 기명이 그런 경우이다. 다른 1차 사료들, 가령 아테네 제국의 재정 상태에 관한 기원전 5세기의 기명(도판 1-1)은 그것이 제작된 동시대 역사의 직접적인 증거가 된다. 아무튼 현존하는 고대 사료들은 우리가 과거를 이해하기 위해 제일 먼저 들여다보아야 하는 것이고, 그런 의미에서 언제나 1차적이다. 하지만 그 사료들은 이해하기가 어렵다. 고대의 문서들은 전반적인 맥락을 이미 알고 있는 사람들을 위해 집필된 것으로, 그 맥락을 모르는 우리 현대인을 위한 것은 아니기 때문이다. 역사가를 포함하여 문학 작품의 저자들은 사건과 인물에 대하여 중립적이고 객관적인 이야기를 제시하려 들지 않는다. 오히려 어떤 사태에 대하여 특정한 견해를 지지하면서 관중(혹은 독자)에게 사건과 인물에 대한 작가의 해석을 받아들이라고 설득한다. 물론 현대의 작가들도 이런 접근 방식을 취하곤 한다. 그러나 오늘날 고대 그리스사를 연구하는 사람들은 엄정한 중립을 취하면서 고대 사료가 전하는 내용과, 왜 그런 내용이 들어 있는지 그 이유를 세심하게 살펴야 한다.

현대 학자들의 저작은 보통 '2차' 사료라고 한다. 그 저작들이 1차 사료에서 나온 증거를 이해하는 데 도움이 되고 때로는 그 증거를 교정하기도 하지만 여전히 2차 사료인 것이다. 이 책의 독자들이 고대 사료를 참조하는 과정에서 도움을 주기 위하여, 이 개설서는 고대 사료를 인용할 때 그 사료 내부의 참조 표시를 사용하여 인용문을 빠르게 찾을 수 있게 했다(이 표시는 사용된 번역문과 무관하게 이렇게 했는데, 대부분의 번역문은 원전의 내

도판 1-1 | 기원전 5세기의 이 석판 기명은 아테네가 이끈 해군 동맹의 재정 상태를 기록한 것으로서, 고대 그리스 역사를 재구성하는 데 아주 소중한 '1차 사료'이다. 기원전 5세기에 그리스인들은 이런 문서를 모두 대문자로 썼고 또 단어들을 띄어 쓰지 않았다. Marie-Lan Nguyen/Wikimedia Commons.

부 참조 표시를 달아놓지 않는다). 예를 들어 기원전 480년 테르모필라이 전투에 참가한 300명의 스파르타 병사에 대한 증거로서 인용된 것은 헤로도토스의 《역사》 7.205인데, 인용된 문장이 그 책의 7권 섹션 205에 나온다는 뜻이다(시의 경우에는 행 번호를 적었고 필요하다면 권수도 적었다). 2차 사료의 인용문에는 해당 저서의 페이지나 카탈로그 품목의 번호를 적었다.

고대 그리스의 서류나 문학 텍스트는 대다수가 전하지 않지만, 잔존하는 텍스트들을 보면 의미심장하고 도발적이다. 호메로스의 서사시 《일리아스》와 《오디세이아》는 문학 분야에서 존속하는 1차 사료 가운데 고대 그리스사 연구에 가장 중요한 사료이다. 이런 점은 고전시대의 그리스인들이나 현대의 우리들에게도 마찬가지이다. 학자들은 이 두 편의 장시長詩가 현재의 형태로 오늘날까지 전해진 경위에 대해 많은 논쟁을 벌여왔다. 어떤 사람들은 이 두 장편 서사시가 수세기에 걸쳐서 수많은 음유 시인들의 구전을 통하여 유동적인 상태로 전해지다가 마침내 아르카이크 시대에 들어와 문자로 기록되었다고 주장한다. 다른 사람들은 한 명의 시인이 기원전 8세기에 당시의 글쓰기 기술을 발휘하여 이 시들을 지었다고 믿는다. 어떤 경위로 생겨났건 간에 《일리아스》와 《오디세이아》의 이야기는 청동기시대를 회고하면서 그와 동시에 암흑시대의 역사를 반영하고 있다. 고대 그리스인들은 그 예술적 아름다움과 인생 교훈 때문에 이 두 서사시를 높이 평가했다. 무엇보다도 호메로스의 서사시는 신들의 성격, 인간의 용기, 절제, 충성심, 사랑, 슬픔 등 지속적인 가치들을 그 안에 담고 있어서, 생겨난 지 천 년이 지난 뒤에도 사람들은 여전히 호메로스의 시를 암송했다. 이보다 훨씬 짧은 헤시오도스의 서사시 《신들의 계보》와 《노동과 나날》은 기원전 8세기경에 저작된 것으로 보이는데, 인간 사회에서 신들이 하는 역할, 정의의 본질, 권력 불평등의 문제(그리스인들이 도시국가에서 정치적·사회적 생활의 새로운 형태를 추구하면서 생겨난 문제) 등에 대하여 교훈을 전해준다. 기원전 7세기의 서정 시인과 비가悲歌 시인들, 예컨대 알카이오스, 알크만, 아르킬로코스, 사포, 티르타이오스 등은 코러스나 독창을 위한 짧은 시를 썼다. 이런 시들은 사회적·정치적 변화의 시대에 걸맞은 집단적 혹은 개인적 주제를 도입했다. 기원전 6세기 후반과 5세기의 바킬리데스, 핀다로스, 시모니데스 등은 신화와 시사時事를 교묘하게 뒤섞은 시들을 썼고, 종종 체전과 전투의 승자들이나 강력한 통치자들을 칭송하는 시편을 제작했다. 기원전 6세기의 이른바 '최초의 철학자들' ― 이들은 '과학적 사상가들'이라고 불릴 만하다 ― 은 그들이 지적으로 추론한 실재reality의 보이지 않는 내재적 성질에 대하여 시를 썼다.

곧 뒤이어서 그리스인들은 산문으로 민속학, 지리학, 신화 등에 대한 글을 썼다(신화는 그리스어 '미토스mythos'에서 나왔는데 신들과 인간들이 맺은 까다로운 관계가 가져온 결과들을 여러 가지 다른 버전으로 말해주는, 먼 과거를 다룬 이야기이다). 이런 초창기 작가들의 산문 작품은 후대에 전해지지 않았으며, 그들보다 후대에 나온 작가들의 인용문이나 해설문에서 가끔 단편적으로 등장한다. 그러나 기원전 5세기 후반부터 우리는 헤로도토스의 《역사》를 가지고 있다. 그리스 도시국가 동맹과 강성한 페르시아 제국 사이에서 기원전 5세기의 처음 몇 십 년 동안에 벌어진 대규모 전쟁의 배경과 사건들에 관한 복잡한 이야기를 주로 하는 헤로도토스의 전대미문의 역사서는 그 엄청난 길이(《일리아스》보다 50퍼센트 더 길다), 다양한 그리스인과 비非그리스인들에 대한 방대한 보고, 복잡한 인간 동기에 대한 세밀한 분석 등으로 읽는 이들에게 경이감을 불러일으킨다. 기원전 431년에서

404년까지 장기간에 걸친 전쟁 기간에 집필된(비록 미완이지만) 투키디데스의 《펠로폰네소스 전쟁사》는 그 전쟁에 참여한 목격자가 집필한 당대 사이다. 인간의 권력욕과 전쟁의 예기치 못한 결과에 대한 투키디데스의 날카로운 관찰은 요즈음 말하는 정치학의 기원起源을 가리키고 있다. 그 다음 세대인 크세노폰은 투키디데스의 역사를 계속 이어갔다. 그는 그리스 내의 사건들뿐만 아니라 자신이 용병으로서 참가했던 페르시아 내전의 경험도 기록했으며, 스파르타 사회의 독특한 특징, 유명한 철학자 소크라테스(기원전 469~399년)의 독창적인 사상과 행동, 기타 많은 화제들을 기록해놓았다.

기원전 5세기에는 오늘날 가장 잘 알려진 1차 사료가 제작되었다. 아테네 극작가 아이스킬로스, 소포클레스, 에우리피데스의 연극이 그것이다. 이들의 비극은 때때로 최신 역사를 다루지만 대체로 당대의 그리스 사회생활과 관련된 신화들을 상상력 풍부하게 재창조하는 방식을 취한다. 이들 연극에서 묘사된 등장인물들과 심리적 갈등은 보편성을 띠고 있어서 오늘날에 공연되어도 여전히 신선해 보인다. 아리스토파네스의 희극은 기원전 5세기의 아테네 사회에 대하여 매혹적이면서도 때로는 혼란스러운 1차 사료를 제공한다. 아리스토파네스는 환상적인 플롯, 무자비한 조롱, 생생한 욕설 등을 이용해 동시대인들을 묘사하면서, 당대의 그리스인들이 예절을 벗어던질 경우에 서로 어떤 말을 하고 살았는지를 생생하게 보여준다.

기원전 4세기에는 플라톤과 아리스토텔레스의 저명한 철학서가 나왔다. 플라톤의 대화편들은 소크라테스를 비롯한 여러 동시대인들 사이의 상상적 대화를 기록한 것이다. 이 저작은 실재의 진실은 감추어져 있고,

영혼은 인간이 가진 것 중에서 유일하게 가치 있는 것이며, 사람들이 사회적으로 서로 다른 책임과 특권을 갖도록 계층화하는 것이 사회 정의라는 주장을 펼쳐 후대의 사상가들에게 영감과 자극을 주었다. 플라톤의 제자인 아리스토텔레스는 지식과 행동 면에서 스승보다 더 현실적인 접근 방법을 주장했다. 이 제자는 백과사전식 관심과 자연과학, 정치학, 윤리학 등 다양한 분야에 대한 저술(좀처럼 쉽게 요약되지 않는 방대한 내용)로 그 당시 사람들과 후대 사람들을 놀라게 했다.

또 이 시기에 나온, 소송 사건과 정치적 위기에 관련된 무수한 아테네의 연설문이 후대에 전해졌다. 이런 연설문들은 개인 생활과 공공 생활의 내막을 상세히 알려준다. 데모스테네스의 연설문은 그 당시 강성해지고 있던 필리포스 2세(기원전 382~336년)와 그 아들 알렉산드로스 대왕(기원전 356~323년) 통치하의 마케도니아 왕국이 아테네에 가하는 군사적 위협에 대하여 생생하게 증언한다. 또 협력할 것인가, 아니면 정치적 독립을 지키기 위해 전쟁을 할 것인가 하는 문제를 두고서 아테네 시민들의 정치적 견해가 분열된 모습도 소상히 보고한다. 알렉산드로스가 인도 원정전을 떠나 다시 돌아오는, 세계를 바꾼 사건에 대한 1차 사료로는 동시대의 것은 없고, 후대인 로마 시대의 저자들인 디오도로스, 쿠르티우스, 플루타르코스, 아리아누스, 유스티누스 등이 제공한다. 이들의 저작은 군주제가 그리스 세계를 지배하는 주도적 정체政體로 되돌아오기 시작하는, 갈등 많은 시대를 생생하게 묘사하고 심오한 해석을 내놓는다. 플루타르코스의 고대 그리스인 전기들도 아주 중요한 역사적 사료이다. 이 전기는 로마인들의 삶과 그리스인들의 삶을 비교함으로써 개인들의 특성을 탐구하는 것이 주된 목적이기는 하지만, 그래도 중요한 1차 사료이다. 기원후

2세기에 아테나이오스가 편집한 《현인들의 저녁 연회Deipnosophistae》라는 장황하면서도 논설적인 작품에 포함된, 고전시대의 그리스 문헌들에서 가져온 다수의 인용문들 역시 1차 사료로서 손색이 없다. 그가 다룬 화제는 음식에서 섹스를 거쳐 농담에 이르기까지 다양하다. 아테네에 대하여 기술한 초창기 역사가들(이른바 '아테네에 대하여 기록한 사람들Atthidographers')의 저작들은 그 자체로는 전하지 않으나 후대의 사료 속에 인용문 형태로 전하는데, 이 사료들도 올바르게 해석하여 정확한 역사적 맥락 속에 놓는 일이 여간 까다롭지가 않다.

아테네의 메난드로스가 창작한 희극은 다음과 같은 사실을 보여준다. 즉, 알렉산드로스 대왕의 시대에 새로운 세계가 등장하여 그리스의 도시국가들은 정치적 독립성을 잃어버렸고, 과거에 그리스가 외세의 지배로부터 자유로웠을 때에는 희극이 예리한 정치적 풍자를 선호했으나 이제 그리스의 관객들은 착오된 정체성이나 로맨스를 다룬 멜로드라마풍의 희극을 더 좋아하게 되었다는 것이다. 알렉산드로스의 사망 이후 몇 세기(헬레니즘 시대)를 연구할 때 그리스 역사의 시간적 연대기를 정확하게 수립하기가 어려운데 그 이유는 후대에 전해진 서사 사료가 너무나 적기 때문이다. 기명, 동전, 고고학 유적 등에서 얻어지는 증거는 모든 시대의 연구에서 아주 중요한 사료이나, 알렉산드로스 이후의 그리스사 연구에는 이들 증거가 우리가 알고 있는 사료의 압도적 다수를 차지한다.

고대의 텍스트 같은 구체적 문건들도 이해하고 해석하기가 까다롭기는 마찬가지이다. 특히나 그 텍스트들이 관련 맥락을 잘 모르는 사람들과 직접 의사소통하려는 목적을 갖고 있지 않다면 더더욱 뜻을 풀어내기가 어렵다. 그렇지만 이런 텍스트들은 그리스 문화 속의 정치, 사회, 예술, 철학, 종교 등의 분야에서 발생한 변화의 의미를 밝혀내는 데 도움을 준다. 그리하여 우리는 먼저 마케도니아 출신 통치자들이 그리스, 이집트, 근동에서 각각 왕국을 세웠고, 그다음에 로마인들이 이 왕국들을 차례로 정복하여 지중해 세계의 맹주가 되었다는 사실을 알고 있다. 로마가 그리스를 제국 내에 편입시킨 이후에도 그리스의 역사와 언어는 계속 존속했으나, 이 개설서는 헬레니즘 시대의 그리스 역사를 간결하게 개관하는 것으로 끝을 맺는다.

그리스의 자연환경

—

고대 그리스 역사의 가장 깊은 배경은 자연환경이다. 자연환경은 지중해 지역에서 영위된 삶에 결정적인 제약이 되었고 영향을 미쳤다. 고대 그리스인들의 본거지는 산지가 많은 발칸 반도의 남부(오늘날의 그리스 영토)와 동쪽으로는 에게 해, 그리고 서쪽으로는 이오니아 해에 떠 있는 무수한 섬들로 구성되었다. 지중해에 떠 있는 섬들은 그 크기가 제각각 다르다. 가령 레스보스(면적 630제곱마일)나 코르키라(227제곱마일) 같은 큰 섬에서 델로스(1.3제곱마일) 같은 작은 섬에 이르기까지 다양했다. 그리스인들은 또한 아나톨리아(오늘날의 터키) 서쪽 해안 전역에서 살았는데, 멀리 남쪽으로는 크레타 섬(3219제곱마일)이 있고, 그보다 동쪽으로는 더 큰 섬인 키프로스(3572제곱마일)가 있으며, 멀리 동쪽으로 나아가 북아프리카의 해안 지역 및 남부 이탈리아와 시칠리아(이 지역은 라틴어로 대그리스 Magna Graecia라고 불리기도 했다)에서도 살았다. 그리스인들이 살았던 거의 모

도판 1-2 | 그리스의 가장 높은 산인 올림포스 산(높이 3000미터)을 계곡에서 올려다본 모습이다. 그리스인들은 신들이 이 산의 정상에서 산다고 믿었다. 그리스는 상당 부분 산간 지형으로 이루어져 있다. Wikimedia Commons.

든 곳은 끔찍한 지진이 몰려오는 곳이었다.

험준한 산맥들은 그리스 본토의 지형을 가로지르며 평야와 계곡에 울타리가 되어주었다. 이런 지역에서 그리스 공동체는 서로 독립된 정치적 기구를 결성했고, 동시에 무역과 외교를 위해 다른 지역과 지속적으로 접촉했다. 산맥들은 주로 발칸 반도를 따라 북서쪽에서 동남쪽으로 뻗어 있었는데, 비좁은 통행로들이 그리스 지역과 북쪽의 마케도니아를 이어주었다. 그리고 가장 높은 산은 거의 1만 피트(3000미터)에 가까운 올림포스 산이다(도판 1-2). 에게 해 주변의 많은 섬들의 지형도 험준했다. 그리스 본토 중에서는 겨우 20~30퍼센트만이 경작 가능한 땅이었지만, 서부 아나톨리아나 대그리스, 몇몇 운 좋은 본토 지역(특히 북동쪽의 테살리아와 남서쪽의 메세니아) 등지에는 넓은 평야가 있어서 곡식을 풍부하게 생산할 수 있었고 동물들을 먹일 목초지도 많았다. 하지만 많은 지역이 평탄한 땅이 드물어 가축과 말을 대규모로 기를 수가 없었다. 그리스인들이 석기시대 후기에 와서 처음으로 야생 동물들을 길들이면서 돼지, 양, 염소 등이 가장 흔한 가축이 되었다. 기원전 7세기에 이르러서는 근동으로부터 길들인 닭이 그리스에 도입되었다.

그리스인들은 영농을 할 줄 알게 되자 주로 보리를 경작했고 그것이 그리스인들의 주식이 되었다. 그리스의 척박한 땅은 밀보다는 보리 경작에 더 알맞았다. 보리보다 밀이 더 맛있었지만 밀을 기르려면 더 비옥한 땅이 있어야 했다. 근채류와 다양한 곡식들은 추운 겨울철에도 기를 수가 있었다. 또 다른 주요 농작물은 와인용 포도와 올리브였다. 물로 희석한 와인은 그리스인들이 즐겨 마시는 대표적 음료였고, 올리브 기름은 식용유의 주된 재료가 되었다. 식용유는 그 외에도 다양한 용도로 쓰였는데, 특히 목욕할 때 세정제나 향수의 재료로 널리 애용되었다. 요사이 서구인들의 음식 문화와는 달리, 고대 그리스인들의 식탁에는 값비싼 식육食肉이 드물게 올라왔다. 생선은 인기 높은 품목이었으나 이 역시 풍성하지 않았다.

그리스의 해안은 요철이 심해서 대부분의 정착촌은 바다에서 40마일(64킬로미터) 이내에 건설되었다. 어부나 해상海商은 손쉽게 그곳에 접근할 수 있었다. 그러나 폭풍우가 몰아쳐도 배들을 보호할 정도로 규모가 큰 항구, 예컨대 아테네의 피라이우스 같은 항구는 드물었다. 이집트의 항구나 동부 대서양 해안이 즐겨 찾는 목적지였다. 당시 사람들은 해양 기술이 빈약했기 때문에 악천후는 곧 생명과 신체에 중대한 위협이 되었다. 그래서 바람이 자주 불고 때때로 강풍이 몰아치는 겨울철에는 항해가 크게 제약을 받았다. 기상 조건이 좋을 때에도 선원들은 해안 가까운 쪽을 항해하면서 되도록이면 매일 밤 항구에 정박하여 안전을 도모하려 했다. 해적 또한 하나의 위협이었다. 그렇지만 그리스 사업가들은 국제 무역으로 돈을 벌겠다는 욕심에 사로잡혀 항해의 위험을 무릅쓰고 지중해 전역을 돌아다녔다. 시인 헤시오도스는 상인들이 항해에 나서는 상황을 요약해 이렇게 노래했다.

> 소득은 비참한 인간에게 삶을 이어갈 수단을 제공하나, 파도 사이에
> 죽어야 하는 운명은 너무나 슬픈 노릇이로구나.
>
> — 《노동과 나날》 686~687

바다 가까운 곳에 살았지만, 대부분의 그리스인은 집에서 멀리 떨어진 곳을 여행해본 적이 없었다. 그럼에도 불구하고 상업을 위한 바다 여행은 그리스 문화의 발전에 결정적 역할을 했다. 이집트와 근동에서 그리스를 오가는 상인들과 사업가들, 또는 그리스에서 이집트와 근동을 오가는 사업가들 덕분에 그리스는 동부 지중해 지역의 더 오래된 문명과 접촉할 수 있었고, 그들로부터 새로운 기술, 종교 사상, 철학, 과학, 예술 양식 등을 받아들였던 것이다.

사람과 물건을 해로가 아닌 육로로 운송하려면 몹시 더뎠고 또 비용이 너무 많이 들었다. 당시 그리스의 도로 사정이 아주 열악했기 때문이다. 강들도 운송 수단으로서는 별로 도움이 되지 못했다. 오늘날만큼 많은 강이 그렇지는 않더라도 대부분의 강은 비가 아예 안 오거나, 조금씩 오는 연중 여러 달 동안에도 강이라기보다 실개천에 가까웠기 때문이다. 그리스 본토의 험준한 산악 지대에서 나오는 가옥 및 선박 건조용 목

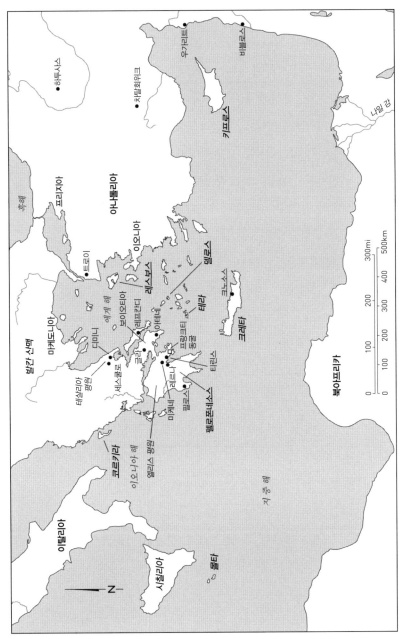

지도 1 | 신석기시대, 미노아 시대, 미케네 시대

하투사스

우가리트

비블로스

키프로스

차탈회위크

나일 강

프리지아

흑해

아나톨리아

마케도니아

발칸 산맥

트로이

이오니아

레스보스

밀로스

에게 해

보이오티아

테라

크노소스

크레타

테살리아 평원

세스클로

디미니

올림피아

레르네

델포이

아테네

프랑크티 동굴

티린스

북아프리카

코르키라

이오니아 해

엘리스 평원

미케네

필로스

레르나

펠로폰네소스

지중해

이탈리아

몰타

시칠리아

N

0 100 200 300mi
0 100 200 300 400 500km

재는 아주 풍부한 천연자원이었다. 하지만 기원전 5세기에 이르러서는 이미 많은 지역에서 삼림이 남벌되었다. 이 무렵 본토에 사는 그리스인들은 북부 지방에서 고가에 목재를 수입했다.

또 금속 광상鑛床, 특히 철광이 전역에 퍼져 있었다. 도자기와 기타 그릇들을 만드는 데 필요한 진흙도 전국적으로 분포되어 있었다. 대리석 같은 고급 석재가 나는 석산에서는 고급 주택과 조각품의 재료를 얻었다. 하지만 이런 천연자원이 불규칙하게 분포되어 있어서 일부 지역은 다른 지역에 비해 상당히 부유했다. 예를 들어 아테네 지역에 밀집된 은광은 기원전 5세기의 아테네 황금시대를 구가케 한 막대한 수입의 원천이 되었다.

현대 기상학자들은 그리스의 기후를 가리켜 지중해성 기후라고 말한다. 겨울에는 간헐적인 큰비가 내리고 여름에는 뜨겁고 건조한 날씨가 계속되는 기후이다. 연간 강우량은 지역에 따라 크게 달랐는데 발칸 반도의 서부 지역에서 비가 가장 많이 왔고(오늘날 연평균은 약 1270밀리미터), 아테네가 위치한 동부 지역은 그보다 훨씬 적게 왔다(연간 406밀리미터). 그리스 농부들은 풍년과 흉년의 불안정한 주기를 견뎌야 했고, 또 한발과 홍수의 위험에 늘 떨어야 했다. 그럼에도 불구하고 그리스인들은 자기 나라의 기후가 세계 최고라고 생각했다. 기후가 정치적 운명을 결정한다고 생각한 아리스토텔레스는 이렇게 말하기도 했다.

그리스는 뜨거운 기후와 차가운 기후의 중간 위치를 차지하고 있고, 그리하여 에너지와 지성을 동시에 향유하고 있다. 이러한 이유로 그리스인들은 자유를 수호했고, 가장 훌륭한 정치 제도를 운용했다. 만약 그들이 서로 정치적 단결을 이룩할 수 있었더라면 전 세계를 지배할 수도 있었을 것이다.

아리스토텔레스가 지적한 바와 같이, 그리스인들은 그들의 전 역사를 통하여 현대적 의미의 국가를 형성하지 못했다. 그리스의 다양한 공동체들이 정치적으로 단결한 적이 없었기 때문이다. 실제로 그들은 자기들끼리 종종 싸웠다. 그렇지만 그리스인들은 서로가 문화적 동질성을 향유한다고 생각했다. 동일한 언어의 방언을 말할 뿐만 아니라, 동일한 습속에 동일한 신들을 숭상했기 때문이다(물론 신들의 컬트(제의)에는 지역마다 약간씩 차이가 있었다). 그들은 아테네에서 열리는 데메테르 여신(그리스 신화의 농업의 여신 -옮긴이)의 비교秘教 의식 같은 국제적 종교 축제나, 펠로폰네소스의 올림피아에서 열리는 운동 경기 등에는 공동으로 참여했다. 이처럼 고대 그리스는 명확하게 구분되는 영토적·국가적 실체라기보다는 일련의 사상과 실천을 공유하는 공동체들의 집합이었다. 이런 그리스 문화의 정체성이 어떻게 생겨났으며, 그것이 여러 세기 동안 어떻게 유지되었는가 하는 것은 아주 까다로운 문제지만, 반드시 유의해야 할 문제이기도 하다. 아무튼 그리스의 산악 지형이 그리스의 정치적 분화에 기여한 것만은 분명해 보인다.

농업 이전 선사시대
—

그리스 역사의 선사적 배경은 석기시대이다. 석기시대라는 명칭이 붙여진 것은 당시의 사람들이 뼈와 나무 이외에 주로 돌을 이용하여 도구와 무기를 만들었기 때문이다. 그들은 아직 금속을 가지고 실용 도구를 만드는 기술을 개발하지 못한 상태였다. 더욱 중요한 사실은, 당시의 인류는 아직 곡식을 경작하는 방법을 알지 못했다는 것이다. 사람들이 마침내 영농 기술을 개발하면서 그들의 생활에 엄청난 변화가 생겼고, 또 인류는 전에 없던 방식으로 자연환경에 영향을 미치기 시작했다.

석기시대는 전통적으로 구석기시대와 신석기시대로 나뉜다. 수십만 년 지속된 구석기시대에 인류는 한평생 떠돌아다니며 살았다. 그들은 야생에서 사냥, 천렵, 조개 채취, 식물·과일·견과 등을 수집하면서 식량을 찾아다녔다. 이 초창기의 인류는 사냥-채취꾼으로서 때때로 먼 지역까지 이동했다. 그들은 몸집이 큰 동물을 추적하거나 영양이 풍부한 야생 식물들을 찾아다니면서 그런 먼 거리를 오갔다.

그리스에 나타난 최초의 인간들은 아프리카에서 시작하여, 아마도 동부 지중해와 아나톨리아를 거쳐 그리스에 오게 되었을 것이다. 그리스의 페트랄로나 동굴에서 발견된 두개골은 지금으로부터 약 2만 년 전의 것으로 연대 측정이 되었다. 적어도 5만 년 전 무렵에 네안데르탈인(독일의 네안데르탈 계곡에서 이 인간의 유골이 발견되어 이런 이름이 붙여짐)이라고 알려진 구석기시대 인간의 유형이 마케도니아 전역에 퍼져 있었고, 이들이 그리스로 흘러들어 와 펠로폰네소스 반도의 엘리스 평야까지 남하한 것으로 보인다.

현대인의 원형이 된 인류(호모 사피엔스 사피엔스)는 구석기시대 후반부에 아프리카에서 유럽으로 이동하기 시작했다. 이 새로운 인류는 그보다 앞선 인류(가령 네안데르탈인)를 완전히 대체했다. 그들이 어떻게 이런 일을

4만 5000~4만 년 전 무렵	호모 사피엔스 사피엔스가 처음으로 아프리카에서 나와 서남아시아와 유럽으로 이동.
2만 년 전 무렵	그리스 남동부의 프랑크티 동굴에서 인간의 거주가 시작됨.
기원전 1만~8000년경	구석기시대에서 신석기시대로 이행. 농업과 영구 정착이 시작됨.
7000~6000년경	그리스를 포함하여 남부 유럽과 동부 유럽에서 농업과 가축 순치가 발달.
7000~5000년경	그리스의 비옥한 평원에서 영구 주택이 지어지고 정착촌이 건설됨.
4000~3000년경	발칸 지역에서 구리 야금이 시작됨.

해낼 수 있었는지 그 경위는 확실히 알 수 없다. 어쩌면 신인류는 약 3만 년 전부터 여러 해에 걸쳐 테살리아 평원을 뒤덮었던 엄청난 홍수 등 자연의 재앙을 다루는 능력이 구인류보다 더 뛰어났는지도 모른다.

선사시대의 사냥-채취꾼들은 현대적 의미의 법률, 재판관, 정치적 조직 등을 가지고 있지는 않았을 것이다. 하지만 그렇다고 해서 그들에게 사회적 조직, 규제, 통제가 없었다는 얘기는 아니다. 일부 구석기 분묘에서는 무기, 도구, 동물 소입상小立像, 상아 구슬, 팔찌 등이 발굴되었는데, 이것은 사냥-채취꾼들이 개인들 사이의 사회적 차이를 인식했음을 뜻한다. 또한 이런 값비싼 물건의 소유로 인해 그 개인의 특별한 사회적 신분을 드러낼 수도 있었다. 개인이 생전에 이런 값비싼 물건을 소유함으로써 집단 내에서 특별한 부, 권력, 지위를 누렸던 것처럼, 이런 물건을 시신과 함께 부장함으로써 그 개인의 위신을 표시하려 했던 것이다. 따라서 구석기시대의 일부 집단은 평등주의가 아니라 위계질서에 따라 구성되었던 것 같다. 그들은 특정인이 남들보다 더 중요하고 더 힘센 존재임을 인정하는 사회 체제를 운영했던 것으로 보인다. 이처럼 우리는 이런 초창기에서도 일종의 사회적 분화(동일 집단 내에서 어떤 사람이 다른 사람들보다 더 부유하고 존경받고 강력하다는 것을 보여주는 표시)의 흔적을 볼 수가 있는데, 이런 흔적은 후대 그리스 시대로 내려오면 뚜렷한 사회적 특징이 된다. 그런 사회적 분화는 역사시대의 모든 사회에서 발견된다.

신석기시대에 생겨난 일상생활의 변화
—

고대 그리스인의 일상생활은 농업과 동물의 순치에 크게 의존했다. 이러한 기술혁신은 지금으로부터 1만 년에서 1만 2000년 전 신석기시대 초반부에 서서히 뿌리를 내리기 시작했다. 인간의 생활을 결정적으로 바꾸어놓을 이 지식의 획득 과정은 수천 년에 걸친 것이었다. 예를 들어 그리스의 프랑크티Francthi 동굴에서 발굴된 유물들은 인간이 자연의 변화에 적응한 과정을 잘 보여준다. 선사시대 사람들은 영농 방법을 배워가면서 그런 과정을 거쳤던 것이다.

　지금으로부터 약 2만 년 전에 그리스 남동부 해안에 있는 이 지역(프랑크티)에서 사냥-채취꾼이 처음으로 그 모습을 드러냈다. 당시 주민의 거처로 이용되던 프랑크티 동굴은 해안에서 약 3~4마일(5~6킬로미터) 들어간 지점에 있어서 사람들은 거기서 푸르른 들판을 환히 내려다볼 수 있었다. 거기서 뛰어노는 야생의 말과 짐승들은 손쉬운 사냥감이 되었다. 그 후 1만 2000년 동안 기상 변화로 해수면이 점점 높아졌고, 그리하여 해안과 동굴 사이에는 불과 1킬로미터 정도의 좁은 띠 같은 습지만 남게 되었다. 프랑크티 동굴의 주민들은 덩치 큰 야생 동물을 더는 사냥할 수 없게 되자 해산물이나 인근 계곡 및 언덕에서 나는 렌즈콩, 귀리, 보리, 살갈퀴, 배 등을 먹고 살았다.

사냥-채취꾼들이 점점 더 식물을 주식으로 삼게 되자 그런 식물들을 안정적으로 공급받는 것이 커다란 문제로 떠올랐다. 그런 문제에 대한 해결안은 수천 년에 걸친 시행착오 끝에 마련되었는데, 어떤 곡식의 씨앗을 일부 남겨두어서 그것으로 농사를 짓는 것이었다. 이런 혁명적인 기술에 대한 지식(농업)은 그리스에서 처음 생겨난 것이 아니라, 근동에서 개발되어 외부 세계로 서서히 퍼져 나간 것이었다. 프랑크티 동굴과 테살리아 평원에서 나온 증거에 따르면 이 영농 기술은 기원전 7000년경에 그리스에 들어왔다.

영농 기술이 어떤 경로를 통하여 그리스에 들어오게 되었는가 하는 문제는 아직도 해결되지 않은 흥미로운 문제이다. 그 해답 가운데 하나로는 상인들과 기업가들의 여행에 의한 서로 다른 지역들의 접촉을 들 수 있다. 그들은 물자와 시장을 개척해 이익을 올리기 위해 지중해를 두루 돌아다녔던 것이다.

영농 기술이 어떻게 전파되었든 간에, 신석기시대 여성들은 영농과 관련된 기술과 영농 도구(가령 땅 파는 막대기와 맷돌 등)를 발명하는 데 주도적 역할을 한 것으로 보인다. 사냥-채취 시대의 여성들은 식물을 주로 수집했기에 각종 식물에 대한 축적된 지식을 발전시켰다. 영농의 초창기에는 여성이 농사에 필요한 노동력의 대부분을 제공했고 남성은 계속하여 사냥을 했다. 하지만 여성도 그물을 사용하여 덩치가 작은 동물을 사냥했다. 이 전환기에 사람들은 식용으로 동물을 키우고 번식시키는 방법을 배우게 되었고, 그리하여 전에는 덩치 큰 포유류(이들 중 상당수는 멸종되었다)를 사냥해야만 얻었던 고기를 손쉽게 얻을 수 있었다.

식용의 원천으로 제일 먼저 순치된 동물은 양이었다. 그 시점은 대략 기원전 8500년경이었고, 장소는 근동이었다(개는 양보다 훨씬 전에 길들여 졌으나 식용으로는 흔하게 쓰이지 않았다). 기원전 7000년경에는 길들인 양과 염소가 근동, 그리스를 포함한 남부 유럽에서 아주 흔한 가축이 되었다. 가축 순치의 초창기에는 집에서 소규모 가축 떼를 기르는 것이 일반적이었다. 그래서 가축은 남자, 여자, 아이들 모두가 돌볼 수 있었다.

먹을 것을 채취만 하는 것이 아니라 능동적으로 생산할 수 있게 되면서 오늘날 우리가 당연히 여기는 변화의 바탕이 마련되었다. 예를 들어 영농을 성공적으로 하려면 사람들이 일정한 땅에 정착해서 살 필요가 있었다. 그 결과 기원전 1만 년경에는 이미 근동에 영농 마을이 형성된 것으로 보인다. 많은 정착민들이 함께 모여 사는, 농부들의 영구 정착촌은 인류 역사에서 새로운 단계를 구축했다. 기원전 7000~5000년경에는 마케도니아, 마케도니아의 남쪽에 자리한 그리스의 테살리아나 보이오티아에서 상당한 규모의 신석기 마을들이 형성되었다. 이들 정착촌은 주로 영농에 알맞은 땅인 들판에 집중되어 있었다. 이들 초기 정착촌의 가옥은 주로 방이 하나였으며, 약 40피트(12미터) 길이의 장방형 단독 가옥이었다. 테살리아의 세스쿨로에 있는 일부 신석기 가옥은 지하실과 2층까지 갖추고 있었다.

이 시기의 그리스 가옥은 주로 진흙을 바른 나무 기둥으로 만들어졌으나, 어떤 가옥들은 근동에서는 아주 흔한 건축재인 진흙 벽돌을 주춧돌

도판 1-3 | 신석기시대의 그리스인들은 이 앉아 있는 남자와 같은 조각상을 많이 제작했다. 이 조각상은 발기한 성기(현재는 잘려 나감)를 노출하고 있다. 이 때문에 일부 학자들은 이 조각상이 번식과 인간의 다산성을 기원하는 작품이라고 판단한다. 사람들이 어려서 많이 죽었던 그 당시에 아이를 많이 낳지 못하는 것은 불안의 원천이었다. Wikimedia Commons.

이 떠받치는 형태였다. 가옥의 거주민은 단 하나뿐인 문으로 출입했고, 진흙 화덕에서 음식을 만들었다. 테살리아의 세스쿨로나 디미니에 있던 정착촌은 각각 주민이 수백 명은 되었을 것으로 짐작된다. 디미니의 경우, 낮은 벽이 정착촌 주위를 두르고 있었다. 기원전 3000년경에 이르러 그리스에서는 대규모 주택 단지가 건설되었다. 가령 아르골리드 지역의 레르나 정착촌의 경우, 이른바 '타일로 만든 집'이 많이 들어서 있었는데, 여러 층을 가진 집에도 이 구운 타일이 사용되었다.

이 공동체에 살았던 사람들의 종교적 믿음을 알려주는 문서는 없다. 문자 기술은 그리스에서 아직 발달되지 않았다. 성기를 드러낸 남자 소입상(도판 1-3)은 다산을 비는 의식이 마을 사람들에게 중요했음을 시사한다. 많은 사람들이 갓난아기 때, 혹은 어린 나이에 죽었기 때문에 이들을 대체할 높은 출산율이 확보되어야만 마을이 생존할 수 있었던 것이다. 인구수를 늘리는 일이야말로 공동체가 더 부강해지는 지름길이었다.

후기 신석기시대에 벌어진 주목할 만한 변화는 환경 변화와 인구 증가 사이의 역동적인 피드백(문화인류학의 용어)에 인류가 혁신적으로 적응한 결과였다. 좀 더 구체적으로 설명한다면, 농업이 발달하면서 (아마도 기후가 습윤했던 시기에) 인구가 증가했고, 그리하여 이것이 식량 생산에 박차를 가하게 했고, 그에 따라 영농 기술이 혁신되면서 인구가 더욱 증가하는 식이었다. 야생에서 먹을 것을 찾는 대신 농업을 통해 식량을 스스로 생산할 수 있게 된 개혁 과정은 역사적 변화를 이해하는 데 인구통계학 (인구의 규모, 증가, 밀집도, 분포도, 기타 핵심 통계 등을 연구하는 학문)이 얼마나 중요한지를 다시 한 번 상기시킨다.

신석기시대의 새로운 생활 방식을 알려주는 구체적 증거물은 아나톨리아(현대의 터키)의 한 장소에서 국제 고고학 팀에 의해 현재 발굴 중이다. 이 장소는 그 현대식 이름인 차탈회위크Çatalhöyük('포크처럼 갈라진 둔덕'이라는 뜻)로 알려져 있다. 그 당시로서는 대규모(기원전 6000년경에 6000명의 인구를 수용)라는 점을 빼면 그리스 신석기시대 정착촌에 비견될 만한 차탈회위크 정착촌의 사람들은 물을 댄 들판에서 곡식과 채소를 경작하며 가축을 기르고 때때로 사냥을 하면서 살았다.

정착촌은 모든 구성원이 빠짐없이 들판에 나가서 일하거나 가축을 돌보지 않아도 식량을 충분히 생산해낼 수 있었다. 그리하여 일부 노동자들은 식량 생산에 필요한 제품을 만들어내는 전문가가 되었다. 이들 장인은 도구, 용기, 나무, 뼈, 가죽, 돌 등의 전통적인 재료로 만든 장식품들을 만들어냈을 뿐만 아니라, 미래의 재료인 금속을 가지고 실험하여 새로운 기술을 개발했다. 차탈회위크의 금속공들은 납을 주물러서 펜던트를 만들거나, 자연산 구리를 두드려서 구슬이나 튜브(대롱) 같은 보석류를 만들 줄도 알았다. 게다가 이 유적지에서 발견된 금속 찌꺼기(철광석을 야금하는 과정에서 남은 잔재물)는 자연 상태에서는 광물이 뒤섞여 있는 돌에서 금속을 추출하는 기술을 그들이 배웠다는 점도 보여준다. 금속을 다루는 이 까다로운 과정—진정한 야금술의 기반이며 현대적 테크놀로지의 토대—은 섭씨 700도의 고온을 필요로 했다. 구리의 야금은 그보다 두 배 높은 온도를 필요로 했다. 이런 고열을 내려면 흙으로 만든 용광로가 있어야 하고 또 목탄을 연료로 하여 풀무로 용광로 안에 바람을 불어넣어야 하는데, 아마도 용광로 벽에다 구멍을 뚫고서 관으로 바람을 불어넣었을 것이다. 이것은 힘들면서도 때로는 위험한 작업이어서 고도의 기술과 세심한 주의가 필요했다.

차탈회위크의 또 다른 노동자들은 옷감 짜는 일을 전공으로 했다. 이 유적지에서 발견되는 옷 조각들은 지금껏 발견된 직조술의 가장 오래된 증거물이다. 다른 초창기의 기술혁신들과 마찬가지로, 야금술과 직조술은 다른 지역에서도 독립적으로 발달한 것으로 보인다. 영농과 정착이라는 환경이 마련되면 이런 창조적인 노동의 분화가 이루어졌던 것이다.

차탈회위크 같은 신석기시대의 정착촌에서 노동 분화가 점차 심화되면서 사회적·정치적 위계질서가 자리 잡기 시작했다. 관개灌漑, 무역 거래, 농부와 장인 사이에서 이루어진 식량과 물자의 교환 등을 미리 계획하고 통제하려면 사냥-채취 시대에 평화와 치안을 유지하는 데 필요했던 것보다 더 큰 권한을 가진 지도자가 있어야 했다. 게다가 영농, 목축, 공예품 생산, 무역 거래 등에서 성공을 거둔 가구는 좀 더 부유해졌고, 그리하여 정착촌의 덜 성공적인 가구와는 다른 신분을 얻게 되었다. 사냥-채취 사회에서 유지되었던 남녀 간의 사회적 평등은 후기 신석기시대에 들어오면서 상당히 훼손되었다. 수세기에 걸친 영농과 목축의 점진적인 변화가 이러한 남녀 간의 위상 차이에 기여했을 것으로 보인다. 그리하여 지중해 여러 사회의 여성들은 남성들에 비해 사회적·정치적·사법적 평등을 누리지 못했고, 이런 점은 역사적으로 기록된 시대의 특징적 상황으로 굳어지고 말았다.

기원전 4000년경부터 농부들은 영농 초창기에 경작했던 땅보다 씨 뿌리기가 더 어려운 땅을 경작하기 위해 동물들이 끄는 쟁기를 사용하기 시작했다. 이 새로운 영농 기술은 남자들이 주도했을 것이다. 쟁기질은 막대기나 호미로 땅을 파는 것보다 훨씬 더 큰 신체적 힘을 필요로 했기 때문인데 남자들이 여자들보다 일반적으로 힘이 더 세었다. 남자들은 이제 수가 크게 불어난 가축 떼를 돌보았다. 가축에게서는 유제품을 얻었고 양에게서는 털을 얻었다. 대규모 가축을 기르려면 새로운 목초지를 계속 찾아내야 했기에 마을에서 멀리 떨어진 곳에서 방목을 했다. 육아의 부담이 면제된 남자들은 가축 떼를 돌보기 위해 집에서 멀리 떨어져 사는 경향이 있었다.

이에 비하여 여자들은 정착촌에 매인 몸이 되었다. 그들은 점점 더 규모가 커져 더 많은 노동력을 필요로 하는 영농을 지원하기 위해 아이들을 키웠다. 여자들은 또한 대규모 가축 떼들의 2차 생산품을 가공하는 노동 집약적 일을 떠맡아야 했다. 예를 들어 여자들은 우유를 가공하여 치즈와 요구르트를 만들었고 털을 자아서 옷감을 만들었다. 이런 노동의 분화 속에서 남자들이 더 큰 위세를 차지하게 되었으며, 이것은 젠더 간의 불평등을 낳는 계기가 되었다. 후대의 그리스 문화에서 근본적인 요소가 된 이런 사회적 분화는 후기 신석기시대에 발생한 인간 생활의 근본적 변화에 따른 부수적 사건으로서 생겨났다.

기술 변화에 대한 설명
—

그리스의 선사시대 주민들이 어떻게 후기 신석기시대의 획기적 테크놀로지를 사용하게 되었는가 하는 것은 아주 복잡한 문제이다. 서로 다른 지역에서 발생한 변화의 연대年代에 대하여 현대의 과학적 테크놀로지가 새로운 정보를 제공하기 때문이다. 넓게 본다면 이 문제의 핵심은 이런 것이다. 유럽의 선사시대 주민들은 메소포타미아와 이집트로부터 어느 정도까지 새로운 기술에 대한 지식을 빌려왔는가? 문자, 도시 축성, 복잡한 문명의 구축 등에서 메소포타미아와 이집트가 유럽보다 앞선 것은 분명하니 말이다.

그동안 오랜 시간 학자들은 유럽의 발달은 전파 과정을 통해 거의 전적으로 근동에서 파생된 것으로 여겼다. 그러니까 이론적으로 볼 때 무역업자, 농부, 목축업자, 금속공, 건축가 들이 근동으로부터 유럽으로 흘러들어 오면서 문화가 전파되었다는 것이다. 그들은 평화적으로 진출했을 수도 있고, 아니면 침입자로서 공격을 했을 수도 있다. 이러한 관점에서 보자면, 농업, 석조 건축술, 구리 야금 등 그들이 진출한 지역에 알려져 있지 않던 테크놀로지를 그들이 가지고 왔다. 이런 방식으로 기술 지식이 근동에서 유럽 전역으로 서서히 전파되었다는 것이다.

하지만 1960년대 후반에 새로 가다듬어진 과학적 분석 테크닉의 관점에서 볼 때, 종래의 이런 설명(선사시대 유럽의 기술 변화는 근동에서 유래했다는 설명)은 수정되어야 한다. 과학자들이 방사성 탄소 연대 측정 덕분에 고고학 유적지에서 발견된 선사시대의 유기 물질을 가지고 아주 정밀한 연대 측정을 할 수 있게 되었기 때문이다. 뼈, 씨앗, 가죽, 나무 등에 남아 있는 방사성 탄소-14의 양을 실험실에서 분석하여, 테스트한 재료가 멸실된 이래 경과한 시간의 길이를 오차 허용 범위 내에서 알아낼 수 있게 된 것이다. 수명이 긴 나무의 나이테의 연대를 측정하는 연륜연대학Dendrochronology 또한 방사성 탄소 연대 측정의 정확도를 높이는 데 도움을 주었다. 신석기시대의 유럽에서 나온 고고학 재료에 적용된 이들 테크닉은 예전에 짐작했던 것보다 훨씬 복잡한 변화의 과정을 시사한다. 그리스와 그 가까운 북부의 발칸 산악 지대에서 기원전 7000년경에 이미 영농 정착촌이 형성되었던 것으로 밝혀진 것이다. 물론 이 시간표에서도 근동의 무역업자와 이민 농부들이 그리스에 곡식 농사 기법을 도입했다고 믿는 것이 여전히 가능하다. 그렇지만 그리스 농업이 독립적인 기술 혁신의 결과로 발전했을 가능성도 배제하지 못한다. 그러나 인간이 식용 육을 얻는 수단인 가축의 순치 문제만큼은 유럽의 이 지역도 근동 지역 못지않게 일찍 시작되었음을 여러 증거들이 알려준다. 이 경우, 유럽의 주민들은 근동의 전파가 아니라 현지의 독립적인 혁신을 통해 스스로 변화를 도모했다는 말이 된다.

방사성 탄소 연대 측정은 유럽의 금속공이 근동의 금속공과는 독립적으로 구리 야금을 개발했으리라는 점을 시사한다. 연대 측정 결과, 유럽의 여러 지역에서 근동과 거의 비슷한 시기에 이 기술을 개발한 것으로 나왔기 때문이다. 예를 들어 기원전 4000년대에 발칸의 금속공은 도끼 자루를 집어넣을 수 있도록 구리 도끼날에다 정확하게 구멍을 뚫을 수 있었다. 남동 유럽의 금속공들은 근동의 금속공들과 마찬가지로 기원전 3000년대에 청동을 합금하기 시작했다. 그들은 구리에다 주석을 10퍼센트가량 섞으면 청동이 된다는 것을 알고 있었다. 그러므로 어떤 금속이 만들어진 역사적 시대에 그 금속의 이름을 붙이는 관례를 따르자면, 유럽의 청동기시대는 근동의 청동기시대와 거의 같은 시점에 시작되었다. 이러한 시간표는 유럽 현지에서 근동과 거의 동시대에 독립적인 기술혁신이 이루어졌다는 사실을 보여준다. 만약 그렇지 않다면, 우리는 유럽보다 훨씬 앞선 시점에 근동에서 야금술이 발달했다는 증거를 발견해야만 할 것이다. 그래야 그 기술이 근동에서 유럽으로 전파되는 데 소용된 시간을 설명할 수 있다.

따라서 전파 이론으로만 유럽의 기술 발전을 설명하던 때에 비하여, 선사시대 유럽의 중요한 기술 변화를 설명하는 작업은 이제 한결 복잡해졌다. 이제 유럽의 신석기시대 주민들이 혁신적 기술(거석 기념물과 야금술 등)과 관련하여 전적으로 근동에 신세를 졌다는 이론은 통하지 않게 되었다(물론 농업은 근동에서 들어온 것임이 틀림없다). 유럽의 이웃 주민들과 마찬가지로, 선사시대의 그리스 주민들은 전파와 독립적 발명의 복잡한 과정에 참여했다. 이 시기에 그들은 아주 멀리 떨어진 사람들과의 상호작용을 통해, 혹은 현지의 독립적인 혁신을 통해 놀라운 기술적·사회적 변화를 성취했다.

2

인도-유럽인에서 미케네인으로

그리스라고 불리는 중부 지중해 지역과 그 인근에 사는 사람들은 언제 그리스인이 되었을까? 이 질문에는 간단한 대답이 불가능하다. 왜냐하면 정체성의 개념은 기본적인 사회적·물질적 조건만을 포함하는 것이 아니라 인종적·문화적·언어적 전통도 동시에 아우르기 때문이다. 지금까지 나타난 증거에 의하면 그리스어를 처음으로 사용한 그리스 땅의 주민은 기원전 2000년대 후반부의 미케네인이다. 이 무렵에 이르러서는 그리스인이라고 부를 수 있는 사람들이 분명 존재했다. 미케네인들이 그들 자신을 뭐라고 불렀는지 보여주는 기록은 없다. 역사적 관점에서 볼 때 그들은 자기네 나라를 그리스어로 '헬라스'라고 하고 자신들을 '헬레네인'이라고 불렀다. 헬레네는 중부 그리스에서 활약한 전설적 지도자였던 헬렌에서 나온 말이다(투키디데스, 《펠로폰네소스 전쟁사》 1.3.2). 이 용어들은 현대 그리스어에서도 그대로 남아 있다. '그리스Greece'와 '그리크Greek'라는 영어는 로마인들의 언어인 라틴어에서 온 것이다.

물론 그리스어나 기타 그리스적인 정체성을 구성하는 제반 요소들의 근원은 그 존재 시점이 미케네 시대보다 훨씬 앞으로 거슬러 올라가지만, 그런 근원을 추적하기가 현재로서는 어렵다. 왜냐하면 이 같은 초창기 시대의 문서 기록이 존재하지 않기 때문이다.

고대 그리스의 인종적·문화적 정체성을 이루는 근본 요소들의 시원이 어디인가 하는 문제에 대하여 학자들의 관심은 다음 두 가지 사항에 집중되어 있다.

1) 기원전 4500~2000년경에 인도-유럽의 유산은 고대 그리스인에게 어떤 영향을 미쳤는가?

2) 기원전 2000년대의 그리스와 근동(특히 이집트) 문명의 관계는 어느 정도까지 발전했으며, 그 관계의 구체적 성격과 파급 효과는 무엇인가?

이러한 문화적 상호작용의 과정과 관련된 구체적 세부 사항들에 대해서는 아직도 논쟁의 여지가 많지만, 전반적으로 보아 이 두 영향력의 원천이 그리스 정체성의 구축에 지속적으로 작용했음은 분명하다.

기원전 2000년대의 역사에서는 초기 그리스 문명에 미친 결정적 영향력의 원천들이 있다. 이에 대해서는 상당한 고고학적 증거도 있고 일부 문서 기록도 있다. 그리스 본토에서 미케네 문명이 일어나기 전에 크레타라는 큰 섬에서 미노아 문명이 꽃피었다. 그리스어를 사용하지 않았던 미노아인은 대규모 농사를 짓고, 또 동부 지중해 지역 및 이집트에 거주하는 사람들과 해상 교역을 함으로써 부유해졌다. 미노아인은 이런 교차 문화적 접촉의 전통을 미케네 문명에 물려주었고, 그리하여 기원전 2000년대 중반에 멸망하기 전까지 미케네 문명에 커다란 영향을 미쳤다. 미노아 문명의 뒤를 이은 미케네 문명은 기원전 1200년에서 1000년경 사이에 동부 지중해 지역을 뒤흔든 광범위한 사회적 혼란 때문에 멸망한 것으로 보인다. 이 혼란에서 살아남은 그리스인들의 후예가 암흑시대(기원전 1000~750년) 이후에 그리스 문명을 부흥시킨다.

인도-유럽인의 뿌리와 근동의 뿌리

—

그리스 문화의 인도-유럽적 배경에 관련된 핵심적 문제는 이런 것이다. 과연 우리가 인도-유럽인이라는 집단적 이름으로 부르는 세력이 여러 세기에 걸쳐 선사시대의 유럽에 흘러들어 와 그리스를 포함해 이미 유럽에 정착되어 있던 사람들의 성격을 크게 바꾸어놓았는가? 또한 초창기 인도-유럽인들의 본거지에 대해서도 논란이 계속되고 있다. 하지만 많은 학자들이 그 본거지로서 중앙아시아와 아나톨리아를 제시하고 있다. (물론 논쟁적이긴 하지만) 언어적 증거에 대한 최근의 컴퓨터 분석은 아나톨리아를 더 유력한 본거지로 지목한다. 그 당시 공격적인 사람들의 광범위한 이동을 주장하는 논쟁적 가설에 따르면, 인도-유럽인의 이동 마지막 단계였던 기원전 2000년경 전 유럽에서 엄청난 파괴가 자행되었다고 한다. 역사시대에 등장하는 그리스인들은 이 난폭한 침입자들의 후예이다.

인도-유럽인의 정체성이라는 개념은 후대의 언어 역사를 가지고 재구성된 것이다. 언어학자들은 오래전부터 서유럽 언어들(그리스어, 라틴어, 영어 등을 포함), 슬라브 언어들, 페르시아(이란) 언어, 인도 아대륙(현재의 남아시아 국가인 인도, 파키스탄, 방글라데시에 해당하는 지역 ─옮긴이)에서 사용된 산스크리트어를 포함한 여러 언어 등 수많은 언어의 뿌리가 단

기원전 4500~2000년경	인도-유럽인이 유럽으로 이동?
3000~2500년경	발칸과 크레타 섬에서 청동 야금술 개발.
3000~2000년경	지중해에서 다문화 발달.
2200년경	미노아 문명, 최초의 크레타 왕궁 건설.
2000년경	많은 유럽 유적지가 난폭하게 파괴됨.
1700년경	지진으로 크레타 왕궁 파괴됨.
1600~1500년경	그리스 본토의 미케네에 수갱묘가 건설됨.
1500~1450년경	최초의 미케네 톨로스(원형 건축물) 무덤 등장.
1400년경	가장 이른 미케네 왕궁 등장.
1370년경	크레타의 크노소스 왕궁 파괴됨.
1300~1200년경	미케네 왕궁 문명의 절정기.
1200~1000년경	'바다 민족'의 시대에 에게 해 전역에서 혼란 발생.
1000년경	미케네 왕궁 문화 단지 파괴됨.

하나의 동일한 언어라고 생각해왔다. 언어학자들은 이 단 하나의 고대어를 사용했던 사람들에게 인도-유럽인이라는 이름을 붙여주었다. 문자 체계가 발명되기도 전에 이 원래의 언어는 수많은 후계 언어로 분화되었기 때문에 최초의 흔적은 후대의 언어 안에 단편적으로만 남아 있을 뿐이다. 예를 들어 초기 인도-유럽어는 밤*을 가리키는 한 단어를 갖고 있었는데, 그것이 그리스어에 와서는 nux(소유격은 nuktos), 라틴어

에서는 nox와 noctis, 베다어(인도의 고대 서사시에 사용된 산스크리트어의 일종)에서는 nakt-, 영어에서는 night, 스페인어에서는 noche, 프랑스어에서는 nuit, 독일어에서는 Nacht, 러시아어에서는 noch 등이 되었다. 또 다른 사례로, 영어에서 '나'를 가리키는 단어가 문맥에 따라서 I와 me라는 아주 다른 대명사를 사용하는 것은 인도-유럽어의 대명사에서 물려받은 특징이다.

언어학자들은 초창기 인도-유럽어에서 파생된 후대 언어들 속의 여러 단어는 초창기 인도-유럽 사회의 특징들을 알려준다고 생각한다. 이를테면 인도-유럽인의 신은 남성신이었는데, 이 신을 가리키는 단어가 제우스 파테르(그리스의 주신), 유피테르(로마의 주신)와 비슷한 소리를 갖고 있었던 것으로 짐작된다. 이러한 증거는 이어서 인도-유럽 사회가 부계제 사회였으며, 아버지를 부모로 여길 뿐만 아니라 가정의 권위적 인물로 여겼다는 추론을 낳게 한다. 인도-유럽 사회가 아버지 중심제(아내가 남편의 가정에 들어가서 사는 것)였으며, 부계제(아버지의 성을 통해 후사가 이어지는 것)였음을 보여주는 다른 단어들도 있다. 인도-유럽어에는 '왕'이라는 개념도 있었다. 이러한 언어학적·고고학적 증거는 그 사회가 평등 사회라기보다는 위계질서를 갖춘 분화된 사회라는 사실을 알려준다. 마지막으로, 인도-유럽인 남자들은 상무적尙武的이고 경쟁적이었던 것으로 여겨진다. 그리스인들의 근본적 정체성 요소인 그리스어는 의심할 나위 없이 인도-유럽어에서 나왔기 때문에 그들은 인도-유럽인 조상들의 후손이라는 점이 언어적으로 판명되었다.

초창기 인도-유럽인의 영향에 대하여 가장 크게 논쟁을 불러일으키는 해석은 다음과 같다.

인도-유럽인은 몇 차례의 파도처럼 유럽을 침공했으며, 그 과정에서 유럽 주민들에게 부계적·위계적·상무적 가치를 강요했다. 이 가설에서 선사시대 유럽의 원주민들은 일반적으로 평등적이고 평화적이고 어머니 중심적이었던 사람들로 가정된다. 이 초창기 유럽인들은 주신으로 여성신들을 숭배했으나, 그 후 인도-유럽인의 침공으로 인해 인도-유럽인의 남성신들(그리스의 경우, 제우스)을 숭배하기를 강요당했다. 이러한 변화는 기원전 4500년경에 인도-유럽인들이 침공하면서 시작되었고, 그 후 여러 세기에 걸쳐 서로 다른 그룹의 인도-유럽인들이 영향을 미치다가 기원전 2000년경에 많은 인도-유럽 이전의 정착촌들이 마구 노략질당하는 것으로 절정을 이루었다.

　이러한 인도-유럽 기원의 가설을 반대하는 주장은 다음과 같다.

　유럽 원주민의 사회적 구조와 신념을 바꿀 정도로 강력한 힘을 가진 인도-유럽인 집단이 유럽으로 흘러들어 와 이미 그곳에 살고 있던 사람들의 사회 구조와 신념을 그들의 것으로 대체했다는 증거가 없다. 어쩌면 인도-유럽의 사회적 전통도 선사시대 유럽에 존재하던 비非인도-유럽 사회의 그것과 별반 다르지 않았을 것이다. 따라서 후대의 그리스 역사에서 주된 사회적 특징이 되는 현상(가령 부계제나 남성 우위 등)은 초기 유럽 원주민 사회에서 발달했는지도 모른다. 예를 들어 구석기시대의 남자 사냥-채취꾼들은 자신들이 소속된 집단의 번식력(생존 가능성)을 높이기 위해 다른 집단의 여자들을 납치해옴으로써, 인간의 사회를 부계제 사회로 밀어붙였을 것이다. 사냥꾼 남자들은 본거지에서 멀리 떨어진 지점까지 사냥을 한 경험이 있었으므로 다른 집단을 공격하는 것도 남자들이 맡았을 것이다. 이런 방식을 통해 남자들은 초창기 인도-유럽인들이 유럽을 침공해오기 훨씬 이전에 여자에 대한 우위를 확보했을 것이다.

이렇게 볼 때, 유럽의 원주민 사회는 독자적인 과정을 통해 부계제를 정립했다고 볼 수 있다. 하지만 그들의 종교는 여성신들에게 존경심을 표시했다. 이 점은 유럽 선사시대 유적지의 고고학 발굴 현장에서 나온 수천 점의 비너스 소입상(커다란 가슴과 엉덩이를 가진 소입상)에 의해, 또 그리스 종교에서 우뚝한 여러 여신에 의해 증명된다. 그런가 하면 다른 각도에서 사회 내의 남녀 불평등을 설명할 수도 있다. 앞에서 언급한 바와 같이, 후기 석기시대의 유럽에서 쟁기 농업과 대규모 목축이 발달하면서(1장 참조) 그러한 변화의 결과로 자연스럽게 남녀 간의 불평등이 심화되었다고 보는 것이다. 문화적 변화의 원인으로서 인도-유럽인의 영향을 강조하지 않는 학자들은 인도-유럽인들이 기원전 3000년대 말에 유럽 정착촌을 대규모로 파괴했다는 주장도 거부한다. 그 대신 이런 대안을 제시한다. 기원전 2000년경에 다양한 유럽 정착촌 내에서 대규모 충돌이 벌어진 것은 경작지가 피폐해져서 땅에 대한 경쟁이 극심해진 나머지 내부의 정치적 동요가 발생했기 때문이라는 것이다.

그리스인의 정체성을 결정하는 문제 중 가장 치열한 논쟁을 일으킨 측면은 그리스와 근동(특히 이집트)의 관계이다. 일부 19세기 학자들은 근동이 그리스에 미친 영향을 과소평가하거나 무시하고 싶어 했지만, 그리스인들은 그리스 이외 지역의 고대 문명을 대표하는 사람들에게 많은 것을 배웠다고 고마워하는 마음으로 인정했다. 과거에 대한 지식이 풍부한 그리스인들은 이집트의 더 오래된 문명에서 많은 것을 배웠고, 특히 종교 분야에서 크게 신세 졌다고 선언했다. 예컨대 헤로도토스는 이집트 사제들에게 들은 바를 이렇게 보고했다. 이집트 사제들이 최초로 제단, 축제,

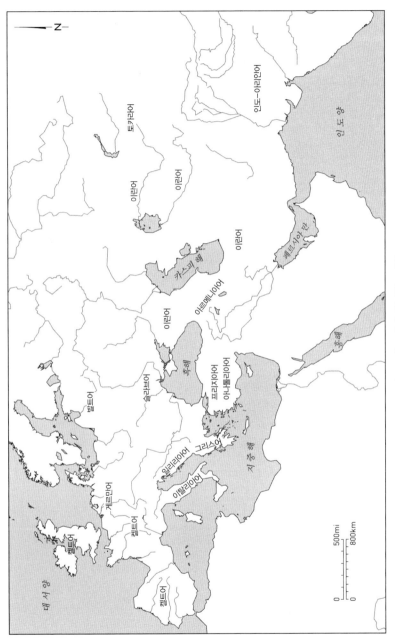

지도 2 | 인도-유럽 어족의 분포 지역

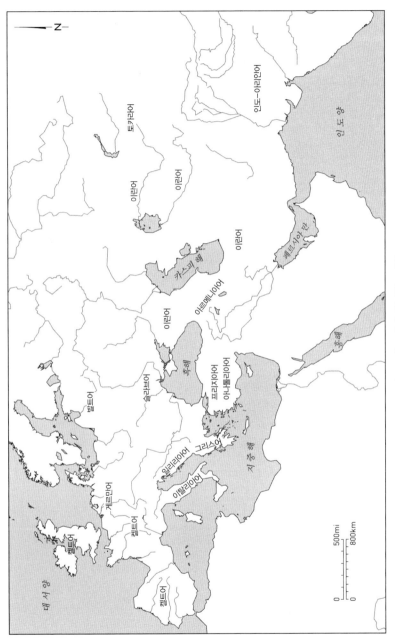

Within the map (vertical/rotated text labels):

인도-아리안어

슬라브어

이란어

이란어

이란어

카스피 해

아르메니아어

이란어

슬라브어

페르시아 만

흑해

발트어

프리지아어
아나톨리아어

게르만어

일리리아어   그리스어

켈트어

이탈리아어

지중해

켈트어

켈트어

대서양

홍해

인도양

500mi

800km

0

2 인도-유럽인에서 미케네인으로 | 53

신상, 신전을 만들었고 신들에게 별명이나 명칭을 부여하는 전통을 시작했으며 그리스인들이 이집트로부터 이런 전통을 수입했다고 말해주었다는 것이다. 그리고 사제들이 내놓은 증거들이 "그런 주장이 타당하다"는 것을 증명한다고, 헤로도토스는 덧붙였다(《역사》 2.4.2).

현대의 연구 성과는 고대 그리스인이 이집트로부터 많이 배웠다는 고대 그리스인의 의견과 일치한다. 이집트 문화가 그리스에 많은 영향을 주었다는 명백한 증거로는 이집트에서 그리스로 건너온 초창기 종교 사상들을 들 수 있다. 가령 저승의 지리학, 사자의 영혼을 저울질하는 의식, 엘레우시스(아테네 영토 내에 있는 저명한 유적지)의 데메테르 여신 제전에서 벌어지는 성인식에서 불의 생명력을 강조하는 의례, 그 외에도 많은 종교적 세부 사항들이 이집트에서 수입된 것들이다. 그리스인들의 근원 및 그리스인들과 신들의 관계에 대한 이야기인 그리스 신화는 이집트와 근동에 뿌리를 둔 이야기와 주제를 융합한 것이다. 외부 세계가 그리스에 미친 영향은 종교에만 국한되지 않는다. 가령 아르카이크 시대의 그리스 조각가들은 이집트 예술가들이 정해놓은 인체 비율에 따라 조각상을 제작했다.

또한 고고학의 발굴 덕분에 다음과 같은 사실이 밝혀졌다. 그리스에 거주하던 주민들은 이미 기원전 2000년대 중반부터 근동과 외교적·상업적 접촉을 갖고 있었다. 따라서 이집트인들이 이 시기에 그리스 본토를 침공하여 식민지로 삼았다는 현대의 주장은 사실일 수가 없다. 이집트 쪽 기록은 그리스를 외국으로 기술할 뿐, 식민지라고 언급하지 않는다. 더욱이 이 시기의 그리스와 근동의 접촉은 중개인을 통한 것이었고, 그 중개인 역할은 크레타 섬에 거주하던, 바다를 항해하던 무역업자들이 맡았다.

아무튼 한 집단이 다른 집단에 미치는 상호작용적인 '문화적 빚'을 생각할 때, 한 집단이 우월한 집단의 사상·기술·전통을 일방적으로 수용한다고 보는 것은 일종의 지적 함정이므로 그런 함정에 빠지지 않는 것이 필수적이다. 한 집단이 다른 집단으로부터 받아들이는 것은 그 수용 집단의 가치 체계에 따라 적절하게 해석, 변용되기 마련이다. 그들은 자신들의 목적과 문화적 전통에 일치되는 혁신을 이룩하기 위하여 남들에게서 받은 것을 변형시킨다.

그리스인들이 근동과 이집트에서 여러 가지를 배운 것은 사실이지만, 그들은 배운 것을 자기 것으로 소화시켰다. 한 나라의 문화적 정체성은 이렇게 해서 형성되는 것이지, 무심한 모방이나 수동적 수용에 의해 만들어지는 것은 아니다. 그리스인들은 무엇보다도 공유된 종교적 실천과 공통 언어를 바탕으로 그들의 정체성을 구축했다. 또한 그들이 남들에게 배워온 문화의 여러 측면에 그들의 흔적을 새겨 넣었다. 그런 정체성을 구축하는 데에는 오랜 세월이 걸렸다. 이런 복잡한 과정의 기점起點을 역사의 어느 특정 시점時點에다 고정하려는 것은 부질없는 일이다. 있지도 않은 단 하나의 그리스 정체성의 근원을 찾으려고 하기보다는 오랜 세월에 걸쳐서 그리스 문화에 유입된 문화적 영향의 다양한 근원을 밝혀내는 편이 더 현명할 것이다.

유럽의 청동기시대 문명
—

후기 청동기시대(기원전 2000년대)는 그리스인이 어떻게 그리스인이 되었는지를 밝혀내는 데 중요한 증거를 제시한다. 그리스의 석기시대 공동체들은 '최초의 유럽 문명'이라는 칭호를 얻지 못했다. 왜냐하면 그들은 후기 청동기시대에 형성된 공동체에 비하면 별로 빛을 발하지 못했기 때문이다. 따라서 그 칭호는 크레타의 미노아 문명, 그리스 본토의 미케네 문명, 그리고 그리스와 아나톨리아 사이에 놓인 동부 지중해 지역 에게 해의 섬들과 해안에 돌아가야 한다.

아직까지도 그 정체가 밝혀지지 않은 언어를 사용했던 미노아인들은 그리스어를 말하는 미케네인들 이전에 화려한 문명을 이룩했다. 미노아인과 미케네인은 근동과 폭넓게 무역을 했고, 선진 농업 및 야금술에 익숙했으며, 정교한 건축, 훌륭한 미술, 사치품에 대한 뚜렷한 기호를 갖고 있었다. 그들은 또한 위험한 세계에 살고 있었는데, 그 위험은 마침내 그들의 정교한 문명을 파괴하고 말았다.

이 문명의 선구자들은 기원전 3000년대에 이르러 청동, 납, 은, 금 등의 선진 야금술을 개발했는데, 이 기술은 전쟁에서 영농 행위, 부와 지위를 나타내는 사치품의 제작에 이르기까지 미노아와 미케네의 생활에 커다란 영향을 미쳤다. 야금술의 발달은 발칸 반도나 근동의 유사한 발달과는 별개로 이루어진 것으로 보인다. 고온에서 금속을 합금하는 혁신적인 방법을 고안한 에게 해의 금속공들은 더 치명적인 무기, 전투를 위한 새로운 사치품, 더 좋은 농업이나 건축용 도구들을 만들어냈다. 이 새로운 기술 덕분에 금속 무기는 훨씬 더 치명적인 살상력을 얻게 되었다. 원래 구리 무기는 돌 무기에 비해서 별로 이점이 없었다. 구리는 형태나 날이 곧 무디어졌기 때문이다. 그런데 금속공들이 훨씬 더 단단하고 칼날도 무디어지지 않는 구리와 주석의 합금인 청동을 사용하면서 견고한 금속 단도, 장검, 창검을 만들어내기 시작했다. 최초의 에게 해 단도는 기원전 3000년대에 서부 아나톨리아에 있던 트로이에서 주조되었다. 그리하여 청동기시대에는 곧 단검이 전사의 표준 무기가 되었고, 그 후 인류사에서 계속 경쟁적으로 이루어진 무기 개발의 목록에 최초로 등재된 무기가 되었다. 단검은 서서히 길어져서 장검이 되었고, 이 새로운 무기의 살상력은 더욱 커졌다.

청동기 시대의 장인들은 무기와 보석류에 값비싼 장식을 덧붙여서 과시와 허세용 물품으로 삼을 수도 있었다. 이런 물건들은 그 소유자의 부와 사회 내 지위를 잘 보여주는 상징물이었다. 인간은 본성상 지위를 추구하는 존재이기 때문에 새롭고 값비싼 금속 제품들은, 그것들을 사들일 여유가 있는 사람들에게는 자신들과 남을 구분시켜주는 수단이 되었다. 예를 들어 정교하게 장식된 무기들은 사회 내에서 남녀를 구분하는 데 도움을 주었다. 무기들은 오래전 사냥-채취꾼들의 노동 분업에서 등장한 사냥꾼 겸 전사의 남성적 역할을 보여주었기 때문이다. 다양한 금속 제품의 형태로 부를 축적하고 싶다는 욕망과, 그런 제품을 신분의 상징으로서 소유하고 싶다는 욕망은 금속과 금속 제품을 만드는 금속공에 대한 수요를 높였다. 새로운 부와 지위의 창출은 야금술의 발전이 가져온 매우 중요한 사회적 결과 가운데 하나였다. 이런 물건들을 널리 구할 수 있게 되자 더 많은 사람들이 그 물건을 원했고, 그리하여 사회 전반적으로 수요가 폭발했다. 이러한 과정은 자신의 노동에 대해 보상을 받고 지위를 과시하려는 사람들의 기대 심리에 영향을 미쳤다. 이제 그들은 금속으로 만든 제품들, 가령 도구와 같은 실용품, 보석류 같은 사치품을 획득하고 싶어 했다. 그들은 근동에서 생산된 특별한 공예품, 예컨대 수입된 상아로 만든 보석류 등을 높이 평가했다.

공예 전문가들이 늘어나면서 청동기시대 에게 해의 정착촌 주민 수도 따라서 늘었다. 하지만 그 수는 현대의 기준으로 보면 여전히 소규모였다. 그런 공예 전문가들 중 일부는 지중해 지역을 순회하는 근동 사람들이었다. 그들은 자신의 기술을 팔아먹을 수 있는 새로운 시장을 찾아 서쪽으로 온 것이다. 그들은 전문 기술을 가져왔을 뿐만 아니라 그들이 접촉하는 사람들에게 신화를 들려주었다. 이런 식으로 해서 그들은 문화 변화의 간접적 매개가 되었다.

또한 기원전 3000년대에 사람들이 음식의 종류를 늘리려고 새로운 작물을 개척하고, 좀 더 날카롭거나 금속성을 띠는 도구를 사용하면서 지중해성 다문화polyculture(단일 농업 체계 내에서 곡식뿐만 아니라 올리브와 포도를 동시에 경작하는 것)가 만개했다. 지금까지도 지중해 농업을 지배하고 있는 이런 방식은 다음의 두 가지 중요한 결과를 가져왔다.

첫째, 식량의 증가. 이것은 인구 증가를 촉진했고, 그리하여 농업의 다양화와 전문화가 추가로 이루어졌다. 이런 다양화한 농업은 차례로 올리브유와 와인이라는 가치 있는 새 식품을 만들어냈다. 이 제품들은 현지에서 사용하거나 무역을 하기 위해 새로운 저장 기술을 필요로 했다. 그리하여 대용량의 항아리를 제작하는 기술이 발달하여, 이 시기의 공산품에 또 다른 전문화의 계기를 만들어주었다. 식품과 관련 제품의 생산 특화 때문에 그 분야에 종사하는 사람들은 일용할 양식과 제품을 스스로 만들 시간이 없어졌고, 교환 거래를 통해 필요한 식품과 물품을 얻어야 했다.

둘째, 상호 의존적인 사회 구조. 그리하여 사람들은 경제적·사회적으로 점점 더 서로 의존하게 되었다. 초기 석기시대의 그리스에 있었던 소규모 정착촌에서는 자급자족하던 농부들끼리의 상호 의존이 물물교환의 주된 법칙이었을 것이다. 상호 교환은 경제적 이익을 겨냥하기보다는 사회적 가치를 추구했다. 이러한 방식은 '내가 생산한 것을 당신에게 줄 테니 답례로 당신이 생산한 것을 나에게 주시오'라는 상호 의존 의식을 만들어냈다. 그들은 상대방이 생산한 것이 반드시 필요해서라기보다는, 소규모 집단 내에서 사회적 동맹을 확인하기 위해 물물교환을 했다. 이런 소규모 상호 의존성은, 에게 해 지역의 청동기시대 사회로 오면 경제적 상호 의존의 수준으로까지 발전하게 된다. 그 사회의 경제적 복잡성은 차탈회위크 같은 신석기시대 정착촌의 경제 체제가 지닌 복잡성을 훌쩍 뛰어넘는 것이었다.

미노아 크레타의 왕궁 사회
—

사람들은 크레타라는 비옥하고 커다란 섬에서 수천 년 동안 살았다. 그러다가 기원전 2200~2000년경에 '초창기 에게 문명'이라는 칭호를 듣게 되는 사회 체제가 생겨났다. 오늘날 보통 '왕궁'이라고 명명되는 거대한 건축 단지가 특징인 이 문명은 기본적으로 통치자가 통제하는 재분배에 바탕을 둔 상호 의존적 경제 체제였다. '왕궁 사회 이전'의 크레타 정착자들은 아마도 기원전 6000년경에 인근의 아나톨리아에서 이주해왔을 것으로 보인다. 이 신석기 영농 인구들은 유럽의 다른 영농 인구가 그러했듯이 비옥한 농경지 근처에 작은 정착촌을 이루어 살았다.

그러나 기원전 3000년대에 야금술과 농경술 같은 새로운 기술이 발달하면서 크레타 사회는 극적으로 변모했다. 기원전 2200년경에는 길쭉하면서 방이 많은 건물들(이른바 왕궁)이 주로 해안과 가까운 곳에서 생겨났다. 이 왕궁들은 부지가 넓고 여러 층으로 되어 있었으며, 벽은 바다에 떠 있는 배들, 뛰어오르는 돌고래들, 아름다운 여자들로 장식되어 있었다. 오늘날 이 크레타 사회를 가리켜 '미노아Minoa'라고 부르는데, 이 명칭은 이 섬의 전설적인 왕 미노스Minos에서 따온 것이다. 왕궁에는 통치자와 시종들이 살았으며, 왕궁은 중앙 저장 시설로도 이용되었다. 일반 백성들은 왕궁 주변의 자그마한 마을들에 다닥다닥 지어진 집에서 살았다. 물론 외곽 지역에는 농가들도 들어섰다.

기원전 1700년경에 지진이 최초의 크레타 왕궁들을 파괴시켰지만, 미노아인들은 그 후 여러 세기에 걸쳐 전보다 더 큰 왕궁을 재건했다. 점토판에 새겨진 회계 기록에 의하면, 이런 대규모 구조물이 섬의 상명하복식 재분배 경제의 중심축으로 작용했음을 알 수 있다.

미노아인들은 아마도 이집트 상형문자의 영향을 받아서 사물을 상징하는 표의문자를 개발한 듯한데, 문자를 만든 목적은 회계 기록을 잘 보전하기 위함이었다. 이 문자 체계는 그 후에 더 발전하여 음소를 표현하는, 좀 더 직선적인 형태의 문자가 되었다. 설형문자나 상형문자와는 다르게, 이 문자는 글자가 단어 음절의 소리를 표현하는 진정한 음절문자였다. 기원전 2000년대의 전반부에 사용되었던 이 문자는 오늘날 '선형문자 ALinear A'라고 불린다. 이 문자는 아직도 대부분이 해독되지 않아서, 언어 전문가들은 겨우 몇몇 단어만 해독했을 뿐이다. 최근의 학계는 선형문자 A가 인도-유럽 어족이라는 주장에 많은 학자들이 동의하지 않는다고 보고 있다. 다른 방면, 예컨대 종교적 건축 분야 등에서 미노아인들은 그리스 본토의 사람들과 확연히 달랐다. 그렇지만 미노아 문명은 본토 주민들과 직접적으로 접촉했고 또 많은 영향을 끼쳤으므로 그리스 역사의 일부로 간주하는 것이 타당하다.

선형문자 A는 주로 목록 형태를 취하는 물품 기록용으로 활용되었을 것으로 이해되고 있다. 가령 받아들인 물건과 내보낸 물건의 기록, 보관 중인 물건의 목록, 가축·땅·인원의 목록 등이었다. 회계를 강조했던 미노아인들은 전차戰車에서 향수에 이르기까지 거의 모든 것을 기록했다. 그들은 받아야 할 돈과 실제 거두어들인 돈의 결손액을 꼼꼼히 기록했다. 왕궁에서 지급한 물건들로는 신들에게 바치는 의례 제물, 사람들에게 지급한 음식물, 공산품 제작용 원재료(가령 금속공에게 지급한 금속) 등이 기록되어 있다. 하지만 물건의 환율, 예컨대 곡식과 양을 서로 바꾸는 비율 등은 점토판에 기록해놓지 않았다. 교환 대금으로 지금地金이 사용되었는지의 여부도 밝히지 않았다(동전이 주조된 것은 그보다 1000년 뒤의 일이다).

따라서 미노아 크레타의 왕궁 사회는 기본적으로 재분배 경제 체제를 유지한 것으로 보인다. 그러니까 중앙 권부인 왕궁이 생산자들에게 중앙 저장 시설에 내놓아야 할 물건의 양을 지시하고, 또 사회의 각 구성원이 생활을 위해서나 포상으로 물건을 얼마 만큼 가져갈지를 결정하는 그런 경제 체제였다. 다르게 말해서 왕궁은 농산물과 제조품이 사고팔기를 통해 자유롭게 교환되는 시장경제를 지지하지 않았다.

이런 관官 주도의 재분배 경제 체제는 메소포타미아에서도 한동안 존재했는데, 크레타의 재분배 제도는 메소포타미아의 경우와 마찬가지로 교묘한 조정 능력과 복잡한 행정 능력을 필요로 했다. 예를 들어 올리브유와 와인의 수납과 지출을 다루기 위해 왕궁은 그릇, 컵, 국자 등이 빽빽이 들어찬 보관실 옆에다 수백 개의 거대한 항아리가 들어찬 방대한 저장고를 유지해야 했다. 그리고 서기관들은 왕궁에 보관된 점토판에다 물건의 출입 내역을 상세하게 적어 넣어야 했다. 특별 행정관은 왕궁 예하의 영토에서 들어오는 가장 귀중한 물품인 동물과 직물의 할당량을 수집하는 임무를 맡았다. 수집과 재분배 과정은 식품 생산자뿐만 아니라 공산품 전문가에게도 적용되었다.

또한 왕궁의 행정 관리들은 공산품 제작자들에게 생산 지침을 내렸는데, 말하자면 작업량 할당 같은 것이었다. 물론 모든 사람이 이 재분배 체제에 참여하지는 않았을 것으로 보이지만, 그런 체제가 크레타 경제를 지배한 것은 틀림없고, 그리하여 시장을 통한 물건의 교환은 최대한 억제되었다. 물론 시골에 있는 사람들은 가끔씩 서로의 물건을 교환하기도 했겠지만, 그런 소규모 시장에서의 물물교환은 왕궁의 재분배 제도를 위협할 수준이 결코 아니었다.

해외 무역 거래도 왕궁 제도를 통한 독점 체제로 되어 있어서 독립된 상인이나 무역업자가 하는 역할은 별로 크지 않았을 것으로 보인다. 미노아 왕궁들은 원재료와 사치품을 찾아 해상 교역을 많이 했다. 구리는 키프로스에서 얻을 수 있었으나 청동을 만드는 데 필요한 주석은 아주 멀리 떨어진 소수의 지역에서만 발견되었다. 이렇게 필요한 금속을 얻기 위한 무역을 하다 보니 크레타는 브리튼이나 아프가니스탄 같은 먼 지역과도 간접적으로 연결되어 있었다. 미노아 해상 무역업자들이 즐겨 다닌 곳은 이집트였는데, 그 무역업자들이 이집트의 통치자에게 선물이나 공물을 바치는 장면이 이집트 무덤의 부조浮彫에 묘사되어 있다. 일부 미노

도판 2-1 | 크레타 섬의 크노소스에 있는 미노아 시대의 왕궁. 여러 층을 가진 건물들이 들어선 넓은 지역으로, 넓은 물품 보관고와 대규모 광장 등 방대한 단지를 이루고 있었다. 왕궁은 '상명하복'으로 이루어지는 미노아 재분배 경제의 중심축이었다. Wikimedia Commons.

아인들은 용병이나 미술가로서 이집트에 머물기도 했는데, 그런 점은 이집트의 아바리스(텔 엘다바)에서 발견된 미노아 스타일의 벽화(석회 위에 그린 벽화)에서 발견된다. 미노아 크레타는 근동과 지중해 동부의 키프로스 섬과도 접촉이 있었다. 이 지역의 무역업자들과 공산품 제작자들은, 미노아 사람들이 동쪽으로 간 것 못지않게 빈번하게 서쪽 크레타로 항해를 했다.

여러 가지 증거로 미루어볼 때, 미노아 문명은 여러 세기 동안 원만하고 평화롭게 운영되었다. 미노아 크레타에는 왕궁, 마을, 멀리 떨어진 농촌 마을 등에도 방어벽이 없었다. 이것은 미노아 정착촌들이 서로를 경계하여 방어를 강화해야 할 필요가 없었음을 의미하는 것으로, 미노아 사회의 특징적인 점이기도 하다. 이와는 대조적으로 그 당시의 에게해나 아나톨리아의 정착촌들은 정교한 방어벽을 그 주위에 둘러쳤다.

후대에 지어진 미노아 왕궁의 유적지는 미노아 사회가 번성하여 평화롭고 행복했음을 보여준다. 특히 섬의 북부인 크노소스에 있는 저 유명한 왕궁(도판 2-1)은 5층 건물로, 방이 수백 개였고 저장 항아리들은 24만 갤런(1갤런은 약 3.8리터)을 수용할 수 있었다. 실내에는 배관이 되어 있었고 벽에는 아름다운 채색 벽화가 가득했다. 왕궁의 벽화에 여자들이 많이 등장하고 크레타 유적지들에서 가슴이 큰 여신상이 무수히 발견된 것은 다음과 같은 추측을 불러일으켰다. 즉, 선사 유럽의 토착 사회가 그러했던 것처럼 미노아 사회는 여성들이 주도하는 문화를 갖고 있지 않았을까 하는 것이다.

그러나 크레타 남자들의 무덤에서 발견되는 풍성한 무기들은 미노아 사회에서 전투적 기술과 상무적 과시가 특별한 신분을 부여했음을 보여준다. 그리고 미노아 크레타의 왕궁 사회를 남자가 장악했음을 보여준다. 또 왕궁의 지도자를 '왕자' 혹은 '왕'으로 부르는 것이 일반적 관습이었다.

미노아 크레타와 미케네 그리스의 접촉

—

미노아 크레타의 해외 무역망이 넓어지면서 왕궁의 주민들은 폭넓은 해외 접촉망을 확립하게 되었다. 이런 새로운 무역망은 기원전 3000년대의 새로운 발명품인 롱십longship(좁고 긴 배)에 의해 더욱 촉진되었다. 롱십은 더 많은 짐을 실을 수 있었고 지중해의 풍랑도 더 잘 견뎠다. 미노아의 대담한 선원들은 장거리 항해를 통해 이집트와 근동의 여러 문명뿐만 아니라 멀리 에게 해 제도와 남부 그리스 지역에까지 진출했다. 미노아인들은 그리스 본토에서 또 다른 문명과 만난 것이다. 이 문명은 오늘날 저유명한 고고학 유적지에서 이름을 따와서 미케네 문명이라고 부른다. 그리스 시인 호메로스의 트로이 전쟁 이야기에서 영감을 얻은 고고학자들은 펠로폰네소스(그리스 남부에 있는 커다란 반도)에 있는 미케네의 청동기시대 유적지를 발굴하다가 그곳에서 다층多層의 테라스 위에 세워진 정교한 성채와, 거대한 돌을 정교하게 짜 맞추어 축성한 성벽을 발견했다. 미케네 유적지의 발굴이 너무나 유명해지는 바람에 '미케네'라는 이름은 기원전 2000년대의 그리스 본토에서 꽃피었던 청동기 문명 전체를 가리키는 말이 되었다. 하지만 미케네인이나 미케네 그리스의 정착촌들이 청동기 그리스를 하나의 통일국가로서 다스렸던 것은 결코 아니다.

19세기에 들어와 미케네에서 보물이 가득 들어찬 무덤을 발견하자, 유럽 세계는 커다란 흥분에 휩싸였다. 돌로 내부를 받친 수갱(수직굴)으로 축조된 이들 무덤에는 황금 장신구로 치장된 시신이 안치되어 있었다. 보석류로는 펜던트(늘어뜨린 장식)로 장식된 무거운 목걸이, 황금잔과 은잔, 야생 동물들을 상감한 진귀한 금속으로 장식된 청동 무기들, 아름다운 그림이 그려진 도자기 등이 있었다. 미케네를 최초로 발굴한 사람은 사업가였다가 고고학자가 된 하인리히 슐리만Heinrich Schliemann이다. 그는 자신이 호메로스의 서사시 《일리아스》에서, 트로이를 침공한 그리스 군대를 지휘한 아가멤논 왕의 무덤(도판 2-2)을 발견했다고 생각했다. 하지만 그 수갱묘는 기원전 16세기의 것으로, 트로이 전쟁이 벌어졌던 기원전 12세기보다 무려 400년이나 앞선 것이다.

수갱묘에서 나온 유물들은 강력한 지도자가 다스리는 독립적인 정착

도판 2-2 | 이 황금 가면은 미케네의 한 무덤에서 발견되었다. 트로이 전쟁에서 그리스군 총사령관이었던 아가멤논의 '데스마스크'라고 불리기도 하지만, 가면의 실제 주인공이나 그 기능은 알려지지 않았다. 어쨌든 이 가면은 미케네의 통치자들이 아주 부유했다는 것을 보여준다. 그들은 이런 값진 물건들을 부장함으로써 우월한 사회적 신분을 과시했다. Wikimedia Commons.

촌의 전사戰士 문화를 잘 보여준다. 그 지도자는 현지의 농가들뿐만 아니라 인근 지역을 무력으로 침공함으로써 자신을 부유하게 만들었다. 트로이 전쟁을 회고하는 《일리아스》는 미케네 사회의 무력 침공과 재산 획득을 부분적으로 묘사하는데, 그런 행위들은 여러 세대에 걸쳐 구전되다가 후대에 문자로 정착된 것이다. 호메로스 서사시의 호전적 영웅들은 그리스의 본거지에서 멀리 떠나와 서부 아나톨리아에 있는 트로이의 성채를 공략했다. 그들이 공식적으로 표명한 정벌 목적은 트로이의 왕자가 유혹하여 납치한 헬레네를 구출하는 것이었다. 하지만 트로이와 그 일대를 공략하여 전리품을 얻자는 목적도 아주 강했던 것 같다. 트로이 전쟁이 일어난 시기보다 훨씬 이전의 무덤에서 발견된, 부와 권력의 상징인 귀중한 유물들은 《일리아스》의 주인공들과 비슷한 목적을 가진 전사 사회가 호메로스의 서사시보다 4세기 앞선 시점에 이미 정착되었음을 보여준다.

수갱묘 이외에도 톨로스^{tholos}라고 하는 또 다른 무덤 형태가 미케네 사회의 다음 시기인 기원전 15세기에 등장했다. 이 무덤은 지하의 돔^{dome}형 현실^{玄室}로, 촘촘하게 짜 맞춘 돌로 구축한 벌집 모양의 분묘이다. 톨로스 무덤의 건축학적 세부 사항과, 근동 예술에서 영향을 받은 부장품의 양식은 미케네 지도자들이 지중해 동부 지역과 폭넓은 접촉을 유지했음을 보여준다. 미케네 용병에 대한 언급이 이집트 기록에도 나오는 것을 보면 이들 전사가 본거지에서 멀리 떨어진 곳에서도 근무했음을 짐작할 수 있다.

미노아 문명과의 접촉은 미케네 문명에 커다란 영향을 미쳤다. 미노아 예술품과 예술적 모티프는 그리스 본토 곳곳에서 찾아볼 수 있다. 미노아와 미케네가 서로 접촉했다는 사실은 문화적 영향과 그에 따른 변화를 설명해야 하는 까다로운 문제를 제기한다. 기원전 2000년대 중반의 미케네 예술과 문물은 크레타의 디자인을 연상시키는 특징을 많이 가지고 있어서, 크노소스를 발굴했던 고고학자 아서 에반스^{Arthur Evans}는 이렇게 주장했다. 미노아인들이 테라 같은 에게 해 제도 지역에 식민 개척자를 보낸 것과 마찬가지로, 그리스 본토에도 식민 개척자를 보내 미케네 문명에 결정적으로 영향을 끼쳤다는 것이다. 이처럼 미케네 문명을 이류 수준으로 격하시키자 미케네 발굴자들이 반발하고 나섰고, 두 문명의 관계에 대해 학자들 사이에서 논쟁이 이어졌다. 이 문명들은 확실히 서로 같지는 않다. 그들은 사용하는 언어도 달랐다. 미케네인은 불에 태운 희생물을 신들에게 바쳤지만 미노아인은 그렇게 하지 않았다. 미노아인들은 동굴, 산꼭대기, 농가 등 전 지역에 성소를 지었지만, 본토인들은 중앙 거주지 이외의 지역에는 성소를 짓지 않았다. 본토인들은 기원전 14세기에

1	⊕⏦	‡⊕⏉	⋀⋀⢢	ⵣⵝⵙ⊟	ⵀ⋀ⵦⴼ	ⵠ⊕⋕	ⵖⵑ
2	ka-ko	pa-ka-na	ti-ri-po	i-je-re-ja	qa-si-re-u	tu-ka-te	ka-wo
3	kha(l)ko(s)	pha(s)gana	tripo(s)	(h)iereia	gwasileu(s)	thugatē(r)	ka(r)wo(s)
4	khalkos	phasgana	tripous	hiereia	basileus	thugater	kouros
5	bronze (청동)	swords (칼)	tripod (삼각대)	priestess (여사제)	chief (대장)	daughter (딸)	boy (아들)

1. 선형문자 B로 표기된 단어들.
2. 영어 알파벳을 이용하여 음절을 전사한 것(하이픈으로 음절 구분).
3. 표의문자 형태로 재구성된 단어들(이 단어들을 읽을 때 읽는 사람은 괄호 속에 표시된 글자를 추가하여 읽어야 함).
4. 고전 그리스어에 나타나는 단어들(그리스 철자를 영어 알파벳으로 바꾸었음).
5. 현대 영어로 번역된 단어들.

들어와 크레타의 왕궁을 연상시키는 왕궁 단지를 건축하기 시작했다. 그러나 미케네인들은 메가론megaron 주위에다 왕궁을 배치했다. 메가론이란 커다란 의식용 화로가 딸린 접대 공간과 통치자들을 위한 보위寶位를 갖춘 방을 의미한다. 어떤 왕궁은 2층 높이의 메가론을 두 개 이상 갖추고 있었다. 이 경우 왕궁의 2층 발코니에는 왕궁의 지붕을 떠받치는 우람한 기둥을 세웠다.

미노아와 미케네의 관계에 대한 수수께끼는 크노소스 왕궁에서 선형문자 A의 변형 문자로 쓰인 점토판이 발견되면서 더 아리송해졌다. 이 변형 문자는 본토의 미케네 유적지들에서 발견되어 학자들에 의해 '선형문자 B'라고 명명되었던 문자와 똑같은 것이었다. 이 문자들에 관심이 깊었던 영국의 젊은 건축가 마이클 벤트리스^{Michael Ventris}는 1950년대에 파격적인 주장을 펼쳐서 학계를 놀라게 했다. 벤트리스는 크노소스에서 선형문자 B로 표기된 언어는 선형문자 A의 미노아어가 아니라 실은 그리스어라고 주장했다. 크레타에서 나온 선형문자 B 점토판은 기원전 1370년경에 크노소스가 멸망한 이후의 것이므로, 그 시기 이후 왕궁 행정은 크레타어가 아니라 외국어(그리스어)로 기록되었다는 것이다.

공식 기록을 위한 언어가 이처럼 바뀐 것은 본토의 그리스어를 말하는 미케네인들이 크레타 왕궁을 제압했다는 것을 의미한다. 하지만 폭력을 통해 그렇게 했는지, 아니면 평화로운 타협의 결과였는지는 아직 불확실하다. 아무튼 선형문자 B 점토판은 본토 사람들이 미노아 크레타에 뒤떨어지는 세력으로 남아 있던 기간(그런 사실 자체도 불확실하지만 만약 그게 사실이라면)이 짧았음을 말해준다.

미케네 사회의 절정
—

고고학계는 대략 기원전 1500년부터 1250년까지 미케네 사회가 누렸던 힘의 바탕을 묘지에서 발굴해냈다. 고고학자들은 죽음에 병적으로 집착해서 묘지를 소중하게 여긴 것이 아니라, 고대 사람들이 사자^{死者}와 함께 일상적이거나 특별한 물품을 함께 부장했기 때문에 묘지를 귀중하게 여긴다.

그리스의 청동기 무덤은, 부유한 미케네 남자의 시신은 그의 전투 장비와 함께 무덤 속으로 들어갔다는 사실을 보여준다. 펠로폰네소스 북동쪽 덴드라의 무덤에서 기원전 14세기의 미케네 청동 갑옷 한 벌이 발굴되었는데, 이 갑옷은 부유한 개인의 장비가 얼마나 많았는지를 여실히 보여준다. 이 죽은 전사는 청동 흉갑(가슴받이와 등받이), 길이를 조절할 수 있는 청동 앞치마, 청동 정강이받이, 어깨받이, 빗장뼈받이를 갖추고 있었다. 그의 머리맡에는 수퇘지 어금니와 비슷하게 생긴 투구와 광대뼈받이가 놓여 있었다. 시신 옆에는 가죽 방패, 청동 그릇과 점토 그릇, 황금 빗살을 가진 청동 빗 등이 놓여 있었다. 원래는 청동 장검도 함께 놓여 있었을 텐데 고고학자들보다 앞서서 무덤을 뒤진 도굴꾼들이 가져가버렸다. 이 전사는 신분 과시용의 최신식 갑옷과 무기를 장만하기 위하여 돈을 아끼지 않았다. 그리고 그의 가족들은 그런 값비싼 장비를 후손에게 물려주기보다는 당사자가 지니는 쪽을 기꺼이 허락했다. 그의 친척들은 사람들이 이런 값비싼 과시 행위를 목격하면 그 가문이 얼마나 탁월한 지위와 재산을 가졌는지를 알게 되리라 기대했다.

이 남자와 같은 복장을 한 미케네 전사들은 최신식 군사 장비를 갖추고서 전투에 참가하는 셈이었는데, 그들은 주로 말이 끄는 가벼운 이륜 마차를 타고 다녔다. 일부 학자들의 주장에 따르면, 중앙아시아에서 흘러들어 온 인도-유럽인들이 도입한 것으로 추정되는 이 혁명적인 수송 수단(전차)은 지중해의 여러 사회와 근동 사회에서 기원전 2000년 직후에 등장했다. 에게 해 근방에서 이런 전차가 처음으로 묘사된 것은 기원전 1500년경의 미케네 벽화에서다. 부유한 사람들은 앞 다투어 이 멋진 신병기를 입수하여 전투용으로 사용했을 뿐 아니라 사회적 신분의 증거물로도 활용했다. 이런 점은 현대인들이 승용차가 등장하자 그때까지 사용하던 마차를 내던지고 너도나도 승용차를 구입한 것과 비슷한 현상이다.

덴드라에서 발굴된 갑옷은 전차를 타고서 전투에 참가하는 전사용이지 보병의 장비는 아니라는 주장이 대두되었다. 그런 주장이 나온 근거는 보병이 그런 무거운 금속제 갑옷을 입고서는 제대로 활동할 수가 없다는 것이었다. 이 주장에 따르면, 궁사들을 싣고 다니는 전차가 미케네 군대의 주력 부대이고 보병은 전투의 보조 역할을 담당했다는 것이다. 2차 세계대전 당시 움직이는 대포인 탱크가 앞장서서 나가면 그 뒤를 보병이 따라간 것과 비슷하다는 것이다. 그래서 미케네의 보병들은 전차 부대를 호위하면서 후방 진지를 경비하고, 전차 부대들끼리 충돌한 후에 달아나는 적병들을 추격하고, 전차가 들어갈 수 없는 지역에서만 공격 부대로서 활약하는 임무를 맡았을 것으로 본다. 그리고 미케네 시대의 보병들은 대부분 해외에서 고용한 용병이었을 것이다.

그리스 본토의 미케네 문명은 기원전 1300년과 1200년경에 번영의 절정에 도달했다. 이 시기에 '아트레우스의 보고Treasury of Atreus'라고 불리는 거대한 돔형 무덤이 미케네에 축조되기 시작했다. 이 무덤의 잘 장식된 정면과 날아오를 듯한 지붕에서는 미케네 전사 왕자의 자신감이 드러나 있다. 펠로폰네소스 서쪽 해안인 필로스에 지어진 거대한 왕궁의 마지막 단계 공사도 이 시기에 이루어진 것이다. 그 왕궁은 청동기시대의 부유한 그리스인들이 안락한 생활을 위해 필요로 했던 모든 것, 가령 정교하고 다채로운 벽화, 음식이 가득 들어찬 저장실, 화려한 욕조와 정교한 배관을 갖춘 왕가의 욕실 등으로 꾸며져 있었다.

미케네 사람들이 이처럼 값비싼 군사 장비를 감당한 것을 보면 전쟁이 그들의 주된 관심사였음이 틀림없다. 그런데 미케네인은 근동의 거대한 신전과 같은 대규모 종교적 건물을 건축하는 데에는 단 한 푼도 사용하지 않았다. 그리스 본토의 청동기시대 종교가 어떤 성격이었는지는 대체로 불분명한 상태로 남아 있다. 하지만 통상적인 견해는, 미케네 사람들이 인도-유럽인의 상무적 문화에서 영향을 받아서 남성신을 주로 믿었을 것이라고 보고 있다. 후대의 그리스 종교에서 자주 나오는 신들의 이름, 가령 헤라, 제우스, 포세이돈, 디오니소스 등이 선형문자 B의 점토판에 등장하고 또 후대에 알려지지 않은 신들의 이름도 나오기 때문이다. 포트니아^{potnia}라는 이름 혹은 칭호는 '여주인' 혹은 '통치자'라는 뜻을 가진 여신을 가리키는데, 이 시기의 점토판에 자주 등장한다. 이것은 청동기시대의 신앙이 여신들의 중요성을 강조했음을 보여준다.

청동기시대에 장거리 바다 여행이 가능해지면서 무역업자들과 전사들은 본거지에서 멀리 떨어진 곳까지 진출했다. 이집트와 근동의 무역업자, 공산품 제작자, 금속을 찾아다니는 사업가 들은 큰 보상을 찾아서 엄청난 위험도 아랑곳하지 않고 그리스와 그 너머 지역까지 항해했다. 미케네 사람들은 지중해 연안을 따라 여러 군데에다 식민지를 건설했는데 본국에서의 안전보다는 새로운 곳에서의 더 좋은 기회를 추구했다. 바다를 항해하는 미케네 전사들은 기원전 15세기와 14세기에 미노아의 왕궁 사회를 제압하여 종식시켰다. 그들의 목적은 아마도 지중해 국제 무역의 패권을 잡으려는 것이었던 듯하다. 기원전 14세기 중반에 이르러 미케네 사람들은 미노아를 완전히 제압하고 에게 해의 가장 강력한 문명으로 부상했다.

미케네 문명의 최후

―

청동기시대에 무역과 침략을 위한 해상 여행이 광범위하게 퍼져 나가면서 에게 해의 문명과 근동의 문명은 좀 더 가까이 접촉하게 되었다. 무역업자들과 사업가(특히 금속 채취 사업)들이 부를 거둬들이자 근동 문명은 지중해 동부 지역으로 진출했고, 반대로 그리스 문명은 서쪽으로 나아갔다.

메소포타미아와 아나톨리아의 문명은 도시 규모나 방대한 성문법(기록된 법률) 등의 측면에서 크레타 문명과 그리스의 문명을 압도하고도 남음이 있었다. 후기 청동기시대 내내 미케네 항해자들은 이집트를 즐겨 다녀왔다. 그들은 이집트의 세련된 선진 문명에서 나오는 물자를 교환하고 또 그 문명의 사상을 받아들이기를 좋아했기 때문이다. 그러나 기원전 1250~1200년경에 이르러 오랫동안 확립되어 있던 국가들과 무역 파트너들의 지중해 네트워크가 느슨해졌다. 이집트의 신왕국은 결속력을 잃었고, 해외 침략자들이 아나톨리아의 히타이트 왕국을 파괴했다. 메소포타미아는 정치적 혼돈의 시기로 들어섰고 에게 해의 부유한 왕궁 사회들은 붕괴되었다. 이러한 해체의 원인과 관련해서는 문서 기록이 충분하지 않다. 그러나 그 주된 원인은 현지 집권 세력들 사이의 내분과, 과도하게 특화되고 집중된 경제 체제 속에서 천연자원을 지나치게 남용한 결과일 것으로 추정된다. 이런 혼란이 어느 정도 이어졌는지 정확히 알 수는 없지만, 그것이 많은 주민들로 하여금 이주나 약탈 목적으로 본거지를 떠나게 만든 이유인 것만은 틀림없다. 지중해 동부 지역과 근동 전역에서 발생한 주민들의 이러한 이동은 미케네 문명을 포함한 이 지역들의 정치적 안정, 경제적 번영, 국제적 접촉을 방해하거나 파괴했다. 이런 붕괴의 기간은 수십 년간 지속되었고, 일부 지역에서는 그보다 더 오래 지속되었다. 대략적으로 보아 기원전 1200년에서 1000년 사이의 시기에 지중해 문명에는 많은 재앙이 있었다. 그런 재앙이 그리스인들에게 미친 결과는 치명적이었다.

이집트와 히타이트의 문서들은 이러한 재앙이 가져온 혼란을 기록해 놓았다. 그 문서들은 외국인의 침략과 일부 해상 침략을 언급한다. 파라오 람세스 3세는 북쪽에서 이집트의 변방을 공격해온 침략자들의 가공할 만한 연합 세력을 기원전 1182년경에 패퇴시키고서 이렇게 말했다.

갑자기 사람들이 움직이더니 전투 대형으로 들어갔다. … 그 어떤 땅도 그들의 공격을 물리칠 수 없었다. … 그들은 땅끝까지 영토를 확장하려 들었고, 그들의 정신은 자신감과 믿음으로 흘러넘쳤다. "우리의 계획은 성공할 것이다!" 하고 그들은 외쳤다. … 하지만 내가 다스리는 나라의 국경까지 온 자들은 씨가 남아 있지 않았다. 그들의 심장과 영혼은 완전히 파괴된 상태였다. … 그들은 유인되어 포위된 다음, 살육되어 해변에 널브러졌다. 머리와 다리를 구분하지 않고 마구 쌓아올려진 시체가 인산인해를 이루었다.

— 프리처드, 《고대 근동의 문헌》, pp. 262~263

이집트의 기록은 이들 '바다 민족Sea Peoples'이 여러 다른 인종으로 구성되었다고 전한다. 바다 민족(이 시기의 약탈자를 가리키는 현대의 역사적 용어)은 아마도 미케네 그리스, 에게 해 제도, 아나톨리아, 키프로스, 근동의 여러 지역 사람들이었을 것이다. 그들은 어떤 통일된 혹은 균일한 민족 집단을 구성하지는 않았다. 그들은 본거지의 정치적·경제적 혼란 때문에 본거지를 떠나온 독립 집단이었다. 그들 중 일부 세력은 과거의 강력한 지도자들 밑에서 한때 용병을 하던 자들로, 권력과 전리품을 노리고 지도자들에게 반기를 든 이들이었다. 일부 세력은 외국 땅에서 노략질을 하려고 먼 곳에서 온 자들이었다.

어느 학자의 가설에 의하면, 미케네 문명을 파괴시킨 대재앙을 가져온 중요한 이유는 군사 전략의 갑작스러운 변경이라고 한다. 좀 더 자세히 설명하면 이렇다. 예전에는 궁수를 태운 전차를 많이 동원하는 것이 전투 승리의 핵심이었다. 청동기시대의 왕들은 이들 전차 부대의 보조 병력으로써 주로 해외 용병으로 충원된 보병 부대를 활용했다. 그런데 그 학자의 가설에 따르면, 기원전 1200년경에 이 용병 보병들은 장검과 장창을 이용하여 전차 부대를 누를 수 있음을 알게 되었다. 보병들이 벌 떼처럼 일시에 전차를 둘러싸면 전차에 올라탄 자들이 꼼짝하지 못했다는 것이다. 자신들의 위력을 깨닫고 또 전리품에 대한 욕심으로 대담해진 용병들은 부대를 구성하여 자신들의 고용자를 공격했고 주인의 재물을 약탈했다. 전차라는 낡은 전술에 의존해왔으나 이제 더는 자신들을 방어하지 못하는, 보물이 가득한 정착지들까지 그들은 노략질했다. 용병들은 내부에 확고한 조직을 갖고 있지 않았기 때문에, 그들이 배반하고 노략질한 문명을 치명적으로 약화시켰다. 하지만 용병들은 자기들이 벌인 미케네 세계 파괴 행위로 공백이 된 자리에다 새로운 정치 제도를 채워 넣을 능력이 없었고, 또 그렇게 하고자 하는 의지도 없었다.

청동기시대의 종말을 설명하는 이런 주장이 정설로 받아들여질지는 앞으로 두고 볼 문제이다. 무엇보다도 이런 의문이 제기되기 때문이다.

만약 보병의 위력이 그토록 대단했다면 왜 용병 보병들이 그토록 오래 기다렸다가 전차를 공격하고 또 그들의 반대자들을 파괴했을까? 하지만 이 시나리오의 한 가지 전제 조건은 사실인 듯하다. 바다 민족과 관련해 우리가 갖고 있는 고고학적 증거가 다음과 같은 사실을 증명하기 때문이다. 즉, 바다 민족은 단 한 번의 거대한 파도처럼 지중해 동부 지역을 휩쓸고 지나간 것이 아니라, 서로 상이한 집단들이 여러 번에 걸쳐서 파괴 행위를 자행했다는 것이다. 최초의 공격과 그 후의 널리 퍼진 파괴 행위는 폭력의 연쇄 반응을 일으킴으로써 더 많은 약탈 집단이 순차적으로 파괴 행위에 가담하게 되었던 것이다.

이 다양한 집단들은 서로 다른 특징과 목적을 가지고 있었던 듯하다. 바다 민족 중 일부 집단은 순전히 약탈을 자행한 뒤에 마침내 본거지로 되돌아가는 사람들로 구성되어 있었을 것이다. 또 다른 전사 집단과 그 가족들은 좀더 번영하고 안전한 새로운 거주지를 찾는 사람들이었을 것이다. 그들은 자발적으로 떠났거나 침략자에 의해 쫓겨서 떠났거나, 그것도 아니면 그들의 본거지보다 더 안전하고 더 번영한 거주지를 찾아 나섰을 것이다. 그들의 인원 구성이 어떠했든 간에 해외에서 이런 도망자들을 따뜻하게 맞아주었을 리는 만무하므로, 그들은 새로운 거주지를 얻기 위해 일전을 불사하겠다는 자세였을 것이다.

이런 침략자 집단들이 일으킨 물질적 피해는 그들이 기존의 정착 사회에 끼친 사회적 혼란으로 더욱 악화되었다. 침략자들의 이주가 얼마나 빈번했는지는 알 수 없지만(침략자들이 널리 퍼져 있었다는 주장에 대해서 현대 학계는 찬반양론으로 갈려 있다), 아무튼 바다 민족이 이 시기에 지중해에서 저지른 파괴와 혼란은 널리 퍼져 있는 현상이었다. 이러한 침략과 이주는 지중해의 정치적 지도와 인구의 지도를 바꾸어놓았다. 하지만 이 시기에 얼마나 많은 사람들이 본거지를 떠나 다른 곳에서 영구 정착했는지는 불분명하다.

우리들이 가지고 있는 현재 지식의 수준에서 보면 바다 민족이 일으킨 요란한 소동의 이유와 원인은 수수께끼로 남아 있지만, 그것이 근동 문명과 그리스 문명에 엄청난 영향을 끼쳤다는 사실만은 분명하다. 한때 강성했던 아나톨리아의 히타이트 왕국은 기원전 1200년경에 패망했다. 침략자들이 왕국의 변경을 자주 침입하면서 물자 보급로를 완전히 끊어놓았기 때문이다. 수도인 하투사스는 불태워져서 다시는 재건되지 않았다. 그 후 새로운 히타이트 소국들이 500년 동안 존속했으나, 이들도 신新 아시리아 왕국의 군대에 의해 패망했다.

바다 민족의 출현은 이집트의 신왕국도 약화시켰다. 신왕국은 그들을 물리치기 위해 많은 군사력을 동원해야 했고, 그러다 보니 자연히 지중해의 국제 무역을 소홀히 하게 되었다. 파라오와 사제단 사이의 권력 투쟁도 왕정의 중앙집권적 권위를 침해했다. 그리하여 기원전 11세기 중반에 이르러 이집트의 영토는 대폭 축소되어, 나일 강 양안의 과거 영토로 줄어들었다. 국제 무역이 부실해지면서 이집트의 신용도 추락했다. 기원전 11세기에 웬–아몬Wen-Amon이라는 테베 신전의 관리가 의례용 배船에 사용할 삼나무를 사기 위해 페니키아의 비블로스로 여행을 갔을 때, 그 도시의 통치자는 모욕스럽게도 나무 대금을 선불하라고 요구했다. 신왕국 이후에도 이집트의 왕정은 계속 이어졌지만, 파라오와 사제단 사이의 권력 투쟁과 해외의 빈번한 침략 탓에 강력한 중앙 권력을 확립하지 못했다. 그리하여 이집트는 구왕국과 신왕국 시대에 누렸던 국제적 강대국이라는 지위를 다시는 회복하지 못했다.

이 시기의 대재앙은 구리가 풍부한 섬 키프로스와 지중해 동부 지역 해안의 번성하는 도시들에도 큰 영향을 미쳤다. 후대의 그리스인들은 이 해안 도시의 주민들을 가리켜 '페니키아인'이라고 명명했는데, 아마도 이 해안의 갑각류에서 나오는 인기 높았던 적자색赤紫色 염료에서 이런 이름(페니키아)을 따왔을 것이다. 그들은 그들 자신을 가나안 사람들이라고 불렀다. 시리아 해안에 있던 우가리트 같은 도시의 주민들은 국제 해상 무역을 많이 했고, 활기 넘치는 다언어 문화를 꽃피웠다. 바다 민족의 참혹한 침략은 우가리트를 파괴했지만, 그 도시에서 꽃핀 가장 가치 있는 업적은 아직도 살아남아 있다. 문명의 교차지인 이곳에서 기원전 1700년에서 1500년 사이에 최초의 알파벳이 발명된 것이다. 표음 알파벳의 소리를 상징하는 글자들은 고대 근동의 표기 체계나, 선형문자 A나 선형문자 B 같은 표기 체계보다 훨씬 간단하고 유연성이 높은 문자 체계였다. 이 문자의 후대 형태가 고대 그리스와 로마의 알파벳이 되었고, 다시 이것이 현대 서구 알파벳의 모태가 되었다.

미케네인들이 쌓은 이러한 부富도 그들을 후기 청동기시대의 만연한 폭력으로부터 보호해주지는 못했다. 이 시기에 팽배해 있던 위험의 징조는 필로스에서 발견된 선형문자 B의 점토판에서 생생하게 읽을 수 있다. 이 점토판에는 기원전 1200년경에 벽으로 둘러쳐져 있지 않은 이 지역을 호위하기 위해 군대를 배치한 사실이 기록되어 있다. 대부분의 왕궁 통치자들은 방어용 벽을 거대한 암석으로 쌓아 올렸기 때문에 후대의 그리스인들은 외눈박이 거인들인 키클로페스가 이 거대한 요새(도판 2-3)를 쌓았을 것이라고 생각했다. 동부 펠로폰네소스의 미케네와 티린스에

도판 2-3 | 미노아인들과 마찬가지로 펠로폰네소스와 중부 그리스의 미케네인들은 재분배 경제를 가진 중앙집권형 국가에서 살았다. 국가 중심부는 미케네에 있는 이런 거대한 석조 방벽과 입구를 가지고 있었다. 이러한 특징은 미노아 문명에서는 발견되지 않는다. Wikimedia Commons.

있는 방어벽들은 해안 가까이에 있는 왕궁들을 바다를 건너오는 침략자들로부터 보호했을 것이다. 그러나 해변에서 멀리 떨어진 중부 그리스의 글라에 있던 왕궁을 둘러싼 성벽은 의문을 불러일으킨다. 외국의 해적들이 미치지 못하는 곳에 있는 왕궁인데 왜 성벽을 쌓았을까? 이것은 미케네인들이 바다를 건너오는 외적들을 상대하려는 것이 아니라, 다른 미케네인 혹은 반항하는 용병들로부터 자신들을 보호해야 했음을 말해준다. 단일 국가로 통일된 적이 없는 미케네 그리스의 분열된 '왕자들'은 기원전 13세기에 이르러서 외국 침략자들과는 물론이고 자기들끼리도 싸움을 하게 되었다. 크레타 섬의 동부 해안 주민들은 산속의 외딴곳에다 소규모의 정착촌을 건설하여 이 시대의 침략으로부터 도피하는 수단으로 삼았다.

　기원전 1200년에서 1000년 이후의 그리스 본토에서 왕궁들이 파괴된 것은 외부의 침략 때문이 아니라, 미케네 그리스 통치자들 사이의 내부 갈등 때문이었다. 게다가 그리스는 지진 활동이 활발한 지역으로, 후대의 역사적 기록에 따르면 많은 사람들의 목숨을 앗아간 파괴적인 지진이 자주 발생했다. 거의 매일 계속되는 전쟁은 세심하게 관리되는 왕궁의 재분배 경제 체제를 심하게 왜곡시켰고, 또 지진 피해로부터 회복되는 것마저 방해했다. 왕궁 경제의 붕괴는 그 경제 체제에 의존하는 대다수 미케네 주민들에게 파괴적인 영향을 끼쳤다. 스스로 곡식을 기르는 소규모 농부들은 물자와 식품의 재분배 제도가 붕괴된 이후에도 격렬한 사회 혼란 속에서 사망하지만 않았다면 자급자족할 수 있었다. 그러나 남들에게 의존하여 양식을 얻어야 하는 사람들은 그 제도가 사라지자 굶주리게 되었다. 통치자 세력의 붕괴로 더는 매인 몸이 아닌 전사들은 새로운 왕궁 혹은 약탈지를 찾아 떠났고, 그리하여 이집트인들이 바다 민족이라고 명명한 집단의 일원이 되었다.

　후대의 그리스인들은 도리아인(그리스 본토 북서부의 그리스 방언을 말하는 사람들)의 침략 때문에 청동기시대 그리스가 붕괴되었다고 설명하지만, 고고학적 증거에 의하면 남부 그리스로 내려온 도리아인들은 소규모였기에 그런 피해를 입혔을 것 같지는 않다. 실제로 대규모 침략이 아니라 소규모 이동이 이 시대 인구 이동의 특징이었다. 본거지에서는 아무런 전망도 없는 전사들이 소규모로 무리를 지어 지중해 동부 지역을 떠돌아다니다가 해적이 되거나, 아니면 외국 통치자의 용병이 되었던 것이다.

　기원전 1200년 이후 미케네 그리스의 재분배 경제가 붕괴되면서 발생한 사회적 피해가 회복되는 데에는 여러 세기가 걸렸다. 전면적인 재앙을 피한 지역은 오로지 아테네뿐인 듯하다. 사실 기원전 5세기의 아테네인들은 고전 그리스 시대의 사람들 중에서 자신들이 차지하는 독특한 지위에 대해 자부심을 갖고 있었다. 그들이 말하듯이 조국의 '땅에서 태어난' 그들은 기원전 11세기와 12세기에 그리스 여타 지역을 뒤흔들었던 혼란 때문에 다른 곳으로 이주할 필요가 없었다. 아테네인들이 자신들의 그런 과거를 자랑한다는 사실은 곧 기원전 1200년에서 1000년경의 다른 지역 그리스인들이 얼마나 참혹한 운명을 겪었는지를 반증한다. 그들은 본거지에서 뿌리 뽑혀 새로운 정착지를 찾아 외국을 떠돌아야 했다. 나중에 서부 아나톨리아의 해안 지역에 거주하게 되는 이오니아 그리스인들은 이 시기 말에 그리스 본토에서 이민한 사람들의 후예이다. 화려한 보석류, 황금으로 상감된 칼, 붙박이 욕조 등 미케네 문명의 사치품들은 사라졌다. 외부인이 볼 때, 미케네 시대 말기의 그리스 사회는 회복 불능의 경제적·사회적 후퇴를 겪다가 종당에는 영원히 잊히고 말 것 같았다. 하지만 나중에 알게 되듯이, 그때 이미 위대한 변화가 생성되고 있었고, 그것은 마침내 오늘날 우리가 '그리스의 황금시대'라고 부르는 문명과 과학적 성취를 창조하게 된다.

암흑시대

그리스 현지의 전쟁, 경제의 붕괴, 기원전 1200년에서 1000년경 사이에 있었던 인구의 이동 등은 그리스의 미케네 문명과 근동 전역의 도시, 왕국, 문명을 파괴했다. 이런 오래 지속된 폭력의 시대는 여러 세기에 걸친 학살과 폭력에서 살아남은 많은 사람들에게 엄청난 시련과 가난을 가져왔다. 이 혼란스러운 시기와 그 후의 회복 과정을 자세히 알 수는 없다. 고고학에 따른 모호하고 불완전한 정보를 보충해줄 문학 및 문서 자료가 거의 남아 있지 않기 때문이다. 당시 생활 조건은 너무나 척박했고, 또 그리스 쪽의 문서 기록이 거의 없어서 이 시기의 사건들은 상세히 알려지지 않았다. 그래서 우리는 기원전 1000년경부터 시작되는 이 시대를 통상 '암흑시대'라고 부른다. 이 시대에 살았던 사람들의 삶은 대체로 암담했는데, 그와 마찬가지로 이 시대에 대한 우리의 인식도 어둡기 짝이 없다.

근동은 그리스보다 이러한 어둠에서 빨리 회복하여 기원전 900년경에 암흑시대를 끝냈다. 그 지역은 대규모 건물 공사에 들어가는 목재 등

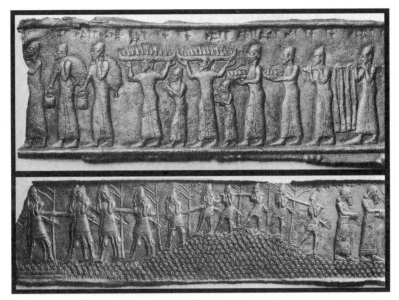

도판 3-1 | 기원전 9세기 이라크 님루드의 사원 입구에 붙어 있던 금속판. 목재를 위시하여 다양한 물건들을 수송하는 모습을 보여준다. 암흑시대에 이 지역은 그리스보다 피해를 덜 보았고 그리스인들은 이 지역과 지속적으로 교역을 함으로써 서서히 경제적·문화적으로 회복했다. The Walters Art Museum, Baltimore.

의 원재료와 사치품 분야에서 국제 교역을 계속 활발하게 수행했다(도판 3-1). 그리스에서 암흑시대가 끝난 것은 그보다 약 150년 뒤인 기원전 750년경으로 추정된다. 하지만 청동기 그리스 문화와 암흑시대 문화 사이에 엄청난 단절이 가로놓여 있다는 말은 아니다. 암흑시대라고는 하지만 그리스와 근동 및 이집트 사이의 접촉은 계속되었다. 미케네 그리스의 생존자들은 동쪽에 있는 오래된 문명들과의 접촉을 잃지 않았으며, 그리하여 그들의 기술과 사상, 특히 종교적 전통을 전수받을 수 있었다. 암흑시대의 그리스 역사의 세부 사항을 자세히 파악하기는 어렵지만, 이 시대에 후대 그리스의 특징을 형성한 사회적·정치적 조직의 가치와 전통, 새로운 형태와 같은 토대가 마련된 것만은 확실하다.

초기 암흑시대의 경제와 사회
—

미케네 문명이 와해된 이후 그리스의 경제 조건은 크게 악화되어 사람들의 삶이 아주 척박해졌다. 그리하여 지중해와 근동 세계의 주민들은 암흑시대에서도 가장 열악한 시기를 견뎌내야 했다. 미케네의 왕궁 사회가 붕괴된 것은 기원전 1200년경 이후 시대의 혼란상으로 인해 미케네 존속의 기반이었던 재분배 경제 체제가 파괴되었기 때문이다. 암흑시대 초기의 척박한 생활 환경에 대한 가장 좋은 사례로는 다음을 들 수 있다.

무엇보다 그리스인들은 미케네 문명이 붕괴되면서 문자 체계를 상실했다(하지만 그런 상실이 전반적인 현상은 아니었다는 주장이 꾸준히 제기되어왔다). 문자처럼 중요한 기술이 전부 혹은 거의 대부분 멸실된 것은 나름대로 이유가 있었다. 미케네인들이 사용했던 선형문자 B는 습득하기가 어려워서 왕궁 서기관들만 알고 있었을 것으로 짐작된다. 중앙 집중 경제에 필요한 모든 문자 기록을 담당했던 서기관들은 문자를 하나의 전문 기술로 활용했다. 그들은 왕궁으로 들어오는 물자, 재분배를 위해 밖으로 나가는 물자의 흐름을 일일이 기록했다. 그러나 통치자들이 권력을 잃어버리고 미케네 그리스의 재분배 경제가 와해되자, 들어오는 물자를 기록할 필요도 없어졌고 서기관의 전문적 기술에 대가를 지불할 필요도 없어졌다.

그러나 과거의 구전 전통이 시와 노래 속에 그대로 살아남은 덕택에 그리스 문화는 문자의 상실을 벌충할 수 있었다. 그들은 그 이야기와 전설을 귀중한 재산으로 여겨서 오랜 세월 동안 암송해옴으로써 후대에 전해줄 수 있었다. 시, 음악, 노래, 비공식적 이야기하기 등을 구연하는 것은 우리가 추적할 수 있는 것보다 훨씬 오래된 그리스 생활의 일부였는데, 그 덕분에 심지어 최악의 시기에도 그리스인들의 기본적인 문화 사상을 대대손손 이어가게 할 수 있었다.

그러나 과거의 사건들에 대한 정확한 지식의 관점에서 살펴보면, 후대의 그리스인들은 이제는 오래된 청동기시대와 관련해서는 거의 완전히 기억상실증에 걸린 것이나 마찬가지였다. 그들은 미케네 문명과 그 패망에 대해서 아는 바가 별로 없었고, 또 그들이 알고 있다고 생각하는 대부분의 것들도 진실이 아니었다. 앞에서 이미 언급했지만, 예를 들어 그들은 미케네 문명이 붕괴된 이후 그리스어를 말하는 북쪽의 도리아인들이 중부와 남부 그리스를 침입했다고 믿었다. 그런데 도리아인은 스파르타인의 선조로 유명한 부족이었고, 스파르타는 기원전 5세기에 아테네가 강력한 도시국가로 부상하기 이전에 그리스 본토에서 가장 강력한 세력을 자랑하던 도시국가였다. 후대 그리스인의 이러한 믿음과는 다르게, 현대 고고학은 도리아인의 침입을 증명해주는 그 어떤 뚜렷한 유적도 발견하지 못하고 있다. 그리하여 많은 학자들은 도리아인의 침입을 믿었던 고대 그리스인의 이론을 허구라고 생각한다. 적어도 대규모 인구가 단 한 번에 집중적으로 침입한 적은 없다고 보는 것이다. 그리스 암흑시대에 그리스인들은 글을 쓸 줄 몰랐을 테니 당연히 문자 기록이나 문헌이 남아 있을 수가 없다. 그래서 고고학자들이 발굴해낸 말 없는 증거물들이 이 전환기의 역사를 구성하는 결정적인 자료이다. 따라서 고대 그리

기원전 1000년경	아테네를 제외한 거의 모든 중요한 미케네 유적이 이 무렵에 파괴됨.
1000~900년경	격심한 인구 감소와 농업 감소의 시기.
950~750년	그리스가 페니키아 알파벳을 변형함.
900~800년경	인구와 농업의 회복 초창기. 도구와 무기에 쇠가 사용되기 시작함.
776년	최초의 올림피아 제전.
750년경	그리스 암흑시대 종료.
750~700년경	그리스인들이 다시 문자 체계를 회복하면서 호메로스의 장시가 문자로 기록됨. 이때 페니키아 문자를 도입하여 모음을 넣어 사용함. 헤시오도스가 시를 씀. 델포이의 아폴론 신탁이 이미 유명해짐.

스인이 도리아인에 대해서 믿었던 것보다는 고고학적 발굴의 결과에 더 무게를 둘 수밖에 없다.

고고학적 발굴 자료에 따르면, 암흑시대 초기의 그리스인들은 미케네 문명의 전성기에 비해 경작하는 땅도 작았고 정착촌의 수도 적었다. 돌로 축조한 성채로 보호받는 강력한 통치자도 없고 그런 통치자가 자기 영토를 단속하지 않았으니, 농부, 목축업자, 기타 공산품 제작자에게 안정된 생활 수준을 보장했던 재분배 경제 체제도 존재할 수가 없었다. 후기 청동기시대에 무수한 상업적·외교적·군사적 사절단을 태우고 지중해를 누볐던 미케네 선단들과 비교해볼 때, 그리스인 모험가, 침략자, 상인 들을 태우고 지중해를 항해하는 배의 수는 현저하게 줄었다.

그리스의 암흑시대 초기에는 대규모 정치 체제가 존재하지 않았고, 사람들은 대부분 스무 명 정도의 인원으로 구성된 소규모 집단에서 목축을 하거나 농사를 지으며 근근이 연명했다. 번영하던 시절의 미케네 정착촌은 인구가 그보다 훨씬 더 많았다. 실제로 전체 그리스 인구는 기원전 2000년대의 번영했던 시절에 비해 많이 감소한 상태였다. 왕궁들을 파괴한 폭력은 너무 많은 사람들을 죽였고 그래서 한동안 잉여 식량을 생산할 수 있을 만큼 충분한 농업 노동자들이 없었을 가능성이 있다. 잉여 식량이 없으니 인구를 증가시킬 출산율의 증가도 어려웠다. 고대에는 생활이 어려운데다 많은 사람들이 아주 어릴 때 죽었기에 인력은 언제나 희귀한 자원이었다. 게다가 암흑시대의 참담한 생활 조건 탓에 인력을 개발하기가 전보다 더 어려웠다.

이 시대에 농업이 시들해지자 많은 그리스인들은 주로 목축으로 가족의 생계를 이어갔다. 이러한 이유로 사람들의 생활은 더욱 유목민과 같은 것이 되었다. 왜냐하면 그들은 가족들이 현재 머무는 곳의 풀을 다 뜯어 먹으면 새로운 목초지를 찾아 이동할 준비가 되어 있었기 때문이다. 한곳에 오래 머무는 동안, 운이 좋으면 곡식을 경작할 수 있는 새로운 땅을 발견하기도 했다. 이런 반*정착민 생활을 했기 때문에, 그들은 이동할 때를 대비하여 간단한 오두막을 짓고 최소한의 집기만을 갖추고 살았다. 미케네 선조들과는 달리, 암흑시대 초기의 그리스인들은 기념비적 건축물, 가령 방이 수십 개 있는 왕궁이나 거대한 석벽으로 호위되는 성채 등을 축조하지 않았다. 미술 또한 퇴보했다. 그리스의 도공들은 이제 도자기에다 사람이나 동물 그림을 그려 넣지 않았다.

그리스 암흑시대의 초기에는 사람들이 전반적으로 가난했기 때문에 이 시기의 많은 공동체들은 평등 사회를 유지했거나, 그게 아니더라도 미케네 문명의 위계적 질서는 존재하지 않았을 것이라고 짐작하게 된다.

그러나 우리의 이런 짐작과 달리, 고고학적 증거는 그 반대의 현상을 가리키고 있다. 일부 지역에서는 위계적인 사회 질서가 존속했고, 또 기원전 11세기 후반 무렵(이때는 암흑시대가 그리 오래 진행된 때도 아니다)에는 이미 그런 위계질서가 되살아났음을 보여준다.

아무튼 기원전 10세기 중반으로 오면 암흑시대 그리스에 사회적 위계제가 있었다는 점이 명확해진다. 이것은 그리스 본토 동부 해안에서 조금 떨어져 있는 에우보이아 섬의 레프칸디 유적과 펠로폰네소스의 메세니아에 있는 니코리아 유적에 의해 입증된다. 레프칸디 유적지에서는 기원전 950년경에 사망한 것으로 보이는 부유한 남녀의 무덤이 발굴되었는데, 근동의 특징을 보이는 다양한 사치품이 들어 있었고, 가슴받이 등 정교한 황금 장식으로 단장된 여자는 아주 부유한 가문 출신임을 짐작케 했다. 이 부부는 외부에 나무 기둥이 세워져 있고 길이 45미터가 넘는 건물 밑에 매장되어 있었다. 이 중후한 건물과 화려한 부장품은 이 남녀가 생전에 높은 사회적 지위를 누렸고, 사후에는 조상 숭배의 형태로 존경받았음을 보여준다. 니코리아에서는 고고학자들이 이엉지붕을 두른 흙벽돌 건물의 유적을 발견했는데, 정착지 내의 다른 건물들보다 훨씬 컸다. 이 건물은 미케네 왕궁에서 발견된 메가론과 비슷한 공간을 갖고 있었다. 이 건물은 왕궁은 아니지만 그 설계로 보아 현지의 저명한 가문이 살았던 저택인 듯하다. 그는 이웃들보다 사회적 지위가 높고 부유했을 테니 아마도 그 지역의 통치자였을 것이다.

기원전 10세기 그리스에서 남들보다 훨씬 부유하고 권력 있는 사람들은 비교적 적었겠지만, 레프칸디와 니코리아에 그런 사람이 있었다는 사실은 그리스의 특정 지역에 사회적 차별화가 지속되었거나, 아니면 새로이 나타났음을 보여준다. 이처럼 그리스 사회에서 계급적 질서를 강조하는 현상은 그리스의 새롭고 강력한 정치 형태의 예고편으로 볼 수 있다. 뒤에서 살펴보겠지만, 이 정치 형태는 자유 시민들이 자율적으로 통치하는 도시국가를 뜻한다.

경제 회복과 기술

암흑시대의 초창기에 대부분의 사망자들은 진흙으로 만든 항아리가 가장 좋은 묏자리였다. 고고학적 발굴에 따르면, 기원전 900년경에 여러 지역의 소수 부유한 그리스인들이 값비싼 물건을 무덤의 부장품으로 사용하곤 했다. 이처럼 남다른 부가 축적되었다는 사실은 이 무렵에 이르러 그리스 전역에서 위계적 사회가 형성되었음을 말해준다. 부유한 가문들은 사자의 곁에 값비싼 부장품을 놓아줌으로써 사회의 꼭대기에 오른 자신들의 신분을 과시했다. 이처럼 무덤에까지 이어진 부에 따른 사회적 차별화는 기원전 9세기경에 이미 진행되고 있던 기술에 바탕을 둔 경제적 변화의 결과이다.

아테네에서 발굴된 두 무덤은 이 시기에 등장한 야금술과 농경술의 진보를 잘 보여준다. 사실 그러한 기술의 진보 덕분에 그리스 암흑시대가 궁극적으로 끝나게 되었다. 이 두 무덤 중 시기적으로 앞선 것은 기원전 900년경의 남자 무덤인데, 사자의 유골을 담은 토기를 놓아둔 구덩이 형태이다. 그 토기 항아리 주위에 장검, 창끝, 단도 등의 금속제 무기들이 함께 부장되어 있었다. 남자 무덤에 이처럼 무기를 집어넣는 것은 미케네 시대의 매장 전통이 이어진 것이다. 그런데 이 무기들은 그 이전 시대의 주된 금속이었던 청동이 아닌 쇠로 만들어진 것들이었다. 이러한 차이는 기원전 1000년대 초의 몇 세기 동안 지중해 일대에서 벌어진 야금술의 중대한 변화를 의미한다. 이제 도구와 무기를 제작할 때 청동이 아니라 쇠를 쓰게 된 것이다. 그래서 해당 시기에 사용된 주요 금속명으로 시대의 이름을 짓는 관습에 따라, 암흑시대는 그리스의 철기시대 초창기라고 언급되기도 한다.

그리스인들은 고온에서 쇠를 제련하는 야금술을 누구에게 배웠을까? 아마도 철광석을 찾아다니는 키프로스, 아나톨리아, 근동 등지의 외국 무역업자들 혹은 순회 노동자들에게 배웠을 것이다. 마침내 쇠가 많은 용도에서 청동을 대체했고, 특히 칼, 창끝, 농기구 등에 많이 사용되었다. 그러나 방패와 갑옷에는 청동이 여전히 사용되었다.

쇠는 청동보다 실용적인 이점이 있어서 널리 보급되었다. 게다가 잘 제련된 쇠는 청동보다 단단해서 철제 도구는 예리한 날을 더 오랫동안 유지했다. 이런 야금술의 혁신이 널리 퍼지게 된 데에는 특히 청동을 만들 때 필요한 주석을 입수하기가 어렵다는 사실도 한몫했다. 기원전 1200년경부터 시작된, 지중해 동부 지역에 널리 퍼진 사회적 혼란 때문에 멀리 떨어진 소수 지역에서 그리스와 근동으로 주석을 수송해주던 국제 무역로가 끊어진 것이 주석 품귀의 원인이었다. 그리하여 그리스인들은 그들 영토 내에서 철광석을 채광하고 제련하여 지속적으로 공급했다.

이러한 기술 덕분에 그들은 더 오래가고 더 값싼 농기구를 더 많이 만들 수 있게 되었다. 이 일이 식량의 증산을 가져왔다. 이러한 발달상은 아테네에서 발견된 두 번째 암흑시대 무덤의 유물에 의해 입증된다. 기원

도판 3-2 | 고대의 주식이었던 곡식을 담아서 보관했던 소규모 보관 용기들. 암흑시대의 후반부에 아테네에 매장된 여자의 무덤에서 출토되었다. 이런 용기들은 그녀가 생전에 누렸던 부를 보여준다. 이 당시는 경제적으로 위축된 시기여서 많은 가난한 그리스인들이 굶주렸다. Giovanni Dall'Orto/ Wikimedia Commons.

전 850년경의 것으로 보이는 이 무덤은 여자의 무덤으로, 여기에는 황금 반지, 귀고리, 유리구슬로 된 목걸이, 흙을 구워서 만든 이례적인 궤짝 등이 함께 묻혀 있었다. 목걸이는 아마도 이집트나 시리아에서 수입되었거나 그쪽 지방에서 온 순회 세공사가 만들었을 것이다. 황금 보석류에 사용된 기술은 근동의 것이었다. 이런 귀중한 유물들은 그리스와 근동의 선진 문명 사이에 지속적인 접촉이 있었음을 보여준다.

이 무덤에서 나온 것들 중 가장 흥미로운 유물은 토기 제품인데 자그마한 곡물 보관 용기이다(도판 3-2). 이 용기는 아주 정교하고 규칙적인 디자인으로 채색되어 있다. 그 디자인이 매우 정교해서 현대의 미술사가들은 후기 암흑시대의 이런 스타일에 기하학 양식$^{Geometric style}$이라는 이름을 붙여주었다. 이 용기 위에는 벌집 모양으로 조각된 항아리 다섯 개가 놓여 있었는데, 이것들은 곡창(곡식을 저장하는 용기들)의 축소 모형이다. 만약 이런 모형들이 특별한 가치를 지닌 물품으로서 무덤 속에 부장될 정도라면, 실물 곡창과 그 안에 보관된 곡식은 일상생활에서 가치 있는 물건이었음이 틀림없을 것이다. 어쨌든 곡식은 그리스인들의 주식이었고 영양 공급의 주된 원천이었다.

이 용기는 여자와 그녀의 가족이 곡식을 기르는 농지에서 상당한 부를 축적했다는 것을 보여준다. 또한 그리스 농업이 암흑시대 초창기의 피폐상에서 회복되었음을 암시한다. 암흑시대에는 농업이 너무 황폐해져서 목축이 더 주된 활동이 되었는데, 이 여자의 매장품은 그녀와 그녀의 동시대인들에게 농업이 중요했다는 사실을 짐작케 한다. 이 시기에 농업 생산량이 늘면서 나타난 가장 중요한 결과는 인구의 증가이다. 현재의 증거로 비추어 볼 때, 무슨 이유에서인지 알 수 없지만 인구가 먼저 증가했고 그다음에 농업이 활발해져서 곡식을 더 많이 재배하게 되었는데, 여기에 더 많은 인력이 투입되었을 가능성을 배제할 수 없다. 그렇지만 먼저 영농 기술이 발달하여 전보다 힘을 덜 들이고 식량을 생산할 수 있게 되자 그 결과로 인구가 증가하고 또 땅을 부쳐 먹을 수 있는 사람이 늘어났다고 보는 것이 더 타당하다.

어쨌든 이러한 두 가지 발전은 서로 상승 작용을 일으켰을 것이다. 그리스인들이 더 많은 식량을 생산하자 영양 상태가 좋은 주민들이 더 빨리 자손을 낳았을 것이고, 그리하여 인구가 늘어나자 식량 증산이 이루어졌을 것이다. 암흑시대 후반기의 인구 증가는 그리스의 새로운 정치 형태를 낳게 한 인구통계적 조건이 되었다.

그리스 엘리트들의 사회적 가치

—

곡창 모형의 보관 용기가 부장된 아테네 여인이나 레프칸디의 부부는 사회의 수직 구조(위계제)에서 가장 부유하고 지체 높은 소수의 사회 계층이었다. 그런데 이런 위계제는 그리스 암흑시대의 후반부에 이르러 그리스 전역에 퍼졌다. 역사가들이 사용하는 '귀족제aristocracy'라는 용어는 '최고로 훌륭한 사람의 통치'를 의미하는 그리스어에서 나온 것인데, 바로 이런 엘리트 사회 집단을 가리키는 말로 사용되었다. 하지만 이 용어는 그 다양한 함의含意 때문에 종종 오해를 불러일으킨다. 다른 시대, 다른 장소(가령 근대 초기의 유럽)에서 귀족제는 법적으로 구성되고 공식적으로 인정된 귀족들을 의미한다. 이 경우, 귀족은 귀족 가문이라고 공식적으로 인정된 가문에서 태어남으로써 그런 사회적 신분을 세습하게 된다.

그리스는 공식적인 귀족 제도가 널리 퍼진 적이 없었다. '귀족제'라는 말과 그 유사어인 '귀족aristocrat'이 그리스 역사의 논의에서 등장할 때, 프랑스사나 영국사에 등장하는 귀족과는 다르다는 점을 기억해야 한다. 일부 그리스 가문들은 남다른 특혜를 물려받았다. 가령 종교 의식의 집전이 그러하다. 하지만 이런 가문은 극소수였다. 따라서 그리스 사회의 지도자들은 귀족보다는 엘리트라고 부르는 편이 더 정확한 표현이다. 그리고 이 책에서 엘리트는 그런 의미로 사용되었다. 그리스의 사회적·정치적 엘리트는 다양한 방식으로 그런 지위를 획득했지만, 엘리트 개념의 근본 사항은 이런 것이다. 즉, 엘리트 구성원들은 남들의 판단에 의하여 그런 지위를 획득했고, 자신들의 처신과 행동으로 사회에서 그런 우월한 지위를 누릴 자격이 있음을 지속적으로 증명해야 한다는 것이다.

이 시기의 그리스 엘리트들은 행동과 재산 등 다양한 요소가 종합되어 그러한 신분을 획득했다. 부와 지위를 갖춘 집안에서 태어나는 것은 엘리트가 되는 데에 가장 기본적인 조건이 되었다. 하지만 그런 가문에서 태어났다는 사실 자체가 '최고로 훌륭한 사람'으로 인정받게 해주는 것은 아니었다. 이 엘리트 그룹에 기대되는 경쟁적 행동 규범을 지켜야 하고 또 그렇게 널리 인식되면서 동시에 부유해야만 그럴 수 있었다. 더욱이 사회적 맥락에서 자신의 부를 적절히 사용할 줄 아는 것도 중요했다. 가령 값비싼 물건을 사들이거나 축하 행사에 뒷돈을 대어 신분을 과시하고, 신분이 동등한 사람들과는 선물을 교환하고 신분이 낮은 사람들에게 은혜를 베풀어서 사회적 관계를 공고히 하는 일에서 다른 엘리트들과 경쟁해야 했다. 또한 값비싼 희생물(가령 덩치가 큰 동물)을 신들에게 바쳐 공식적 경의를 표해야 했다. 또 공공 축하 행사와 건설 공사에 뒷돈을 대어 공동체에 혜택을 내려주어야 했다. 따라서 의무를 준수하고 남들의 존경을 이끌어내는 엘리트로 인정받으려면 특정한 방식에 따라 행동해야 했다. 만약 재산을 잃어버리거나 엘리트의 행동 규범에 어긋나는 짓을 하면 그가 속한 가문의 과거 영광이 어떠했든 간에 그는 사회적 치욕이나 매장을 당했다.

어떤 가문이 사회의 엘리트로 인정받아서 그런 부와 지위를 후손에게 물려준 다양한 방식에 대해 우리는 추측만 할 수 있을 뿐이다. 암흑시대의 어떤 가문은 미케네 문명 당시의 유수한 가문으로서 그 시대의 혼란상에서 살아남아, 초기 암흑시대에 재산이나 토지를 그대로 유지하여 엘리트 가문이 되었을 수도 있다. 어떤 가문은 암흑시대에 착실히 재산을 모으거나 불운한 사람들에게 도움을 많이 주어 엘리트 가문으로 진입했

도표 2 | 초기 알파벳의 문자 사례

1 원 가나안어	2 초창기 철자 이름과 의미	3 페니키아어	4 초기 그리스어	5 현대 영어 대문자
⊲	alp(소머리)	ⴹ	⟁	A
⊓	bēt(집)	⟨	B	B
L	gaml(던지는 막대기)	⟨	⟨	C
⋈	digg(물고기)	⟨	△	D

1. 기원전 2000년대의 원 가나안어 철자는 시나이의 세라비트 알카딤(Serabit al-Khadim) 등의 유적지에 쓰여 있던 것을 발굴한 것이다.
2. 철자의 이름과 그것이 나온 사물, 예를 들어 'bēt'라는 글자는 'b'라는 소리를 표시하기 위해 사용되었다. b는 '집'을 가리키는 가나안 말 bēt의 첫 번째 글자였다.
3. 페니키아인들은 동일한 철자를 그대로 받아들여 그들의 알파벳으로 사용했다.
4. 그리스인들도 동일한 철자를 그대로 받아들여 그들의 알파벳으로 사용했다.
5. 동일한 철자가 현대 영어의 대문자로 사용되고 있다.

을지도 모른다. 어떤 가문은 공동체의 구성원들이 참여하는 종교적 의례를 독점적으로 통제함으로써 엘리트 가문이 되었을 수도 있다.

이런 사회적 엘리트들의 사상과 전통은 새로이 태동하는 그리스 정치 형태의 기본 요소가 되었다. 암흑시대 엘리트들의 사회적 가치는 《일리아스》와 《오디세이아》 이야기의 뼈대를 이룬다. 당시 그리스인들은 근동의 문자 문명과 접촉한 결과, 그곳에서 오래전에 발명된 알파벳을 알게 됨으로써 문자 기술을 다시 획득할 수 있었다. 기원전 950년과 750년 사이의 어느 때에 그리스인들은 그리스어의 소리를 표시하기 위해 페니키아 알파벳을 도입하면서 글자로써 그들 언어의 모음들을 표시하는 중요한 변화를 이룩했다. 그리스어 알파벳은 마침내 오늘날 영어에서 사용되는 알파벳의 모태가 되었다. 아르카이크 시대(대략 기원전 750~500년)의 그리스인들은 이 새롭게 획득한 기술을 이용하여 전승 문학을 기록하기 시작했는데 그 대표적인 예가 바로 호메로스의 두 장시이다. 근동의 이야기들이 많이 스며든 이 구전 서사시는 여러 세기에 걸쳐서 그리스의 후예들에게 자자손손 문화적 가치를 전달했다. 호메로스의 서사시가 아주 오래된 기원을 갖고 있기는 하지만, 그 시에서 묘사된 행동 규범은 도시국가들의 시민권에 바탕을 둔 정치 제도가 생겨나기 이전인 그리스 암흑시대의 사회적 가치들을 주로 반영한다.

호메로스 서사시의 주인공들은 의심할 나위 없이 당대의 경쟁적 행동 규범을 준수해야 하는 사회의 엘리트들이다. 엘리트 남자들은 대부분《일리아스》의 용감무쌍한 아킬레우스처럼 전사로 살았다.《일리아스》는 아나톨리아 북서 지역의 요새였던 트로이를 공격한 그리스 군대의 이야기이다. 일반적으로 트로이인들은 그리스인들과 종족이 다르다고 여겨지지만, 이 서사시는 그들의 인종적 정체성에 대해서 결정적인 대답을 주지는 않는다. 호메로스가 살아 있던 시절보다 약 400년 전에 발생했다고 믿는 트로이 전쟁을 다룬《일리아스》에서, 아킬레우스는 "그리스인들 중 최고로 훌륭한 사람"(예컨대《일리아스》1.244)인데, 그 이유는 그가 "말한 대로 행동하는 사람"(《일리아스》9.443)이기 때문이다. 말이나 행동에서 아킬레우스가 가장 신경 쓰는 문제는 자신의 '탁월함'(이것은 여러 가지 의미로 쓰이며 때로는 '미덕'으로 번역되는 그리스어 'arete'에 가장 근접한 번역어이다)으로써 영광스러운 명예kleos를 얻는 것이다. 호메로스의 다른 사회 엘리트들과 마찬가지로, 아킬레우스는 탁월함의 규범을 지키지 못해서 남들에게 불명예스러운 자로 낙인찍힐까봐 제일 두려워한다. 그러한 행동 규범에서는 실패와 오류가 공개적 치욕을 낳는 것으로 간주된다. 그는 언제나 최선이 되기 위하여 살았고 또 죽었다.

하나의 경쟁적인 도덕 가치로서 탁월함은 강한 의무와 책임감을 동반하는 개념이다. 엘리트들의 이런 의무들 중에 가장 강력한 것은 손님과 주인의 우정xenia이었는데, 그런 관계는 어떤 상황에서도 지켜져야 했다. 가령 《일리아스》 속에는 이런 사례가 있다.

그리스인 디오메데스는 적의 전사인 글라우코스를 상대로 전투를 벌일 준비를 한다. 그런 와중에 디오메데스는 자신의 할아버지가 한때 해외를 여행하다가 글라우코스의 영지에서 그의 할아버지에게 손님 대접을 받았다는 사실을 알게 된다. 이처럼 오래전에 두 할아버지가 '손님-주인의 친구 관계'를 확립했으므로, 두 전사는 그 관계가 아직도 유효하다는 점을 확인하고서 심지어 전쟁 상황에서도 그 관계를 존중한다. 이야기 속의 디오메데스는 이렇게 말한다.

"그러니 우리는 서로에게 창끝을 겨누지 맙시다. … 신들이 허락한다면 나로서는 다른 많은 트로이인과 그 동맹군을 죽일 기회가 있을 것이고 또 당신도 다른 많은 그리스인을 죽일 수 있을 것입니다."

– 《일리아스》 6, 226~229

이 경우 두 전사는 자신들의 탁월함을 보이기 위해 자신들이 직접 맺지도 않은 약속에 대해서도 도덕적 책임감을 느끼며 그것을 준수한 것이다. 이처럼 탁월함이라는 개념은 경쟁적인 사회적 가치로서뿐만 아니라 협력적인 가치로서도 기능했다. 서로 의무 관계가 없는 사람들 사이에서 전투가 벌어진다면 전사는 있는 힘을 다해 적수를 제압함으로써 전쟁 수행 능력 면에서 친구들이나 동맹군보다 뛰어난 모습을 보여야 한다. 이렇게 하는 것이 곧 탁월함의 실천이다. 그러나 '손님-주인의 우정'이라는 맥락에서는, 비록 상대가 적수일지라도 전투적 공격심을 제쳐놓고 가문의 개인들 사이에 확립된 도덕적 의무감을 준수하는 것이 탁월함의 실천이 된다.

개인의 인격을 결정하는 탁월함이라는 개념은 호메로스 서사시 속의 전사들에게 적용되는 가치일 뿐 아니라 사회적 엘리트인 여성에게도 해당하는 가치이다. 《일리아스》와 《오디세이아》에서 묘사된 엘리트 사회의 본질적인 특징은 《오디세이아》의 주인공인 오디세우스의 아내 페넬로페의 성격과 행동에서 잘 드러난다. 페넬로페는 남편이 전쟁에 나간 사이에 펠로폰네소스의 서쪽 해안에 있는 섬인 이타카 영지를 지킨다. 페넬로페는 남편이 부재할 때 자신의 지성을 발휘하고 사회적 신분과 남편에 대한 정절을 잘 지킴으로써 남편의 영지를 훌륭하게 지켜내는데, 이것이 곧 그녀로서는 탁월함의 실천이었다. 오디세우스가 트로이 전쟁에 참가한 뒤에 온갖 위험한 모험을 이겨내고 고향으로 항해하여 오는 20년 동안, 그녀는 남편의 라이벌들이 보인 끈질긴 접근과 추파를 지성과 재주와 인내로써 물리친다.

마침내 이타카에 돌아온 오디세우스는 방랑하는 거지 행색으로 집 안에 들어선다. 그는 자신의 정체를 밝히고 영지의 권한을 다시 주장하기 전에 집 안 형편을 은밀히 살펴보고 싶어 한다. 이타카 영지의 여자 하인의 우두머리는 그를 무례하게 대접했지만, 페넬로페는 탁월함의 실천이라는 그리스 관습에 따라 모든 방문객에게 베풀어야 하는 친절과 환대로써 그 남루한 타관 사람을 맞아들인다. 여전히 변장한 상태의 오디세우

스는 엘리트 신분의 여자가 해야 할 일을 준수하는 페넬로페에게 칭찬의
말을 아끼지 않는다.

"마님, 이 무한한 대지에서 당신을 책잡을 사람은 아무도 없을 것입
니다. 당신의 영광스러운 명예kieos는 하늘 끝에 가 닿았습니다. 당신
은 완전무결한 왕을 생각나게 합니다. 신들을 존경하고 정의를 사랑
하여 힘센 자들을 제압하는 왕, 밀과 보리가 무럭무럭 자라나는 비옥
한 땅의 왕, 과실이 주렁주렁 열려 가지가 휘어질 듯한 나무들이 많
은 나라의 왕, 양들이 계절마다 새끼를 배고 바다에는 물고기가 가득
한 나라의 왕, 훌륭한 지도력으로 수하의 백성들을 편안하게 해주는
그런 왕 말입니다."

- 《오디세이아》 19.107~114

오디세우스와 그의 아들은 영리한 술수로 가문을 괴롭히는 경쟁자들
을 죽인다. 그런 다음 영웅은 이어서 낯선 이를 환대하지 않은 불경한 하
인들을 처단한다. 호메로스의 가치 체계에서 이러한 행동은 정의로운 것
이다. 왜냐하면 정의는 "인과응보 혹은 어떤 자의 행동에 대한 타당하면
서 알맞은 처벌"이기 때문이다. 학자들은 이러한 보복이 '복수'에 바탕을
두고 있다고 말한다. 그러나 복수를 잘못한 자를 처벌할 때 반드시 폭력
과 강압을 수반한다고 이해한다면 이 용어는 오해를 불러일으키기 딱 좋
다. 그리스인이 볼 때 탁월함의 개념에 입각하여 정의롭게 행동한다는 것
은 오늘날의 이른바 보복적 정의正義를 필요로 하기 때문이다. 《일리아스》
(18.478~608)에 나오는, 새로 만든 아킬레우스의 신성한 방패 장면에 묘

사되어 있듯이, 살인 같은 심각한 행위에 대한 보복도 배상금을 지불함으로써 만족시킬 수 있다. 피해자의 가족이 동의한다면 난폭한 처벌이 아니라 돈으로 대신 배상할 수 있다는 뜻이다. 그러므로 그리스인의 정의 사상은 공동체 내에서 형성된, 타당하고 합의된 사회적 관계를 유지하고 확립하는 데 초점이 맞추어져 있다는 사실을 명심해야 할 것이다.

이와 마찬가지로 암흑시대 이후의 그리스 사회가 가부장적인 것은 맞지만, 탁월함의 규율은 남자뿐만 아니라 여자에게도 높은 기준을 요구했다. 그래서 이 기준에 부응하는 여자들은 그 보답으로 높은 지위를 얻었지만 그렇지 못한 여자는 그 사회적 실패로 인해 치욕을 당했다.

물론 페넬로페는 문학 속의 이례적 인물임이 틀림없다. 하지만 《오디세이아》가 남자를 묘사하는 데에나 알맞을 표현으로 페넬로페를 칭찬한 것은 의미심장하다. 실제로 그녀에 대한 칭찬은 탁월한 미덕과 업적을 갖춘 통치자에게나 적합한 것이다. 실제 생활에서도 사회적 엘리트 계급의 여성은 그들의 적절한 역할이, 엘리트든 성품이나 지위가 떨어지는 보통 사람이든, 남들과 경쟁하여 이례적인 탁월함을 얻는 것이라고 생각했다. 이러한 행동 규범 속에서는 남자든 여자든 경쟁적 탁월함을 실천하여 명성을 얻으려는 목적을 추구하지 않는 삶은 경멸스러운 삶으로 치부되었다. 동시대인들과 후손들에게 가장 높게 인정받으려는 이런 경쟁적인 규범적 가치 때문에 대다수 그리스 주민들은 이류 신분이 될 수밖에 없었다. 비록 드문 일이기는 했지만, 그들이 사회적 지명도와 부를 얻는다면 그리스 사회의 엘리트를 규정하는 탁월함을 놓고 벌이는 경쟁에 참여할 수 있었다.

올림피아 제전과 범그리스주의

—

사회적 엘리트 계급의 경쟁적 가치인 탁월함은 올림피아 제전에서 잘 드러난다. 이 제전은 그리스의 주신인 제우스의 거대한 성소聖所와 관련된 종교적 축제였다. 이 성소는 펠로폰네소스 북서쪽에 있는 올림피아에 있었는데, 전승이 기록하는 연대에 따르면 기원전 776년부터 4년마다 제전이 열렸다. 시간 여유가 있는 부유한 남자들은 이 거대한 축제 기간에 개인 자격으로 육상 경기나 레슬링 경기에 참가했다. 오늘날의 올림픽과는 달리, 당시에는 대표라는 것이 없었다. 경쟁, 신체적 강건함과 아름다움, 우승자라는 공식적인 인정은 이 당시에 잘 정립된 그리스의 남성적 정체성과 일치했다. 대중 앞에서 알몸을 드러내는 것을 금기시하는 고대의 지중해 전통과 다르게, 그리스 운동선수들은 옷을 벗은 채로 경기를 했다. 운동장을 가리키는 단어 '김나지움gymnasium'은 '알몸'을 의미하는 그리스어 '김노스gymnos'에서 나온 것이다. 핵심 경기는 스타디온stadion(여기서 오늘날의 육상 경기장을 뜻하는 '스타디움stadium'이라는 말이 생겨났다)이라는 200야드(182.88미터) 달리기 경주였다. 승마나 전차 경주는 후대에 들어와 올림피아 제전에 추가되었다.

그 당시 우승자는 아무런 상금도 받지 않고 단지 올리브 잎사귀로 만든 화관만 받았지만 승리의 영광은 다른 보상을 가져다줄 수도 있었다. 물질적 가치가 있는 상이 수여된 것은 후대의 그리스 운동 경기에서부터였다. 남자의 경우, 올림피아 제전의 참가 여부는 자유였다. 하지만 유부녀는 사망의 우려 때문에 참가가 허용되지 않았고, 미혼 여자는 관객으로 참가할 수 있었다. 여자 운동선수들은 제우스의 아내 헤라 여신을 기넘하는 또 다른 축제가 올림피아에서 별도의 날짜에 개최될 때 참가했다. 헤라 축제 때 열린 경기에 대해서는 알려진 바가 별로 없지만, 파우사니아스(《그리스 안내》 15.6.2)는 미혼의 여자들이 남자 트랙 길이의 6분의 5 정도 되는 트랙에서 달리기 경주를 했다고 전한다.

후대에 와서는 올림피아 제전을 포함한 국제적 경기에 전문 운동선수들이 주로 참가했다. 우승한 경쟁자들은 그리스 전역에서 벌어진 행사에 참가를 유도하는 격려금과 우승 상금을 가지고 유복한 생활을 했다. 가장 유명한 운동선수는 남부 이탈리아의 크로톤 출신인 밀로였다. 기원전 536년부터 시작하여 올림피아 제전의 레슬링에서 6회 우승한 밀로는 멋진 제스처로도 유명했다. 일례로, 그는 오랫동안 숨을 멈춤으로써 정맥이 불끈 솟아올라 머리끈을 툭 하고 끊어놓게 하는 기술을 선보였다. 밀로는 국제적으로 너무나 잘 알려진 유명 인사가 되었다. 동쪽으로 수천 마일 떨어진 땅인 페르시아의 왕까지 탁월한 운동가라는 그의 명성을 알고 있을 정도였다.

올림피아 제전은 평범한 사람들과는 다른 자신의 능력을 과시하고 싶어 하는 개인들 사이의 경쟁에 집중되어 있었다. 기원전 5세기의 서정 시인인 핀다로스는 경기에서 승리한 사람들의 가족을 이렇게 노래했다.

알라타스(코린토스)의 아들들이여, 너희들의 타고난 본성을 감춘다는 것은 불가능한 일일러라. 풍성한 꽃을 가진 계절들이 여러 번 너희들에게 승리의 밝은 축복을 베풀었나니, 너희들이 신성한 경기에서 탁월함의 절정을 이룩했을 때.

– 〈올림픽 찬가〉 13

비록 승리와 개인적 성취를 강조하긴 했지만, 그리스인 모두를 위한 축제의 조직은 기원전 8세기 중반에 그리스 사회와 정계政界에서 진행되고 있던 공동체적 활동의 경향을 보여준다. 무엇보다도 먼저 올림피아에 제우스를 숭배하기 위한 특별 성소를 건축했다는 것은 대규모의 국제적 관중이 집합할 수 있는 공공의 장場을 마련했다는 의미를 갖는다. 이런 물리적 환경의 창조에 덧붙여 사회적 여건이 보완되었다. 제우스와 헤라를 기념하는 제전이 그리스인 모두에게 개방된 범그리스적 행사가 된 것이다. 더욱이 올림피아를 왕래하는 선수와 관객의 안전 운행을 보장하기 위하여 몇 주 동안 국제적인 휴전이 선포되었다. 심지어 선수와 관객의 통행로 인근에서 벌어진 싸움에도 휴전이 선포되었다. 간단히 말해서, 올림피아 제전을 위해 이렇게 배려했다는 것은 기원전 8세기 그리스에서 개인적 활동과 탁월함의 추구라는 가치가 변화하는 사회에 발맞추어 새로운 맥락으로 방향성을 찾기 시작했다는 뜻이다. 평화적으로 상호작용하는 공동체로 발전시키고자 하는 사회적 요구에 부응했다는 말이다. 인구 증가와 함께, 이처럼 개인적인 이해에 공동체적 관심을 접목시킨 것은 도시국가라는 그리스의 새로운 정치 형태 창조의 중요한 전제 조건이었다.

종교와 신화

—

종교는 고대 그리스 역사 내내 거의 모든 공동체적 활동의 배경이었다. 제우스 신을 기념하는 올림피아 제전과 마찬가지로 스포츠는 특정 신을

도판 3-3 | 에우보이아 섬의 레프칸디에서 출토된 소입상. 그리스 암흑시대의 특징인 대담한 기하학 무늬로 채색되어 있다(도판 3-2와 비교해볼 것). 인간의 머리에 말의 몸을 가진 신화적 존재인 켄타우로스를 형상화한 것이다. 신화는 자연과 문화의 경계를 탐구하기 위하여 반인반수를 자주 등장시킨다. Archaeological Museum, Eretria.

기념하는 축제의 종교적 맥락 속에서 개최되었다. 전쟁은 신탁에 따라 수행되었다. 민간 지도자와 군사 지도자는 동물의 희생을 바침으로써, 또는 이례적인 날씨 등 자연 현상에서 조짐을 읽어냄으로써 신탁을 알아냈다. 그리스 종교적 제의의 핵심인 희생물 바치기는 특정한 행사 때에 많은 사람이 참가하는 야외에서 거행되었다. 그런 행사에는 공동체의 단식이 수반되었고, 그런 뒤에는 희생물의 고기를 서로 나누어 먹었다.

그리스 종교의 개념적 바탕은 신화를 통해 전해지고 있다. 신화는 신들, 인간들, 사티로스나 켄타우로스 같은 반인반수들(예를 들어 도판 3-3의 암흑시대 레프칸디에서 나온 소입상 참조) 사이의 갈등 많은 관계를 묘사한 과거의 이야기이다. 반인반수는 인간과 동물의 몸을 절반씩 나눠 가진 존재로, 진정한 인간성이란 무엇인가 하는 불안을 잘 드러낸다. 암흑시대에 그리스 신화는 앞에서 말한 것처럼 근동 신화로부터 깊이 영향을 받았다. 그리스 사람들은 금속과 시장을 찾아 돌아다니는 근동의 무역업자에게서 근동 신화 이야기를 들었고, 또 가구나 도자기, 도장이나 보석 등 수입된 물품에 새겨진 근동의 신화적 인물들의 조각이나 그림을 이해하려고 애썼다.

기원전 8세기에 그리스인들은 그런 신화들의 그리스 버전을 문자로 기록하기 시작했다. 헤시오도스의 시는 경제적 변화와 사회적 가치와 종교적 신화가 공동체 의식에 크게 기여했다는 것을 보여준다. 그런 공동체 의식 덕분에 그리스의 새로운 정치 구조가 점진적으로 생겨날 수 있었다.

중부 그리스 보이오티아 지방에 살았던 헤시오도스는 정의正義가 신들로부터 왔음을 드러내기 위하여 신화를 이용했다. 그의 《신들의 계보》는 원초의 '혼돈'('허공' 혹은 '진공')과 '하늘'의 어머니인 '대지' 사이에서 여러 세대에 걸쳐 신들의 종족이 탄생했다고 자세히 적혀 있다. 헤시오도스에 의하면, 하늘이 자기 동생들을 감옥에 가두자 대지가 가장 맹렬한 아들인 크로노스를 설득하여 하늘을 뒤엎어 버리게 했다. "왜냐하면 하늘이 먼저 수치스러운 일들을 꾸몄기 때문이다"(《신들의 계보》166). 크로노스가 나중에 자기 자식들을 삼키기 시작하자, 크로노스의 아내 레아가 아들 제우스를 시켜서 아버지를 거꾸러뜨리게 하여 그 아버지의 사악한 행동을 응징했다. 메소포타미아의 '창조 서사시'(프리처드, 《고대 근동의 문헌》, pp. 69~99)를 비롯해 근동 신화에 뿌리를 두고 있는 이 생생한 이야기들은 (심지어 신들을 포함하여) 모든 존재는 투쟁과 비탄과 폭력을 내포하기 마련이는 메시지를 전한다. 그러나 그 이야기들은 그리스의 사회적·정치적 발전과 관련하여 좀 더 심각한 내용을 담고 있다. 즉, 태초부터 정의에 대한 관심이 우주의 신적 질서를 이루는 기본 요소였다는 것이다.

헤시오도스는 제우스를 모든 인간사에 정의를 부여하는 원천으로 규정한다. 이것은 전쟁에서 총애하는 전사들의 운명에만 관심이 있는 제우스 상(호메로스의 서사시)과는 크게 대조를 이룬다. 헤시오도스는 정의가 신성의 일부이며 악을 행하는 자들을 징벌하기 위해 반드시 나타나는 힘이라고 주장했다.

제우스는 이 법(정의)을 인간에게 명령했다. 물고기와 야생 동물과 새는 서로 잡아먹어도 아무런 상관이 없다. 그들에게는 정의가 없기 때문이다. 하지만 제우스는 인간에게 그 무엇보다 좋은 것인 정의를 주었다.

－《노동과 나날》 276∼280

헤시오도스에 의하면, 암흑시대 사회에서는 남자들이 자신들의 가족과 가내 하인들을 직접 통제하면서 정의를 집행했다. 그들의 가정 밖에 있는 사람들은 그들을 지도자로 인정함으로써 추종자가 되었다. 이런 추종자들은 강력한 지도자에게 일정한 권력을 제공했다. 추종자들은 재산도 비슷하고 신분도 비슷했기 때문에 자신들 사이의 분쟁을 해결하고 군사적 위협과 외국의 침략을 막아내기 위해 강력한 힘을 가진 지도자를 필요로 했다. 인류학의 관점에서 볼 때, 이런 지도자들은 집단의 우두머리 노릇을 했다. 우두머리는 재산과 의무에 대한 분쟁을 해결하고, 인과 응보적 정의의 체계에 입각하여 포상과 징벌의 집행을 감독하고, 집단의 안전에 필수적이라고 여겨졌던 종교 의례를 집행했다. 하지만 그의 결정과 명령에 비협조적이거나 반항적인 집단 구성원을 강제하는 실질적 권한은 제한되어 있었다. 집단 전체에 관련된 어떤 사항을 결정해야 할 때 우두머리의 리더십은 집단 구성원들을 잘 설득하여 단합된 합의를 이끌어내는 능력에 달려 있었다. 헤시오도스는 유능한 우두머리가 리더십을 발휘하는 모습을 다음과 같이 묘사했다.

> 현명한 지도자들은 주민들이 잘못된 방향으로 나아가는 것을 보면 좋은 말로 그들을 설득하여 부드럽게 일을 추진한다.
>
> – 《신들의 계보》 88~90

요컨대 우두머리(추장)는 추종자들이 가고 싶어 하는 곳으로 인도해야 하고, 또 강요가 아닌 설득으로 지도해야 했다. 추종자들은 그들이 생각하는 공정한 보복을 시행하기 위하여 마을 사람들이 다 함께 모인 곳에서 중대한 문제를 해결하기를 바랐다. 설득과 정의에 대한 기대는 암흑시대 이후에도 그대로 살아남아 정치 구조를 만들어내는 기본 원칙으로 작용했다. 이러한 정치 구조는 노예가 아니라 자유인으로 구성된 그리스 도시국가를 지탱하는 밑바탕이 되었다.

물론 추장도 사람인지라 그 지위를 남용할 수도 있고 자신의 뜻을 다른 사람들에게 설득시킬 수도 있다. 그리하여 암흑시대 후반에는 지도자와 추종자들 사이에 알력과 마찰이 점점 더 빈번해졌다. 《일리아스》 속의 한 이야기는 도시국가가 막 생성되던 시기에 그런 마찰을 야기시킬 수도 있는 행동을 보여준다. 그 이야기를 좀 더 구체적으로 하면 이렇다.

트로이를 포위한 그리스 군대의 오만하고도 자존심 강한 지도자 아가멤논은 이미 10년을 넘긴 전쟁을 더 연장해야겠다고 발표하기 위해 군사들을 소집했다. 이때 평범한 병사 테르시테스가 아가멤논의 탐욕스럽고 불공정한 행동을 맹렬하게 비판하면서 반대 의견을 말한다. 아가멤논은 암흑시대에 소규모 집단을 이끈 지도자였기에 공동 민회에서 모든 사람의 의견을 귀 기울여 들어야 했다. 바로 이런 전통이 있었기에 테르시테스가 발언 기회를 잡을 수 있었다. 그리하여 테르시테스는 아가멤논의 추종자들이 보는 앞에서 지도자가 지나치게 이기적이라고 비난한다.

"그를 여기다 내버려두고 그의 전리품을 나누어 갖자."
테르시테스는 진중의 동료 병사들에게 소리쳤다. 그에 반발하여 또 다른 지도자인 오디세우스가 재빨리 일어나서 아가멤논을 옹호하며 테르시테스에게 소리친다.
"또다시 그런 어리석은 이야기를 꺼내면 나는 네놈을 홀랑 벗겨서 칼로 마구 찔러 배로 돌려보내겠다. 만약 내가 그렇게 하지 않는다면 내 머리가 더는 내 어깨 위에 붙어 있지 않을 것이다."
오디세우스가 그렇게 말하고서 테르시테스의 등을 찌르자 피가 주르르 흘러나왔다.

－《일리아스》 2.211~277

《일리아스》는 이 에피소드의 끝부분에서, 모여 있던 병사들이 테르시테스를 난폭하게 진압한 오디세우스의 태도를 칭찬하는 것으로 묘사한다. 테르시테스는 매력 없는 인품에 추악한 남자로 묘사되는데 이 두 가지 것은 그리스 사상에서 한 쌍으로 여겨졌다. 하지만 모든 자유인이 제각기 한몫하는 정치 제도를 신봉하는 도시국가가 출현하기 위해서는 일반 대중의 이런 순응적 태도는 실제 세계에서 바뀌어야 했다. 그리스 사회에서 통용되는 공평함의 개념에 따라, 보통 사람들도 자신이 평등한 대접을 받을 자격이 있다고 주장해야 하는 것이다. 물론 전시와 평시를 막론하고 사회적 엘리트들이 지도적 역할을 맡고 그들은 엘리트 지도자의 부하로 활동해야 했지만 말이다.

헤시오도스에 의하면, 기원전 8세기에 일상생활의 여러 문제들을 놓고 정의를 집행할 때 지도자와 농부들 사이에 상당한 긴장감이 조성되었다. 당시 농부들은 조그마한 농장을 소유한 자유인이었다. 그들은 노예 한두 명, 밭을 갈 황소, 기타 값나가는 동산動産 등을 갖고 있었다. 농부들은 재산을 소유하기 시작하면서 사람들 사이에서 강력한 집단을 형성했다. 이들은 가난한 농부에서 유복한 농부에 이르기까지 형편은 다 달랐지만, 그리스 암흑시대 후반기에 엘리트 지도자들의 추종 세력을 형성했다. 조그마한 농경지를 경작하는 농부의 관점을 취하는 헤시오도스의 시는 정의가 신에게서 나오는 것이라고 노래하면서, 그 사실이 "뇌물을 먹은 지도자들"에게 강력한 경고가 되어야 한다고 주장한다. 그런 지도자들은 추종자들과 이웃들 사이에서 벌어지는 분쟁을 판결할 때 "왜곡된 판단"을 하기 때문이다(《노동과 나날》 263~264). 분쟁의 해결과 관련하여 부당한 대접을 받고 분노를 느낀 농부들은 새로운 형태의 정치 조직(도시국가)을 향해 점진적으로 나아가는 운동을 지원하는 또 다른 세력이 되었다.

아르카이크 시대

아르카이크 시대에 그리스인들은 가장 널리 퍼지고 영향력 있는 새 정치 형태인 도시국가^{polis}를 완전히 발달시켰다. 미술사에서 나오는 아르카이크 시대^{Archaic Age}라는 용어는 '고풍'이라는 뜻이고, 대략 기원전 750년에서 500년까지 지속된 시기를 가리킨다. 고대 그리스 미술을 연구하는 학자들은 오늘날에는 그리 절대적이라고 볼 수 없는 심미적 기준을 들어서, 이 시대의 작품 양식이 그 후대(기원전 5세기와 4세기)의 자연주의적 미술보다 한결 더 고풍스러워 보인다고 판단하여 아르카이크 시대라 했다. 예술사가들은 또 그보다 후대의 조각과 건축을 아름다움의 고전적 기준이라고 생각하여 고전시대^{Classical Age}라고 명명했다. 예를 들어 아르카이크 시대의 조각가들은 단독 조각상을 조각하더라도 이집트 조상을 흉내 내어 앞을 빤히 응시하는 굳은 모습의 조각상을 제작했는데, 이는 고전시대의 예술보다 덜 발전된 형태라는 것이다. 고전시대로 내려오면 조각가들은 좀 더 다양하고 생기 있는 자세의 조각상을 제작했다.

기원전 800년경	그리스인들, 시리아의 알미나에서 교역 접촉.
755년경	에우보이아인들이 나폴리 만의 이스키아 섬에 무역 기지 건설.
750년 이전	페니키아인들이 카디스(현대의 스페인)를 비롯한 서부 지중해 지역에 식민지 건설.
750~700년경	델포이 신전의 아폴론 신탁이 널리 유명해짐.
750~500년경	그리스의 아르카이크 시대.
750년경	그리스 도시국가가 공간적·사회적·종교적으로 조직되기 시작함.
750~550년경	지중해 지역 전역에 그리스 식민지가 건설됨.
700~650년경	중장 보병의 무기가 그리스에서 흔해짐.
600년경과 그 후	가재 노예제가 그리스에서 점차 흔해짐.

이러한 특징 이외에도 아르카이크 시대에는 일찍이 암흑시대에서 시작되어 그리스 도시국가의 출현을 가져온 사회적·정치적 조직의 발달이 진행되었다. 시민정신의 원칙 위에 조직된 도시국가는 자유민 남자 시민, 자유민 여자 시민, 그들의 자녀, 시민은 아니지만 자유민인 거류 외국인, 자유가 없는 노예들로 구성되어 있었다. 개인들뿐만 아니라 공동체로서의 도시국가가 노예들을 소유했다. 그 국가는 아주 다양한 법적·사회적 신분을 가진 사람들로 구성되었던 것이다.

이 국가의 대표적인 특징은 시민권과 참정권이 아주 가난한 공동체 구성원에게도 부여되었다는 점이다. 이 놀라운 발전이 어떻게 이루어졌는지 설명하는 일은 역사가에게 중요한 도전으로 남아 있다. 현대의 많은 민주 국가들에서 이러한 원칙은 당연하게 여겨지기에, 고대에서는 그것이 얼마나 이례적인 것인지—솔직히 말해서 놀라운 것인지—간과하기가 쉽다. 그들의 가난한 삶은 노예의 삶 못지않게 육체적으로는 고달팠지만, 이러한 특권(시민권과 참정권)은 그들의 개인적 자유에 특별한 의미를 부여했고, 그리하여 노예나 거류 외국인과는 다른 신분을 갖게 했다. 내가 볼 때, 도시국가들에 존재했던 시민권은 고대 그리스 역사의 놀라운 경이 가운데 하나이다.

도시국가의 특징

—

현대 용어인 '정치politics'의 근원어인 그리스 말 '폴리스polis'는 보통 '도시국가city-state'로 번역된다. 우리가 보통 사용하고 있는 '도시city'라는 용어와 구분하기 위해서이다. 그 이전의 고대 근동 국가들이 그러했듯이, 폴리스는 영토의 관점에서 말해보자면 도시(성벽으로 둘러쳐진 것)만 있지는 않았다. 도시 주변으로 몇 마일에 걸친 농촌이 있었고, 또 거기에 다양한 소규모 정착촌들이 있었다. 따라서 폴리스의 구성원들은 도심이나 공동체에서 살 수도 있었고 농촌의 외딴 농가에 살 수도 있었다. 그리스에서는 이 사람들이 정체政體를 구성하는 시민들의 공동체를 형성했다. 이처럼 시민들 사이의 자발적인 협동이 폴리스가 지닌 가장 뚜렷한 정치적 특징이다. 폴리스에서는 남자들만이 참정권을 갖고 있었으나 여자들도 법적·사회적·종교적으로 공동체의 구성원으로 간주되었다.

폴리스의 구성원들은 도시국가의 수호신과 그리스 다신교의 다른 신들을 예배하는 종교적 결사를 구성했다. 각각의 폴리스는 특정한 신을 특별한 수호신으로 지정했는데, 가령 아테네는 아테나 여신이 수호신이다. 다른 공동체들도 같은 신을 수호신으로 선택했다. 예컨대 그리스 고전시대에 아테네의 주된 경쟁 폴리스였던 스파르타 역시 아테나를 수호신으로 선택했다. 공동체는 자체의 제의를 통하여 신들에게 종교적 예배와 경의를 표시했다. 제의란 종교적 희생, 의례, 축제 등의 정기적 제도를 말한다. 제의는 일반 대중이 그 경비를 부담했고 시민들이 사제와 여사제로서 복무했다. 도시국가에서 시행되는 제의의 핵심 의식은 동물을 희생물로 바치는 것이었다. 이것은 수호신들에게 폴리스 구성원들의 예배와 경의를 보여주고 그 구운 고기를 함께 먹음으로써 공동체의 유대 관계를 공고히 해주었다.

폴리스는 이웃 폴리스들과는 독립되어 있었고, 도심과 농촌의 주민들은 서로 정치적 단합을 유지했다. 학자들은 공동체로 기능하는 그리스 폴리스의 근원에 대하여 의견이 엇갈린다. 폴리스의 구성원들은 모두가 의식적으로 공동의 정치적 정체성을 갖게 되었는데, 과연 어떤 경로를 통해 그렇게 되었을까? 아르카이크 시대에 이르러 그리스인들은 지중해 동부 지역과 근동의 기술, 종교 사상, 문학 등을 많이 흡수했으니, 가령 키프로스나 페니키아 도시들의 도시왕국들city-kingdoms의 정치적 발달상으로부터 영향을 받았을 것이다. 하지만 근동에서 그리스로 수입된 문화적 사례들은 쉽사리 열거할 수 있으나 정치적 사례는 그렇게 간단하지가 않다. 이에 대해서는 근동의 무역상, 공산품 전문가, 여행자 들이 암흑시대의 그리스를 출입하면서 기술적·종교적·예술적 아이디어를 많이 가져온 데 비해 정치적 아이디어는 그리 쉽사리 가져오지 못했을 것이라고 추측해볼 수 있다. 도시국가 형성에 커다란 영향을 주었으리라고 짐작되는 암흑시대의 사회 환경 중 하나는, 그 사회가 강력한 제왕을 지닌 사회가 아니었다는 점이다. 미케네 문명이 붕괴하면서 정치적으로 커다란 공백이 발생했고, 그 틈새를 뚫고서 제왕적 국가의 영향을 받지 않는 소규모의 독립된 도시국가가 많이 생겨나게 된 것이다.

여기서 강조되어야 할 가장 중요한 사항은, 그리스의 도시국가는 자유인 신분인 원주민 모두에게 시민권을 부여한다는 원칙 아래 정치적으로 구성되었다는 점이다. 이 개념은 근동에서 온 것이 아니다. 근동에서는 통치자가 피치자를 다스렸다. 신중한 통치자들은 신하들의 의견을 받아들이고 또 국사에 관한 일부 권한을 그들에게 위임했으나 그 백성들은 그리스적 의미의 시민이 아니었다.

이 시기에 사회를 조직하는 뚜렷한 정치적 개념이었던 시민권은 다음과 같은 사실을 전제로 했다. 모든 시민은 기본적 수준의 법적 평등성, 다시 말해 법 앞에서 평등하게 대우받는 것이 보장되었다. 또 정치적 문제에서 그들의 의사를 자유롭게 말하는 권리를 누렸다. 그러나 생활의 어떤 국면, 가령 성적 행위나 재산의 통제와 같은 측면에서는 여자에게만 적용되는 예외 규정들이 있었다. 그리스 도시국가는 시민의 재산 상태와는 관계없이 모든 시민에게 일반적 수준의 법적 평등을 제공했다. 재산 상태에 따라 사회적 신분을 차별화하는 것은 고대 근동, 미케네 시대의 그리스, 후기 암흑시대의 그리스 등에서 일반화되어 있었다. 그러므로 비록 부분적으로 불완전하기는 하지만, (법적으로는 보장되나 사회적으로 인정되는 것은 아닌) 평등의 개념을 그리스 아르카이크 시대에 사회적 구성의 바탕으로 삼았다는 것은 놀라운 일이다. 시민권에 바탕을 둔 폴리스는 기원전 약 750년(이 시기에 공공 성소들이 공동체 활동의 터전이 되었다는 것이 고고학적으로 입증되었다)에 처음 출현한 이래 8세기 뒤 로마 제국이 시작될 때까지 그리스의 정치·사회 조직의 지배적 형태로 존속했다.

새로운 그리스 정치 조직의 또 다른 보편적 형태는 '동맹' 혹은 '연합 ethnos'이라고 하는, 방대한 지역에 분포하는 도시국가들 사이의 제휴 관계였다. 그리스 정치와 사회를 분석한 고대인 가운데 가장 유명한, 기원전 4세기의 철학자 아리스토텔레스는 폴리스의 출현이 자연에 작용하는 힘의 필연적인 결과라며 이렇게 말했다. "인간은 본성상 폴리스에 살게 되어 있는 존재이다."(《정치학》 1253a2~3) 그는 폴리스 바깥에서 자급자족하면서 존재할 수 있는 사람은 짐승이거나 신일 거라고 농담 삼아 말하기도 했다(《정치학》 1253a29). 여기서 아리스토텔레스가 말하는 인간의 본성은 사회적 힘과 경제적 힘의 종합적 효과를 가리킨다.

그런데 그리스의 경우, 지리적 여건이 이런 새로운 형태의 인간 공동체를 형성하는 데 영향을 미쳤다. 그리스의 본토는 대부분이 험준한 산악 지형으로 이루어져 있어서 도시국가들은 지리적으로 손쉽게 소통할 수가 없었다. 그 때문에 그들은 공통된 문화와 언어와 신들을 가지고 있었는데도 서로 협조하지 않는 고립된 상태에서 정치적 발달을 이루어갔다. 그러나 그리스인들은 공통된 언어와 신관神觀을 그리스적 정체성의 중요 요소라고 보았고, 서로 다른 지역에 흩어져 있는 그리스인들이 이 요소를 공유한다고 생각했다. 그런가 하면 보이오티아 평원의 경우에는 서로 이웃한 도시국가의 구성원들은 아무런 장애 없이 여행할 수 있었다. 또한 커다란 섬에 여러 도시국가가 포진하여 서로 의존하기도 했다. 이를테면 에게 해 동부에 있는 레스보스라는 큰 섬에서는 다섯 개의 도시국가가 근거지를 마련하고 있었다.

대규모의 시민을 먹일 수 있을 만큼 충분한 경작지를 보유한 도시국가들이 별로 없었기 때문에, 폴리스 공동체의 시민 수는 수백 명에서 2000명 정도인 경우가 보통이었다. 암흑시대 말기에 그리스 인구수가 크게 늘었다고는 해도 각 공동체의 주민 수는 그리 많지 않았던 것이다. 기원전 5세기 말에 아테네는 성인 남자 4만 명과 노예와 비시민을 포함하여 수십만의 인구를 자랑했지만, 이것은 일반적으로 규모가 작은 그리스 도시국가들 중에서 예외적인 경우이다. 고전시대의 아테네처럼 인구가 대규모인 도시국가는 해외에서 식량을 주기적으로 수입해야 했고 그 경비는 무역이나 기타 수입으로 충당되었다.

초창기 그리스의 식민지 개척

—

기원전 9세기 무렵, 일부 그리스인들은 그리스 본토에서 동쪽으로 이주해 에게 해 너머 이오니아(아나톨리아 서부 해안과 인근 섬들)에 정착했다. 기원전 750년경부터는 그리스 본토 이외의 지역에까지 진출했다. 이때로부터 200년 이내에 그들은 오늘날의 프랑스 남부, 스페인, 시칠리아, 남부 이탈리아 등지에 식민지를 개척했다. 또 북아프리카 연안과 흑해 연안에도 식민 이주를 했다.

여기서 현대의 용어인 '식민colonization'은 '식민주의colonialism'의 의미를 내포한다는 것을 기억할 필요가 있다. 즉, 어떤 지역의 백성들에게 제국의 힘을 이용하여 정치적·사회적 통제를 일방적으로 부과했음을 의미한다.

초창기 그리스 '식민'은 현대적 의미의 제국주의가 아니었다. 무엇보다 이 당시 그리스에는 제국이 없었다. 그리스 식민지들은 새로운 무역 기회를 노리는 개인 사업가가 세웠거나, 외국 땅에 새로운 시민 공동체를 수립하여 사회적 문제를 해결하거나 경제적 영향력을 개선하려는 도시국가들을 세웠다.

그리하여 그리스 세계는 수백 개의 새로 건설된 무역 정착촌과 도시국가들을 포괄하게 되었다. 자신의 삶을 재정적으로 향상시키고 싶다는 욕망이 그리스인들로 하여금 이민이라는 어려운 결정을 하게 만든 가장 중요한 요인이었다. 낯설고 종종 적대적인 땅으로 이주하는 일은 분명 아주 심각한 위험을 내포했지만 그들은 개의치 않았던 것이다.

여하튼 기원전 8세기 중반에 들어와 많은 사람이 해외로 이주한 것은 암흑시대 후반의 인구 폭발로 인해 농경지가 부족해진 탓이었다. 그리스 문화에서 토지는 가장 바람직한 형태의 재산이었다. 당초 암흑시대 초기에는 사회적 혼란과 인구 감소로 많은 좋은 땅이 임자가 없는 상태였다. 따라서 그리스 가정들에서는 자식들을 보내 그런 땅을 차지하기만 하면 되었다. 그러나 이런 공짜 땅은 곧 소진되었고, 일부 도시국가들에서는 농경지를 차지하기 위한 경쟁으로 긴장 상태가 유발되었다. 땅 없는 사람들을 해외로 내보내는 것은 이 문제를 해결하는 한 가지 방법이었다. 그들은 새로운 도시국가로 건설된 식민지의 영토에서 자신의 땅을 자유롭게 획득할 수 있었다.

국제 무역으로 큰돈을 벌어보겠다는 야망도 많은 그리스인으로 하여금 안전한 고국을 떠나게 만든 요소였다. 상업적 소득을 노리던 일부 그리스인들은 해외 정착촌들, 가령 팔레스타인 출신의 페니키아인들이 이 시기에 스페인에 건설한 정착촌 등에 거주했다. 당시 페니키아인들은 서부 지중해 전역에 상업적 정착촌을 열심히 건설했는데, 주로 금속 거래를 손쉽게 할 수 있는 곳에다 건설했다. 한 예로, 기원전 750년경에 페니키아인들은 오늘날의 스페인 카디스에다 정착촌을 지었는데, 이 도시는 현지의 이베리아 반도 주민들과 활발하게 거래한 결과, 100년도 지나지 않아 경제적·문화적으로 번성하는 정착촌이 되었다. 스페인의 천연자원은 풍부한 광맥을 품고 있었던 것이다.

해외로 이주한 그리스인들은 그들 스스로 많은 해외 무역 기지를 세웠다. 에우보이아 섬의 무역상들은 기원전 800년경에 이미 알미나라고 하는 시리아 해안의 공동체와 상업적 거래를 트고 있었다. 위험한 해상 무역을 지원할 수 있는 부유한 사람들은 금속을 찾아 본거지에서 멀리 떨어진 곳까지 항해했다. 호메로스의 서사시는 이런 진취적인 물품 거래의 기본 전략에 대해서 언급한다. 《오디세이아》에서 아테나 여신은 오디세우스의 아들에게 자신의 신분을 감추기 위해 금속 거래상으로 변장하고 나타나서 이렇게 말한다.

"나는 구리를 찾아서 내 배와 선원들을 이끌고 포도주처럼 검은 바다를 헤쳐서 이곳 외국의 땅에 도착했소. 나는 지금 쇠를 가지고 있소."

- 《오디세이아》 1.178~188

아주 적극적인 탐험가였던 에우보이아인들은 기원전 775년경에 무역을 하기 위해 남부 이탈리아의 나폴리 만에 있는 이스키아 섬에다 정착촌을 건설했다. 거기서 그들은 이탈리아 중부의 번성하는 지역인 에트루리아에서 수입된 쇠를 가공했다. 고고학자들은 그리스 본토 밖의 80여 군데에서 그리스 도자기를 발굴함으로써 기원전 8세기의 폭넓은 그리스 해외 무역망을 입증했다. 그러나 이와는 대조적으로 기원전 10세기의 도자기는 해외에서 발굴되지 않았다. 따라서 아르카이크 시대의 무역 양상은 상호 의존적인 시장이 존재했음을 보여준다. 즉, 기동성 높은 상인들이 이 시장에 집중하면서 원재료에서 사치품에 이르기까지 온갖 물품을 공급하여 그곳의 수요를 맞추어주었던 것이다.

해외 무역상들에게 이주해서 살 만한 곳의 정보를 얻은 그리스 식민 개척자들은 개척대를 조직하고 '건설자ktistēs'라 불리는 개척대장을 선발하여 모도시母都市(곧 메트로폴리스métropolis)를 떠났다. 식민 개척자들은 새로운 곳에서 독립된 도시국가를 세우는 것이 목적이었지만, 공식적으로 조직된 탐험대였으므로 메트로폴리스와 수시로 접촉해야 했다. 따라서 전쟁 상황에서 메트로폴리스의 적과 한편이 되는 식민지는 배신자로 낙인찍혔다.

식민 개척자들은 자발적으로 해외에 나가 무역 기지에 가게를 차린 개인 상인이든 혹은 모도시에 의해 파견된 집단이든, 때로는 그들이 새로이 정착한 땅의 현지 주민들로부터 환영을 받기도 했고, 때로는 새로운 공동체 건설에 필요한 땅과 항구를 얻기 위해 싸움을 벌이기도 했다. 식민 원정대는 주로 남자들로 구성되었기에 현지에서 아내를 조달해야 했다. 그들은 평화적 협상이나 강제 납치를 통하여 여자를 조달했다. 식민 원정대의 대장은 정착지의 윤곽을 결정하고 그 땅을 대원들에게 나누어주는 책임을 맡았다. 호메로스의 서사시는 대장이 식민지를 건설하는 과정을 다음과 같이 묘사해놓았다.

대장은 그들을 인솔하여 스케리아라고 하는 곳에다 정착시켰다. 그 곳은 사람들의 혼잡한 통행으로부터 멀리 떨어진 곳이었다. 그는 마을의 중앙에다 우물을 파게 했고, 집을 지었으며, 신들을 위한 신전을 지었고, 땅을 분배했다.

- 《오디세이아》 6.7~10

기원전 630년경에 건설된 키레네(오늘날 북아프리카의 리비아)는 식민지 개척의 과정이 때때로 얼마나 험난했는지를 잘 보여준다. 크레타 섬 북쪽에 있는 섬인 테라의 폴리스 주민들은 자급자족이 불가능하다는 것을 알고 인구의 압력을 완화하기 위한 해결책으로 식민 원정대를 내보내는 것이 타당하다는 결론을 내렸다. 원정대장 바투스의 지도 아래 원정대가 조직된 과정을 기술한 훨씬 후대의 기록(기원전 4세기 작성되었으며 키레네에서 발견됨)은 당시의 상황이 얼마나 심각했는지를 잘 보여준다.

델포이의 아폴론 신은 바투스와 테라인들에게 키레네에 식민 원정대를 보내라고 지시를 내렸다. 그리하여 테라인들은 바투스를 지도자 겸 왕으로 삼아서 북아프리카로 보내기로 결정했고, 또 일부 테라인을 길동무로 동행시키라고 지시했다. 식민 이주자들은 각자의 가정 사정에 따라 평등하고 공정한 조건으로 떠나야 하며, 각 가정에서는 성년 아들 한 명씩만 징발된다. 선발 대상은 성인으로 한정하고, 또 그 성인은 자유 시민이어야 한다. 만약 식민 이주자들이 정착촌을 세우는 데 성공한다면 나중에 북아프리카로 항해하는 사람들은 시민권을 부여받고 공동체 행정에 참여할 것이고, 누구도 소유하지 않은 땅

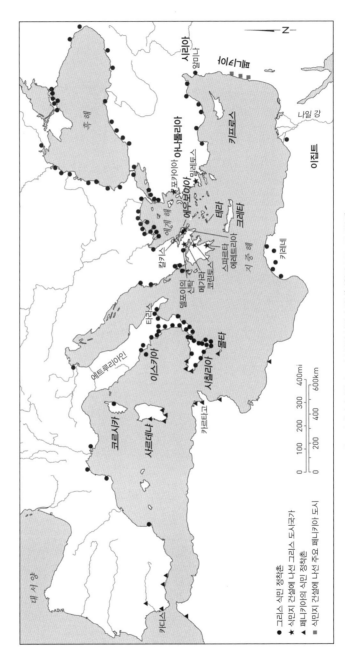

지도 3 | 페니키아인과 그리스인의 식민지 건설(기원전 800~500년경)

그리스 식민 정착촌 ●
식민지 건설에 나선 그리스 도시국가 ★
페니키아의 식민 정착촌 ▲
식민지 건설에 나선 주요 페니키아 도시 ■

대서양

지중해

에게 해

흑해

나일 강

이집트

시리아

일라라

키프로스

아나톨리아

포카이아

에우보이아

밀레토스

리디아

델포이의 신탁

메가리

코린토스

스파르타

테라

크레타

에레트리아

키레네

이오니아

에트루리아인

타란토

몰타

시칠리아

카르타고

코르시카

사르데냐

키레네

카디스

N

0   100   200   300   400mi
0   200   400   600km

4 아르카이크 시대 | 121

을 불하받을 것이다. 그러나 만약 그들이 정착촌 건설에 성공하지 못하고 테라인들이 지원을 보내지도 못하여 식민 이주자들이 다섯 해 동안 어려움을 겪는다면, 그들은 아무런 징벌의 우려 없이 테라로 되돌아와 다시 시민이 될 수 있다. 폴리스가 어떤 사람을 식민 이주자로 보내기로 결정했는데도 그 사람이 떠나려 하지 않는다면 그는 사형에 처해지고 그의 재산은 몰수될 것이다. 그런 자를 은닉하거나 보호해준 자는, 그가 설혹 아버지 혹은 형제 등의 신분이라 할지라도, 항해를 거절한 자와 똑같은 처벌을 당하게 될 것이다. 이러한 조건에 대해서는 테라에 그대로 남아 있는 사람들과 키레네의 식민지로 출발할 사람들 모두가 합의했다. 그들은 이런 합의를 깨뜨리거나 지키지 않는 자에게는 저주를 퍼부을 것이다. 그들이 북아프리카에 정착한 자거나 뒤에 남아 있는 자거나 상관없이 저주의 대상이 된다.

– 크로퍼드와 화이트헤드, 《아르카이크 시대와 고전시대의 그리스》 no.16 = GHI, no.5

이 후대의 기명이 원정의 당초 상황을 정확히 보고하는 것이라면—일부 학자들은 원래의 맹세를 상상하여 재구성된 것이라고 생각한다—테라의 젊은이들은 집을 버리고 새로운 식민지로 가는 것을 싫어했음이 명백하다. 이 특정한 문서가 그 세부 사항에서 신뢰할 만한 것인지 여부는 따지지 않는다 하더라도 그리스 식민 사업이 언제나 개인적 선택과 결단의 문제는 아니었음이 분명하다. 식민지에서 새로운 땅을 얻어 부자가 될 가능성은, 가족과 친구들과 헤어져 험난한 바다를 헤치고 나아가 예측하기 어렵지만 까다롭고 만만치 않은 위험이 도사리고 있는 지역에서 겪을 고초와 비교, 검토해야 할 사항이었다. 그러니 그리스 식민 이주자들이 자신의 미래에 대해 노심초사한 것은 당연한 일이었다.

　몇몇 경우에는 농경지 부족이나 무역 기지 건설이 식민의 주된 사유가
아니었다. 때때로 식민지 건설은 사회적 소요를 일으킬 수 있는 불순분
자들을 메트로폴리스로부터 제거하는 방법이 되기도 했다. 예를 들어 스
파르타인들은 시민 사회에 성공적으로 편입될 수 없는 사생아들을 기원
전 706년에 남부 이탈리아의 타라스(오늘날의 타란토)로 보내 식민지를 건
설했다. 테라의 젊은이들과 마찬가지로, 이 불운한 추방자들은 자의의
선택에 의해 식민 개척자로 나섰던 것은 아니다.

다른 민족들과의 접촉이 낳은 효과

—

그리스인들이 아르카이크 시대에 국제 무역과 식민지 개척에 나서면서
아나톨리아 및 근동 사람들과의 접촉이 더욱 늘어났다. 이러한 상호작용
은 이 시대에 그리스인의 생활에 변화를 가져왔다. 그리스인들은 이런
오래된 문명(가령 미다스의 프리지아 왕국 등)의 부를 존경하고 부러워했다.
그들은 근동 도자기에 새겨진 생생한 동물 그림, 이집트의 거대한 신전,
페니키아 알파벳 문자 등으로부터 영향을 받았고 그것들을 바탕으로 그
리스의 문화적 발전을 도모하고자 애썼다. 암흑시대 초기에 그리스 미술
가들은 디자인할 때 사람이나 동물을 그릴 생각을 하지 못했다. 암흑시
대 후기나 아르카이크 시대 초기에 근동에서 구입한 도자기들의 그림을
보고서 비로소 그리스 도자기에 그림을 새겨 넣을 생각을 하게 되었다.
근동의 부조浮彫나 독립 조각물의 스타일은 이 시대의 그리스 미술에 창

조적인 모방 욕구를 불어넣었다.

아르카이크 시대 후반에 그리스 경제가 좋아지면서 그리스인들은 석조 기념 건축물을 다시 건축하기 시작했다. 이때 그들은 이집트의 성소들에서 영감을 받아 신전을 지었는데, 이것만 봐도 값비싼 대규모 건물을 건축할 때 근동의 영향이 얼마나 강했는지를 알 수 있다. 게다가 그리스인들은 기원전 6세기에 동전을 주조하기 시작했는데, 이것은 기원전 7세기에 돈의 형태로 동전 주조술을 개발한 아나톨리아의 리디아인에게 배운 기술이었다. 하지만 동전을 주조한 뒤에도 여전히 경제 교환의 상당 부분은 물물교환에 의해 이루어졌는데, 특히 근동에서 그러했다. 상업과 지불을 주로 통화에 의존하는 경제는 그보다 몇 세기 후의 일이었다.

그리스가 암흑시대에서 빠져나오던 시기에 고대 근동이 그리스에 끼친 가장 긍정적 영향은 문자 체계의 전수였다. 앞에서도 언급했듯이, 그리스인들은 아마도 알파벳 문자를 페니키아인들로부터 배워서 상업과 무역의 기록을 유지하는 데 활용했을 것이다. 그리스인들은 곧 문자를 가지고 문학 작품(가령 호메로스의 장편 서사시)을 기록하기 시작했다. 하지만 문자의 사용이 아르카이크 시대 초기부터 왕성했던 것은 아니다. 초창기 아르카이크 시대의 지배적인 경제 체제인 농업 경제 아래에서는 읽고 쓰는 능력이 대부분 불필요했고 공립 학교도 없었기 때문에 새로운 문자 기술(소리의 재현과 언어적 의미)을 습득하려는 사람도 거의 없었다.

이 시기에 국제 시장을 확보하려는 경쟁은 그리스의 대규모 도시국가들의 진운進運에 커다란 영향을 미쳤다. 예컨대 코린토스는 남부 그리스와 북부 그리스를 연결하는 좁은 지협을 통제하는 지리적 이점 덕분에 번영을 누렸다. 지중해의 동부와 서부를 항해하는 배들은 남부 그리스의 남단을 지나가는 위험한 항해를 피하고 싶어 했기에 배의 화물을 지협 위의 좁은 노면에다 올려놓은 다음, 지협 반대편에 있는 다른 배에다 그 화물을 다시 싣는 방식을 선호했다. 배가 작을 경우에는 지협 위의 노면에다 올려놓고 지협의 이쪽에서 저쪽으로 끌어당길 수도 있었다. 그리하여 코린토스는 해운의 중심지가 되었고, 판매세와 입항세로 높은 수입을 올렸다. 또한 아르카이크 시대 그리스의 조선造船 중심지로서도 명성을 날렸으며 조선업으로 큰 수입을 올리기도 했다. 게다가 고운 진흙의 매장량이 풍부한데다 많은 도공들의 숙련된 도자기 제조 솜씨를 확보한 코린토스는 생생한 색채를 사용한 그림으로 유명한 도자기를 수출하여 높은 소득을 올렸다. 코린토스 도자기들은 해외로 널리 퍼져 나갔다. 이러한 물품을 다량으로 사들인 해외 사람들, 특히 중부 이탈리아의 에트루리아 사람들이 코린토스 도자기를 비롯한 물품들을 그저 사치품으로 선호했는지, 아니면 그 안에 든 와인이나 올리브유에 관심이 많았는지는 불확실하다. 그리스의 채색 도자기가 원산지에서 아주 멀리 떨어진 곳까지 수출되었던 것은 분명하다. 그러다가 기원전 6세기 후반이 되면 아테네가 코린토스를 누르고 값비싼 채색 도자기의 주요 수출국이 된다. 이렇게 된 것은 소비자들이 붉은색을 더 선호했기 때문인데, 아테네의 진흙이 코린토스의 그것보다 붉은색을 내는 화학 성분이 더 많았다.

그리스인들은 상업적 여행이든 식민 이주 여행이든, 고국에서 떠나갈 때에는 아주 정성 들여서 신들의 승인을 얻어냈다. 키레네의 경우처럼, 식민 이주를 보낼 때 가장 빈번히 신탁을 요청받은 신은 그리스 중부 산간 지역의 경치 좋은 곳인 델포이에 성소를 두고 있는 아폴론이었다(도판 4-1).

도판 4-1 | 델포이에 있는 아폴론 신전의 극장과 유적. 우뚝 솟은 절벽 아래에 있는 신전이 멀리 깊은 계곡을 내려다 보고 있다. 이 멋진 풍경은 신성한 장소였고 신의 신탁을 들을 수 있다고 국제적으로 알려진 곳이었다. 개인이나 국가는 결혼이나 출전 등 중대한 결정 사항이 있을 때면 이곳을 찾았다. Wikimedia Commons.

델포이의 성소는 기원전 8세기에 국제적으로 유명한 장소가 되기 시작했다. 그곳에 여사제 피티아가 청원객들의 질문에 응답하여 아폴론의 뜻을 말해주는 신탁의 신전이 있었기 때문이다. 델포이의 신탁은 연중 9개월 동안 몇몇 제한된 날에만 내려졌다. 신탁을 받으려는 사람들이 너무나 많아서 성소의 운영자들은 돈 많은 청원객들에게 급행료를 받고서 순번을 앞당겨주기도 했다. 청원객들 대부분은 결혼이나 출산 등의 개인적 문제로 신탁을 원했다. 그러나 도시국가들도 대표단을 보내 전쟁 참가 등 중요한 문제에 대한 신탁을 구했다. 식민지를 개척하고자 하는 그리스인들이 델포이의 아폴론 신탁을 받으려 했다는 사실은 이미 기원전

700년대부터 신탁의 위력이 높이 평가되었음을 보여준다. 그리하여 신탁은 그 후 몇 세기 동안 그리스의 국제 무역에서 그 위력을 떨치게 된다.

도시국가의 형성
—

아르카이크 시대에 도시국가가 점진적으로 형성되면서 그리스 정치는 변화를 맞이한다. 그런데 그런 변화의 원인을 제시하는 것은 녹록한 문제가 아니다. 현재 남아 있는 증거들은 주로 아테네와 관련된 것들인데, 아테네는 인구가 워낙 대규모여서 도시국가의 전형이라고 볼 수 없기 때문이다. 어쨌거나 이제 우리가 사회적·정치적·종교적 조직으로서 초기 그리스 도시국가의 형성에 대해서 말하고자 하는 것은 대부분 아테네에만 국한된 얘기이다. 다른 도시국가들은 다른 조건에서 생겨났고, 그리하여 다른 결과를 보였다. 사정이 이렇기는 하지만 기원전 8세기 중반부터 나타나기 시작한 도시국가의 점진적 형성 과정에 대하여 일반적인 결론을 내릴 수는 있을 것 같다.

아르카이크 시대의 경제적 부흥과 그에 따른 인구 증가는 도시국가 형성 과정에 추진력이 되었다. 농업과 상업의 성공으로 상당한 재산을 축적한 사람들은 이제 사회의 엘리트들에게 참정권을 요구하기 시작했다. 엘리트들은 부와 위신을 바탕으로 하여 우월한 정치적 지위를 차지해왔고 또 그런 것들이 없을 경우에는 가문의 영광을 내세우면서 현상을 계속 유지하려 했다. 기원전 6세기의 시인인 메가라의 테오그니스의 시는 이러한 엘리트들의 입장을 노래했는데, 이 시에서 위협받는 엘리트들은 비엘리트 신흥 부자들이 그 부를 바탕으로 사회 최상 계급으로 밀고 들어오려는 현상을 개탄한다.

> … 사람들은 오늘날 재산을 중시하는구나. 고상한 남자들은 '나쁜'
> (엘리트가 아닌) 가문으로, '나쁜' 남자들은 고상한 가문으로 장가드
> 네. 돈이면 혈통도 뒤죽박죽으로 만드나니 … 시민들의 좋은 혈통은
> 가뭇없이 사라지는구나.
>
> – 《테오그니스의 시》 189~190

　이 시는 어떤 면에서 보면 약간 불성실하다고 할 수 있다. 왜냐하면 그 이전까지 엘리트들도 부의 축적에 관심이 많았다는 사실을 감추고 있기 때문이다. 어쨌든 이 시는 기존에 사회적 영향력을 행사하던 사람들과, 신분 상승을 통해 그런 영향력을 새롭게 획득하려는 사람들 사이의 긴장을 잘 보여준다. 신분 상승의 바탕은 그들이 자력으로 쌓아 올린 물질적 성공이었다.

　이 시기에는 주로 비엘리트들, 특히 비교적 가난한 사람들의 인구가 크게 증가했을 것이다. 그들의 가구는 더 많은 아이들을 길렀고 그 아이들이 모두 농업에 투입되었다. 초기 암흑시대만 하더라도 인구 감소에 따라 농사를 지을 수 있는 곳이 얼마든지 있었던 것이다. 자식을 잡아먹는 무자비한 아버지 크로노스의 불의에 반항한 제우스처럼(헤시오도스의 《신들의 계보》), 자기 재산을 갖게 된 많은 사람들이 엘리트의 불공평한 리더십에 반항하기 시작했다. 사실 엘리트들은 자기 영지에서 소군주처럼 행동하는 경향이 있었다. 헤시오도스의 말을 빌리자면, 그들은 "뇌물을 꿀꺽

삼키고서" 돈 없고 힘없는 사람들에게 "왜곡된" 판결을 내렸다(《노동과 나날》 38~39, 220~221). 이처럼 평등과 공평에 대한 열망이 인구 증가와 경제 조건의 전반적 향상에 의해 야기된 사회적·정치적 압력에 하나의 방향을 제시했다. 모든 자유인이 평등한 참정권을 갖는 도시국가가 하나의 정치 제도로 정립되기 위해서는 사회적 엘리트의 바로 다음 단계에 있는 사람들이 공평한 대우를 줄기차게 요구해야 한다는 것이었다. 설혹 그 엘리트들이 지도적 지위를 유지하고 또 집단에 의해 합의된 정책을 수행하는 임무를 맡는다고 하더라도 말이다. 그런 공평한 대우를 줄기차게 요구한 결과, 도시국가의 바탕을 이루는 시민권의 개념이 생겨났고 공동체의 모든 자유인에게 그런 시민권을 부여해야 한다는 사상이 생겨났다.

시민권은 특정한 법적 권리를 포함하고 있었다. 즉, 시민은 언론의 자유, 민회에서의 정치적·사법적 투표권, 관리로 선출될 권리 등을 누리고 또 분쟁을 해결하기 위해 법원을 이용할 수 있었고, 납치에 의한 노예화로부터 법적 보호를 받을 수 있었으며, 도시국가의 종교적·문화적 행사에 참가할 수 있었다. 물론 도시국가들에 따라 가난한 자유인이 정치에 참여할 수 있는 범위가 다르기는 했다. 예를 들어 공직에 취임할 수 있는 자격은 일정한 액수의 재산이나 부를 가진 사람으로 제한되었다. 또 가장 중요한 것으로서, 자유인 남녀의 신분은 노예나 거류 외국인metics(자유로운 신분의 외국인으로, 공식적으로 제한된 법적 권리를 누리며 조국이 아닌 도시국가에 거주하면서 일하는 것을 허락받은 사람)의 신분과 뚜렷이 구분되었다. 따라서 자유인은 비록 가난하더라도 시민권이 없는 집단과는 구분되었고 이러한 지위를 자랑스럽게 여겼다.

이처럼 시민권이 보장되었는데도 남자 시민들 사이의 사회적·경제적 불평등은 그리스 도시국가 생활의 한 부분으로 지속되었다. 도시국가의 정치 구조 속에 놓여 있는 평등의 불완전성은, 그들의 시민권이 일정한 가치를 부여했는데도, 여자 시민의 신분에서 드러난다. 여자 시민은 거류 외국인이나 노예에게는 부여되지 않는 정체성과 사회적 신분, 법적 권리를 가진다는 아주 중요한 의미에서 도시국가의 시민임을 확인받는다. 시민 여자와 비시민 여자의 중요한 차이는 그리스 언어에서도 분명히 드러나, '여자 시민politis'은 '남자 시민politēs'과 짝을 이루었다. 또 여자 시민만을 위한 종교적 제의가 존재했으며, 여자 시민은 납치되어 노예로 팔아 넘겨지지 않도록 법적 보호를 받았다. 여자 시민은 재산과 기타 법적 분쟁과 관련하여 법원에서 그들의 이익을 옹호할 수도 있었다. 하지만 그 경우, 여자 시민은 자신이 소송에 직접 나설 수는 없고 그녀의 이익을 대변하는 남자를 앞세워야 한다. 이런 조건은 법적 불평등의 한 사례이다. 그리스 사회에는 가부장적 전통(남자들이 여자들의 삶을 통제하고, 또 남자들에 의해 규정된 여자들의 이익을 보호하기 위해 '아버지' 노릇을 하는 전통)이 있어서, 모든 여자가 신체적으로나 법적으로 그녀 자신을 보호해줄 공식적인 남자 보호인kyrios을 두어야 했다.

여자가 남자의 통제와 보호를 받아야 한다는 이런 전제 조건에 발맞추어, 여자들에게는 참정권이 주어지지 않았다. 그들은 민회에도 참석하지 않았고 투표도 하지 않았다. 그러나 여자들은 특정한 민간의 사제직은 맡을 수 있었고, 남자들과 마찬가지로 아테네 근처의 엘레우시스에 있는 데메테르 여신의 대중 제의에 참가할 권리를 갖고 있었다. 뒤에서 자세히 이야기하겠지만, 이 국제적으로 유명한 제의는 그리스 도시국가들 내에 존재하는 삶의 불평등에 의한 긴장을 해소시키는 안전판 역할을 했다. 이 제의는 소속 계급과는 상관없이 모든 사람에게 악으로부터의 보호와 내세에서의 더 좋은 운명을 약속했던 것이다.

가난한 사람들과 시민권

그리스 도시국가에서 제한된 평등성이나마 이런 새로운 정치 조직이 탄생했다는 것은 과거와의 상당한 단절을 의미한다. 이러한 변화의 과정에서 가난한 사람들에게도 참정권을 부여했다는 것은 아주 획기적인 발전으로 평가되어야 한다. 가난한 남자 시민이 원하는 정치적 접근과 영향력을 얻는 데에는 오랜 시간이 걸렸다. 게다가 엘리트 집단의 저항도 있었다. 하지만 이러한 변화가 아무리 느리고 불완전했을지라도, 이것은 고대 세계에서 전례가 없는 일이었다. 내가 볼 때, 이러한 변화는 제한적이었을 뿐 아니라 완전히 발달하기까지 오랜 시간이 걸렸지만, 오늘날의 세계에서 널리 칭송되는―언제나 존중되는 것은 아닐지라도―이 원칙을 시행한 공로를 고대 그리스인들에게 돌려야 마땅하다.

하지만 불행하게도 우리는 도시국가 내에서 가난한 사람들이 참정권을 획득하게 된 경위와 이유를 명확하게 알지 못한다. 그 이유에 대하여 오랫동안 통설로 지지되던 이론으로는 일련의 군사적·사회적 발전 사항을 지적하는 중장 보병 혁명론이 있다. 하지만 좀 더 최근의 연구 성과는 이 이론의 타당성에 의문을 제기한다.

중장 보병은 금속 갑옷과 투구(도판 4-2)로 무장한 보병을 말한다. 중장 보병은 전문적 군대가 아직 없고 또 그리스에 용병이 흔하지 않던 시대

도판 4-2 | 그리스 도시국가들의 민병대 소속 중장 보병들은 이런 금속 투구를 썼다. 이 투구는 보병들의 머리를 보호해주었지만 그들의 시야와 청각을 제한했다. 가장자리에 나 있는 구멍들은 딱딱한 투구의 충격을 완화해주는 안감을 붙이기 위해 낸 것이다. The Walters Art Museum, Baltimore.

에 그리스 도시국가를 수호했던 시민 민병대의 주력 공격 부대였다. 중장 보병들은 어깨와 어깨를 서로 맞대어 팔랑크스phalanx라는 직사각형의 전투 대형을 이룬 다음, 적진으로 공격해 들어갔다. 팔랑크스는 그 편대를 이루는 보병들이 바깥으로 휘두르는 창검 덕분에 가공할 공격력을 보유했다. 팔랑크스의 성공적인 전략은 최대한 그 직사각형 전투 대형 안에 머물면서 집단의 일원으로 움직이는 것이었다.

기원전 7세기의 시인 아르킬로코스는 훌륭한 중장 보병에 대하여 이렇게 노래했다.

강인한 두 다리로 대지를 굳게 딛고 선, 용감한 심장을 가진 키 작은 남자. 그가 일단 두 다리를 내딛고 서면 아무도 그를 그 자리에서 밀쳐내지 못한다.

― 단편 no.114

호메로스의 《일리아스》가 보여주듯이, 그리스인들은 아르카이크 시대 이전에는 오랫동안 대오를 이루어 전투를 했다. 기원전 8세기에 이르기까지 지도자와 비교적 소수의 추종자들만이 금속제 무기를 사들일 수 있는 경제적 여력이 있었는데 쇠가 널리 보급되면서 그런 무기를 사들이는 것이 전보다 더 수월해졌다. 그리하여 민병대는 자신들의 무기와 갑옷을 스스로 마련했다. 이 새로운 중장 보병들은 아마도 공동체를 수호하기 위해 자기 돈으로 사들인 갑옷을 입고서 팔랑크스 전투 대형을 피나게 연습했을 것이고, 그리하여 그들은 엘리트들만이 아니라 자신들도 국방에 기여한 대가로 정치에 참여할 권리가 있다고 생각하게 되었을 것이다. 이와 관련하여 중장 보병 혁명론은 이들 새로운 중장 보병들이 사회의 엘리트들을 압박하여 참정권을 얻어냈을 것이며, 만약 참정권을 주지 않으면 전투 참가를 거부하여 공동체의 국방을 위태롭게 만들겠다고 위협했을 거라고 추정한다.

학계의 중장 보병 이론은 새로운 중장 보병들이 정치적 권리를 주장할 정도로 힘이 세어졌고 그 덕분에 소수의 엘리트들만이 정권을 담당하는 체제가 아니라 도시국가 제도가 발달할 수 있었다는 타당한 추론을 한다. 하지만 이러한 중장 보병 혁명론은 한 가지 중대한 질문에 대답을 하지 못한다. 도시국가는 중장 보병뿐만 아니라 가난한 사람들에게도 그런 정치적 권리를 부여했다. 중장 보병은 당연히 그런 권리를 쟁취했다고 하더라도 가난한 사람들에게까지 (때로는 점진적으로) 참정권이 부여된 것은 어찌 된 셈인가? 새로운 도시국가들의 남자 시민은 대부분 아주 가난해서 중장갑을 사들일 형편이 안 되었다. 게다가 당시의 그리스인들은 아직 해군력을 개발하지 못한 상태였다. 후대에 해군의 선단이 가공할 무기로 등장했을 때, 가난한 사람들은 해군을 위해 노동력을 제공할 수 있게 된다. 하지만 아르카이크 시대에는 아직 해군력이 발달하지 않았기에 가난한 사람들은 국가에 기여할 힘이 별로 없었다. 만약 중장 보병으로서 도시국가의 방어에 기여한 공로가 있어야만 시민으로서 정치적 권리를 부여받을 수 있었다면, 기존의 엘리트와 '중장 보병 계급'은 가난한 사람들에게 정치에 참여할 권리를 부여할 이유가 없었을 것이다. 역사가 보여주듯이, 지배적인 정치 집단은 열등한 사람들과 권력을 나누어 갖는 것을 싫어한다. 인류학자와 심리학자는 인간성에는 어느 정도 남들과 권력을 공유하려는 타고난 성향이 있다고 주장할지 모르지만, 정치는 아주 척박한 분야라서 자발적인 권력 공유의 사례를 찾아내기가 매우 어렵다. 하지만 많은 도시국가들에서 가난한 사람들 역시 정치에 참여했다. 물론 완전한 정치적 권리를 차지하기 위해서는 어느 정도 땅이 있어야 하고, 공직에 취임하려면 어느 정도 수입이 있어야 하고, 또 가난한 사람들에게 정치적 위임을 해주는 데에는 일정한 변화가 있어야 한다고 도시국가별로 상이하게 제정한 규정을 두었다. 그러나 전반적으로 볼 때 모든 자유 시민(남자)이 공동체의 정책 의결 기관이자 관리 선출 기관인 민회에 참가하여 발언하고 투표할 수 있었다.

이처럼 가난한 사람들이 점차 도시국가의 민회에 참여할 수 있었다는 사실은 그들이 정치적 평등의 기본 요소를 향유하는 시민이었음을 의미한다. 중장 보병 혁명론은 이처럼 엘리트가 가난한 사람들과 권리를 공유한 현상을 설명하지 못하기 때문에 도시국가의 발전을 완벽하게 설명해주는 이론이 되지 못한다. 더욱이 중장갑을 사들일 정도로 부유한 사람들이 많이 생겨난 것은 기원전 7세기 중반의 일인데, 이때는 가난한 사람들에게도 참정권을 부여한 도시국가들이 처음 생겨난 시기에서 훨씬 떨어진 후대이다.

중장 보병 이론을 대체하거나 보완해줄 흡족한 이론은 아직 나오지 않았다. 그리하여 그리스 도시국가의 정치 구조의 기원을 명석하게 설명해주는 이론은 아직까지 없다. 노동을 하는 가난한 자유인들(농업, 무역, 공예에 종사한 노동자들)이 도시국가의 경제적 성장에 크게 기여했다고는 하지만, 이런 노동의 가치가 곧바로 정치적 권리로 연결된다고 보기는 어렵다. 그렇다고 사회 내의 부유한 세력이 가난이 정신적 고상함과 통한다는 낭만적 이상 때문에 가난한 사람들에게까지 참정권을 확대해서 부여했을 것 같지도 않다. 동시대의 서정 시인 알카이오스는 스파르타의 아리스토데모스가 거듭하여 말한 바를 잘 표현해놓았다.

돈이 곧 사람이라네. 가난한 사람치고 선량하거나 명예로운 사람은 있을 수가 없어.

— 알카이오스, 단편 no.360

아르카이크 시대에 중장 보병의 갑옷과 전략이 발달했다고 지나치게 강조하는 것은 그 시대 초창기의 그리스 군사 전략을 오독誤讀한 것으로 보인다. 암흑시대에 금속제 갑옷을 사들일 수 있는 사람은 거의 없었다. 따라서 당시의 군사 전략은 이러한 현실을 반영했고, 당연히 대부분의 보병들은 가죽이나 심지어 두꺼운 천으로 만든 장비를 가장 좋은 보호구라고 생각했다. 그러나 가난한 사람들이 부자들보다 훨씬 많았기 때문에, 상당한 군사력을 집중시키고자 하는 지도자는 가난한 사람들의 집단에 의존하지 않을 수 없었다. 설사 무장이 형편없는 사람들이라 할지라도 그 수가 엄청나게 많으면 무장한 적수에게 가공할 만한 세력이 너끈히 될 수 있는 법이다.

기원전 8세기의 경무장 전투 요원들(몽둥이를 휘두르거나, 잔돌을 던지거나, 농기구를 무기로 사용하는 자들)은 자신들이 소속된 도시국가의 중장 보병대를 도와서 적들을 물리침으로써 전황에 영향을 주었을지도 모른다. 호메로스의《일리아스》에서는 적에게 돌을 던져 효과를 거두는 전사들이 나오는 전투 장면이 빈번하게 묘사된다. 심지어 위대한 영웅들도 돌을 들어 갑옷을 입은 적에게 던지면서 그 타격으로 적을 쓰러뜨리기를 기대했고 종종 성공했다. 간단히 말해서 경무장 시민들도 도시국가의 방어에 단단히 한몫을 할 수 있었다.

만약 이 점이 사실이라면 경무장의 가난한 사람들은 암흑시대의 전투 판도에서 중대한 요인이 될 수도 있었다. 이런 중대한 요인이 아르카이크 시대와 도시국가가 발전하는 시대에도 한참 동안 지속되었을 것이다. 중장 보병이 일반화된 데에는 오랜 시간이 걸렸으니까 말이다. 설사 많은 사람들이 중장 보병으로 편입되었다 하더라도 여전히 가난한 사람들의 수가 압도적이었다. 따라서 아르카이크 시대 초창기의 중장 보병대는 경무장의 가난한 사람들로 구성된 대부대의 앞쪽에 서는 '선봉대promachoi'였을 것이다. 이런 방식으로 이 시대의 가난한 사람들은 민병대를 이루어 소속 도시국가의 방어에 기여했을 것이다. 이런 공로 덕분에 그들은 시민권을 얻게 되었을지도 모른다.

가난한 사람들에게도 참정권이 확대된 또 다른 중요한 요인은 단독 통치자인 참주tyrant의 등장이었다. 참주는 일부 도시국가에서 독재적인 방식으로 권력을 잡은 자들인데, 참주에 대해서는 다음 장에서 상술될 것이다. 참주들은 자신의 체제를 공고히 하기 위한 수단으로서 가난한 사람들과 뿌리 뽑힌 사람들에게 시민권을 부여하는 방안을 채택했다.

더욱이 이 극적인 변화의 시기에 그리스 사회 상류층이 갖고 있는 정치적 단결력이 느슨해져서 그 구성원들이 부와 지위를 두고서 치열하게 경쟁하여 그 집단이 심하게 분열된 여파로 가난한 사람들을 정치적 활동에서 제외시키는 것은 부당하다는 사상에 강력하게 반발하지 못했을 수도 있다. 시민 공동체의 권력을 나누어 가져야 한다고 빈민들이 요구할 때, 사회 엘리트와 중장 보병들은 일치단결하여 그들을 저지할 연합 전선을 구축하기가 어려웠을 것이다. 그래서 사회적 동요를 막기 위해 빈민들과의 타협이 불가피했을 것이라고 본 것이다.

이러한 맥락에 입각해볼 때 고대 그리스 정치의 본질에 전례 없는 변화가 발생한 것은, 헤시오도스의 시에서 표현되었듯, 정의와 평등에 대한 관심 때문이라고 보는 것이 타당하다. 대부분의 사람들은 이제 남들이 그들에게 사전 동의 없이 이래라 저래라 하는 것을 받아들일 수 없다고 생각했다. 근본적인 수준에서 보면 그들은 동등한 사람이고 공동체에 기여한 바가 거의 비슷하다고 할 수 있다. 따라서 공동체의 운영과 관련하여 자신들도 동등하고 유사한 발언권을 누릴 자격이 있다고 생각한 것이다. 공동체 내에서 발견되는 이런 정치적 평등주의를 지역의 수준에서 보면 올림피아 제전을 출현시킨 범그리스주의와 일치한다. 또 호메로스의 《일리아스》에서 총사령관 아가멤논을 공개 비판한 테르시테스를 오디세우스가 구타한 태도를 결연히 거부한 일과도 상통한다(3장 참조).

이런 여러 가지 요인들의 상호작용이 무엇이었든 간에, 발전된 그리스 도시국가의 주된 특징은 남자 시민들이 공동체의 정책 결정에 참여했다는 사실이다. 도시국가가 형성되고 난 이후에도 사회 엘리트의 구성원들이 그리스 정치에 강력한 영향력을 행사한 것은 사실이다. 그러나 전에 엘리트 계급에 소속되지 않았던 사람들이 도시국가에서 상당한 정치적 영향력을 갖게 된 점은 그리스 아르카이크 시대가 지닌 가장 뚜렷한 정치적 특징이다. 이러한 정치적 과정은 점진적으로 진행되었다. 도시국가들이 기원전 750년경에 느닷없이 완성된 상태로 등장한 것은 아니기 때문이다. 그때로부터 300년이 지난 후에도 아테네 남자 시민들은, 남자 시민들 사이에 더 많은 정치적 권한을 분산시키고 가난한 남자 시민들에게 더 많은 권리를 부여하기 위하여 주요한 정치 제도의 변경을 도모했다. 기억할 만한 가치가 있는 것은 이런 변화가 어쨌든 발생했다는 점이다.

가재 노예제
—

이미 언급한 바와 같이, 자유는 아르카이크 시대에 도시국가가 출현한 이후에도 많은 고대 그리스인들에게는 뜬구름 같은 꿈으로 남아 있었다. 암흑시대의 노예제에 관한 유일한 증거(호메로스와 헤시오도스의 서사시에 나타나는 드모스$^{dm\bar{o}s}$, 둘레$^{doul\bar{e}}$, 둘레이오스^{douleios} 등인데 이들은 정도 차이는 있지만 주인에게 의존했고 자유가 없었다)는 자유민과 비자유민 사이의 복잡한 의존 관계를 보여준다. 일부 의존적인 사람들은, 호메로스와 헤시오도스의 시에 따를 것 같으면, 살아 숨 쉬는 소유물이 아니라 집주인에게 소속된 열등한 세대 구성원인 것으로 보인다. 그들은 사실상 주인과 똑같은 생활 환경에서 살았고 그들만의 가정생활을 꾸리기도 했다. 전쟁에서 포로로 잡힌 사람들은 노예의 신분으로 추락했다. 포로 노예의 소유주는 그의 생사여탈권을 갖고 있었고 그의 노동력도 독점했다. 이 노예들은 사람이 아니라 물건, 곧 가재*財로 취급되었다. 만약 호메로스와 헤시오도스의 묘사가 암흑시대의 실제 상황을 그대로 반영하는 것이라면, 가재 노예제는 그 시대의 그리스에 존재했던 종속 관계의 주요 형태는 아니었던 듯하다.

그리스 도시국가의 형성에 참여한 사람들의 집단을 시민권이라는 범주로 규정하게 됨에 따라 시민의 범주에 들어가는 사람들과 그렇지 못한 사람들 사이의 대비는 한층 더 명확해졌다. 다른 사람의 통제를 전혀 받지 않아도 되는 자유 시민의 필수 조건은 완전한 참정권을 갖는 것이었다. 도시국가의 경우, 그런 시민은 자유롭게 태어난 성인 남자를 의미했다. 시민권이 만들어낸 가장 강력한 대비는 자유민eleutheros과 비자유민, 즉 노예doulos 사이의 대비이다. 개인적 자유라는 개념의 발달은 이처럼 아르카이크 시대에 들어와 널리 퍼진 가재 노예제라는 보완적 발달을 가져왔다. 또한 이 시대에 경제 활동이 활발해지면서 늘어나는 노동 수요를 충족시키기 위해 노예의 수입을 장려하게 되었다. 어쨌든 아르카이크 시대에 발달한 노예제는 비자유민을 절대 종속의 상태로 추락시켰다. 다시 말하면 노예는 주인의 재산(가재)이었다. 나중에 아리스토텔레스는 노예를 "살아 있는 소유물의 일종"(《정치학》1253b32)으로 범주화했다. 아리스토텔레스는 어떤 사람들은 자유인이 되기에 절대 필요한 이성의 능력이 결여되어 있기 때문에 노예제는 자연스러운 것이라고 결론 내렸다. 하지만 그는 어떤 사람들은 그 성격상 자유인이 될 자격이 없다는 주장을 거부하는 반대 논증의 위력도 마지못해 인정했다.

전쟁 포로는 노예제가 자연스러운 제도라는 아리스토텔레스의 분석에 문제를 제기했다. 전쟁의 패배라는 참사로 자유를 잃어버린 그들은 그 이전에는 자유인이었기 때문이다. 그들이 가재 노예가 된 것은 이성의 능력이 결핍되어서가 아니었다. 그렇지만 모든 그리스 도시국가들은 전쟁 포로를 노예로 팔아넘기는 것을 인정했다(그들의 가족이 몸값을 내어 해방시켜주지 않는다면). 노예들이 일하는 집안에서 노예가 태어나서 성장하는 경우는 비교적 드물었다. 노예는 또한 그리스 영토의 북부나 동부의 험준한 지역에서 수입되기도 했다. 그런 지역에서 해적 혹은 외국 침략자들이 비그리스인들을 납치해서 데려온 것이다. 이들 지역의 도적 떼가 이웃 사람을 포로로 잡아서 노예업자에게 팔기도 했다. 그러면 노예업자들은 이문을 붙여서 그 포로를 다시 그리스에 내다 팔았다. 헤로도토스는 그리스 본토 북쪽에 살고 있는 트라키아인들이 "그들의 자녀를 수출용으로 팔아넘긴다"(《역사》 5.6)라고 기술했다. 이 서술은 아마도 트라키아인의 한 집단이 다른 트라키아인 집단(이 경우 그 집단은 다른 집단을 같은 트라키아인이라고 생각하지 않았을 것이다)의 아이를 납치하여 팔아먹은 경우를 가리키는 것일지도 모른다.

그리스인들은 그리스어를 모르는 모든 외국인을 일괄하여 '바르바로이barbaroi'라고 불렀는데, 그리스인들이 듣기에 그들의 말이 '바르, 바르'처럼 들렸기 때문이다. 그리스인들은 바르바로이가 모두 같다고 생각하지는 않았다. 그들은 용감하거나 비겁했고, 총명하거나 우둔했다. 하지만 그리스의 기준으로 볼 때 문명화된 사람은 아니었다. 그런데 트라키아인이나 기타 노예를 팔아넘기는 사람들과 마찬가지로, 그리스인들도 자신들과는 다른 사람을 노예로 잡는 것이 더 쉽다고 생각했다. 그렇게 하면 인종적·문화적 차이가 엄연히 존재했기에 노예도 같은 사람이라는 생각을 쉽게 망각할 수 있었기 때문이다. 그리스인들은 전쟁에서 패한 동료 그리스인들도 노예로 삼았다. 그러나 이 그리스 노예들은 집주인과는 다른 도시국가 출신들이었다. 부유한 가문은 학식 있는 그리스 노예를 선호했다. 당시 공식적인 교육 기관이 없었기에 그런 노예는 아이들의 가정교사로 쓸 수 있었던 것이다.

가재 노예제는 기원전 600년경 이후에 그리스 내에서 규범적인 제도로 정착되었다. 드디어 노예가 아주 흔해져서 수입이 많지 않은 사람들도 노예 한두 명을 집 안에 둘 수 있게 되었다. 그러나 그리스 지주들이 로마 제국 시절에 로마 수로*水路를 지배했던 사람들이나, 미국 남북전쟁 전의 남부 농장주처럼 수백 명의 노예를 부린 것은 아니다. 우선 고대 그리스에서 일 년 내내 수백 명의 노예를 부린다는 것은 비경제적인 일이었다. 그리스의 곡식 경작은 일반적으로 일 년에 몇 달 동안만 집중적으로 노동력이 필요하고 나머지 기간에는 일이 없었기 때문이다. 이런 농한기에 할 일이 없는 노예들에게 음식을 제공하는 것은 큰 부담이었고, 따라서 대규모 노예의 고용은 어려운 일이었다.

그러나 기원전 5세기에 들어와 일부 도시국가에서는 노예 수가 전체 인구의 3분의 1에 육박했다. 이러한 점유율은 아직도 소규모 지주나 가정이 일부 자유 노동자의 도움을 빌려가면서 도시국가들 내의 일들을 대부분 처리했음을 알려준다. 나중에 상술하겠지만, 스파르타의 특수한 노예제는 이러한 상황에 비추어 보면 진귀한 예외적 사례가 된다. 부유한 그리스인들은 임금을 받고 남의 밑에서 일하는 것을 수치로 여겼다. 하지만 부유한 사람들의 그런 태도는 많은 가난한 사람들의 생활 현실과는 동떨어진 것이었다. 빈자는 닥치는 대로 일을 하여 생계 유지비를 벌어 들여야 했다.

자유 노동자와 마찬가지로 가재 노예들도 온갖 종류의 노동을 했는데, 여자 가내^{家內} 노예는 신체적으로 훨씬 안전한 생활을 영위했다. 가내 노예들은 청소와 요리를 하고 공공 샘물에서 물을 길어오고 실 잣는 여주인을 도왔다. 그 밖에 아이들을 돌보고, 시장을 보러 가는 집주인을 동행(그리스의 관습)하는 등, 가정 내의 잡일을 수행했다. 그리고 집주인이 성적 관계를 요구하면 가내 노예는 거절할 수가 없었다. 자그마한 제조업에 종사하는 노예(가령 도공이나 금속공), 농장에서 일하는 노예 등은 주인과 함께 일했다. 그러나 부유한 지주는 노예 감독자를 임명하여 들판에서 노예들을 감독하게 하고 자신은 도심의 저택에 머물렀다. 노예에게 발생할 수 있는 가장 나쁜 상황은 주인이 그 노예를 그리스의 은광이나 금광에 노동자로 임대하는 경우였다. 광산 노예들은 좁고 미끄러지기 쉬운 터널에서 일을 해야 했기 때문에 생활 조건이 고통스럽고 위험했으며, 신체적으로도 매우 고단했다.

노예의 주인은 아무런 법적 제재를 받지 않고서 노예를 처벌할 수 있었다. 심지어 징벌에 대한 우려 없이 노예를 살해할 수도 있었다(고전시대의 아테네에서 주인이 노예를 살해하는 것은 부적절하고 불법적인 것으로 간주되었지만, 그에 대한 징벌은 아주 미약하여 의례적인 정화 의식이 고작이었다). 하지만 노예의 몸이 불구가 될 정도로 매질을 한다든지, 노예를 아예 죽인다든지 하는 일은 그리 빈번히 일어나지 않았다. 왜냐하면 노예도 엄연히 집안의 재산인데, 그런 유익한 재산을 파괴하는 일은 집주인에게 아무런 경제적 실익이 없었기 때문이다.

일부 노예들은 공공 노예^{dēmosioi}(대중에게 소속된 노예)로 일함으로써 어느 정도 자유를 얻었다. 이런 노예들의 주인은 개인이 아니라 도시국가였고, 이들은 고유의 거처에서 살면서 특별한 임무를 수행했다. 예를 들어 아테네의 경우, 공공 노예는 도시국가의 동전이 진품인지 아닌지를 검증하는 일을 맡았다. 그들은 또한 시민에게 무력을 사용해야 하는 달갑지 않은 일을 수행하기도 했다. 예컨대 시민 행정관을 도와서 강제로 범법자를 체포하는 일이 그러했다. 아테네에서는 도시의 공식 사형 집행인 역시 공공 노예였다. 신전에 소속된 노예에게도 주인이 따로 없었다. 신전 노예들은 성소의 신들에게 소속된 자로, 그 신의 하인으로서 근무했다. 이런 점은 아테네의 극작가 에우리피데스가 집필하고 기원전 5세기 후반에 무대에 올려진 《이온^{Ion}》이라는 연극에서 엿볼 수 있다.

집주인이 인정 많은 사람인 경우를 비롯해 최선의 조건에서 사는 가내 노예는 난폭한 징벌을 전혀 받지 않으며 편안하게 살아갈 수 있었다. 그들은 집주인 가족의 소풍에도 함께 끼었고, 희생물 바치기 등의 종교 의식에도 참가할 수 있었다. 그러나 노예들은 자기 가정을 꾸릴 권리가 없었고, 재산을 소유할 수 없었고, 법적·정치적 권리가 없었기 때문에 정규적인 사회로부터 소외된 삶을 살았다. 고대 논평가의 말을 빌리자면, 가재 노예들은 "일과 징벌, 음식"(가짜 아리스토텔레스, 《경제》, 1344a35)의 삶을 살아야 했다. 그들의 노동은 그리스 사회의 경제 체제를 떠받쳤지만, 일이 그들에게 이익을 가져다주지는 않았다. 이러한 비참한 생활 조건에도 불구하고 그리스 가재 노예들(스파르타의 경우는 제외)은 대규모로 반란을 일으킨 적이 없다. 그들의 국적과 언어가 너무나 다양하고 또 고국에서 너무 멀리 떨어져 있어서 효율적인 반란 단체를 조직할 수 없었기 때문이다. 때때로 집주인들은 자발적으로 노예를 자유인으로 만들어주었고, 어떤 집주인들은 노예들의 근면을 독려하기 위하여 미래의 적당한 때에 자유인으로 풀어주겠다고 약속하기도 했다. 자유로워진 노예는 그리스 도시국가들에서 시민이 되지는 못했고, 그 대신 거류 외국인 집단에 합류했다. 그들은 필요하다면 예전 집주인을 도와야 했다.

가정과 결혼

―

그리스 도시국가에서 노예제가 대규모화하자 개인의 가정은 점점 커졌고, 그리하여 여주인의 책임 사항도 따라서 늘어났다. 특히 부유한 여주인은 집안일을 잘 관리하는 중책을 맡았다. 남편인 집주인과 함께 여주인은 가정을 유지해나가는 공동 파트너였다. 남편이 바깥에서 농사를 짓고 정치에 참여하고 남자 친구들을 만나는 동안, 아내는 가정의 관리 oikonomia('경제학economics'이라는 단어는 여기서 유래했다)를 맡았다. 여주인은 아이들을 기르고, 음식의 보관과 준비를 감독하고, 가정의 회계를 담당했다. 특히 중요한 일은 여자들이 입는 화려한 무늬의 옷감을 짜는 것이었는데, 집안이 부유한 여자들은 이런 옷감을 사서 입었다(도판 4-3). 또 가내 노예들의 일을 지휘하고, 그들이 아플 때는 간호해주어야 했다. 이처럼 가정의 일은 주로 여주인이 맡았다. 그 덕분에 가정은 경제적으로 자급자족할 수 있었고, 남편은 폴리스의 공공 생활에 참여할 수 있었다.

그러나 가난한 여인들은 집 바깥으로 나가서 일했다. 그들은 모든 정착촌의 중심에 자리 잡은 공공 시장(아고라agora)에 나가서 소규모 상인으

도판 4-3 | 아테네에서 제작된 아르카이크 시대의 대리석 조각상으로, 미혼 여성(코레)을 묘사한 것이다. 그 당시 예술품이 보통 그러했듯이 이 작품도 대중 앞에 전시가 되었는데 아마도 신성에 바치는 봉헌물이었을 것이다. 처녀의 머리칼에 희미하게 남아 있는 채색의 흔적과 정교하게 꾸민 의상을 통해 고대 그리스 조각에 밝은 채색을 했다는 사실을 짐작할 수 있다. 하지만 오랜 세기를 거치면서 그 색이 희미해지거나 사라졌다. Wikimedia Commons.

로 일했다. 오로지 스파르타에서만 여자들이 남자들과 함께 체력 훈련에 참가할 수 있었다. 여자들은 장례식, 국가 축제, 종교 의식 등에 참석함으로써 도시국가의 공공 생활에서 중요한 역할을 맡았다. 어떤 축제들은 여자들만 참석하기도 했다. 예컨대 그리스인들에게 농업의 기술을 가르쳐준다고 믿어졌던 데메테르 여신의 제의에는 여자들만 참석했다. 여자들은 여사제 자격으로 각종 공식 제의에서 공공의 임무를 수행했다. 예를 들어 기원전 5세기에 이르러 아테네에서는 이와 유사한 마흔 가지 이상의 제의에서 여사제가 집전을 했다. 이러한 지위를 갖고 있던 여자들은 상당한 위세, 국가에서 지불하는 봉급, 공공 분야에서의 자유로운 활동과 같은 혜택을 누렸다.

여자들은 결혼 전에는 아버지의 보호를 받았고, 결혼 후에는 남편의 법적 피보호자가 되었다. 결혼은 남자들에 의해 사전에 결정되었다. 여자의 보호자(주로 아버지이고, 아버지 사망 시에는 삼촌이나 오빠)는 여자가 대여섯 살의 어린아이일 때 다른 남자의 아들과 약혼을 시킨다. 약혼식은 여러 명의 증인 앞에서 수행되는 중요한 공식 행사이다. 이 행사에서 여자의 보호자는 결혼의 일차적 목적을 표현하는 다음의 문구를 반복하여 말한다.

"나는 적자嫡子의 생산을 위하여 이 여자를 당신에게 줍니다."

– 루키아노스, 《티몬》 17

결혼식은 여자가 십 대 초반, 남자는 이십 대 중·후반일 때 거행된다. 헤시오도스는 사춘기를 지난 지가 5년이 되지 않은 여자와 결혼하는 것이 좋고, 신랑은 "서른보다 아주 어리지 않거나 아주 많지 않은 나이"가 적당하다고 말했다(《노동과 나날》 697~705). 법적인 결혼은 신부가 신랑의 집에 살러 감으로써 완성된다. 신부가 신랑의 집까지 걸어가는 과정은 현대의 결혼식에서 웨딩마치와 아주 비슷하다고 보면 된다. 신부는 지참금 (만약 신부가 부잣집 딸이라면 소득을 낳는 땅), 새로운 집을 꾸밀 가구, 아이들에게 물려줄 만한 개인적 물건 등을 가지고 온다. 남편은 법적으로 그 지참금을 소유할 자격이 있지만, 이혼 시에는 그것을 돌려주어야 한다. 이혼 절차는 법률적인 문제라기보다 남녀 간의 권력 문제였다. 남편은 자기 집에서 아내를 내쫓을 수 있었던 반면, 여자는 이론적으로는 자발적으로 남편을 떠나 전 보호자(남자 친척)의 집으로 갈 수 있었다. 하지만 남편이 힘으로 못 가게 말리면 그녀는 행동의 자유를 제약당했다.

고대 그리스에서는 일부일처제가 규칙이었고, 스파르타를 제외하고는 핵가족 구조(친척들 없이 남편, 아내, 자녀가 한 집에 사는 것)가 보편적이었다. 그러나 결혼 생활의 여러 단계에서 부부가 친척들과 함께 살 때도 있었다. 남자 시민은 아무런 징벌을 받지 아니하면서 여자 노예, 외국인 첩, 여자 창녀, 또는 (많은 도시국가에서) 자발적으로 동의하는 미성년 남자 시민과 성관계를 맺을 수 있었다. 여자 시민에게는 이런 성적 자유가 없었고, 간통을 할 경우 해당 여자와 간통남은 엄한 징벌을 받았다. 그리스의 사회적 관습에서 종종 그러하듯이 스파르타는 예외적 경우였다. 아이를 낳지 못하는 스파르타 여자는 남편이 동의한다면 아이를 얻을 목적으로 다른 남자와 성관계를 가질 수 있었다.

그리스에서는 무엇보다도 결혼과 출산을 통제하고 가정의 재산을 지킨다는 두 가지 목적을 위해 여자의 법적 권리와 시민권의 조건을 남자의 보호 아래 두었던 것이다. 그리스 남자의 가부장적 태도는 자손의 출산을 통제함으로써 가문의 재산을 지켜야 한다는 욕망에 뿌리를 두고 있다. 이러한 욕망은 암흑시대의 참담한 경제 상황 속에서 더욱 긴급하고 특별한 의미를 가졌다.

예를 들어 헤시오도스는 판도라라는 최초의 여인을 다룬 신화를 기술하면서 이 점을 명백히 했다(《신들의 계보》507~616;《노동과 나날》42~105). 전설에 따르면 주신 제우스는 인간에 대한 징벌의 일환으로 판도라를 창조했다. 제우스에게 적대적이었던 신적 존재 프로메테우스가 제우스로부터 불을 훔쳐내 불을 모르던 인간들에게 가져다주는 바람에 제우스의 분노는 폭발했다. 판도라는 신들이 그녀를 위해 꼭 봉인해두었던 상자의 뚜껑을 열어젖혀, 그때까지 고통을 모르던 인간계에 '사악과 질병'을 가득 풀어놓았다. 이어 헤시오도스는 판도라의 후예들, 즉 여자들이 남자들에게는 "아름다운 악"이라고 기술한다. 그는 여성을, 다른 벌들의 노동으로 편안하게 먹고살면서 집에서 말썽이나 일삼는 수벌에 비유한다. 하지만 "여성의 골치 아픈 짓거리"를 피해서 결혼하지 않으려하는 남자는 돌보아줄 아들이 없는 "파괴적 노년"을 맞을 거라고 경고한다(《신들의 계보》, 603~605). 더욱이 결혼 안 한 남자가 죽으면 친척들이 그의 재산을 모두 나누어 가질 터였다. 그러니 남자는 결혼을 해야 하며, 아이를 낳아서 노년에 자기를 보살피는 지원 세력으로 삼아야 한다. 또 자신의 사망 후에는 재산을 상속시켜 재산이 계속 유지되도록 해야 한다. 이처럼 그리스 신화에 따르자면 여자들은 남자들에게 필요악이었다. 그러나 실제로는 도시국가의 여자들은 아주 중요한 사회적·종교적 역할을 수행했다.

5

과두제, 참주제, 민주제

그리스 도시국가들은 저마다 규모나 보유한 천연자원 등이 판이하게 달랐지만, 아르카이크 시대를 거쳐오면서 기본적인 정치 제도와 사회 전통을 공유하게 되었다. 가령 시민권, 노예제, 여자들의 법적·정치적 불이익, 부유한 엘리트들의 관직에 대한 지속적인 지배 등이 그러했다. 그러나 도시국가들은 이러한 공유된 특징을 제각각 아주 다른 방식으로 발달시켰다. 군주제는 미케네 문명의 종언과 함께 그리스에서 거의 대부분 사라졌다. 현재 전하는 제한된 증거에 따르면 그렇게 보인다. 스파르타에 2왕 제도^{dual kingship}가 존속하긴 했으나 그것은 복잡한 과두제의 일환일 뿐, 일반적 의미의 군주제라고 보기는 어려운 것이었다. 군주제는 한 번에 한 명의 통치자만 있는 것이며 스파르타의 '두 왕'이 준수했던 권력 공유의 복잡하고 엄격한 요구 조건이 없었다. 스파르타와 일부 다른 그리스 도시국가에서는 소수의 시민 출신 남자들만이 제한적으로 의미 있는 정치권력을 행사했다. 이렇게 하여 과두제^{oligarchy}라는 정치 체제가 정착되었는데, 이것은 그리스어 '올리가르키아oligarchia'에서 유래한 말로서 '소수에 의한 지배'라는 뜻이다.

다른 도시국가들은 불규칙하고 폭력적인 방식으로 권력을 찬탈한 단독 통치자에 의해 지배되는 시대를 경험했다. 그리스인들은 이런 통치자를 참주tyrant(그리스어로는 'tyrannos')라고 불렀다. 아버지에서 아들로 대를 이어 권력을 승계한 참주제는 서쪽의 시칠리아 섬에서부터 동쪽의 이오니아 해안 근처 사모스에 이르기까지 그리스 세계 전역에서 실시되었다. 하지만 이러한 체제들은 대부분 두 세대 이상을 버티지 못했다.

그러나 다른 도시국가들은 초기 형태의 민주제démocratia(민중에 의한 지배)를 실시했다. 즉, 모든 남자 시민에게 통치에 참여할 기회를 주었던 것이다. 이것은 아주 비상하게 새로운 형태의 정부였다. 민주제의 창설은 현대인들이 잘 파악하지 못하는 의미심장한 사건이었다. 현대인들은 태어날 때부터 민주제 안에서 태어나므로 그것이 인간이 만든 정치 조직의 '자동적 가치'라고 여기기 십상인데 그렇게 생각하면 큰 오산이다. 고대 근동의 일부 초기 국가들에서도 왕에게 약간의 영향을 미치는 민회가 있었고 또 현명한 왕은 현명한 고문관들의 조언을 따르며 여론의 향배를 크게 주시하기는 했지만, 그리스 민주제는 남자 시민들에게 많은 정치적 권한을 주는 민주제를 실천함으로써 전례 없는 신기원을 열었다.

아테네인들은 그리스에서 가장 유명한 민주제를 확립했고, 그리하여 시민 개인의 자유가 고대 세계와 그 이후에도 유례를 찾아보기 어려운 수준으로까지 신장되었다. 이런 다양한 정치적·사회적 발달의 경로는 그리스인들이 아르카이크 시대에 새로운 생활 방식을 만들어내기 위해 분투했음을 잘 보여준다. 그들은 또한 농업과 무역으로 증가한 인구를

도판 5-1 | 기원전 6세기의 스파르타 항아리에 북아프리카 키레네의 그리스 정착촌 지도자인 아르케실라스의 모습이 그려져 있다. 그는 해상 무역을 위해 수출입 품목들의 무게 다는 작업을 감독하는 중이다. 국제 무역은 아르카이크 시대에 그리스 도시국가들의 성장을 촉진시켰는데, 특히 화물 수송선들을 접안시킬 수 있는 좋은 항구를 가진 도시국가가 그러한 혜택을 많이 누렸다. Marie-Lan Nguyen / Wikimedia Commons.

지원하기 위해 새로운 정치 체제를 다시 발명했다(도판 5-1). 이러한 분투 과정에서 그들은 현실 세계, 사람과 세계의 관계, 인간들 사이의 관계 등에 대하여 새로운 인식을 형성하게 된다. 그들이 철학과 자연과학에서 새로운 사상을 발전시킨 것도 새로운 정치 제도의 발달에 따른 결과이기도 하다.

초기의 스파르타

—

스파르타는 군사 강국을 지향했던 사회여서 과두제를 정치적 기반으로 삼았다. 스파르타의 일상생활은 엄격한 기강을 강조하는 것으로 국제적으로 유명했다. 그들의 철저한 훈련은 아르카이크 시대에 그리스에서 가장 강성한 무력을 형성했던 스파르타 보병에서 잘 드러난다. 스파르타는 천혜의 수비 위치를 자랑하는 곳에 자리를 잡은 덕분에 그런 강한 군사력을 양성할 수 있었다. 스파르타는 펠로폰네소스 반도 남동부에 위치한 험준한 산맥들 사이에, 남북으로 비좁게 펼쳐진 평원인 라코니아^{Laconia}에 자리 잡고 있었다. 그래서 스파르타 지방에 사는 사람들을 가리킬 때 라코니아인이라고 불렀다. 그런데 스파르타인 자체를 가리킬 때에는 라케다이모니아인이라고도 했는데, 이 말은 스파르타 지역을 가리키는 말인 라케다이몬^{Lacedaimon}에서 나온 것이다.

이 도시국가는 기테온이라는 항구를 통해 바다로 나갈 수 있었다. 이 항구는 스파르타 도심에서 남쪽으로 약 40킬로미터 떨어진 지점에 있었다. 하지만 이 항구는 거친 해류와 거센 바람으로 위험한 지중해 해역에 있었기에 적들은 해상으로는 스파르타를 공격할 수가 없었다. 그러나 이처럼 바다로부터 고립되다 보니 스파르타인들은 능숙한 선원이 되지 못했다. 그들의 장점과 관심은 오로지 육상에 연계되어 있다.

그리스인들은 스파르타인의 조상이 도리아인이라고 믿었다. 도리아인은 중부 그리스로부터 펠로폰네소스 반도로 침입하여, 라코니아의 원주민들을 기원전 950년경에 물리친 사람들로 여겨지고 있지만, 앞에서도 말했듯이 고고학적 증거는 이런 '도리아인의 침공'이 실제로 일어났다는 것을 뒷받침해주지 못한다. 역사시대의 라코니아인들은 그리스어 중에 도리아 방언을 사용했다. 하지만 그들의 초창기 근원을 밝혀줄 확실한 증거는 존재하지 않는다.

처음에 스파르타인들은 네 개의 작은 정착촌에 정착했는데, 그중 둘이 나머지 둘을 제압한 것으로 보인다. 이 초기의 정착촌들이 나중에 단결하여 아르카이크 시대의 스파르타 폴리스를 형성했다. 그리스인들은 이런 정치적 단결의 과정을 가리켜 '시노이시즘synoecism(일가주의, 일가의 단결)'이라고 명명했다. 한 정착촌이 새로운 도시국가의 중요한 중심으로 기능하게 되더라도 대부분의 주민은 원래 살던 정착촌에서 계속 살았다 (시노이시즘은 모든 주민이 핵심적인 위치로 이사함으로써 완수되기도 했다).

시간이 흐르면서 스파르타는 이러한 정치적 단결 덕분에 라코니아에서 가장 강력한 공동체가 되었고, 스파르타인들은 그 힘을 이용하여 인근의 다른 족속들을 정복했다. 우리는 스파르타의 힘이 라코니아 전역과 펠로폰네소스 서부인 메세니아까지 퍼져 나간 정확한 연대를 알지 못한다. 하지만 그런 정복은 스파르타인들에게 중대하면서도 지속적인 결과를 가져왔다. 이 점은 뒤에서 자세히 설명할 것이다.

그런 정치적 단결의 명백한 결과로서, 스파르타인들은 한 명이 아닌 두 명의 최고위 군사 지도자를 얻게 되었다. 그들은 이 지도자를 '왕'이라고 불렀다. 아마도 최초의 두 지배적 정착촌의 우두머리였을 것으로 추정되는 이 왕들은 군사령관만이 아니라 종교적 수장 역할까지 맡았다. 그러나 두 왕이 결정을 내리거나 정책을 수립할 때 무제한의 권력을 향유한 것은 아니었다. 그들은 순수한 군주라기보다는 스파르타 도시국가를 통치하는 과두제의 지도자로서 활약했기 때문이다. 두 왕가 사이의 경쟁 의식은 주기적으로 맹렬한 분쟁을 불러일으켰고, 두 명의 최고 군사령관을 두는 제도는 때때로 스파르타 군대를 마비시켰다. 두 왕이 군사 작전을 펼치는 도중에 전략에 대해 의견 일치를 보지 못하는 경우가

기원전 800~600년경	스파르타인들이 그들 사회의 독자적인 법률과 전통을 개발.
730~710년경	스파르타, 1차 메세니아 전쟁에서 메세니아 침공.
657년경	바키아드 가문의 킵셀로스가 코린토스의 참주가 됨.
640~630년경	스파르타, 2차 메세니아 전쟁에서 메세니아 침공. 아테네인들이 초기 형태의 민주제 개발.
632년경	킬론이 아테네에서 무력으로 정부를 전복하려고 시도.
630년경	레스보스의 사포 탄생.
625년경	킵셀로스 사망하고, 그의 아들 페리안드로스가 코린토스의 참주로 등극.
621년경	드라콘이 아테네를 위한 법전 제정.
594년경	아테네인들이 사회적·경제적 갈등을 종식시킬 목적으로 솔론을 지명하여 법전을 개정하게 함.
546년경	페이시스트라토스가 세 번째 시도 끝에 아테네의 참주가 됨.
540년경	사모스에서 참주제가 시작됨.
530년경	피타고라스가 사모스에서 남부 이탈리아로 이주.
527년	페이시스트라토스가 죽고 그의 아들 히피아스가 아테네의 참주가 됨.
510년	아테네가 알크마이온 가문과 스파르타의 군사력으로 참주제에서 해방됨.
508년	클레이스테네스가 아테네 민주제의 개혁을 시작함. 스파르타의 공격이 '시민들'에 의해 격퇴됨.

발생한 것이다. 그리하여 스파르타인들은 마침내 전쟁을 하기 위해 출병 중인 군대의 지휘는 한 번에 한 왕이 맡아서 하도록 결정을 보았다.

스파르타에서 정책을 입안했던 '소수자'는 60세 이상의 노인 28인으로 구성된 집단이었는데, 두 왕도 이 집단에 합류했다. 총 30인으로 된 이 '원로회의(게루시아^{gerousia})'는 자유로운 성인 남자들로 구성된 민회에 제출할 정책을 입안했다. 민회는 제출된 정책을 부분적으로 수정하는 한정된 권한밖에 갖고 있지 않았다. 대체로 민회는 원로회의의 정책을 원안대로 승인했으며, 정책안이 거부되는 경우는 드물었다. 어떤 정책안에 대해 민회의 남자 시민들이 반대표가 나올 것 같다고 말하면 원로회의가 그 제출안을 철회할 권리를 갖고 있었기 때문이다. "만약 대중들이 나쁘게 말하면" 스파르타 전통에 따라 "원로들과 지도자들은 정책안을 철회할 것이다"(플루타르코스,《리쿠르고스》6). 민회의 반응이 아주 나쁠 경우, 원로회의는 그 정책안을 철회했다가 충분한 지지를 확보한 후에 다시 제출했다.

해마다 선출되는 다섯 명의 '행정관(에포로스^{ephoros})'으로 구성되는 행정원은 왕과 게루시아의 영향력에 어느 정도 대항 세력이 되었다. 성인 남자 시민들 중에서 선출되는 에포로스는 게루시아와 민회의 사회를 보면서, 선고와 징벌에 상당한 사법적 권력을 행사했다. 그들은 심지어 왕에게도 혐의를 걸어서 재판할 때까지 그를 구속시킬 수 있는 힘을 갖고 있었다. 에포로스는 게루시아와 두 왕의 정치권력을 상당히 약화시켰다. 에포로스의 임무는 법의 우월성을 확보하는 것이었기 때문이다. 아테네인 크세노폰은 후대에 이렇게 기술했다.

왕이 입장하면 에포로스를 제외한 모든 사람이 자리에서 일어나야 했다. 폴리스를 대표하는 에포로스와 자기 자신을 대표하는 왕은 매달 서로에게 맹세를 했다. 왕은 폴리스의 정해진 법률에 따라 왕권을

행사하겠다고 맹세했고, 폴리스는 왕이 그 맹세를 지킨다면 왕권이
방해받지 않도록 도와주겠다고 맹세했다.

– 《스파르타인의 제도》 15.6~7

스파르타인들은 크든 작든 모든 일에서 적절한 행동을 취해야 한다는
그들 사회의 엄격한 기준을 충족시키기 위해 정해진 법에 절대적으로 복
종하는 것이 의무라고 철저하게 강조했다. 예를 들어 에포로스들은 스파
르타 사람들에게 "콧수염을 깎고 법률에 복종하라"(플루타르코스, 《아기스
와 클레오메네스》 9)는 포고령을 공식적으로 내렸다.

스파르타인들은 법에 의해 통치되는 자신들의 제도를 자랑스러워했
다. 그들은 델포이의 아폴론 신전이 '레트라Rhetra'라는 신탁으로 그 정치
제도를 승인했다고 믿었다. 그들은 리쿠르고스라는 전설적인 스파르타
지도자가 레트라가 명령한 정치 개혁을 실천했다고 믿었다. 그런데 고대
의 역사가들조차 리쿠르고스에 대해서는 확실한 정보를 갖고 있지 못했
다. 그러니까 리쿠르고스가 지도자로 활동했던 시기가 어느 때인지, 그
가 어떻게 스파르타의 법률을 바꾸었는지에 대해서 알지 못했다. 오늘날
우리가 확실하게 말할 수 있는 것은 스파르타인들이 기원전 800년에서
600년경 사이에 법률에 바탕을 둔 정치·사회 제도를 발전시켰다는 사실
뿐이다. 다른 그리스인들과 달리, 스파르타인들은 남들의 노동을 강제로
착취하는 자신들의 법률을 문자로 기록해놓지 않았다. 그 대신 그들은
특별한 경제적 바탕에 근거를 둔 고도로 조직화된 생활 방식을 통해 세
대에서 세대로 제도를 전수하고 유지했다.

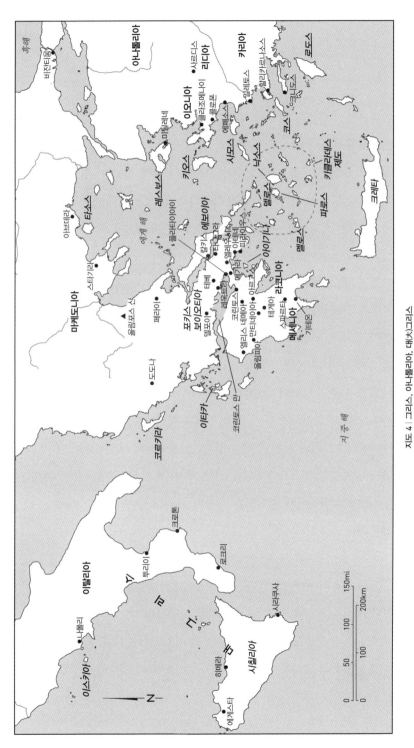

지도 4 | 그리스, 아나톨리아, 대(大)그리스

스파르타의 이웃과 노예

—

스파르타 사람들의 생활 방식은 그들이 전쟁에서 정복하여 노예로 삼은 사람들에게 둘러싸여 살아가면서 정립되었다. 그들은 그 노예들을 경제적으로 수탈했는데, 노예의 수가 그들보다 훨씬 많았다. 정복당한 적대적 이웃들에게서 식량과 노동을 착취하고 또 그들에 대하여 우월성을 지키기 위해, 스파르타 사람들은 사회를 늘 경계 태세를 늦추지 않는 군인 사회로 만들어나갔다. 그들은 전통적인 가정의 구조를 과감하게 재편함으로써 군인 사회로의 변모를 다졌다. 그들은 시민들에게 행동의 모든 측면을 규제하는 법률과 관습에 철저하게 복종할 것을 요구했다. 예술, 문학, 오락은 집단에 충성하고 법률에 복종해야 한다는 공동체의 가치관을 강화하는 데 초점이 맞추어져 있었다. 스파르타인들은 엄격한 가치 체계를 꾸준히 날마다 강화함으로써 적들(그러니까 그들이 정복한 남부 펠로폰네소스의 동료 그리스인들)에 대한 우위를 확보했다.

기원전 7세기의 시인인 티르타이오스(이 시인의 시는 신화적 인물에 대한 언급이 많아서, 그리스 군사 문화가 문학을 배척하기 이전 시기의 문학적 성취를 잘 보여준다)는 전장에서 발휘되는 상무적 용기를 남자의 최고 가치라고 노래했다.

나는 걸음이 빠른 남자, 레슬링 기술이 뛰어난 남자, 키클롭스(외눈박이 거인)처럼 거대하고 강인한 남자, 북풍보다 더 빠른 남자, 티토노스보다 잘생긴 남자, 미다스 혹은 키니라스보다 돈이 많은 남자, 펠롭스보다 더 왕다운 남자, 아드라스토스보다 더 언변이 유창한 남자,

이 세상의 모든 영광을 가진 남자를 최고의 남자라고 생각하지 않는
다. 질풍처럼 내달리는 전사의 강인한 힘을 갖추지 않았다면 그런 능
력은 아무짝에도 소용없는 것이다.　　　　　　　　　　－ 단편 no.12

라코니아의 정복된 주민들 중 일부는 노예가 되지 않았고 계속하여 자
치적인 공동체에서 살았다. '페리오이코이periokoi'('근처에서 사는 사람들'이
라는 뜻)라고 불리는 이 사람들은 '이웃들'이라고 번역되기도 하는데, 이
라코니아 사람들은 스파르타 군대에 의무적으로 복무하고 또 세금도 냈
고 '라케다이몬 사람들'이라는 명칭에 포함되었지만 시민권은 갖지 못했
다. 어쩌면 페리오이코이는 개인적 자유와 재산을 갖고 있었기 때문에
스파르타의 통치에 반발하여 반란을 일으키지 않았는지도 모른다.

　정복당한 사람들 중에서 많은 이들이 펠로폰네소스에 살면서 '헬로트
helot' 신분의 노예 상태를 견뎌내야 했는데 이들의 운명은 아주 가혹했다.
헬로트라는 말은 '포로'를 의미하는 그리스어 '헤일로타이heilotai'에서 나
온 것이다. 후대에 고대 논평가들은 헬로트가 '노예와 자유인의 중간 상
태'라고 설명했다(폴룩스Pollux,《용어 해설Onomasticon》3.83). 그들이 스파르타
인 개인의 가재 노예가 아니라 공동체 전체에 소속된 국유 노예였기 때
문이다. 따라서 그들을 자유인으로 풀어주는 것도 공동체만이 할 수 있
었다. 헬로트는 가정생활이 어느 정도는 허용되었다. 그들이 자손을 낳
아야만 헬로트 인구의 현상을 유지할 수 있었기 때문이다. 그들이 농부
로서 혹은 가내 노예로서 일한 덕분에 스파르타인들은 그런 일에서 해방
되어 군사 훈련에 전력할 수 있었다. 스파르타 사람들은 자신이 노동자
가 아니라 '높은 지위의 전사'라는 것을 보여주기 위해 머리를 아주 길게

길렀다. 그 반면에 노동자들은 노동에 불편하여 머리를 짧게 깎았다.

　스파르타인들은 라코니아의 경작지가 부족하여 스파르타의 인구를 부양할 수 없게 되자, 펠로폰네소스 남서부의 이웃인 메세니아인들을 공격했다. 1차 메세니아 전쟁(기원전 730~710년경)과 2차 메세니아 전쟁(기원전 640~630년경)을 통해 스파르타인들은 펠로폰네소스 반도의 약 40퍼센트에 해당하는 메세니아 영토를 정복했고, 메세니아인들을 헬로트의 신분으로 추락시켰다. 메세니아의 헬로트 수만 명이 추가되자, 전체 헬로트 인구는 당시 8000명 혹은 1만 명 정도였던 스파르타 인구를 압도했다.

　아리스토데무스 왕에 대한 메세니아의 전설은 메세니아인들이 자신들의 운명에 대해 느꼈던 엄청난 상실감을 극적으로 묘사한다. 메세니아인들은 아리스토데무스가 스파르타 침략자들을 물리치도록 도움을 요청하기 위해 지하의 신들에게 사랑하는 딸을 희생으로 바쳤다고 기억했다. 마침내 왕의 게릴라 전략이 실패하자, 왕은 절망에 빠진 채 딸의 무덤에서 자살했다고 한다. 자유와 폴리스를 빼앗긴 메세니아 헬로트들은 스파르타 통치자들에게 반란을 일으켜 예전의 자유를 되찾을 기회를 호시탐탐 엿보았다.

　헬로트들은 개인 생활에서는 개인적인 사물도 보관할 수 있었고, 또 그리스의 노예들이 전반적으로 그러했듯이 자신의 신앙도 지킬 수 있었다. 그러나 공식적인 생활은 딴판이었다. 그들은 법적으로 허가된 폭력의 지속적인 위협 아래에서 살았다. 해마다 취임하는 에포로스는 스파르타와 헬로트가 교전 상태에 놓여 있다고 공식적으로 선포했다. 따라서 스파르타인들은 헬로트를 마음대로 죽일 수가 있었다. 스파르타인들은 아무런 민법적 책임을 지지 않았고, 불법 살인으로 신들의 분노를 살까봐 염려하지도 않았다. 그들은 헬로트를 무시로 구타했고, 헬로트에게 공개적으로 술을 먹여 그 술 취한 모습을 스파르타 소년에게 보여 구체적인 경계로 삼게 하기도 했다. 또한 헬로트에게는 개가죽 모자를 쓰게 하여 금방 눈에 띄게 했다. 이처럼 헬로트를 경멸하고 하대함으로써, 스파르타인들은 헬로트의 타자성他者性(스파르타와 관계없는 사람)을 끊임없이 강조했다. 이런 식으로 그들은 스파르타인과 헬로트 사이에 도덕적 방어벽을 구축하여, 동료 그리스인들을 그처럼 가혹하게 대하는 태도를 정당화했다. 이런 이유들로 헬로트들은 스파르타인을 지독하게 미워했다.

스파르타인에게 헬로트의 노동력은 소중한 것이었다. 라코니아와 메세니아의 헬로트들은 스파르타 가정에 소속된 농경지를 경작했다. 헬로트들은 그 땅에 영구히 매여 있었다. 일부 헬로트는 가내 노예로 일하기도 했다. 기원전 5세기에 이르러, 헬로트들은 중장 보병의 무거운 장비와 갑옷을 들고 출정 중인 스파르타 전사들을 따라가기도 했다. 주요 전쟁에서 스파르타인들은 헬로트를 무장시켜 군인으로 활용하기도 했다. 그들은 헬로트의 용기를 유도하려고 자유인으로 풀어주겠다는 약속을 했다. 이런 식으로 노예 신분을 간신히 모면한 소수의 헬로트들은 정식 시민보다 약간 못한 신분neodamodeis으로 분류되었다. 이들은 사회적·정치적으로 변방에 놓였는데, 그 상황이 구체적으로 어떠했는지는 불분명하다. 그러나 대부분의 헬로트는 자유인이 될 희망이 없었고, 그리하여 주인에 대한 증오가 너무나 격렬해져서 스파르타인을 자신들의 땅에서 몰아내고 자유를 되찾을 기회가 있을 때마다 반란을 일으켰다. 스파르타에 대해 잘 알고 있던 역사가 크세노폰은 반란을 일으킨 헬로트들의 심정을 이렇게 기록해놓았다. "그들(헬로트)은 스파르타인들을 산 채로 잡아먹고 싶다고 말했다"(《헬레니카》3.3.6).

스파르타 자유인들은 노예 노동으로 식량을 제공해주는 이런 적대적인 사람들 덕분에 중장 보병의 전술 훈련에 전념할 수 있었다. 그리하여 그런 전력으로 그들의 도시국가를 외부 적들로부터 보호하고, 또 헬로트의 반란(특히 메세니아 지방의 반란)을 진압할 수 있었다. 티르타이오스는 헬로트의 상태를 이렇게 묘사했다.

헬로트는 무거운 짐으로 신음하는 당나귀처럼 일했다. 그들은 주인에게 자신이 경작한 땅에서 나는 소출의 절반을 내놓아야 했다.

– 단편 no.6

개인의 농경지에서 일하는 헬로트가 생산하는 농작물의 50퍼센트는 어느 정도나 될까. 대략 남자 주인에게 보리 70무^{measure}, 여자 주인에게 12무, 그리고 동일한 양의 과일과 기타 농작물 등을 생산해 바쳤다. 이 정도 양의 농작물이라면 대략 예닐곱 명을 일 년 동안 부양할 수 있었다. 헬로트들은 간신히 사는 수준으로만 존재해야 했다. 만약 스파르타인들이 데리고 있는 헬로트들에게 음식을 많이 주어 살찌게 하면 처벌을 받을 수도 있었다. 후대의 아테네인 크리티아스는 노동에서 완전히 면제된 스파르타 시민의 자유와 헬로트의 가혹한 운명을 대비하며 이렇게 논평했다.

스파르타의 땅, 라코니아는 그리스에서 가장 자유로운 사람의 고향인가 하면, 그리스에서 가장 비참한 노예의 고향이기도 하다.

– 리바니오스, 《연설》 25.63 = D.-K. 88B37; 플루타르코스, 《리쿠르고스》 28 참조

스파르타인의 생활 방식

—

스파르타의 생활 방식은 스파르타 군대를 최강의 상태로 유지하는 데 철저하게 집중되어 있었다. 개인이 자신의 생활 방식을 선택한다는 것은 있을 수 없었다. 남자아이들은 일곱 살이 될 때까지만 자기 집에서 살 수 있었다. 7세 이후에는 공동체 막사에 들어가서 서른 살이 될 때까지 생활해야 했다. 그들은 운동, 사냥, 무기를 사용하는 훈련 등으로 거의 매일을 보냈다. 또한 나이 든 사람들이 주재하는 '공동식사sussition' 때에는 영웅담과 무용담을 들으면서 스파르타의 가치를 몸에 익혔다. 규율은 가혹하여 훈련관에게 복종하지 않는 자는 신체적·언어적 징벌을 받았다. 성취하고 복종하라는 무자비한 압력은 젊은이들에게 전투 중인 군인의 힘든 생활에 미리 대비시키는 것이었다. 가령 그들은 자기 마음대로 말하는 것이 허용되지 않았다. 영어 단어 'laconic'은 '말수가 적은'이라는 뜻인데, 스파르타 땅의 그리스식 명칭과 그곳 주민을 일컫는 말에서 유래한 것이다.

사내아이들에게는 고의적으로 식사량을 적게 주어, 남의 음식을 훔쳐 먹는 기술을 연마하게 했다. 그러나 만약 도둑질을 하다가 잡히면 즉각 징벌과 불명예를 당했다. 스파르타에서 전해오는 한 유명한 이야기는 스파르타 소년들이 그런 실패를 얼마나 두려워했는지를 잘 보여준다. 한 소년이 성공적으로 여우를 훔쳐서 옷 속에 감추었다. 하지만 그 소년은 자신이 여우를 훔쳤다는 것을 들키지 않기 위해 옷 속에 계속 감추었다. 그러는 동안 여우가 소년의 내장을 다 파먹었는데도 소년은 끝까지 그 사실을 감추려 하다가 그만 죽고 말았다.

고전시대에 이르러 스파르타의 고참 소년들은 '비밀 집단Krypteia'의 구성원 자격으로 한동안 황무지에 파견되었다. 그들의 파견 임무는 반란을 일으키려는 기색이 있는 헬로트들을 죽이는 것이었다. 소년 시절의 강인한 훈련을 견뎌내지 못한 스파르타 남자들은 사회적 불명예를 당하게 되었고 '동등인Homoioi'의 자격을 얻지 못했다. 동등인은 정치에 참여하고 공동체의 존경을 받는 정식 시민 자격을 갖춘 남자 성인을 일컫는 공식 용어이다. 오직 왕가의 아들들만이 아고게agogē(지도, 훈련)로부터 면제되었다. 아마도 왕의 아들이 낙오하면 발생할 잠재적인 사회적 위기를 모면하기 위해서였을 것이다. 실패에 대한 두려움과 공개적 모욕에 대한 공포가 스파르타 생활 방식의 상수였다. 스파르타인들은 공포의 위력이 사회를 결속시킨다고 믿었기에 '공포'의 신에게 바치는 신전을 세웠다.

훈련을 마친 남자 시민들은 약 15인으로 구성된 공동식사 집단에 들어갈 자격을 얻어 함께 식사를 하게 된다. 공동식사 집단에 들어가기 위해서는 구성원들에게 엄격한 심사를 받아야 하고, 그중 단 한 사람이라도 입회를 거부하면 신청자는 다른 집단에 또다시 입회 신청을 해야 한다. 심사에서 통과된 신규 회원은 자기 집의 농경지에서 헬로트들이 생산한 농작물 가운데 일정량의 보리, 치즈, 무화과, 양념, 와인 등을 공동식사 집단에 내놓는 조건으로 입회가 허가된다. 이런 물건 중에는 고기도 포함되었다. 하지만 스파르타의 고깃국은 거무튀튀한 핏빛의 돼지고깃국으로, 다른 그리스인들은 먹을 수 없는 것이라고까지 비하했다. 그 고기는 아마도 스파르타인들이 즐겨 사냥하는 야생 멧돼지였을지도 모른다. 공동식사 집단의 회원은 사냥을 나가면 의무적인 공동식사에 참가하지 않아도 되었다. 만약 어떤 회원이 자신이 내놓아야 할 물건을 내놓지 못하면 그는 공동식사 집단에서 배제되고, 그리하여 정식 시민 자격을 상실하게 된다.

　스파르타의 젊은이들은 이런 공동식사 집단에서 긴 시간을 보내면서 부지불식간에 스파르타 사회의 가치를 체득하게 된다. 그곳에서 그들은 나이 든 남자를 '아버지'라고 부른다. 이것은 그들이 일차적 충성심을 부모가 아니라 집단에 바친다는 것을 보여준다. 이 집단에서 젊은이는 자기보다 나이 많은 남자의 총아로 선택된다. 그리하여 선배들에 대한 (육체적 사랑을 포함한) 애정의 유대를 강화하고, 그 선배의 곁에서 함께 행군하면서 죽을 각오로 전투에 임한다. 거기서 그들은 가혹한 군대 생활을 가볍게 여기는 버릇을 들이는 것이다.

　스파르타는 성인 남자와 청소년 남자 사이의 동성애적 유대와 사랑을 허용하거나 심지어 권장하는 그리스 도시국가들 중 하나였다. 하지만 이것을 금지하는 도시국가들도 있었다. 그리스 세계에서는 남성 간의 성적 행동을 규정하는 단일한 기준 혹은 표준적인 기준 같은 것은 없었다. 또 성적 행동을 규제하는 현대의 용어나 규범적 전제 조건은 고대 그리스의 관습에서 나타난 복잡하고 다양한 실상과 상응하지 않는다. 예를 들어 스파르타에서는 "세련되고 선량한" 나이 든 여자들이 어린 여자와 동성 유대를 맺는 것이 허용되었다(플루타르코스,《리쿠르고스》18). 그러나 다른 도시국가들은 이런 관계를 거부했다. 공동식사에서 스파르타 청년들은 그들 군대의 특징인 거친 농담이나 조롱을 견디는 법도 배워야 했다.

　요약하면 젊은이의 공동식사는 스파르타 청소년의 장기 학교인 동시에 대체代替 가정이다. 이 남자들 집단은 성년이 되어 결혼한 젊은이들의 주요한 사회적 환경 노릇을 한다. 이 집단의 기능은 스파르타 남자들의 명예로운 직업의 요구 사항과 일치하는 가치들을 체득하고 유지하도록

하는 것이다. 다시 말해 명령에 절대 복종하고 위험 앞에서 물러서지 않는 군인을 만들어내는 것이다. 티르타이오스는 스파르타 남자의 이상을 어느 시에서 이렇게 노래했다.

남자가 전사들의 맨 앞장에 서서 조금도 위축되지 않고 자신의 진지를 굳건히 지키는 것, 이것이야말로 폴리스와 대중을 위해 가장 값진 행동임을 그대는 알지어다!

— 단편 no.12

스파르타 여자들은 그 자유로움으로 그리스 전역에서 유명했다. 다른 그리스인들은 스파르타 소녀들이 옷을 대강 걸친 채 소년들과 함께 운동을 하는 것을 창피하게 생각했다. 그러나 스파르타 여자들은 헬로트 덕분에 남아도는 시간을 신체를 건강하게 단련하는 데 활용해야 했고, 그리하여 장차 훌륭한 스파르타 전사가 될 건강한 아이를 낳을 의무가 있었다. 스파르타 여성들은 날씬한 몸매가 곧 아름다움을 의미했기에 화장을 하지 않았다.

기원전 7세기 후반의 시인 알크만의 시에는 남성적 이상을 닮으려는 스파르타 여인의 전형적인 모습이 잘 묘사되어 있다. 이 시인은 스파르타의 민간·종교 행사에서 공통적으로 불리는 남녀 코러스의 노랫말을 쓴 사람이다. 그의 시는 이렇게 노래한다.

여자 코러스의 멋진 지도자는 군계일학이로구나. 풀 뜯는 암소 때 가운데에서 쟁쟁 울리는 말발굽을 퉁기는 날렵한 몸매의 암말과도 같구나. 자신의 꿈에 날개를 단, 저 아름다운 여인이여!

– 단편 no.1

비록 스파르타는 재물의 축적을 억제하기 위해 동전의 주조를 마침내 금지했지만, 여자들도 남자들과 마찬가지로 자기만의 땅을 보유할 수 있었다. 딸은 아들의 절반에 해당하는 토지와 재산을 상속받을 수 있었던 덕분이다. 하지만 아들처럼 부모가 죽었을 때 상속받는 것이 아니라 결혼할 때 받았다. 스파르타 역사의 후대로 내려올수록 점점 더 많은 땅이 여자들의 소유가 되었다. 남자들의 인구가 전사戰死로 줄어들었기 때문인데, 특히 고전시대에 그 정도가 심했다.

스파르타 여인들은 남편들이 집에 있는 시간이 드물었기에 하인, 딸, 아들(공동체 훈련을 떠나기 전까지 양육)을 포함한 가정을 돌보아야 했다. 그 결과 스파르타의 여자들은 그리스 다른 지역의 여자들에 비해 가정생활에서 더 많은 권한을 행사했다. 스파르타의 남편은 서른 살이 될 때까지 가족과 함께 사는 것이 허용되지 않았다. 심지어 신혼의 남자조차 밤에 몰래 집으로 가 신부를 잠시 만나는 것이 고작이었다.

스파르타인들은 이렇게 하면 부부간의 성교가 더욱 격렬해져서 그들 사이에 더 튼튼한 아기가 태어날 거라고 믿었다. 이러한 전통은 다른 그리스인들이 기이하게 여긴 스파르타의 이성애적 행동 관습의 하나일 뿐이었다. 이미 언급했지만, 만약 관계 당사자가 모두 동의한다면 자식을 낳을 능력이 없는 남편과 결혼한 여자는 다른 남자를 통해 자식을 가질 수 있었다. 이렇게까지 한 것은 이 엄격하게 구조화된 사회에서는 자손 번식의 필요성이 너무나 컸기 때문인데, 다른 그리스인들은 이러한 조치를 부도덕하다고 생각했다. 남자들은 법적으로 결혼이 의무화되었으며, 총각들에게는 벌금이 부과되고 사회적 조롱이 뒤따랐다.

다른 그리스 도시국가들에서는 엄격하게 지켜지는 제약들로부터 스파르타 여인들이 이처럼 자유로웠던 것은 공동식사의 규율과 똑같은 목적을 갖고 있었다. 바로 스파르타 군대에 필요한 인력을 양성하는 것이었다. 그러나 고전시대에 이르러 스파르타 시민 인구의 급격한 감소를 막기 위하여 아이를 많이 낳는 것이 심각한 문제로 대두되었다. 그러나 결국에 가서 스파르타의 섹스 정책은 성공을 거두지 못했다. 기원전 465년에 거대한 지진이 발생하고 또 뒤이어 일어난 헬로트의 반란으로 엄청나게 많은 스파르타인이 희생되자, 인구가 예전 수준을 결코 회복하지 못했다. 출산율이 너무 낮아서 도시국가의 가장 소중한 자원인 인력의 상실을 벌충할 수 없었기 때문이다. 결국 스파르타인들은 한때 강성했던 국가를 유지할 만큼 자녀를 출산하지 못해 기원전 4세기 후반에는 소국으로 쪼그라들어 국제적 사건에서 별 영향력을 행사하지 못하게 되었다. 이러한 변화(스파르타가 아르카이크 시대의 최강국에서 추락하여 알렉산드로스 대왕 시대에 국제사의 단역으로 위축된 것)는 인구 증감이 역사에 미치는 영향력을 보여주는, 고대의 가장 강력한 증거이다.

모든 스파르타 시민들은 개인적 욕망의 충족을 제쳐두고 아이 낳기를 포함해 국가에 대한 봉사를 인생 목표로 삼아야 했다. 스파르타의 존속은 그 경제적 기반이 되는 엄청난 수의 헬로트들로부터 위협받고 있었기 때문이다. 스파르타의 국가적 안녕은 이 노예화된 그리스인들의 체계적이고 난폭한 착취에 의존하고 있었기에, 그 정치적·사회적 제도는 필연적으로 완고한 군국주의와 보수주의를 지향하게 되었다. 스파르타에서는 변화가 곧 위험을 의미했다. 동시에 스파르타인들은 공동식사 집단이라는 남자들의 사회적 단위를 통하여 평등을 제도화하고 다른 한편으로는 고도로 제한적인 과두제를 정부 형태로 택함으로써, 평범한 남자 시민에게는 진정한 사회적·정치적 평등을 부여하지 않았다. 다른 그리스인들은 스파르타 사람처럼 살고 싶어 하지 않았지만, 그래도 생활 법규로서 법을 철저하게 준수하는 그들의 태도를 존경했다. 비록 스파르타인들 스스로 만든 것이긴 하지만, 적들로 둘러싸인 위급 상황에서도 철저한 준법정신을 발휘하는 그들의 태도를 높이 평가한 것이다.

참주의 등장

과두제 지배 체제에 대한 저항이 격렬해지면서 여러 그리스 도시국가에서 최초로 참주가 등장했다. 가장 유명한 초기의 참주는 기원전 657년경에 코린토스에서 바키아드 가문Bacchiads이 이끄는 과두 체제에 대한 저항이 격렬해지면서 등장했다.

기원전 8세기와 7세기 초, 바키아드 가 지배하의 코린토스는 아르카이크 시대에 가장 발달한 경제 국가로 성장했다. 예를 들어 코린토스는 해양 공학이 매우 발달해서, 다른 그리스인들은 선박을 건조하기 위해 코린토스인들과 계약을 했다. 코린토스의 강력한 선단 덕분에 바키아드 가는 그리스 북서부 해안의 코르키라와 시칠리아의 시라쿠사에 해외 식민지를 건설할 수 있었다. 그리고 이들 도시국가는 나중에 주요한 해양 국가로 성장했다.

이처럼 코린토스의 번영에 상당한 역할을 했는데도 바키아드 가는 인기가 없었다. 그들의 난폭한 통치 탓이었다. 이때 킵셀로스가 대중의 지지를 얻어 정권을 빼앗을 지지 세력을 마련했다. 그는 어머니가 바키아드 가 출신인 사회 엘리트의 일원이었다. 다마스쿠스의 니콜라오스는 킵셀로스에 대하여 이렇게 말했다.

> 그는 용감하고, 신중하고, 사람들에게 도움을 주었기 때문에 코린토스 시민들에게 존경받는 인물이 되었다. 당시 권력을 잡은 소수 세력들은 이와는 달리 거만하고 난폭했다.
>
> — 《사건 음모들의 발췌Excerpta de insidiis》, p. 20.6 = FGrH 90 F57.4~5

킵셀로스는 코린토스 비엘리트들의 지지를 규합한데다 장차 일으키고자 한 반란을 지지하는 델포이의 신탁을 확보함으로써 바키아드 가의 통치를 종식시켰다. 그는 권력을 잡은 후 정적들을 무자비하게 숙청했다. 그러나 대중에게 높은 인기를 유지한 덕분에 경호원의 보호 없이도 통치할 수 있었다고 한다. 킵셀로스의 통치 시대에 코린토스는 이탈리아와 시칠리아 등지에 정교한 도자기를 수출함으로써 경제력이 더욱 커졌다. 킵셀로스는 지중해 서부에서 코린토스 무역을 활성화하기 위해 이 지역들의 항로를 따라 식민지들을 추가로 건설했다.

기원전 625년에 킵셀로스가 사망하자, 그의 아들 페리안드로스가 그 뒤를 이었다. 페리안드로스는 내륙 지방과의 무역을 증대시키기 위하여 중부 그리스의 북서부와 북동부 양안에 식민지를 건설함으로써 코린토스의 경제적 확장을 급진적으로 추진했다. 내륙 지방은 목재와 귀금속이

도판 5-2 | 도시국가 코린토스는 중부 그리스와 펠로폰네소스 반도를 이어주는 지협 양쪽에 위치한 항구 덕택에 번성했다. 코린토스 사람들은 그들의 행운에 대하여 수호신 아폴론에게 감사를 표시했다. 그래서 기원전 6세기에 38개의 기둥을 가진 도리아식 건축물인 아폴론 신전을 건설했다.

풍부해 충분히 무역의 대상이 되었다. 그는 코린토스를 위해 이집트와의 상업적 접촉도 추진했는데, 이를 기념하여 그의 조카에게 프삼티크라는 이집트 이름을 붙여주기도 했다.

도시가 번영하면서 코린토스의 공예, 미술, 건축도 따라서 발전했다. 이 시기에 시작된 거대한 아폴론 석조 사원의 유적은 오늘날까지 남아 있다(도판 5-2). 그러나 페리안드로스는 아버지와 다르게 가혹한 통치를 하는 바람에 코린토스 시민의 지지를 잃고 말았다. 그는 기원전 585년 사망할 때까지 권력을 유지했으나, 그의 통치에 대한 시민의 염증이 극에 달해서 그의 후계자 프삼티크는 곧 실각하고 말았다. 참주제를 무너뜨린 코린토스의 반대 세력들은 8인 행정관으로 구성된 행정원과, 80인 평의회에 바탕을 둔 정치 제도를 정립했다.

그리스 참주제는 여러 가지 면에서 전형적인 통치 유형의 하나가 되었다. 참주는 합법적인 왕과 달리 무력이나 무력의 위협으로 권력을 빼앗은 통치자이지만, 그들은 대를 물려가며 참주제를 유지하는 가족 왕조를 확립했다. 그들은 아들이나 조카가 국가의 원수로서 자신들의 지위를 물려받기를 원했다. 참주가 된 사람들은 대체로 사회 엘리트의 구성원이었지만, 그들이 쿠데타를 성공시키기 위해서는 일반 시민들의 지원을 규합해야 했다. 참주들은 재산이 없어서 시민권이 없는 사람들, 도시국가의 정치 생활에서 배제된 사람들이 많은 지역에서는 이 가난한 사람들에게 시민권과 기타 특권을 부여하겠다고 약속함으로써 그들의 지원을 얻어 냈다. 더욱이 참주들은 기존의 법률과 정치 제도를 그대로 두어 통치 기반으로 삼음으로써 사회적 안정을 도모하기도 했다.

코린토스에서와 마찬가지로, 대부분의 참주들은 도시국가의 대중으로부터 지원을 얻어내야 할 필요가 있었다. 그들이 군대 병력을 구성하는 대다수 세력이었기 때문이다. 예를 들어 에게 해 동부에 있는 사모스 섬의 참주 왕조(기원전 540년경에 집권)는 사모스 도시국가에 혜택을 주고 고용을 촉진하기 위해 대규모 공공사업을 벌이기도 했다. 그들은 그리스 세계에서 가장 큰 신전이 될 헤라 신전을 건축하기 시작했고, 또 멀리 떨어진 수원水源으로 연결되는 대규모 터널을 굴착함으로써 도심의 물 공급 상태를 획기적으로 개선했다. 이 인상적인 시설은 오늘날에도 볼 수가 있다. 2.4미터 높이의 이 수도관은 고도 270미터가 넘는 산간 지대를 거의 1.6킬로미터나 통과하는 놀라운 토목공사였다. 후대에 시칠리아 도시국가들에 등장한 참주들도 도시에 아름다운 신전과 공공건물을 신축했다.

간단히 말해서, 그리스 아르카이크 시대의 '참주'라는 용어는 잔인무도한 통치자를 가리키는 것이 아니었다(물론 영어에서는 tyrant, 즉 '참주' 혹은 '독재자'라는 말이 그런 뉘앙스를 갖고 있긴 하다). 그리스인들은 참주의 통치행태에 따라 그를 좋은 통치자 혹은 나쁜 통치자로 평가했다.

참주들은 시민들의 이익을 도모하기 위해 많은 일을 벌였고, 일부 참주는 수십 년 동안 인기를 유지했다. 또 어떤 참주들은 그들의 권력을 탐내는 라이벌로부터 격렬한 반발을 사거나, 잔인하고 불공평하게 통치하여 내전을 유발시켰다. 에게 해 북동부에 있는 레스보스 섬의 미틸레네 도시국가의 시인 알카이오스는 자신의 조국을 다스리는 참주에게 반대한 사람이었는데, 기원전 600년경에 있었던 갈등을 이렇게 서술했다.

우리의 분노를 잊어버립시다. 우리의 가슴을 파먹는 이 갈등과 내전을 그만둡시다. 몇몇 신들이 우리들 내부에 이런 내전을 불러일으켜 시민을 망하게 만들었고, 그 반면 우리의 참주 피타코스에게는 영광을 수여했습니다. 그가 그토록 갈구하던 그 영광을.

— 단편 no.7

그리스 도시국가들의 참주는 커다란 권력을 행사했다. 그러나 커다란 권력은 가장 선량한 의도마저 부패시키기 마련이어서, 시간이 경과할수록 참주들이 제시한 정의의 질적인 측면에 대해 부정적 비판이 자주 제기되었다. 이런 식으로 하여 참주들은 점점 현대적 의미의 '전제자'가 되어갔다.

아테네의 정치적 발전

—

공동체의 창립이나 법률의 성문화 등 의미 있는 역사적 변화에 대하여 먼 과거의 '발명자' 개인에게 그 공을 돌리는 것이 그리스인들의 전통이었다. 스파르타 도시국가의 창건자로서 전설적인 리쿠르고스를 기억하는 스파르타인들과 마찬가지로, 아테네인들은 자신들의 폴리스가 단 한 사람의 공로 덕분에 시작되었다고 믿었다. 아테네 전설에 의하면, 테세우스가 아티카의 정착촌들을 정치적으로 단결시킴으로써 아테네 폴리스를 창건했다고 한다. 아티카는 그리스 본토 남동부 구석에 있는 반도로, 아테네 도시국가의 영토도 이 반도 안에 들어 있었다. 아티카는 그 연안에 좋은 항구가 많아서 아테네인들은 내륙 도시에 살던 스파르타인들에 비해 해상 사업에 적극적이었고, 다른 사람들과의 교류에도 우호적이었다.

그리스 신화에 따르면 테세우스는 여행을 즐기는 모험가인데, 그의 가장 큰 업적은 이러하다. 그는 크레타 섬까지 인질로 끌려가, 반인반우半人半牛의 식인 괴물 미노타우로스를 굴복시킨 영웅으로 알려져 있다. 그 전에 도시국가는 미노스 왕의 아들을 죽인 것에 대한 속죄로써 미노타우로스에게 젊은 아테네 남녀를 희생으로 바쳤었다. 테세우스의 무공은 다른 전설적 모험과 마찬가지로, 화가들이 즐겨 그리는 주제가 되었다. 그리스의 가장 유명한 영웅 헤라클레스(로마식 표기로는 헤르쿨레스)가 이룬 업적을 흉내 내어, '고행'이라고 불리는 테세우스의 업적은 주로 괴물과 범죄자를 상대로 싸워 이긴 것이었다. 그는 문명화된 생활을 위협하는 그런 괴물들을 무찌름으로써 도시국가의 사회적·도덕적 제도를 낳은 문화적 영웅이 된 것이다. 이와는 대조적으로, 도리아 그리스인의 영웅인 헤라클레스는 지고한 신체적 용기를 과시하기 위해 괴물과 악한을 제압했다.

테세우스의 전설은 그를 아테네 도시국가의 창건자로 추대하기에 알맞은 인물로 만들어주었다. 아테네는 문명 생활의 가장 중요한 요소인 농업과 데메테르의 입회 의례를 나머지 그리스 세계에 가르쳐준 일을 하나의 자랑으로 여겼는데, 테세우스의 전설이 그런 자부심을 북돋워주었다. 테세우스를 전설적인 도시국가의 창건자로 내세웠다는 것은 곧 아테네가 초창기 그리스 세계에서 성공적으로 수행한 '문명화의 사명' 덕분에 다른 도시국가들보다 우월감을 느낄 자격이 충분하다는 뜻이었다.

미케네 시대의 중요한 거주 유적지들과 달리, 아테네는 청동기시대 말기의 파괴적인 재앙을 그리 심하게 경험하지는 않았다. 물론 그렇다고 해서 아테네의 정착촌이 이 시대의 널리 퍼진 난폭한 파괴 상태에서 완전히 벗어나 있었다는 얘기는 아니다. 암흑시대 초기에 아티카의 인구는 줄었는데, 이런 현상은 그리스의 다른 지역도 마찬가지였다. 그러다가 기원전 850년경에 아테네의 농업 경제가 되살아나기 시작했다. 이것은 3장에서 언급한, 어떤 여자 무덤에서 발굴된 소형 곡식 용기 등의 고고학적 증거가 입증해준다.

기원전 800년과 700년경 사이에 아티카의 인구가 놀라운 속도로 불어났을 때, 자유 농민들이 급속하게 성장하는 인구 계층을 형성했다. 아르카이크 시대 초기에 경제적 조건이 개선되면서 농민들의 위상이 그만큼 높아진 것이다. 이 소규모 영농자들은 아테네의 정책 결정에 일정한 발언권을 달라고 주장하기 시작했다. 그들은 정의를 구현하기 위해서는 시민인 자신들도 제한된 형태의 정치적 평등이 필요하다고 느꼈던 것이다. 이런 소지주들 중 일부는 중장 보병 갑옷을 사들일 수 있을 만큼 부유했는데, 다른 지역에서도 부유한 사람들이라면 으레 그렇게 하듯이, 사회 엘리트에게 강력한 요구 조건을 내걸고 나선 것이다. 사실 그 전까지만 하더라도 엘리트들은 비교적 폭넓은 과두제와 유사한 통치 형태로 아테네를 다스려왔다. 이때 과두 세력은 서로가 신분과 부를 놓고 경쟁을 벌이느라 소농들에게 대처하는 단일 전선을 구축하지 못했고, 그리하여 농민들의 요구를 받아들여 시민 민병대(아테네 군사력의 바탕)가 중장 보병으로 참여하는 것을 허용했던 것이다. 또 초기 아테네에서는 가난한 사람들도 정식 시민 자격을 획득했다. 하지만 안타깝게도 우리는 아테네의 이런 중대한 정치 발전을 촉발시킨 힘의 배경을 설명할 수 있는 처지가 되지 못한다. 가난한 시민들은 도시 국가의 민병대에서 경무장 보병의 경력을 바탕으로 하여 정치에 참여할 권리를 획득한 듯하다.

아테네는 과연 도시국가로 발전해가던 이 초기 단계에서 이미 민주제를 향한 길 위에 올라섰을까? 이 문제에 대해서는 학자들의 의견이 크게 엇갈린다. 비록 증거가 희소하고 불분명하지만, 그 증거로 미루어 볼 때 기원전 7세기 후반에 아테네의 남자 시민들은 중장 보병 수준의 부유한 사람이나 가난한 사람이나 막론하고 최초의(그러므로 세계 최초의) 정부 형태를 확립했다고 해석할 수 있다. 우리는 이에 대해 민주제라 부를 만한 충분한 정보를 가지고 있다. 이것은 전면적인 민주제를 향한 중요한 첫걸음이었다. 본격적인 민주제는 가난한 시민들과 부유한 시민들 사이의 오랜 갈등과 변화를 거친 이후에야 비로소 정착되었다. 따라서 이것은 제한되고 불완전한 형태의 민주 정부였다. 마지막으로, 그것은 그리스 유일의 민주제도 아니었다. 다른 그리스 도시국가들(이들에 대해서 우리가 갖고 있는 정보는 훨씬 적다)도 민주제를 창설했다. 이러한 해석을 바탕으로 하여 우리는 이런 질문을 던져볼 수 있다.

왜 아테네인들은 스파르타처럼 소수의 과두제로 나아가지 않고 민주제로 나아갔을까? 그 이유를 정확히 이해하는 것은 대단히 까다로운 문제이다. 하지만 거기에는 다음과 같은 두 가지 요소가 작용하지 않았을까 하고 짐작해볼 수 있다. 첫째, 인구의 급속한 증가이다. 둘째, 남자 시민들 사이에서 평등주의의 인식이 싹텄다는 점이다. 대부분의 사람들이 근근이 살아가던 암흑시대 초기의 변경邊境 같은 생활 조건에서 그런 평등주의가 생겨난 것이다. 하지만 이 두 가지 요소 때문에 민주제로 이행하지 않은 다른 도시국가들과 아테네가 결정적으로 구별되는 것은 아니다. 후기 암흑시대와 초기 아르카이크 시대에는 그리스 전역에 그 두 가지 요소가 함께 존재했기 때문이다.

어쩌면 아테네 농민들의 인구가 다른 지역보다 더 빠르게 증가하여, 다른 지역의 농민들보다 더 기회가 많아서 정부 행정에 참여하겠다고 요구하고 나섰는지도 모른다. 아테네 농민들의 힘과 정치적 단결력은 특출한 것이었다. 가령 기원전 632년경에 아테네의 귀족인 킬론이라는 사람이 쿠데타를 일으키려고 했을 때 농민들이 "들판에서 떼 지어 몰려오는 바람에"(투키디데스, 《펠로폰네소스 전쟁사》 1.126.7) 실패하고 말았다. 킬론은 올림피아 제전의 우승자이자 메가라의 참주인 테아게네스의 사위였는데, 친구들과 음모를 꾸며 무력으로 참주정을 세우려 했던 것이다. 이런 막강한 킬론의 쿠데타를 저지할 정도였으니, 농민들의 실력이 어느 정도였는지 충분히 짐작할 만하다.

박약한 증거이기는 하지만 그 증거로 미루어 볼 때, 기원전 7세기에 이르러 아테네의 자유인 성인 남자는 민회^{ecclesia}('소환된 사람들의 모임'이라는 뜻)라고 불리는 기관의 공개 회의에 참석할 자격이 있었다. 이 민회는 매해 아르콘^{archon}('통치자'라는 뜻)이라고 불리는 최고 행정관 아홉 명을 선출했다. 이 아르콘이 정부를 이끌었고, 분쟁과 범죄 사건에 대한 판결을 내렸다. 전과 마찬가지로, 사회적 엘리트들은 여전히 아테네의 정치 무대를 주름잡았고, 자신들의 신분을 이용하여 아르콘에 선출되고자 했다. 엘리트들은 추종자들을 유권자 세력으로 동원하고, 또 그들과 신분이 비슷한 다른 엘리트들과 연합함으로써 그런 정치적 영향력을 발휘했다. 가난한 사람들이 민회에 참석하여 정책 결정에 관여하는 것은 아직 큰 의미를 얻지 못했다. 아르콘의 선출 이외에는 민회에 별로 중대한 안건이 없었기 때문이다. 특히 이 시기에는 현직 아르콘들이 아르콘의 선출 시기를 결정했기 때문에 그런 선출 행사가 자주 있지 않았다.

엘리트들 사이의 정치적 연합은 일시적 현상에 불과했다. 그리하여 상대방의 지위를 부러워하는 사람들 사이의 경쟁은 폭력적인 것이 될 수 있었다. 킬론이 참주제를 복원하려다가 실패한 이후, 드라콘이라는 아테네 사람이 기원전 621년에 사회적 안정과 평등을 추진하기 위하여 성문법전을 만드는 자리에 임명되었다. 드라콘의 임명은 아마도 중장 보병들의 압력에 따른 결과였을 것이다. 그러나 악명 높게도 드라콘의 법률은 대부분의 범죄에 대하여 사형을 언도하는 것이었다. 아테네 사람들은 다른 그리스인들과 마찬가지로 살인이나 대역죄 같은 중대 범죄와 관련해서는 사형 제도를 유지했다. 그러나 우리가 알아낼 수 없는 이유들 때문에 드라콘의 개혁은 아테네 정치 상황의 긴장과 불안정을 더욱 심화했다. 아테네 사람들은 나중에 그 법률이 그 입안자의 이름('드라콘'은 용이나 뱀을 가리키는 그리스어 'drakōn'과 발음이 동일하다)처럼 가혹하다고 생각했다. 아테네 자유농의 경제 사정의 악화는 장기간에 걸쳐 서서히 진행되었고, 그러자 사회적 안녕이 더욱더 위태로워졌다. 배고픈 농부들은 자기 가족을 먹여 살리기 위해 절망적인 행동도 기꺼이 하려 했다. 후대의 아테네인들은 유혈 반란으로 번질지 모르는 이런 경제적 위기의 원인이 무엇이었는지 잘 몰랐지만, 부자 대 농민 및 빈민의 격렬한 갈등은 기억했다.

사태가 이렇게 된 한 가지 이유를 든다면, 이 시기에 소수에게 농경지의 소유가 집중된 현상을 지적할 수 있을 것이다. 이렇게 된 것은 농촌 경제 활동의 불안정성 때문이었다. 당시 그리스 농민들은 자급자족 수준으로 영농을 꾸려갔는데, 흉년이 들면 농부들은 꼼짝없이 굶어야 했다. 더욱이 농민들은 풍년의 잉여물을 동전과 같은 영구 자본으로 바꾸어놓을 손쉬운 방법이 없었다. 당시에는 아직 동전이 흔하게 사용되지 않았고 아테네는 아직 동전을 주조하지 않았기 때문이다. 흉년에 맞닥뜨린 농민들은 살아남기 위하여 부자들한테서 곡식과 씨앗을 빌려와야 했다. 더는 빌릴 수 없을 때에는 가족의 생계를 위해 자신의 경작지를 떠나 다른 곳에서 일자리를 찾아야 했다. 그런 일자리란 대부분 성공한 농부 밑에서 대신 농사를 지어주는 일이었다. 이런 상황에서 효과적인 영농을 한 농부나 운이 좋은 농부는 실패한 농부의 땅을 사용하거나 소유할 수가 있었다. 그 이유가 무엇이었든 간에 기원전 600년경에 이르러 많은 가난한 아테네 사람들은 자신의 땅을 부유한 재산가에게 잃고 말았다. 이들의 위기는 너무나 심각했고 영락한 농민들은 빚을 갚기 위해 노예로 팔려가기도 했다. 이러한 경제적 실패는 정치를 파열점^{破裂点}으로까지 내몰았다.

솔론의 개혁

—

드라콘의 법률이 제정된 지 25년 이내에 아테네는 생활 조건이 너무나 열악해져서 내전이 발발하기 직전이었다. 절망에 빠진 아테네인들은 기원전 594년에 솔론에게 그 위기에 대처할 비상대권을 주었다. 이처럼 한 사람의 손에 권력을 집중시키는 것은 도시국가로서는 이례적 조치였다. 그 정부는 민회에서 내린 공유된 결정에 의해 정책이나 법률을 제정하는 것을 원칙으로 여겼기 때문이다. 자전적 장시에서 설명한 대로, 솔론은 중도 노선을 취하고자 했다. 그러니까 기존의 재정적 우위를 지키려는 부자들의 요구와, 대지주들의 땅에서 압수한 토지를 재분배해야 한다는 빈민들의 요구를 절충시키려 했다. 아테네인들이 말한, 솔론의 유명한 '채무의 탕감'은 (비록 우리가 그 구체적 사항은 모르지만) 실제로 땅을 재분배하지 않으면서 빚으로 저당 잡힌 농지를 자유롭게 풀어놓는 것이었다. 솔론은 또 부채 때문에 아테네인을 노예로 팔아넘기는 것을 금지시켰다. 그리고 그런 식으로 이미 노예가 된 시민들을 해방시켰다. 솔론은 자신의 개혁을 노래한 자작시에서 그런 성공을 이렇게 자축했다.

아테네인이여, 그대들의 집은 신들에 의해 확립된 것이니, 나는 정당하게 혹은 정당하지 않게 노예로 팔려간 사람들을 다수 해방시켰노라….

— 단편 no.36

솔론은 부자와 빈민이 가진 정치권력의 균형을 잡기 위해 남자 시민을 연간 소득에 따라 다음 네 계급으로 나누는 개혁을 실시했다.

첫째, 제1계급 pentakosiomedimnoi 은 연간 소득이 500메딤노이 medimnoi (고대 그리스의 곡물 중량 단위 - 옮긴이) 이상이 되는 시민이었다.

둘째, 기사 계급 hippeis 은 연간 소득이 300메딤노이 이상이 되는 시민이었다.

셋째, 농민 계급 zeugitai 은 연간 소득이 200 이상이 되는 시민이었다.

넷째, 노동 계급 thetes 은 연간 소득이 200 이하였다.

시민의 소속 계급이 높을수록 정부의 고위 관직에 나아갈 수 있었고, 반면 노동 계급은 공직 진출이 금지되었다. 그러나 솔론은 노동 계급이 민회에 참가할 권리는 인정했다. 아주 중요한 '400인 평의회 boulē'는 아마도 솔론이 창설했을 것으로 추정되는데, 민회에서 토론할 의제를 결정하는 기관이었다. 하지만 어떤 학자들은 이 기관이 솔론의 사후에 만들어졌다고 본다. 평의회 의원들은 추첨으로 뽑았는데 상위 세 계급 출신들만 뽑혔다. 그렇지만 이 개혁은 중요했다. 엘리트들이 평의회의 심의를 좌지우지하는 사태를 막았기 때문이다. 그들은 전에는 가난한 사람들에게 손해를 입히고 자신들에게 혜택이 돌아가도록 사전에 의제를 정했던 것이다. 솔론은 또한 민회의 정기적 회동 일정을 주도적으로 제안한 것으로 보인다. 이러한 개혁들은 민회의 사법적 역할에 추가로 힘을 실어주었고, 노동 계급이 향후 150년 동안 아테네에서 점진적으로 얻을 정치적 영향력의 기반을 간접적으로 놓아주었다.

수입이 가장 낮은 계급(노동 계급)의 공직 진출을 막기는 했지만, 그래도 솔론의 개혁은 민주주의를 성숙시키는 여러 조건들을 발전시켰다. 그의 개혁이 상향식 사회적 유동성을 허용했기 때문이다. 소득에 직접세가 부과되지 않은 점도 사업자 기질을 가진 시민들이 자신의 운명을 향상시키는 데 도움을 주었다. 만약 시민이 자신의 부를 늘리면 그가 공직에 나갈 수 있는 폭이 그만큼 넓어졌다. 한 시민은 자신의 신분이 제4계급에서 제2계급으로 올라간 것을 기념하여 아테네 한복판에다 말 조각상을 세우고 그 밑에 다음의 명문을 새겨 넣었다.

> 디필로스의 아들 안테미온은 노동 계급에서 기사 계급으로 승급하면서 그것을 기념하여 신들에게 바치는 이 기념탑을 세우노라.
>
> — 아리스토텔레스, 《아테네인의 제도》 7

솔론의 개혁으로 아테네 남자 시민들은 시간이 흐르면서 스파르타에 비해 개인적 주도권과 변화를 더욱 장려하는 정치·사회 제도를 갖게 되었다.

거의 내전이나 다름없는 시대에 사회적 안정과 평화를 가져온 또 다른 중요한 사항으로 솔론의 사법적 조치를 들 수 있다. 솔론은 각종 범죄가 발생했을 때 아테네 남자 시민이라면 누구나 범죄의 피해자를 대신하여 범죄자를 고발할 수 있는 법적 권리를 제정했다. 더욱 중요하게, 솔론은 행정관이 자신에게 부당한 판결을 내렸다고 생각하는 사람은 누구나 민회에 상소할 권리를 부여했다. 이 두 조치로 솔론은 정의의 실천을 공직자인 엘리트들뿐만 아니라 일반 시민의 관심사로 만들었다. 하지만 솔론은 이처럼 시민들을 우대하는 사법적 개혁에 더하여 "전쟁의 신 아레스의 언덕에서 만나는 위원회"(데모스테네스, 《연설》 20.157)에 폭넓은 권한을 부여함으로써 둘 사이의 균형을 잡았다. 이 위원회의 이름인 '아레오파고스^{Areopagos}'는 '아레스의 언덕'이라는 뜻이다. 아르콘들은 임기를 마치면 아레오파고스의 위원이 되었다. 전직 아르콘의 모임인 이 기구는 마음만 먹는다면 커다란 권력을 행사할 수 있었다. 이 시기에 아레오파고스는 아르콘의 탄핵을 위시하여 각종 중대한 사법적 문제들을 판단할 수 있었기 때문이다. 어쩌면 솔론은 아레오파고스가 자신의 개혁을 지지해주기를 바랐는지도 모른다.

그 장소와 시기를 감안해볼 때, 위대한 민주제를 향한 도정에 있던 아테네의 정치 제도는 정말로 놀라운 것이다. 그 제도는 모든 남자 시민에게 법률의 제정과 정의의 실천에 참여할 여지를 부여했으니 말이다. 하지만 모든 사람이 이 제도를 칭찬했던 것은 아니다. 솔론의 시대에 아테네를 방문했던 외국의 어느 왕은 아테네의 민주 정부는 참으로 한심하다고 경멸조로 말했다. 아테네 민회의 절차를 살펴본 그 왕은 고위 정치가들이 정책을 추천하고 남자 시민들이 투표로 그 정책의 가부를 결정하는 방식에 대하여 다음과 같이 놀라움을 표시했다.

"여기서는 현명한 사람들이 공공 업무에 대하여 발언만 하고, 바보들이 그 업무의 가부를 결정하는군요. 정말 놀랍습니다."

– 플루타르코스, 《솔론》 5

그 외국의 왕처럼 부자들이 현인이고 빈자들은 바보라고 생각했던 일부 아테네 사람들은 솔론의 개혁안을 파기하려고 계속해서 음모를 꾸몄다. 이처럼 과두제 동조자들이 그리스 역사 내내 간헐적으로 그리스 민주제에 도전하곤 했다.

참주제에서 민주제 개편으로

—

솔론은 또한 경제생활을 향상시킬 것으로 예상되는 개혁도 단행했다. 가령 올리브유를 제외한 농산품의 수출을 제한한다거나 아버지가 아들을 잘 훈련하여 스스로 생계를 유지하게 하는 것 등이었다. 타협을 위한 솔론의 최선의 노력에도 불구하고 그의 개혁안 실시 이후에 아테네에서는 맹렬한 갈등이 불거져 나왔고, 그 상태는 기원전 6세기 중반까지 수십 년 동안 계속되었다. 그러한 갈등이 생긴 배경은 엘리트들 사이의 관직과 신분에 대한 경쟁 및 가난한 아테네 시민들의 지속적인 불만이었다. 이런 지속적인 사회 불안의 결과, 참주제가 생겨나게 되었다. 저명한 아테네인 페이시스트라토스는 부유한 친지들과 가난한 사람들의 지원을 등에 업고서 자신을 단독 통치자로 옹립하려는 오랜 무력 투쟁의 길로 나섰다. 빈민들의 이익을 대변하겠다는 기치를 내세운 그는 세 번의 시도 끝에 마침내 기원전 546년에 경호대의 호위를 받는 가운데 참주로 올라서는 데 성공했다.

페이시스트라토스는 농민들에게 농기구 조달 자금을 제공했고, 가난한 사람들에게 도로 개량 공사, 거대한 제우스 신전의 건립, 도시의 물 공급량을 늘리기 위한 샘물 개발 공사 등의 공공 토목 공사에 참여토록 함으로써 빈민들의 지지를 이끌어냈다. 그는 농산물에 세금을 부과하여(이것은 아테네 역사상 보기 드문 직접세 가운데 하나다) 거기서 마련된 돈을 영농 및 건설 공사 기금으로 충당했다. 그는 또 재판관들이 아티카의 변방 마을들을 순회하면서 재판을 하도록 조치했다. 그렇게 하여 바쁜 농민들은 법의 심판을 받기 위해 농지를 떠나 도시의 법정으로 오지 않아도 되었다. 그는 솔론의 법률을 정착시켰고 이제 전통이 된 정부 제도들을 잘 뿌리내리게 했다. 코린토스의 초창기 참주들과 마찬가지로, 그는 아테네의 경제적·문화적·농업적 발달을 꾀했다. 예를 들어 아테네의 도자기는 해외 무역에서 코린토스 도자기를 점점 더 밀어냈다.

페이시스트라토스의 맏아들인 히피아스는 아버지가 기원전 527년에 사망하자 참주의 지위를 물려받았다. 그는 친척과 친지에게 행정관 자리를 주어 권력을 공고히 했다. 그리고 한동안 엘리트 출신의 정적들에게 아르콘 자리를 주어, 그의 권력을 탐내는 사람들 때문에 발생하는 긴장 상태를 이완시키기도 했다. 그러나 권력을 향한 암투는 물밑에서도 계속 진행되었다. 마침내 그의 정적인 알크마이온 가문 사람들이 스파르타를 접촉하여 군대를 파병하게 함으로써 히피아스를 몰아내는 데 성공했다.

스파르타의 이런 놀라운 결정은 그들이 스스로를 어떻게 생각했는지를 잘 보여준다. 그들은 그리스의 가장 강성한 도시국가로서 다른 그리스인들(적어도 헬로트가 아닌 자들)의 자유를 보호할 의무가 있다고 생각했다. 아테네 내에 권력의 공백이 발생하자 알크마이온 가의 장자인 클레이스테네스가 과감한 민주적 개혁 조치를 약속하면서 대중의 지지를 얻기 시작했다. 하지만 또 다른 엘리트 가문의 장자이며 클레이스테네스의 가장 강력한 정적인 이사고라스가 기원전 508년에 아르콘이 되면서 권력 투쟁에 나섰다. 이사고라스는 스파르타 군대를 지원군으로 불러들여 아테네를 상대로 또 다른 군사 개입을 하게 함으로써 클레이스테네스의 개혁을 저지하려고 했다. 스파르타가 이사고라스의 요청에 응답한 것은, 그가 아테네의 진정한 자유를 보장해줄 인물이며 민주제는 진정한 자유의 정치 제도가 아니라 일반 대중의 변덕에 휘둘리는 무절제한 방종이라고 보았기 때문이다. 아테네 시민들은 힘을 합해 이사고라스와 그의 외국 동맹군의 2차 침입에 맞서 그들을 몰아냈다.

아테네 시민들의 결사 항쟁으로 스파르타와의 갈등은 금세 끝나버렸으나, 자부심 강한 스파르타인들은 그들이 보기에 어중이떠중이에 지나지 않는 아테네인들에게 격퇴당했다고 생각하여 두 도시국가 사이에 상호 불신의 씨앗이 뿌려지게 된다. 이 상호 불신은 두 세대 뒤인 기원전 5세기 중반에 전쟁으로 터져 나오게 된다.

클레이스테네스는 전선에 기꺼이 나가려는 대중의 지지를 등에 업고 아테네를 유명하게 만든 민주 제도의 개혁에 나섰다. 그의 개혁은 너무나 막대한 것이어서, 후대의 아테네인들은 그를 고전시대 민주주의의 초석을 다진 사람으로 기억했다. 그는 먼저 기존의 촌락과 도시의 이웃하는 동네(둘 다 '지역구^{dēmoi}'라고 불렀다)를 아테네 정치 제도의 기본 단위로 삼았다. 이 지역구에 소속된 남자 시민들은 지역구 행정에 직접적으로 참여했다. 먼저 그들은 시민인 지역구 남자들의 명부를 잘 관리했다. 시민인 남자들은 18세부터 지역구 민회에 참석하여 법률과 공공 정책에 투표할 수 있었다. 각 지역구는 그 위치에 따라 '3분의 1'이라는 뜻의 '트리티스^{trittyes}'라는 중간 단위(총 30개) 중 하나에 소속되었다. 트리티스는 아티카의 세 종류 다른 지역인 해안, 평원, 도시를 대표하는데 각 지역마다 열 개의 트리티스가 있었다. 그리고 마지막으로 '부족(필라이^{phylai})'이라는 열 개의 행정 단위가 세 종류의 지역(해안, 평원, 도시)에서 각각 하나의 트리티스를 각 부족에 배정함으로써(도합 세 개의 트리티스가 한 부족을 구성) 설정되었다. 부족이라는 용어는 친족 관계를 암시하는 듯하나 실제로는 그런 관계가 아니었다.

전에 네 부족으로 나누었던 간단한 행정 단위를 대체하고 또 투표 인구를 나누어놓은 이 복잡한 제도는 그렇게 하여 그 구성원들이 반드시 서로 이웃하여 산다고 볼 수 없는 열 개의 집단을 만들어냈다. 클레이스테네스가 아테네의 정치적 지도를 이처럼 재편한 것은, 현지의 유력 인사들이 이웃의 가난한 사람들에게 영향력을 행사하여 선거 결과를 쉽사리 통제하는 것을 막기 위해서였다. 이러한 견제 장치는 과두주의 정적들의 정치 권력을 겨냥한 것이기도 했다.

아무튼 아티카 전역의 지역구로 구성되는 10부족 제도는 아테네의 남자 시민들이 폭넓게 아테네 정부에 참여할 수 있는 행정적 기반을 제공했다. 특히 의미심장한 조치는 각 부족으로부터 50인을 추첨으로 선발하여 1년씩 근무하게 하는 '500인 평의회'를 만들어낸 것이다(이것은 솔론의 400인 평의회를 대체한 것이다). 각 지역구의 대의원 수는 그 인구에 비례했다. 이보다 더 중요한 자리로는 '장군stratēgoi'이 있었다. 민간, 군사 두 분야에서 최고의 권한을 행사하는 이 관리는 각 부족에서 한 명씩, 그러니까 모두 열 명이었다. 시민 민병대 또한 부족에 의해 조직되었다. 클레이스테네스의 조직 개편은 행정적으로 복잡했지만 그 전반적 목표는 권력 공유로 시민들 사이의 갈등을 줄이자는 것이었다. 이처럼 변화를 도모한 그의 동기가 무엇이었는지 정확하게 파악하기는 어려우나, 엘리트들 사이의 기존 정치적 동맹을 약화시킴으로써 보편적 민주제와 정치적 안정의 효과를 가져왔다는 사실은 부인할 수 없다.

기원전 500년경에 클레이스테네스는 가능한 한 많은 남자 시민이 직접 참여하는 정부 제도를 정립시키는 데 성공했다. 혼란의 시기에 이런 제도를 성공적으로 정립하여 이후까지 계속 유지되게 했다는 것은, 그가 대의 민주제보다 직접 민주제를 선호하는 기존의 사회적 조건들 위에서 그런 제도를 구축했다는 뜻이 된다. 클레이스테네스는 민중의 지지를 바라는 사회적 엘리트의 일원이었으므로 보통 시민들이 원하는 정치 제도를 만들어내려 한 것은 아주 당연하다. 그리고 그가 대부분 촌락이었던 지역구를 중심으로 하는 정치 제도를 정착시켰다는 것은, 민주제를 선호하는 사회적 조건이 마을 생활의 전통에서 유래했음을 암시한다.

그렇다면 이렇게 생각해볼 수 있지 않을까. 정부 행정에 폭넓게 참여한다는 개념은 농촌 생활의 관습에서 나온 것일지 모른다. 농촌 사람들은 비교적 평등한 입장에서 서로의 문제를 해결했던 것이다. 즉, 촌락의 각 주민은 마을의 문제와 관련하여 저마다 발언권이 있었다. 따라서 강요보다 설득을 통하여 자신의 제안이 훌륭하다는 점을 이해시켜야 했다.

소규모 공동체의 일상생활에서, 특히 종교적 축제와 희생의 조직과 실천에서, 가난하든 부유하든 모든 신분의 마을 사람들은 집단을 위해 뭔가 성취하려 한다면 실용적인 이유들로 인해 주로 협상과 타협을 통하여 서로의 문제를 해결했다. 더욱이 이 시기에는 많은 부유한 대지주들이 주로 도시에서 살았기 때문에(물론 농촌에 별장을 두고 있기는 했지만), 그들은 농촌에 살 때만큼 농촌 지역구의 문제를 좌지우지할 수가 없었다. 아무튼 무력이나 권위가 아니라 설득이 아테네 초기 민주제에서 의사 결정의 수단이 되어야 한다는 사상이 정착되었다.

이러한 사상은 아르카이크 시대 후반기에 태동했던 지적 변화의 정신과도 부합했다. 다시 말해 사람들이 어떤 정치적 제안을 내놓을 때는 타당하고 설득력 있는 이유를 함께 제시해야 한다는 사상은 그 시대의 새로운 사고방식과 일치했다. 이런 사고방식의 발달은 그리스 문명이 남긴 매우 영향력 있는 유산의 하나가 되었다.

새로운 문학과 새로운 사상
—

아르카이크 시대 후반기까지 시는 그리스의 유일한 문학 형식이었다. 최초의 그리스 시가인 호메로스와 헤시오도스의 장시는 단일 운율로 이루어진 작품이었다. 아르카이크 시대에 등장한 서정시lyric라는 새로운 형태의 시는 다양한 운율을 구사했다. 서정시는 호메로스의 서사시나 헤시오도스의 교훈시에 비해서 길이가 무척 짧았지만 다양한 형태와 주제를 포용했다. 서정시는 리라lyra(여기서 서정시를 뜻하는 'lyric'이라는 말이 나왔음)라고 하는 수금竪琴이나 아울로스aulos라는 관악기의 가락에 맞추어서 낭송되었다. 스파르타의 알크만 같은 코러스 시인들은 공공 행사에서 대중들이 낭송할 노래를 만들었다. 그런 공공 행사로는 신들에게 찬양을 바치는 행사, 도시국가의 역사 속에서 발생한 유명한 사건을 기념하는 행사, 결혼식, 운동경기와 전쟁의 승자를 찬양하는 행사, 결혼식 후의 행진 행사(도판 5-3) 등이 있었다. 서정 시인들이 공공 행사에서 단독 낭송자에 의해 낭송되는 시가를 제작했다는 사실은, 다양한 주제에 대하여 개인적 의사를 표현하는 일이 중요해졌음을 의미한다.

그러한 개인적 주제 중에 가장 중요한 것은 사랑의 열정이었고, 그 주제와 관련하여 가장 유명한 시인은 사포였다. 기원전 630년경에 레스보스 섬에서 태어난 이 여성 시인은 서른이 되기도 전에 시를 잘 써서 유명세를 얻었다. 그녀는 멀리 떨어진 시칠리아로 강제 추방을 당했다. 아마

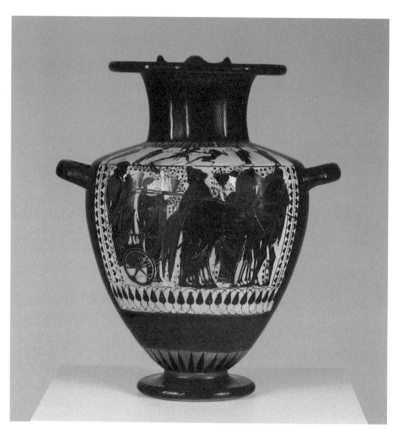

도판 5-3 | 아르카이크 시대의 '검은 인물' 스타일로 채색된 이 화병의 그림은 고대 그리스 결혼식의 행진 장면을 묘사한 것이다. 결혼은 두 가문 사이의 사적인 약속이었는데, 신부가 친정에서 나와 신랑의 집으로 살러 갔다. 화병 가장자리의 작은 그림은 미노타우로스를 죽이는 영웅 테세우스를 묘사한 것이다. The Walters Art Museum, Baltimore.

도 그녀와 그녀의 가족들이 고향 도시국가인 미틸레네의 참주에게 저항했기 때문일 것이다. 그녀의 시들은 사랑의 심리적 효과를 열정적으로 노래하지만 육체적 사랑에 대해서는 침묵을 지킨다. 다음과 같은 정교한 서정시는 다른 여자에 대한 그녀의 열정적 느낌이 잘 표현되어 있다.

당신 옆에 가까이 앉아 있는 저 남자는

마치 신들처럼 당당한 모습이네.

그는 아주 가까이서 당신의 달콤한

목소리를 듣고 또 당신의 매혹적인

웃음을 마시네.

그 광경을 보고 있노라니 내 마음은

마구 뛴다네. 그저 당신을 잠깐 쳐다보기만 해도

나는 말문이 막혀버리네!

나의 혀는 제멋대로 돌아가고, 미묘한 불길이

내 피부 밑을 불태운다네.

내 눈은 터는 볼 수가 없어 소경이 되어버리고

내 귀는 윙윙거리고 맥박은 마구 뛰놀아

식은땀이 흘러내리고 공포가

내 심장을 꽉 움켜쥐어 버리네.

이제 초원의 풀보다 더 창백해진

나는 거의 죽을 지경.

– 사포, 단편 no.31

기원전 7세기 초의 인물일 것으로 추정되는 파로스의 아르킬로코스는 바다에서 익사한 친구, 군인의 용기에 대한 조롱, 잘못되어 버린 사랑 등 다양한 주제의 시들을 쓴 것으로 유명하다. 그의 조롱시는 너무나 효과가 강렬하여, 그 시를 읽은 어떤 아버지와 두 딸이 자살을 했다는 얘기까지 전한다. 아르킬로코스는 그 두 딸 중에 한 명인 네오불레와 연애를 했는데, 상대의 아버지가 연애를 방해하자 엄청난 조롱의 시를 썼다는 것이다. 어떤 현대 문학 비평가들은 네오불레와 그 가족에 대한 시는 허구이지 실제가 아니라고 말한다. 아르킬로코스가 칭송시인 서정시의 정반대 이미지인 '비난시blame poetry'를 아주 잘 쓸 수 있다는 것을 보여주기 위해 그 시를 썼다는 것이다. 또 다른 7세기의 서정 시인인 콜로폰의 밈네르모스는 젊음의 영광과 그 짧음을 이렇게 노래했다.

청춘은 들판의 해가 한 번 빛나는 시간보다 길지 않구나.

– 단편 no.2

서정시인들은 당대의 정치에 초점을 맞춘 시를 쓰기도 했다. 특히 솔론과 알카이오스가 이런 주제의 시를 쓴 것으로 알려져 있다. 시모니데스, 그의 조카 바킬리데스, 핀다로스는 기원전 6세기와 5세기에 이런 시적 전통을 계속 이어가면서 전쟁이나 그리스의 국제적 운동 축제에서의 영웅적 성취를 찬양했다. 이런 축제에 참가한 부유한 경쟁자들은 자신들을 찬양하는 우아한 시를 쓴 시인들에게 두둑한 보상을 내려주었다. 때때로 서정 시인들은 의식적으로 전장에서의 무용 등 전통적 가치에 비판적인 태도를 취하기도 했다. 예를 들어 사포는 한때 이렇게 노래했다.

이 검은 대지 위에서 가장 아름다운 것을 어떤 사람은 기병이라 하고, 어떤 사람은 보병이라 하고, 어떤 사람은 수병이라고 하네. 하지만 나는 사람의 사랑을 받는 것이라면 그 무엇이든 아름답다고 말하겠네.

– 단편 no.16

개인의 감정을 강조한 서정시는 그리스의 문학적 감수성에 새로운 무대를 마련해주었고, 서정시의 그런 전통은 오늘날까지도 계속 이어지고 있다.

그리스 최초의 산문 문학 역시 아르카이크 시대 후반기에 나왔다. 오늘날 철학자라고 언급되는 사상가들, 하지만 자연 세계를 연구한 이론 과학자라고 해야 딱 좋을 사람들이 새로운 사고방식을 표현하기 위해 산문으로 저술을 했다. 그들 중 일부는 자신의 사상을 전달하기 위해 시를 쓰기도 했다. 대부분 이오니아의 도시국가들 출신인 이 사상가들은 인간의 세계와 신들의 세계의 관계에 대하여 아주 새로운 설명을 내놓기 시작했다. 이렇게 하여 그리스에서 철학이 시작되었다. 아나톨리아라는 비그리스적 문명의 바로 곁에 있었던 이오니아의 지리적 위치는 중요한 의미를 갖는다. 당시 아나톨리아는 이집트와 근동의 더 오래된 문명과 빈번한 접촉을 갖고 있었고, 이오니아 사상가들은 지중해 동부 지역의 이웃들로부터 지식과 지적 영감을 얻을 수 있었기 때문이다.

특히나 이 시대의 그리스는 공식적인 학교를 운영하지 않았기 때문에 이오니아 출신의 사상가들은 제자들에게 개인 수업을 해주거나 일반 대중에게 연설을 함으로써 자신들의 사상을 전달했다. 또는 시나 산문으로 저술을 집필하여 자신의 작품을 관심 있는 사람들에게 읽어줄 수도 있었다. 이런 사상가들 밑에서 공부한 사람들 혹은 그들의 연설을 들은 사람들은 이 새로운 사상을 전파하는 데 도움을 줄 수 있었다.

고대 근동의 지식은 아르카이크 시대의 그리스 미술가들에게 영향을 미쳤듯이 이오니아 사상가들에게도 영향을 미쳤다. 그리스 도자기 화가와 장식 금속 용기 제작자는 동물이나 화초를 그려 넣을 때 근동의 디자인을 모방했다. 그리스 조각가들은 아시리아의 그것과 비슷한 이야기 부조를 제작했고, 이집트의 그것과 비슷한 뻣뻣한 정면을 가진 조각상을 만들었다. 이집트는 돌기둥, 장식의 세부 사항, 건축물 전체 등에서 그리스 건축가들에게 많은 영감을 주었다. 이처럼 지식이 동에서 서로 이동되는 과정을 통하여 바빌로니아 천문학자들이 알아낸 천체의 주기적 움직임에 대한 정보도 이오니아 사상가들에게 전달되었다. 그리하여 그들은 자연 세계의 본질에 대하여 그들 나름의 결론을 내리게 되었다.

이오니아 이론가들 중 첫손에 꼽히는 인물이 밀레토스 도시국가 출신의 탈레스(기원전 625~545년경)였다. 탈레스는 기원전 585년에 일식을 예측했다고 전해지는데, 이로써 그가 바빌로니아 천문학의 영향을 받았다는 것을 짐작할 수 있다. 현대의 천문학자들은 과연 탈레스가 일식을 예측할 수 있었겠느냐고 의문을 표하지만, 어쨌든 이 이야기는 동방의 과학적·수학적 지식이 이오니아의 사상가들에게 많은 영향을 끼쳤음을 보여준다.

탈레스와 동향인인 아낙시만드로스(기원전 610~540년경)는 천체가 일정한 패턴으로 움직인다는, 관찰된 사실을 바탕으로 하여 다음과 같은 혁명적인 결론을 도출했다. 자연 세계는 신적인 존재가 가하는 임의의 간섭에 의해 움직이는 것이 아니라, 일련의 자연법칙에 따라 움직인다는 것이다. 기원전 530년경에 사모스에서 남부 이탈리아로 이민 간 피타고라스는 우주의 삼라만상을 숫자를 통해 설명할 수 있다고 가르쳤다. 그의 학설은 수학의 체계적인 연구와 음악적 조화의 수적^{數的} 양상에 대한 영감을 불러일으켰다. 피타고라스는 또한 불멸의 한 형태로서 인간의 영혼이 윤회한다는 사상을 믿었다.

이 사상가들은 실재를 이해하는 극적이면서도 새로운 방식을 제안했다. 자연 현상은 무작위적이거나 임의적인 것이 아니므로 인간이 우주의 작동 방식을 탐구하여 설명할 수 있다고 주장했다. 자연법이 실재의 운영 방식을 지배한다는 이런 주장은 후대의 현학적·과학적 사고에 큰 영향을 미친 아주 중요한 발전이었다. 그들은 우주 혹은 우주의 삼라만상을 가리켜 '코스모스cosmos'라고 했는데, 이 단어는 '아름다운 규칙적 배열'이라는 뜻이다('코스모스'에서 미용을 가리키는 'cosmetic'이라는 단어가 생겼다). 우주가 아름답다고 인식되는 것은 그것이 질서정연하기 때문이다. 우주의 일정한 질서엔 천체의 움직임뿐만 아니라 날씨, 동식물의 성장, 인간의 건강과 심리 등등이 모두 포함되었다. 그들은 또한 우주는 질서정연하므로 가지적可知的이라고 보았고, 따라서 자연 세계 속의 사건들은 사색과 연구를 통하면 설명될 수 있다고 보았다.

이러한 견해를 갖고 있던 사상가들은 자신들의 결론에 근거를 제시하는 것이 필요하고, 또 증거에 바탕을 둔 논증으로 사람들을 설득해야 한다고 생각했다. 다르게 말하면, 그들은 논리를 믿었다. '논리logic'라는 단어는 의미 혹은 질서정연한 설명을 뜻하는 그리스어 '로고스logos'에서 나왔다. 이성을 강조하는 이러한 사고방식은 과학과 철학을 향한 중요한 첫걸음이 되었고, 이들 학문 분야는 오늘날까지도 이성을 중시하고 있다. 이 사상가들은 또한 사건과 자연 현상을 인과적으로 설명했는데, 이러한 태도는 전통적인 신화관과 크게 대조되는 것이었다. 당연히 많은 사람들이 이러한 사상적 변화를 이해하는 데 애를 먹었으며, 그리하여 자연 현상을 신들의 작용으로 여기는 과거의 전통도 새로운 사상과 함께 공존했다.

이오니아 사상가들의 사상은 천천히 전파되었던 것으로 보인다. 당시에는 대규모 의사소통 수단이 존재하지 않았기 때문이다. 게다가 이들 사상가의 제자로 들어가서 상당한 시간을 들여가며 그 사상을 배워서, 다시 자기 고향에 전파하려 했던 사람들은 거의 없었다. 그래서 보통 시민들의 일상생활에서는 여전히 마법이 중요한 역할을 했으며, 그들은 자연 현상뿐만 아니라 건강과 행운 등에 신들과 여신들, 악마와 정령이 많은 작용을 한다는 믿음을 버리지 못했다.

고대 세계 전반에 미친 직접적 효과는 미미했지만, 그래도 이오니아 사상가들은 지성사에서 엄청나게 중요한 발전을 주도했다. 그들은 신화와 종교로부터 과학적 사상을 분리시켰다. 콜로폰의 크세노파네스(기원전 580~480년경)는 이러한 새로운 사고방식의 특징인 정신의 독립성을 강조하여, 신들을 결점 많은 인간과 비슷한 존재로 보고 신은 단지 죽지 않을 뿐이라는 개념을 통렬하게 비판했다. 예를 들면 그는 호메로스와 헤시오도스의 장시에 묘사된 신의 모습을 비난했다. 신들이 인간과 똑같이 절도, 간통, 사기를 저지르는 것은 말이 안 된다는 것이다. 그는 또한 신의 모습이 인간을 닮았다는 일반적인 견해도 거부했다.

신들과 인간을 통틀어 가장 위대한 신이 있다. 그는 모습이나 생각 면에서 전혀 인간을 닮지 않았다. … 하지만 인간들은 신들이 인간처럼 태어나고, 인간처럼 옷을 입고, 또 인간처럼 말을 한다고 생각한다. … 만약 암소, 말, 사자가 손이 있어서 그 손으로 인간처럼 물건을 만들 수 있다면 말들은 말처럼 생긴 신을 만들어낼 것이고, 암소는 암소처럼 생긴 신을 만들어낼 것이다. 이처럼 동물들은 저마다 자신의 모습을 닮은 신을 만들어낼 것이다.

― 클레멘트, 《선집》 5,109,1–3 = D.-K. 21B 23, 14, 15

어떤 현대 학자들은 이런 그리스 사고방식의 변화를 가리켜 합리론의 탄생이라고 말한다. 하지만 그리스 신화와 종교를 비합리적이라고 지칭하는 것은 불공평한 일일 것이다(만약 비합리적이라는 단어가 '생각이 없는' 혹은 '어리석은'과 동일한 뜻으로 사용된다면 말이다). 고대인들은 그들의 삶이 그들의 통제와 이해를 벗어나는 힘에 의해 좌우된다는 것을 알고 있었다. 따라서 자연의 위력이나 질병의 발생에 대하여 초자연적 근원을 제시하는 것은 비합리적인 일이라고 할 수 없었다.

그러나 새로운 과학적 사고방식은 관찰 가능한 증거를 제시해야 하며 설명은 논리적이어야 한다고 주장했다. 나이 많은 사람이 해준 이야기라거나 사람들에게 널리 알려진 이야기라고 해서 그것이 자연 현상을 설명해주는 진실로 인정될 수는 없었다. 이렇게 하여 이오니아 사상가들은 근동의 신화나 초기 그리스 신화에서 풍성하게 발견되는 전통적인 사고방식과 결별했다.

자신이 옳다고 믿는 것에 대하여 타당한 이유를 제시해야 하고 또 그 결론의 타당성을 남들에게 설득할 수 있어야 하며 아무런 증거도 없이 다른 사람이 자기의 이야기를 진실로 믿어주기를 바랄 수는 없다는 사고방식이 초기 이오니아 사상가들이 이룬 가장 중요한 업적이었다. 이러한 합리성의 강조에 덧붙여서, 이 세상은 숨어 있고 이해되지 않는 신의 의지에 휘둘리는 것이 아니라 충분히 이해될 수 있는 세계라는 신념이 결합되면서 이러한 견해를 받아들이는 인간은 희망을 갖게 되었다. 즉, 인간 자신의 노력으로 인간의 삶을 향상시킬 수 있다는 희망이었다. 크세노파네스는 그 희망을 이렇게 표현했다.

신들은 인간에게 처음부터 모든 것을 드러내 보이지 않았다. 우리 인간은 끊임없이 탐구함으로써 마침내 더 좋은 것을 발견할 수 있다.

— 스토바이오스, 《선집》, 1.8.2 = *D.-K.* 21B18

크세노파네스는 다른 이오니아 사상가들과 마찬가지로 신들의 존재를 믿었지만, 인간 생활을 개선하는 기회와 책임은 전적으로 인간에게 달렸다고 보았다. 인간은 무엇이 더 좋은지, 어떻게 해야 그것을 실현할 수 있는지 알아내야 할 의무가 있었다.

6

페르시아 전쟁에서 아테네 제국까지

아테네는 국제 무대에서 외교적 실수를 저지르면서 고대 그리스인들이 일찍이 직면한 위협 가운데 가장 큰 군사적 위협을 자초했고, 페르시아의 대군이 침입해오면서 그리스의 자유는 절체절명의 위기에 놓이게 되었다.

기원전 507년에 아테네 사람들은 클레이스테네스의 민주적 개혁에 반대하는 과두제 지지자들이 스파르타의 개입을 불러올까 두려워하여, 페르시아의 왕 다리우스 1세(재위 기원전 522~486년)에게 사절을 보내 보호 동맹을 요청했다. 이 당시 페르시아 제국은 고대 세계에서 가장 부유하고 강성했으며, 군사력 면에서도 가장 출중한 제국이었다. 아테네 사절들은 페르시아 사령부가 있는 서부 아나톨리아의 사르디스에서 왕의 대리인을 만났다. 그는 그 지역의 지방 총독으로서 페르시아 용어로는 사트라프Satrap라고 했다. 총독은 스파르타의 침공으로부터 아테네를 보호해 달라는 요청을 받고서 이렇게 물었다. "도대체 당신들은 누구이며, 어디

에 살고 있는가?"(헤로도토스, 《역사》 5.73)

페르시아의 관점에서 볼 때 아테네는 이름조차 들어보지 못한 너무나 미미한 존재여서 총독은 그 이름을 들은 바가 없었다. 그러나 그로부터 두 세대에 걸친 기간을 지나는 동안 아테네는 오늘날 우리가 '아테네 제국'이라고 부르는, 지역의 맹주로 등장하게 된다. 아테네는 놀라울 정도로 신속하게 무명 국가에서 국제적 강국으로 변모했다. 그러한 번영은 한 세대에 걸친 필사적 전쟁이 벌어진 시기에 시작되었는데, 이 시기는 고전시대(기원전 500~323년)의 시작 부분에 해당한다.

아테네와 페르시아 사이에 벌어진 사건들의 역학은 그러한 갈등(기원전 5세기 내내 그리스 본토를 군사적·정치적으로 주름잡았던 역사)을 일으킨 원인들을 잘 보여준다. 그 원인은 대략 다음 두 가지로 설명해볼 수 있다.

첫째, 그리스 본토의 두 주요 세력인 스파르타와 아테네는 서로를 의심하는 상태였다. 앞 장에서 서술한 바와 같이, 스파르타는 기원전 500년대에 클레이스테네스와 권력 다툼을 벌이던 이사고라스(참주제 지지자)를 돕기 위해 클레오메네스 왕과 군사를 아테네에 보내 군사적으로 개입했다. 그들의 개입으로 아테네 시민 700가구가 일시적으로 유랑을 떠나야 했다. 또 스파르타는 아테네 시민군에 의해 패퇴당하는 굴욕을 겪는 바람에 전쟁에서 불패한다는 스파르타의 명성에 공개적 망신을 당했다. 스파르타는 이때 이후 아테네를 적성 국가로 보기 시작했다. 그러한 적대적 감정은 아테네도 마찬가지였다.

둘째, 페르시아 왕국은 서쪽으로 계속 뻗어나가 아나톨리아를 점령하면서 그 연안의 그리스 도시국가들을 복속시키고 그 연안의 그리스 도시국가들의 맹주가 되었으며, 그곳의 정복된 그리스인들을 다스리는 참주를 괴뢰 통치자로 세워놓았다. 따라서 페르시아인들이 에게 해 동부 지역을 다스리고 있는 상황에서 그리스 본토의 사람들은 자신들의 영토를 페르시아가 침공하지 않을까 걱정하지 않을 수 없게 되었다. 그러나 페르시아인들과 그리스 본토인들은 서로에 대해 잘 몰랐다. 양측의 이러한 무지는 추후에 몹시 파괴적인 오해를 낳게 된다.

불평등한 사람들끼리의 갈등
—

사르디스에 파견된 아테네 사절들은 순진하게도 아테네가 페르시아 왕과 맺은 방어 동맹에서 동등한 파트너의 자격을 갖게 될 거라고 생각했다. 그리스인들은 늘 그런 조건에서 동맹을 맺었기에 그렇게 생각한 것이다. 페르시아 왕의 지방 총독이 협정을 체결하려면 땅과 물을 바치라고 요구하자, 아테네 사절들은 페르시아에 대한 무지 상태에서 그 상징적 조치의 의미를 알아채지 못했다. 페르시아의 관점에서 보자면 그런 조치는 왕의 우월한 지위를 공식적으로 인정하는 것이었다. 페르시아의 왕권 사상은 왕이 전 세계 누구보다도 우월하다고 보았기에 그 누구와도 동등한 조건으로 동맹을 맺지 않았다. 아테네 사절들은 마침내 그 조치의 의미를 알아차렸으나, 합의서 없이 아테네에 빈손으로 돌아가기가 싫어서 그런 상징적 요구를 마지못해 들어주었다.

사절이 귀국하자, 아테네 시민들은 그런 상징적 복종에도 분통을 터트렸다. 하지만 그런 격한 반응 속에서도 동맹 관계를 공개적으로 매도하지는 않았다. 게다가 아테네 사람들은 또 다른 사절을 사르디스의 총독에게 보내 동맹 관계를 일방적으로 해지한다고 통보하지도 않았다. 이처럼 외교 관계를 허술하게 처리해놓고서도 아테네 사람들은 아테네가 독립국가이므로 페르시아 왕에게 아무런 책임도 느낄 것이 없다고 생각했다. 또한 다리우스 왕도 그 관계가 변경되었다고 생각하지 않았다. 그가 아는 한 아테네는 자발적으로 페르시아와 동맹을 맺었고, 그렇기 때문에 당연히 그에게 충성과 복종을 바쳐야 했다. 반면에 아테네인들은 여전히 자신들을 독립된 국가로 여겼고 페르시아 왕에게 아무런 의무가 없다고 생각했다.

이런 심각한 외교상의 실수가 일련의 폭발적인 사건들을 추진시켰고 결국에는 페르시아의 대규모 보병과 수병이 그리스 본토를 침공하는 파괴적 사건이 벌어지기에 이르렀다. 페르시아 왕국은 귀금속에서 병력 규모에 이르기까지, 물적 자원의 모든 분야에서 그리스 본토를 압도하고도 남음이 있었다. 그리스인들은 이 무렵 중장 보병, 경보병, 궁수, 장창 투척수, 기병, 전함 등으로 구성된 시민 민병대를 전쟁에 내보낼 수 있었고 또 도시국가들 사이의 빈번한 교전 덕분에 효과적인 전략에 잘 훈련되어 있었다(도판 6-1). 페르시아와 그리스의 싸움을 비유적으로 표현한다면 코끼리와 모기 떼의 싸움과 비슷했다. 이런 상황이었으니 그리스의 승리는 거의 불가능해 보였다. 그리스 도시국가들의 불화하는 경향과 서로 간의 적대감을 감안할 때, 31개 도시국가들―그리스인들 중에 소수 인구―의 연합이 서로 일치단결하여 적의 엄청난 군대와 맞서 싸우고 그들보다 훨씬 강력한 적군에 맞서 항쟁하는 수년 동안 그들의 공포와 의견 불일치를 극복하고 계속 단결된 상태를 유지한다는 것은 별로 가능성이 없는 얘기였다.

도판 6-1 | 이 '검은 인물' 화병에는 전투의 진영이 묘사되어 있다. 금속제 투구를 쓴 중장 보병은 방패 뒤에 웅크리고 있고, 무장하지 않은 궁수들이 적에게 화살을 날리고 있다. 이러한 합동 공격 대형은 고가의 금속 무구를 준비할 능력이 없는 사람들도 값싼 투척 무기 사용법을 배움으로써 도시국가의 방어에 기여할 수 있었음을 보여준다. The Walters Art Museum, Baltimore.

페르시아 제국은 상대적으로 뒤늦게 창건된 국가였다. 페르시아인들의 조상들이 자리 잡은 땅은 남부 이란에 있었고 그들의 언어는 인도-유럽 어족에 속했다(오늘날의 이란어는 고대 페르시아어의 후예이다). 키로스(재위 기원전 560~530년)는 메디아 왕국을 무너뜨리고 제국의 창건자가 되었다. 오늘날의 북부 이란에 위치해 있던 메디아 왕국은 기원전 8세기 후반에 등장한 왕국으로, 바빌로니아와 힘을 합쳐서 기원전 612년에 아시리아 왕국을 파괴시킨 바 있었다. 이 메디아 왕국의 판도는 중부 아나톨리아의 리디아 경계에까지 뻗어 있었다. 키로스는 기원전 546년에 리디아를 정복함으로써, 리디아의 왕 크로이소스(재위 기원전 560년경~546년)가 일찍이 아나톨리아 서부 지역을 복속시키면서 지배했던 그리스 도시국가들까지 지배하게 되었다.

다리우스 1세의 치세에 이르러 페르시아 왕국은 동서남북으로 수천 마일에 달하는 영토를 가지고 있었다. 서쪽에서 동쪽으로는 이집트, 터키, 메소포타미아, 이란, 아프가니스탄, 인도의 서쪽 경계를 포함했고, 북쪽에서 남쪽으로는 중앙아시아의 남쪽 경계에서 인도양에까지 이르렀다. 인구는 수천만에 달했으며 다양한 민족들은 무수하게 많은 언어를 사용했다. 페르시아 제국은 아시리아 제국의 행정 구조를 그대로 물려받았고, 지방 총독은 왕의 간섭을 거의 받지 않고 거대한 땅을 통치했다. 총독의 임무는 질서를 유지하고, 필요할 때에는 병력을 동원하고, 왕실 창고로 재물을 보내는 것이었다. 제국은 제국 내의 다양한 지역에서 식량, 귀금속, 기타 고가품들을 세금 명목으로 강제로 징수하는 체제였다. 제국은 또 제국 내 전 지역에서 엄청나게 다양한 장비, 훈련, 다양한 언어 등을 구사하는 병사들을 소집했는데, 이 때문에 함께 일해본 경험이 별로

기원전 507년경	아테네인들이 페르시아에 동맹을 요구하기 위해 사절 파견.
500~323년	그리스의 고전시대.
499년	이오니아에서 반란이 시작됨.
494년	페르시아 제국, 이오니아 반란 완전히 제압.
490년	다리우스, 아테네에 페르시아 군대 파견. 아테네가 마라톤 전투에서 승리.
483년	아티카에서 대규모 은광 발견. 아테네는 테미스토클레스의 권고대로 대규모 해군을 구축하기 시작.
482년	아리스티데스의 도편 추방(480년에 소환)
480년	크세르크세스, 대규모 군대를 이끌고 그리스 침공. 페르시아가 테르모필라이 전투에서 승리, 그리스가 살라미스 전투에서 승리.
479년	보이오티아의 플라타이아이와 아나톨리아의 미칼레 전투.
478년	페르시아 군대에 대항하는 그리스 연합군을 지휘하기 위하여 스파르타가 파우사니아스를 파견.
477년	아테네, 그리스 동맹군의 맹주국이 됨(델로스 동맹).
475년	키몬, 영웅 테세우스의 유골을 아테네에 송환.
465년	라코니아에 대규모 지진 발생, 그 결과 메세니아에서 헬로트의 반란이 일어남.
465~463년	타소스 섬이 델로스 동맹에서 탈퇴하려고 시도함.
462년	키몬이 아테네 군대를 이끌고 스파르타를 도우러 갔으나 거절당함.
461년	아테네 정부의 직접 민주제를 가속화하려는 에피알테스의 개혁.
450년대	아테네와 스파르타 사이에 교전 발생. 아테네의 배심원들과 기타 행정관들에게 수당 지급.
454년	이집트에서 페르시아에 맞서 싸우던 델로스 동맹 군대가 크게 패배함. 델로스 동맹의 재물 창고를 델로스에서 아테네로 옮김.
451년	시민권에 관한 페리클레스의 법안이 민회에서 통과됨.
450년	델로스 동맹군이 페르시아에 대항하여 해외에 군대를 파견하던 것을 중단.
447년	아테네 건축 복구 프로그램 시작.
446~445년	아테네와 스파르타 사이에 30년간 평화 협정 체결.
443년	페리클레스, 주된 정적을 도편 추방.
441~439년	사모스 섬이 델로스 동맹에서 탈퇴하려고 시도함.
430년대	스파르타가 전쟁을 경고하면서 아테네에 정치적 긴장이 고조됨.

없거나 전혀 없는 군대들 사이에 전략적 협조와 통신 체계를 유지하는 것이 중대한 과제였다.

방대한 왕국의 여러 복속된 민족들에게서 거두어들인 수입 덕분에 페르시아 왕국은 타의 추종을 불허하는 부를 쌓았다. 왕을 둘러싼 모든 것이 평범한 사람들을 제압하는 우월함과 장엄함을 강조했다. 왕의 자주색 옷은 그 누구의 옷보다 화려했다. 왕이 걸어갈 때 그 앞에 깔아놓는 붉은 카펫은 왕 이외에는 누구도 밟을 수 없었다. 왕의 하인들은 왕 앞에 나설 때 자기 입을 틀어막아야 했다. 감히 왕과 함께 같은 공기를 들이마실 수 없다는 표시였다. 왕궁을 묘사한 조각품을 보면 왕이 그 누구보다 크게 묘사되어 있다. 왕실 근무자들의 복지를 위해, 또 왕실 자원의 거대한 규모를 자랑하기 위해, 왕은 약 1만 5000명에 달하는 귀족, 궁신, 기타 추종자들의 식사를 매일 준비하게 했다. 하지만 왕 자신은 손님들에게 보이지 않는 커튼 뒤에 숨어서 식사를 했다. 페르시아 왕의 권능과 사치에 위압당한 그리스인들은 그를 가리켜 '위대한 왕'이라고 불렀다.

하지만 페르시아 왕은 자신을 신이라고 생각하지는 않았다. 그 대신 페르시아 종교의 지고한 신인 아후라 마즈다Ahura Mazda의 지상 대리인이라고 생각했다. 예언자 조로아스터의 가르침에 바탕을 둔 페르시아 종교는 이 세상을 선과 악의 대쟁투가 벌어지는 경기장으로 파악하는 이원 구조를 갖고 있었다. 고대 근동이나 그리스 사람들과는 다르게, 페르시아인들은 동물 희생을 바치지 않았다. 단지 특별한 제단 위에 피워놓은 불이 종교 의례의 중요한 자리를 차지했다. 고대 페르시아의 종교는 오늘날의 세계에서 조로아스터교(배화교拜火敎)로 살아 있는데, 이 종교의 신봉자들은 불의 중심적 역할을 실천적 의례로 지키고 있다. 고대 페르시아 왕은 독재적인 통치를 했지만 종교적 의례에는 참견하지 않았고, 신하들의 일상적 관습에도 개입하지 않았다. 페르시아 왕들은 백성들의 전통적 믿음과 풍습에 간섭하는 행위가 사회의 불안정을 가져오고 제국의 통치자들에 대한 공포심만 안겨줄 뿐이라는 사실을 잘 알았다.

교전 사태의 발발

고대 그리스사에서 가장 유명한 전쟁인 페르시아 전쟁은 기원전 490년대와 480~479년, 이렇게 두 번에 걸쳐 치러졌다. 전쟁의 발단은 이오니아(아나톨리아의 서부 해안 지역)의 그리스 도시국가들이 페르시아의 통치에 저항하여 일으킨 반란이었다. 앞에서 말한 바와 같이, 이오니아의 그리스인들은 페르시아인들에게 독립을 빼앗겼던 것이 아니라 기원전 6세기 중반에 리디아의 크로이소스 왕에게 복속되었다. 헤로도토스의《역사》1권에서 생생하게 묘사된 바와 같이, 크로이소스는 이때의 성공과 자신의 전설적인 거부巨富로 크게 고양되어 있었다. 그래서 '크로이소스 같은 부자'라는 관용어가 오늘날까지도 사용되고 있다. 이러한 군사적 성공과 엄청난 부에서 힘을 얻은 크로이소스는 그다음에는 전에 메디아 왕국의 일부였던 아나톨리아 지역을 정복하기로 마음먹었다. 전쟁에 나서기 전에 크로이소스는 델포이의 아폴론 신전에 사람을 보내, 페르시아 왕국이 현재 소유를 주장하는 지역을 침공하는 것이 합당한지 신탁을 청했다. 저 유명한 신탁은 이러했다. "만약 크로이소스가 페르시아를 공격한다면, 그는 거대한 왕국을 파괴할 것이다."

이런 신탁에 고무된 크로이소스는 기원전 546년 군사를 동쪽으로 이동시켰다. 그러나 그는 전쟁에서 패했고, 이오니아를 포함한 영토를 페르시아 왕 키로스에게 빼앗겼다. 나중에 키로스의 허락하에 크로이소스가 델포이의 신탁이 잘못되었다고 불평을 터뜨리자, 신탁은 다음과 같이 신랄하게 대답했다. "만약 크로이소스가 정말로 현명한 사람이었다면 그는 두 번째 질문을 던졌어야 했다. 그가 파괴할 왕국은 누구의 것인가? 적의 것인가, 아니면 그의 것인가?" 크로이소스는 신탁의 말씀이 맞았다는 것을 부끄러운 마음으로 시인해야 했다.

기원전 499년에 이르러, 이오니아의 도시국가들은 그리스 참주들에게 대항하여 반란을 일으켰다. 페르시아 왕이 이들 지역을 정복한 뒤로 현지에 독재자를 앞세우고 그에게 의존하여 정복된 그리스 도시국가들의 치안을 유지하는 정책을 취했기 때문이다. 이오니아 반란 세력은 그리스 본토로 대표단을 보내 반란을 지원해달라고 요청했다. 스파르타의 왕 클레오메네스는 이오니아 그리스인들이 가져온 지도를 보고 도와줄 수 없다는 판단을 내렸다. 페르시아의 수도(현재의 이란에 있었음)를 공격하려면 이오니아 해안에서 무려 3개월이나 행군해야 했기 때문이다. 다른 스파르타인들이나 일반적인 그리스인들과 마찬가지로, 클레오메네스는 그 일이 있기 전에는 근동의 지리나 위치를 잘 몰랐었다. 그러나 스파르타 지도자들과는 대조적으로, 아테네 민회는 에우보이아 섬의 에레트리아 도시국가와 함께 이오니아 반란에 전투 부대를 파견하기로 결정했다. 지원군은 크로이소스의 옛 수도이자 그 당시 페르시아 사령부였던 사르디스까지 갔다. 아테네인과 에레트리아인은 유명한 성소를 비롯해 사르디스를 불태웠다.

하지만 뒤이은 페르시아의 반격이 이오니아 동맹군의 상호 협조와 군사적 효율성을 분쇄하자 아테네인과 에레트리아인은 귀국했다. 페르시아 왕의 군대는 기원전 494년에 이르러 이오니아의 반란을 완전히 진압했다. 다리우스 왕은 부하 장군 마르도니우스를 보내 이오니아를 재조직하도록 했다. 그런데 왕은 인기 없는 참주제 대신에 민주제를 실시하게 함으로써 현지인들을 놀라게 했다. 페르시아 왕은 신하들의 충성심에만 관심이 있었기에 과거의 잘못으로부터 배울 용의가 있었고, 그래서 이오니아 사람들이 그들 좋을 대로 자치적으로 행정을 담당하도록 허용했다. 단, 그들이 왕에게 충성을 바치고 페르시아의 전반적인 통제에 반항하지 않는다는 조건이었다.

다리우스 왕은 아테네인들이 이오니아 반란 세력을 도왔다는 사실을 알고서 격분했다. 그가 볼 때 아테네인들은 감히 자신의 왕국을 침공했을 뿐 아니라, 땅과 물을 지방 총독에게 바쳐 페르시아에 복종하기로 약속해놓고서 그런 배신적인 공격을 자행한 셈이었다. 다리우스 왕은 자신이 보기에 그리스는 보잘것없는 땅이지만 정의를 세우는 차원에서, 또 자연법상 그가 다스리게 되어 있는 온 세상의 질서를 바로잡기 위하여 아테네인들의 배신을 응징하겠다고 맹세했다. 그리스인들은 나중에 이렇게 말했다. 다리우스 왕은 거대한 왕국의 다른 많은 업무에 집중하다 보면 아테네에 대한 징벌을 잊어버릴지 모르니, 하인에게 명령하여 하루 세 번씩 식사 때마다 이렇게 말하도록 시켰다는 것이다. "폐하, 아테네인들을 기억하소서"(헤로도토스, 《역사》 5.105).

기원전 490년, 다리우스는 아테네인과 에레트리아인을 응징하기 위해 대규모 병력을 실은 선단艦隊을 파견했다. 이 군사들은 에레트리아를 불태운 뒤, 인근 아티카의 북동쪽 해안에 있는 마을 마라톤에 상륙했다. 페르시아 군대는 아테네 참주 페이시스트라토스의 아들이며 망명가였던 늙은 히피아스를 함께 데리고 왔다. 아테네를 정복하면 그를 괴뢰 통치자로 내세워 통치할 작정이었던 것이다. 페르시아 군대는 아테네 중장보병의 시민 민병대보다 훨씬 규모가 컸다. 그래서 아테네인들은 스파르타를 비롯해 여러 그리스 도시국가에 군사적 도움을 요청했다. 아테네에서 스파르타로 급파된 전령은 나중에 아주 유명해졌다. 그가 아테네에서 스파르타까지 224킬로미터를 이틀 만에 달려갔기 때문이다.

그러나 마라톤 전투가 벌어졌을 때, 막상 도착한 지원 부대는 아테네 북방 지역인 보이오티아의 플라타이아이 도시국가에서 보낸 소규모 병력뿐이었다. 플라타이아이인들은 30년 전 적대적인 이웃 테베로부터 자신들을 지켜준 아테네인들에게 감사의 빚을 느끼고 있었다. 그래서 그들은 크게 용기를 내 그 빚을 갚을 결심을 한 것이다. 그런 도덕적 성실성의 대가로 페르시아인들의 손에 조국이 파괴될 수도 있었지만 그들은 개의치 않았다.

모두들 페르시아가 승리하리라고 예상했다. 전에 페르시아인의 전투 대형을 본 적이 없는 그리스 병사들은 페르시아군의 이색적이면서도 위협적인 군복을 보는 순간 겁에 질렸다. 그들은 바지를 입고 있었던 것이다. 반면에 그리스인들은 헐렁한 겉옷만 입고 발은 맨발이었다. 더욱이 페르시아 군대는 수적으로 아테네 군대와 플라타이아이 파견대를 압도했다. 아테네의 지휘관들(1년마다 선출되어 민간과 군사 부문을 책임지는 10인 장군단과 그 외의 1인 군사 관리)은 재빨리 행동에 나서지 않으면 안 되었다. 양 군대의 전력이 너무 차이가 났기 때문에 민회에서 싸우기보다는 항복

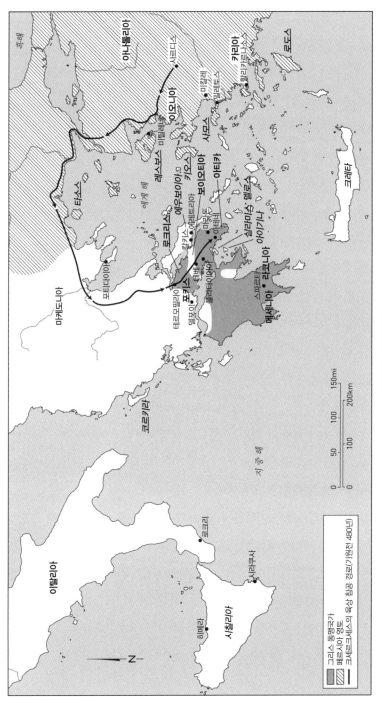

지도 5 | 페르시아 전쟁

지도 범례 (좌측 하단)

그리스 동맹국가

페르시아 영토

크세르크세스의 육상 침공 경로(기원전 480년)

지명 (지도 내)

흑해

아나톨리아

사르디스

이오니아

카리아

할리카르나소스

로도스

미칼레

밀레토스

사모스

레스보스 미틸레네

타소스

에게 해

에우보이아

키오스

보이오티아

아테카

에리트리아

에페소스

포티다이아

마케도니아

테르모필라이

포키스

칼키스

델포이

테베

플라타이아이

마라톤

살라미스 엘레우시스

아르고스

스파르타 라코니아

메세니아

라코니아

크레타

코르키라

이탈리아

지 중 해

로크리

시칠리아

히메라

시라쿠사

N

0   50   100   150mi
0 100   200km

하기로 결정할지도 몰랐고, 또 도시 내의 과두제 지지자들이 페르시아 군대와 배신적인 거래를 틀지도 몰랐다. 페르시아 왕은 최근에 이오니아에 민주제를 허용했는데 이는 왕이 평화롭게 복속되겠다는 자와는 언제나 협상하려는 자세임을 보여주는 것이었다. 그래서 아테네인과 플라타이아이인은 페르시아의 넓은 전선을 상대로 속전속결을 결정하고 아테네군이 중진中陣을 비우면서 적의 양 날개를 공격하는 전략을 세웠다.

아테네의 밀티아데스(기원전 550~489년경)가 이끄는 장군단은 아테네 군사들이 페르시아군의 화살에 노출되는 시간을 최소화하기 위해 신중히 전략을 짠 다음, 중장 보병을 적의 양익을 향해 전속력으로 돌진하게 했다. 적진 앞으로 나아갈 때 생기는 두려움과 달아나고픈 충동을 억누르면서 그리스의 중장 보병은 우박처럼 쏟아지는 화살을 물리치고 마라톤 평원을 달려가 적의 양 날개와 격돌했다. 페르시아 군대와 백병전에 돌입하자 우수한 갑옷과 긴 창을 휴대한 그리스 보병이 적을 제압했다. 격렬한 전투 끝에 그리스군의 양익은 적의 양익을 살육했고, 그다음에는 전투의 방향을 돌려 적의 중진으로 물밀듯이 밀고 들어갔다. 이어서 그리스군은 적을 습지 쪽으로 밀어붙였다. 해안에 정박 중이던 배로 되돌아가지 못한 적들은 그 습지에서 몰살되었다.

이후 그리스군은 마라톤 전장에서 아테네의 요새 벽까지 약 32킬로미터(20마일) 거리를 황급히 달려와, 페르시아 선단의 해상 공격에 대비한 도시 방위 작전에 들어갔다. 오늘날의 마라톤 경기는 기원전 490년에 있었던 이 유명한 그리스군의 회군을 기념하여 제정된 것이다. 페르시아인들이 아테네를 정복하지 못하고 회군하자, 아테네인들(적어도 민주제를 지지했던 사람들)은 믿어지지 않는다는 듯이 환호성을 질렀다. 그들이 매우 두려워했던 페르시아인들이 퇴각한 것이다. 그 후 수십 년 동안 아테네 남자에게 수여된 가장 큰 명예는 그가 '마라톤의 전사'였다고 말해주는 것이었다.

마라톤 전투의 상징적 중요성은 실제적인 군사적 의미를 훨씬 넘어서는 것이었다. 정벌 원정대의 패퇴는 다리우스를 격노케 했다. 그것은 그의 위신에 모욕을 가했을 뿐 아니라, 페르시아 왕국의 안녕을 위협하는 사건이었다. 그런 반면, 도시국가의 군대에 들어가 싸웠던 아테네의 보통 시민들은 막강한 외국 군대에 항복하기를 거부함으로써 자유를 지켰다는 자부심을 온 세상에 과시할 수 있었다. 마라톤 평원에서의 예기치 못한 승리는 아테네의 자신감을 한없이 부추겨주었다. 그 후로 도시국가의 병사들과 지도자들은 자신들이 가공할 만한 야만인의 공격에 굴복하지 않고 대항하여 마침내 물리쳤다고 자랑하고 다녔다. 스파르타인들이 도와주지 않았어도 그들만의 힘으로 대적에 맞서서 그들을 물리쳤다는 자부심이 하늘을 찔렀다. 그들은 또한 플라타이아이 사람들을 고상한 동맹으로 언제나 칭송하겠다고 말했다.

페르시아의 전면적 침공

—

이처럼 강한 자신감에 힘입어, 아테네 시민들은 기원전 480년에 발생한 페르시아 군대의 대규모 2차 침공에 강력하게 맞설 수 있었다. 다리우스는 그 침공이 마라톤 패전의 복수라고 맹세했다. 하지만 방대한 페르시아 제국으로부터 병사를 징발하는 데 시간이 많이 걸리는 통에 다리우스는 전쟁이 시작되기 전에 사망했고, 다리우스의 아들 크세르크세스 1세 (재위 기원전 486~465년)는 엄청난 규모의 보병과 수병을 조직하여 그리스 본토를 침공해왔다. 후대 그리스인들은 크세르크세스 군대가 너무도 큰 규모여서, 헬레스폰토스 해협을 건너는 데만도 7일 낮과 7일 밤이 걸렸다고 말했다. 페르시아 군대는 아나톨리아와 그리스 본토 사이의 비좁은 바닷길인 헬레스폰토스에 배와 부교浮橋를 띄워 임시 통행 다리를 만들었다. 크세르크세스는 그리스인들이 대규모 군대를 보면 겁을 먹고서 싸움을 하기도 전에 항복할 것이라고 예상했다. 사실 북부와 중부 그리스의 도시국가들은 그렇게 했다. 위치상 침공해 들어오는 페르시아 군대의 진군 노상에 있었고, 그들 소규모 도시국가의 병력으로는 그런 대군을 상대할 수가 없었던 것이다. 아테네 북방 60킬로미터 지점에 있는 보이오티아의 주요한 도시국가 테베도 페르시아 침공군을 돕고 나섰다. 아마도 테베는 페르시아가 그리스 본토에서 승리를 거둔 뒤에 아테네 이웃들보다 더 유리한 위치를 차지하고자 도움을 자원하고 나섰을 것이다. 게다가 테베와 아테네는 플라타이아이가 테베의 지배를 벗어나는 문제와 관계없이 오랫동안 서로 적대적인 상태로 불편하게 지내온 터였다.

대부분 중부와 남부 그리스에 위치해 있던 31개 도시국가들은 페르시아 군대의 침공에 맞서 싸우기 위해 군사 동맹을 결성했다. 그들은 그리스에서 가장 강력한 중장 보병 군대를 보유한 스파르타를 지도국으로 선정했다. 그리스 동맹군은 또한 시칠리아의 가장 강력한 도시국가인 시라쿠스의 참주 겔론에게 도움을 요청했다. 그러나 겔론이 군사 지원의 대가로 그리스 전군의 지휘권을 요구하고 나섰는데 스파르타와 아테네의 지도자들은 그런 요구를 들어줄 의사가 없었기에 자연히 그 요청은 취소

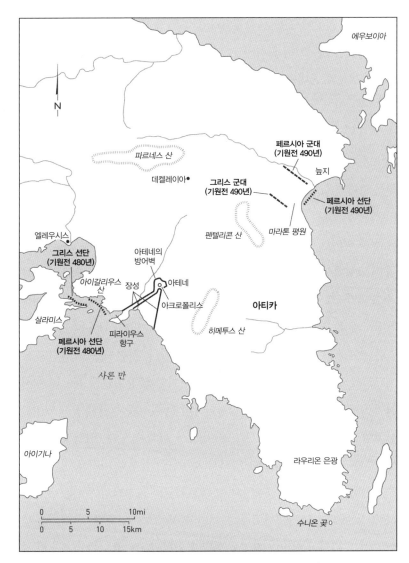

지도 6 | 마라톤 전투(기원전 490년)와 살라미스 해전(기원전 480년)

되었다. 그 시기에 겔론은 시칠리아의 영토 문제를 놓고 북아프리카 해안의 강력한 페니키아 도시인 카르타고와 싸움을 벌이고 있었다. 기원전 480년 겔론의 군대는 시칠리아 섬의 북쪽 해안에 위치한 히메라에서 대규모 카르타고 원정대를 패퇴시켰다. 어쩌면 시칠리아의 카르타고 원정과 페르시아 군대의 그리스 본토 침공은 의도적으로 시기를 맞춘 것인지도 모른다. 아마도 그리스 세계로 하여금 동서 양쪽에서 두 전선戰線의 전투를 벌이게 함으로써 쉽게 굴복시키려는 의도가 있었을 것이다.

같은 해(기원전 480년)에, 스파르타 군대는 연합군과 함께 중부 그리스의 동쪽 해안에 있는 테르모필라이Thermopylae('따뜻한 문들'이라는 뜻)라는 비좁은 고개에서 크세르크세스의 대군을 며칠 동안 저지시킴으로써 무용을 뽐냈다. 크세르크세스는 소규모 병력으로 페르시아의 대군을 맞이해 용감하게 싸우는 그리스 군대를 보고서 깜짝 놀랐다. 레오니다스가 이끄는 스파르타 군대는 조금도 겁을 먹지 않았다. 적진 쪽으로 파견된 크세르크세스의 척후병은 고개의 상황을 면밀히 살피고서, 스파르타 병사들이 요새 앞에서 느긋하게 어슬렁거리며 긴 머리를 천천히 빗고 있다고 보고했고 페르시아군은 그 보고를 받고서 깜짝 놀랐다. 사실 스파르타 병사들은 전투에 돌입하기에 앞서서 자부심의 표시로 머리를 빗어 단단히 고정시키는 것이 관습이었다. 스파르타군의 도전적인 자세는 스파르타 중장 보병의 태도에서도 잘 드러난다. 페르시아의 궁수가 너무나 많아 그들의 화살이 전장의 하늘을 까맣게 뒤덮었다는 보고에 스파르타 중장 보병은 이렇게 대답했다. "좋은 소식이로군. 그렇다면 화살 그늘에서 싸우겠군"(헤로도토스, 《역사》 7.226).

테르모필라이의 고개는 매우 비좁아서 페르시아 군대는 압도적으로 수가 많았는데도 그리스 방어군을 제압할 수가 없었다. 백병전에서는 그리스군이 페르시아 군대보다 더 능숙했던 것이다. 페르시아 왕에게서 보상금을 기대한 현지 그리스인이 왕에게 이 좁은 지점을 우회하는 비밀 도로를 가르쳐준 다음에야 비로소 페르시아군은 고개의 앞과 뒤에서 동시에 공격함으로써 그리스 방어군을 물리칠 수 있었다. 이어서 페르시아군은 그리스 남부 쪽으로 밀고 내려왔다. 이때 이른바 '300인의 전사들'은 비록 페르시아 군대를 저지하지는 못했으나 항복하기를 거부하고 옥쇄함으로써 기개를 보였다.

아테네인들은 곧 결단과 용기를 보여주었다. 크세르크세스의 군대가 아티카에 도착하자, 그들은 항복하기를 거부하고 도시를 소개하고 농촌으로 퇴각했다. 부인, 어린아이, 비전투 요원 등은 간단하게 짐을 꾸려서 펠로폰네소스의 북동쪽 해안으로 보냈다. 페르시아 군대는 아테네를 무자비하게 노략질했다. 아테네의 파괴는 동맹에 가담한 펠로폰네소스의 그리스인들을 겁먹게 했다. 그들은 자신들의 반도를 지키기 위하여 함대와 함께 남쪽으로 퇴각하고 싶어 했는데 그것은 일치단결하여 저항하겠다는 투쟁 정신을 위협하는 일이었다. 그리스 전함들은 이 시점에 아테네 영토의 서쪽 해안에 정박하고 있었다. 아테네의 사령관 테미스토클레스(기원전 528~462년경)는 해안과 아주 가까운 바다에 있는 살라미스 섬 사이의 얕은 수로를 유익하게 활용할 수 있겠다고 생각했다. 테르모필라이 고개에서 치러진 보병 전투와 마찬가지로, 해협의 비좁은 공간 때문에 대규모 페르시아 해군이 전면전을 감행하여 전함 수가 훨씬 적은 그리스인들을 압도하지 못할 것 같았다. 테미스토클레스는 낙담한 동맹의 동료들에게 페르시아 함대와 교전을 벌이자고 강력히 요구해 기원전

480년 살라미스에서 전투를 벌였다. 그는 또 펠로폰네소스인들이 남하하는 것을 막기 위해 해협의 양쪽 끝을 봉쇄한다고 페르시아 왕에게 통지했다.

아테네는 기원전 483년에 아티카에서 대규모 은광이 발견된 이래 민회가 전함의 건조에 많은 돈을 지원한 덕분에 살라미스의 그리스 해군에게 대규모 선단을 지원했다. 은광에서 나온 막대한 수입은 국고로 들어갔는데, 테미스토클레스의 권유에 따라 민회가 그 돈을 시민들 개인에게 나누어 주지 않고 해군력을 증강하는 데 투입하기로 의결했던 것이다.

당시의 전함은 폭이 비좁게 건조된 '3단 노선^{trireme}'이었는데, 배의 양옆에 노 젓는 사람들이 3단 높이로 앉는다고 해서 그런 이름을 얻었다. 속도를 강조하는 이 특별 무기는 공간이 너무 비좁고 불안정해서 밤마다 해안에 정박시켜야 했다. 이 배 안에는 사람이 잠을 자거나 식사할 수 있는 공간이 없었다. 3단 노선을 움직이려면 노 젓는 병사가 170명이나 필요했다. 배의 앞쪽에 붙어 있는, 금속을 입힌 충각衝角(타격봉)으로 적선을 강하게 들이받아 침몰시키는 것이 이 배의 주된 기능이었다. 대부분의 노수들은 밖을 내다볼 수 없었기에 적의 공격을 받아도 상황을 그 즉시 알아차릴 수가 없었다. 따라서 노수들의 불안 심리는 극심했다. 노를 저어 전투에 돌입하는 순간, 적선이 배의 옆구리를 들이받아 언제라도 죽을 수 있다는 공포심 때문에 아랫단에 앉아 있는 다른 노수들의 머리 위로 똥오줌을 지리기가 일쑤였다. 3단 노선은 열 명의 중장 보병과 네 명의 궁수를 갑판에 주둔시켰다. 이들은 적선과 근접전이 붙었을 때 백병전을 담당했다. 장교들과 기타 선원들까지 합치면 3단 노선에는 200명 정도가 승선했다.

페르시아 해군은 살라미스 해협이 좁아서 병력을 한꺼번에 쓸 수 없었고, 배의 기동성이 크게 떨어졌다. 반면에 무게가 무거운 그리스 전함은 물밑에 잠긴 충각을 활용하여 상대적으로 덜 단단한 페르시아 배들을 들이받아 침몰시켰다. 크세르크세스는 자신의 해군 지휘관들 중에 가장 열성적인 지휘관이 카리아(오늘날 터키의 남서부 구석)의 통치자인 아르테미시아(여자)인 것을 보고 이렇게 소리쳤다고 한다. "내 부하들은 남자가 여자가 되었고, 반면에 여자가 남자가 되었구나"(헤로도토스, 《역사》 8.88).

기원전 480년의 살라미스 해전이 그리스 쪽의 승리로 끝나자, 크세르크세스는 페르시아로 돌아갈 마음을 먹었다. 그리스인들을 상대로 신속한 승리를 거둘 수 없다는 점이 분명해졌기 때문이다. 특히 해전에서는 페르시아 함대보다 우수한 그리스 함대를 상대로 승전할 수가 없었다. 대왕이 페르시아 궁정을 너무 오래 비우는 것도 현명한 일이 아니었다. 잠재적 경쟁자들이 호시탐탐 왕권을 노리는 상황에서 대왕의 권력을 더욱 단단하게 틀어쥘 필요가 있었다. 그래서 크세르크세스는 귀국했다. 하지만 최정예 장군인 마르도니우스 예하의 대규모 보병 부대를 그리스에 남겨두었고, (그리스인들에게) 놀라운 전략적 조치를 취했다. 크세르크세스는 일찍이 기원전 479년에 아테네인들에게(오로지 아테네인들하고만) 평화 협정을 맺자고 제안했다. 만약 아테네가 평화 조약에 응한다면 그들을 자유롭게 내버려두고(즉, 페르시아의 앞잡이로서 참주를 내세우지 않고), 페르시아 군대가 불태운 아테네 성소들의 재건 기금을 제공하고, 아테네인들에게 그들의 땅 말고 다른 통치 지역을 주겠다고 말했다. 그리스인들은 이 제안에 놀라지 않았다. 페르시아 왕은 전에도 이오니아에서 반군들을 무찌른 후에 그곳의 기존 정책을 바꾼 적이 있었기 때문이다. 즉,

왕은 그곳의 괴뢰 참주 대신에 민주제를 수립하도록 하여 이오니아의 도시국가들과 협상할 때 좀 더 평화로운 조건을 조성했던 것이다.

크세르크세스의 제안은 진심이었고 또 매력적이었다. 왕을 동맹으로 삼는다면 아테네인들은 왕의 무한한 자금으로 파괴된 도시를 재건할 수 있을 것이고 그리스 내의 라이벌이나 적을 제압하는 데에도 왕의 지원을 얻을 수 있을 터였다. 왕의 제안 소식을 접한 스파르타인들은 공포에 휩싸였다. 그 제안이 아테네에게 물리칠 수 없을 정도로 매혹적이라는 점을 알아본 것이다. 만약 그런 제안이 스파르타에 왔다면 자신들은 받아들였을 거라고 내심 생각했다.

그러나 놀랍게도 아테네 민회는 페르시아와의 거래를 거부했다. 아무리 많은 황금 덩어리를 안겨주고 아무리 아름다운 영토를 준다고 해도, 동료 그리스인들에게 '노예제'를 가져오는 일과 연관된 페르시아의 뇌물은 받아먹을 수 없다는 것이었다. "아니, 우리는 그런 짓은 할 수가 없다." 아테네인들은 이렇게 말하면서 신상과 신전을 불태운 적들로부터 배상금을 받아낼 때까지 철저히 싸우겠다는 뜻을 밝혔다. 그들은 그리스 정신에 입각하여 그런 유혹을 물리치겠노라고 다음과 같이 맹세했다.

"우리는 공통의 조상과 언어를 갖고 있고, 우리가 공유한 신들에게 성소를 바치고 희생을 올린다. 우리는 공통의 생활 방식을 가지고 있다."

– 헤로도토스, 《역사》 8.144

아테네인들은 그리스인이라는 정체성을 매우 중요시했기에, 대규모 페르시아 보병 부대가 인근에 주둔해 있어서 언제 국가가 파괴될지 모르는 위험 속에 놓여 있는데도 그런 감연한 자세로 나왔다. 자신들의 정체성과 세계 속 위상을 포기하느니 차라리 모두 죽어버리는 편이 더 낫다는 생각이었다. 이상을 지키기 위해 타협을 포기한 이런 자세는 고대 그리스의 역사에서 하나의 결정적 순간으로 평가되어야 마땅하다.

하지만 마르도니우스는 대군을 이끌고 다시 아티카에 진주하여 같은 제안을 다시 했다. 당시 아테네 500인 평의회의 일원이었던 리키다스는 그 제안을 받아들이자고 주장했다. 그 주장을 들은 동료 평의회 위원들과 곁에 있던 사람들은 그를 돌로 쳐 죽였다. 도시의 여자들은 리키다스의 주장을 듣자 함께 뭉쳐서 그의 집을 공격하여 그의 아내와 자식들을 돌로 쳐 죽였다. 모두들 얼마나 비장하고 중대한 국면이었는지 잘 알았기에 감정이 그토록 날카로웠던 것이다. 아테네 사람들은 두 번째로 도시와 영토를 소개했다. 마르도니우스는 자신의 제안이 거부당하자 아테네 도심과 교외의 모든 것을 파괴했다.

한편 스파르타인들은 중부 그리스와 펠로폰네소스 반도를 연결하는 지협에다 성벽을 쌓아올리고 그 안에서 칩거하며 자기네 영토로 침범해 올 페르시아인들을 대비했다. 그들은 지협 너머의 나머지 그리스인들은 포기할 생각이었다. 그러나 아테네인들도 가만있지 않았다. 아테네인들이 페르시아 왕의 제안은 아직도 유효한 상태이고 피해를 입지 않은 아테네의 선단들과 왕의 선단을 합쳐서 다시 그리스의 통치자로 올라설 수 있다고 노골적으로 위협하자, 그제서야 스파르타인들은 성벽을 넘어 적들을 대적하기 위해 북진했다. 스파르타인들은 마지못해 왕족인 파우사니아스(기원전 520~470년)가 지휘하는 보병 부대를 보내, 여전히 동맹에 남아 있는 그리스인들과 합류하게 하여 아테네 북쪽의 보이오티아 평원에 주둔한 훨씬 대규모의 페르시아 군대와 맞서게 했다.

마르도니우스는 플라타이아이 근처에 진지를 구축했다. 그곳의 지형이 군대의 배치에 유리했기 때문이다. 거기서 기원전 479년에 그리스인과 페르시아인은 페르시아 전쟁의 최후 대전을 치르기 위해 조우했다. 엄청나게 대규모인 페르시아 군대를 보는 순간, 스파르타 보병 부대의 병사들 대다수는 경악했다. 스파르타 지휘관들은 이런 무서운 군대와 직접 격돌하는 것을 피하고 싶어 방어선 내에서 페르시아 군대를 직접 마주보는 곳에 아테네인들을 집어넣기 위해 진지를 바꾸자고 제안했다. 아테네인들은 이에 동의했다. 그러나 완고한 스파르타 보병 소대가 페르시아의 공격을 받으면 목숨이 위태로운데도 진지 이동을 거부하면서, 망설이는 동료 전사들에게 페르시아 군대가 수적으로 우세하고 겁이 나더라도 맞서서 임전무퇴로 싸우자고 격려했다.

페르시아 군대 사령관인 마르도니우스가 전사하자 그의 군대는 사기가 떨어졌고 그리스인들은 플라타이아이 전투에서 엄청난 승리를 거두었다. 또한 놀라운 우연의 일치로, 같은 날(그리스인들은 나중에 그렇게 기억했다) 아나톨리아 남서부 해안, 미칼레라는 곳에 정박 중이던 그리스 함대가 전투 준비가 전혀 안 되어 있던 페르시아 함대를 기습 공격했다. 그리스인들은 용감하게 선원들을 하선시켜 해안에서 우왕좌왕하고 있던 페르시아인들을 공격했다. 기습전은 성공했고 페르시아인들은 미칼레 전투에서 패주했다.

기원전 479년의 플라타이아이 전투와 미칼레 전투는 그리스를 침공한 페르시아 대군을 격퇴시키는 전환점이 되었다. 하지만 페르시아 군대는 마음만 먹는다면 그런 일시적 병력 및 물자의 손실로부터 회복할 수도 있었다. 그들의 제국은 방대하고 풍요로웠기에 이런 좌절로 그리 오래 장애를 겪을 정도는 아니었다. 그러나 사기 저하는 패전의 핵심 요인이었다. 그리스인들은 중요한 고비마다 그들을 매장시킬 뻔한 공포와 의견 불일치에도 불구하고 병사들의 헌신과 결단을 이끌어내면서 항전을 포기하지 않았다. 그들은 적의 사기를 꺾어놓았다. 살육이 자행되는 고대의 전쟁에서는 상대방의 사기를 꺾는 것이 곧 승전의 비결이었다.

31개 그리스 도시국가들의 연합은 스스로도 깜짝 놀랐다. 그들은 서로 협력하는 과정에서 끊임없이 큰 어려움에 봉착하기도 했지만 결국에는 힘을 합해 싸워서 조국을 보호하고 세상에서 가장 강대한 국가로부터 독립을 수호한 것이다. 그리스 전사들의 우수한 무기와 갑옷, 적의 대병력에 맞설 수 있는 그리스 지휘관들의 용병술과 지형지물 전략 등도 그리스인들의 군사적 우위를 말해주는 요소였다.

페르시아 전쟁에서 가장 특기할 사항은, 31개의 그리스 도시국가 민병대들이 서로 단결하여 적과 맞서 싸워야 한다고 결정한 것이었다. 그들은 의심과 유혹의 면전에서도 결코 후회하지 않겠다고 결심했다. 그들은 목숨을 보전하기 위해 재빨리 항복하고 페르시아의 신하가 되겠다고 동의할 수도 있었다. 하지만 그리스 전사들은 이길 공산이 별로 없다는 점을 알면서도 함께 단결하여 싸우기로 결정했다. 이 용감한 전사들은 비전투 요원들에게서도 격려를 받았고 심지어 절대 포기하지 말라는 요구도 받았다. 특히 코린토스 여자들은 그리스가 이기게 해달라며 아프로디테 여신에게 집단적으로 기도를 올렸다.

그리스 군대는 부유한 장군이나 중장 보병뿐만 아니라 경무장 보병으로 싸우면서 전함의 노를 젓는 수천 명의 가난한 사람들로 구성되어 있었기에, 페르시아 군대를 상대로 한 전쟁 수행 노력은 사회적·경제적 구분을 훌쩍 뛰어넘는 것이었다. 그리스인들이 페르시아의 대군을 상대로 싸우겠다고 결정한 것은 그들이 정치적 자유의 이상을 얼마나 높이 평가했는지를 입증한다. 그런 정치적 자유는 그 이전 아르카이크 시대에서 이미 태동했다. 페르시아 왕과의 거래를 거부하고 자신들의 가옥과 재산이 두 번이나 파괴되는 일을 감당한 아테네인들은 강철 같은 결단력을 보여주었고 적들을 비롯해 모든 사람에게 외경심을 안겨주었다.

아테네 제국의 확립

—

페르시아의 침공으로 그리스 도시국가들은 고대 그리스 역사에서 보기 드문 국가 간 협력을 일구어냈다. 가장 강성한 두 도시국가인 아테네와 스파르타는 클레이스테네스의 개혁 시기에 생겨난 상호 불신의 감정을 어렵게 털어내고 그리스 연합군의 지도국 역할을 번갈아 가며 맡았다. 하지만 페르시아 전쟁 이후에도 협력을 계속하려던 그들의 노력은 실패로 돌아갔다. 두 도시국가가 경쟁자가 아니라 협력자로 남아야 한다고 믿은 친親스파르타 아테네인들의 중재 노력도 아무 소용이 없었다. 이러한 협력의 실패로 생겨난 것이 이른바 아테네 제국이다. 이 현대적 용어는 아테네가 동맹의 다른 여러 그리스 국가들을 군사적·재정적으로 지배하게 된 것을 가리키는 말이다. 하지만 이 동맹은 원래 페르시아에 대항하여 자발적으로 생겨난 연합이었다.

기원전 479년 페르시아 전쟁에서 승리하자, 그리스 동맹은 아직도 그리스 북단이나 서부 아나톨리아(특히 이오니아) 등지에서 준동하는 페르시아 외곽 부대들을 완전히 몰아내기 위해 해상 동맹을 결성했다. 플라타이아이 전투의 승자인 스파르타의 파우사니아스는 기원전 478년 첫 원정대를 지도하도록 임명되었다. 그의 지휘하에 있던 그리스 군대는 곧 파우사니아스의 거만하고 난폭한 태도에 분노했다. 그는 연합군은 물론이고 아나톨리아의 그리스 시민들(특히 여성들)에게 아주 오만하게 굴었다. 몇몇 현대 학자들은 그가 개인적 적수나 정적에 의해 억울한 누명을 뒤집어썼다고 믿는다. 사정이 어찌 되었든, 동시대 그리스인들은 이런 무례한 행동이 고국에서 떠나와 지휘관 직책을 맡은 스파르타 남자들에게서 자주 목격되는 현상이라고 생각했다. 스파르타인들은 늘 감시를 받던 고국의 여러 가지 제약적인 상황을 벗어나면 다른 그리스인들 사이에서 인간적이고 효율적으로 처신하지 못했다. 스파르타인들은 그들의 도시국가 경계를 벗어나 독자적으로 행동하면 그들 사회의 전통적인 제약과 자기통제를 헌신짝같이 내던지는 실질적인 위험이 늘 도사리고 있었다.

기원전 477년에 이르러, 아테네의 지도자 아리스티데스(기원전 525~465년경)는 다른 그리스 도시국가들을 설득하여 에게 해 지역에서 페르시아를 상대로 싸울 때 스파르타를 제치고 그리스 동맹군의 지도자 자리를 차지했다. 스파르타의 지도자들은 동맹군의 지도국 자리를 내놓은 것을 기쁘게 생각했다. 아테네 역사가 투키디데스(기원전 460~400년경)는 이때의 상황을 이렇게 설명했다.

스파르타의 지도자들은 해외로 파견한 지휘관들이 파우사니아스처럼 타락할까봐 두려워했다. 게다가 페르시아 군대와 맞서서 싸워야

한다는 부담을 벗어버린 것도 시원하게 생각했다. … 게다가 그 당시
그들은 아테네인을 여전히 우호적인 동맹으로 생각하고 있었다.

- 《펠로폰네소스 전쟁사》 1.95

또한 헬로트의 반란에 대비하여 군대를 대부분 국내에 주둔시켜야 하
는 스파르타의 상황도 군대를 펠로폰네소스 이외의 지역에 장기 파견하
는 것을 어렵게 만들었다.

페르시아에 대항하는 그리스 동맹은 이제 아테네의 지휘 아래 영구적
인 조직적 구조를 갖추게 되었다. 동맹국들은 그 동맹에서 결코 탈퇴하
지 않겠다고 엄숙하게 맹세했다. 동맹국들은 대부분 그리스 북부, 에게
해의 섬들, 아나톨리아의 서부 해안 등지에 위치해 있었다. 그들은 페르
시아의 공격에 가장 많이 노출되는 지역의 국가들이었다. 한편 펠로폰
네소스의 독립적인 도시국가들은 스파르타와 지속적인 동맹 관계를 맺
고 있었는데, 그런 관계는 페르시아 전쟁 이전부터 존재했다. 이렇게 하
여 아테네와 스파르타는 각각 독립적인 동맹을 이끌게 되었다. 스파르타
와 그 동맹국들을 가리켜 역사학자들은 '펠로폰네소스 동맹'이라고 부른
다. 이 동맹에는 정책을 수립하는 평의회가 있었지만 스파르타의 지도자
들이 동의하지 않으면 아무런 조치도 취할 수 없었다. 아테네가 지도하
는 동맹도 정책을 수립하는 평의회가 있었다. 이 동맹의 참가국들은 이
론상 공동으로 결정을 내리게 되어 있었지만, 실제로는 아테네가 주관했
다. 왜냐하면 아테네가 동맹의 해군 중에 가장 많은 수의 전함을 제공했
기 때문이다.

아테네가 주도하는 동맹의 해군 작전에 재정 지원을 하기 위해 만들어

진 특별 조치는 도리어 아테네의 지배권을 강화했다. 아리스티데스는 각 동맹국들이 매년 납부해야 할 공여금(오늘날 '조공'이라고 부르는 것)의 수준을 국가 규모나 번영 정도에 따라 다르게 책정했다. 동맹국들의 공여금은 에게 해의 델로스 섬에 있는 아폴론 신전에다 보관했다. 그래서 오늘날 이 동맹은 통상적으로 '델로스 동맹'이라고 부른다.

시간이 경과하면서, 점점 더 많은 델로스 동맹 회원국들이 번거롭게 현물(전함)로 기여하기보다는 공여금을 현금으로 제공했다. 대부분의 동맹국은 이렇게 하는 것을 더 선호했다. 3단 노선같이 복잡하고 비싼 배를 건조하는 것은 그들의 능력에 부담을 주었고, 3단 노를 운영하는 방법을 수병들에게 가르치는 것은 아주 피곤한 일이었기 때문이다. 노수들은 복잡한 전략적 대오에 맞추어서 그 배를 앞으로, 뒤로, 사선으로 노를 저어야 했던 것이다. 다른 동맹국들보다 훨씬 규모가 큰 아테네는 대량으로 3단 노선을 건조하는 조선소와 고된 훈련을 견디는 인력을 갖추고 있었다. 또 노 젓는 일로 돈을 벌겠다는 인력도 많았다. 그래서 아테네는 동맹국들의 공여금으로 동맹의 전함 대부분을 건조하고 선원도 충원했다.

이 배의 노 젓는 병사로 근무한 아테네인들은 노동 계급 출신이었다. 그들은 해군에 복무하면서 돈도 벌었고 아테네 민주제에서 정치적 영향력을 좀 더 획득할 수 있었다. 해군력이 아테네의 주된 군사력으로 부상하면서 그들의 정치적 입지도 더욱 높아졌다. 아테네는 다른 소규모 도시국가들에 비해 여전히 더 많은 중장 보병을 동원할 수 있었지만, 그래도 시간이 흐르면서 아테네의 선단이 주된 군사력으로 떠올랐다.

대부분의 동맹국들은 끝내 해군력을 갖추지 못하게 되었고 그들 소유의 전함을 갖지 못했다. 그리하여 많은 델로스 동맹의 국가들은 아테네가 주동이 되어 내린 동맹의 결정 사항에 불만이 있다 하더라도 어디에도 호소할 데가 없었다. 아테네 민회는 불만을 제기하는 동맹국에 우월한 아테네 해군을 보내 동맹의 정책을 준수하게 하거나 공여금을 계속 납부하게 함으로써 엄청난 지배력을 행사하게 되었다. 현대 학자들이 이 공여금을 '조공'이라고 부르는 것은 이 돈이 강요된 것이었음을 강조하기 위해서이다. 투키디데스가 지적했듯이, 반발하는 동맹국들은 "독립을 잃게 되었고" 그 결과 동맹의 지도국인 아테네는 "예전만큼 인기를 누리지 못하게 되었다"(《펠로폰네소스 전쟁사》 1.98~99).

아테네가 반항하는 동맹국을 호되게 다룬 좋은 사례는 에게 해 북부의 타소스 섬에 있는 도시국가에서 찾아볼 수 있다. 타소스는 기원전 465년에 그들의 섬에서 가까운 그리스 본토의 금광 소유권 문제를 놓고 아테네와 다툰 끝에 델로스 동맹을 탈퇴했다. 동맹에 영구히 머물겠다는 타소스인들의 맹세를 강요하기 위해 아테네는 연합군을 이끌고 그 섬을 포위했다. 상당 기간 이어진 이 포위전은 기원전 463년에 타소스가 항복하면서 끝났다. 델로스 동맹은 타소스에 대한 징벌로 그 국가의 방어벽을 허물었고, 그들에게 전함을 포기하고 막대한 조공과 벌금을 내도록 했다.

델로스 동맹은 그 주요한 전략적 목적을 달성했다. 기원전 480년에 벌어진 살라미스 해전이 끝난 지 20년 만에 동맹군은 에게 해 북동부 해안의 도시국가들에서 준동하던 페르시아 잔군들과 해군을 에게 해에서 완전히 몰아냈다. 그리하여 그 후 50년 동안 페르시아 군대의 직접적인 군사 위협을 종식시켰다. 그리고 아테네는 페르시아 잔군들에게서 확보한 전리품과 동맹국들의 공여금으로 점점 더 부강해졌다. 기원전 5세기 중반에 이르러서는 동맹국들의 연간 공여금만 하더라도 현대 화폐 기준으로 3억 달러 정도(보통 노동자의 하루 임금을 평균 120달러로 볼 경우) 되었다.

민회에 참석하는 아테네 남자 시민들은 그런 수입을 어떻게 사용할 것인지를 결정했다. 아테네 규모의 도시국가(성인 남자 시민이 대략 3만 내지 4만 명)에게 동맹국들에서 들어오는 연간 수입과 라우리온 은광에서 나오는 수입, 국제 상업에 부과되는 세금 등은 전반적인 번영을 의미했다. 가난한 사람이나 부자를 막론하고 선단을 유지하고 동맹국이 공여금을 내야 한다는 점에는 동의했다. 마라톤의 승자 밀티아데스의 아들인 키몬(기원전 510~450년) 같은 부유한 지도자들은 델로스 동맹의 전투를 성공적으로 이끌고 또 그들의 전리품을 아테네 사람들의 복지를 위해 내놓음으로써 위신이 더욱 높아졌다. 예를 들면 키몬은 대규모 방어벽의 축조에 많은 돈을 내놓았다. 그렇게 해서 지어진 방어벽은 마침내 도심과 도심에서 몇 마일 떨어진 피라이우스 항구를 연결시켰다. 부자나 유명한 사람들은 이처럼 공동의 이익을 위해 돈을 내놓을 것으로 기대되었다. 고대 아테네에서 정당은 존재하지 않았지만, 정치 지도자들은 자신의 야망을 지원해줄 친지와 추종자 세력을 필요로 했다. 이런 야망 있는 지도자들 사이의 분쟁은 정치적·재정적 정책의 문제를 두고 의견이 불일치해서 생긴다기보다는, 고위 공직에의 피선^{被選}이나 민회에서의 영향력 확대 등을 둘러싸고 생겨났다. 논쟁은 주로 아테네의 막강한 국제적 영향력을 어떻게 행사할 것이냐 하는 문제에 집중되었고, 아테네의 이익을 위해 델로스 동맹국들의 내정에 간섭하면 안 된다는 토론은 논외로 밀려났다.

델로스 동맹의 노수^{櫓手}로 근무하는 아테네의 가난한 남자 시민들은 동맹의 원정 사업에 수입을 의존했다. 과반수로 의사 결정을 하는 아테네 민회에서 투표를 하는 사람들이 바로 이들이었는데, 그들은 자신의 이익에 도움이 되는 쪽으로 투표했다. 동맹국의 이익이 자신들의 이익과 일치되지 않을 경우에는 자신들의 이익이 우선시되었고, 동맹국은 동맹 정책에 관련된 아테네의 공식적인 의견을 따를 수밖에 없었다. 이런 식으로 동맹은 제국으로 바뀌어갔다. 비록 아테네가 전에 과두제가 들어섰던 일부 동맹 도시국가들의 민주제를 지지하기는 했지만, 제국화帝國化의 흐름에는 영향을 주지 않았다. 아테네의 시각에서 보면 이런 변모는 정당한 것이었다. 델로스 동맹을 튼튼하게 만들어 페르시아로부터 그리스를 계속 보호한다는 동맹의 당초 목적을 달성하게 해주었으니 말이다.

아테네 사법 제도의 민주적 개혁

—

아테네 선단의 노수 역할을 한 노동 계급의 가난한 사람들은 국방에서 중요한 역할을 한 결과로, 페르시아 전쟁 이후 수십 년 동안 군사적·정치적 중요성이 커지기 시작했다. 가난한 시민들은 자신들의 인력이 아테네의 안보와 번영에 밑바탕이 된다는 사실을 인식하면서 아테네의 사법 제도를 민주적으로 개혁해야 할 때가 왔다고 생각했다. 18세 이상의 모든 남자 시민에게 개방된 민회의 정책 수립이나 법률 제정 과정 못지않게 민주적인 사법 제도를 원하게 된 것이다.

당시 민회는 일종의 상소 법원으로서 기능하고 있었다. 그리하여 대부분의 사법적 판결은 매년 선출되는 아홉 명의 도시국가 행정관, 즉 현직 아르콘과 전직 아르콘들로 구성된 아레오파고스 평의회에 의해서 재결되었다. 기원전 487년 이래, 아홉 명의 아르콘은 선거가 아니라 추첨에 의해 선발되었다. 이처럼 추첨에 의해 무작위로 선발함으로써 엄청난 선거 비용을 댈 수 있는 제1계급의 부유한 자들이 아르콘 직을 독점할 가능성을 배제했다. 추첨에 의해 공직자를 뽑는 것은 민주적인 절차로 인식되었다. 왜냐하면 자격 있는 모든 후보에게 공평하게 기회를 줄 뿐만 아니라 신들이 이런 무작위 선출 과정을 감독하여 그 선택이 훌륭한 것이 되도록 한다고 생각했기 때문이다. 그러나 아레오파고스의 구성원들이 그러했듯이, 민주적으로 선출된 행정관들조차 부패하는 경향을 보였다. 따라서 사법적 판결을 내리는 사람들이 사회적 저명 인사의 압력이나 부자들의 뇌물을 물리치고 공정하게 판결을 내리려면 이전과 다른 사법 제도가 필요했다. 설사 법률이 아테네에서 민주적으로 제정되었다 할지라도 공정하고 정직하게 적용되지 않는다면 아무런 의미가 없었기 때문이다.

사법 제도의 개혁 요구가 터져 나온 결정타는 외교 문제의 위기였다. 그 변화는 기원전 465년에 스파르타 근처에서 발생한 대규모 지진에 그 뿌리를 두고 있다. 땅이 흔들려서 수많은 스파르타인들이 사망하자, 오래전부터 스파르타에 복속되어 있던 서부 펠로폰네소스의 그리스인인 메세니아 헬로트들이 허약해진 주인에게 대항하여 대규모 반란을 일으켰다. 앞에서 말했듯이, 스파르타 시민 인구는 이 손실로부터 결코 회복되지 못했다. 기원전 462년에 이르러 그 반란이 매우 심각해지자, 스파르타는 아테네에 군사 지원을 요청했다. 페르시아 군대에 대항하여 협조한 이래 양국의 관계가 소원해져 불편했는데도 상황이 너무도 급박하여 지원을 호소했던 것이다. 양국이 그렇게 소원해지게 된 주된 이유는, 델로스 동맹의 반항적인 동맹국이 스파르타의 지도자들로부터 지지 약속을 받았기 때문이다. 사실 스파르타는 아테네가 저토록 강성해지면 언젠가 펠로폰네소스의 스파르타의 이익을 침해할지 모른다고 우려하고 있었다.

아무튼 기원전 462년 스파르타의 군사 지원 요청에 대하여, 델로스 동맹의 전투를 이끌었던 영웅 키몬은 병력 지원을 꺼리는 아테네 민회를 설득하여 스파르타에 중장 보병대를 보내 메세니아 헬로트들의 반란을 스파르타인들이 진압하는 데 도움을 주어야 한다고 역설했다. 아테네 엘리트들 중 상당수가 그러했듯이, 키몬은 열렬한 스파르타 숭배자였다. 한번은 민회에서 그가 어떤 법안에 반대 의사를 제기하면서 이렇게 말했다고 한다. "하지만 스파르타 사람들이라면 그렇게 하지 않을 것입니다"(플루타르코스, 《키몬》 16). 그러나 그의 스파르타 친구들은 곧 마음을 바꾸어 키몬과 그의 군대에게 치욕을 주어 아테네로 돌려보냈다. 스파르타의 지도자들은 키몬이 만류했는데도 민주적 성향의 아테네 병사들이 헬로트를 사주하여 스파르타의 지배로부터 벗어나게 할지도 모른다고 우려했기 때문이다.

스파르타가 아테네의 도움을 모욕적으로 거절하자 아테네 민회는 발끈했고, 두 국가 사이에 적대적 관계가 촉발되었다. 사태가 그렇게 흘러가자 키몬은 수모를 당했고, 그런 수모는 엘리트 계층 전체에 확대되어 추가적인 민주 개혁을 앞당기는 정치적 환경을 조성했다. 에피알테스는 기원전 461년에 그러한 기회를 포착하여 민회를 강력히 설득함으로써 아레오파고스의 권한을 제한하는 법안을 통과시켰다. 그 법률의 구체적인 사항은 불분명하지만, 아레오파고스가 갖고 있던 '법률 수호권'을 개정한 것으로 보인다. 그 당시까지 아레오파고스는 행정관(아르콘)의 탄핵을 심판하는 권한을 갖고 있었는데, 이를 가리켜 법률의 수호권이라고 했다. 하지만 아레오파고스는 전직 아르콘으로 구성된 기관이었으므로 당연히 현직 아르콘과 가까운 관계일 수밖에 없었다. 그런 상부상조의 관계이면서도 현직 행정관들의 불공정하고 부패한 결정 사항들을 탄핵하는 권한을 아레오파고스가 갖고 있었다. 이러한 연결 관계는 이해의 갈등을 일으켰고, 그렇기 때문에 아레오파고스가 아르콘의 비행을 덮어주거나 가려주는 불법적인 상황도 더러 발생했을 것이다. 에피알테스의 개혁은 이 법률 수호권을 박탈한 것으로 보인다. 하지만 아레오파고스 평의회는 모살謀殺, 상해, 방화, 기타 종교적 의례에 대한 모욕 행위 등을 심판하는 법원으로서 계속 남았다.

에피알테스의 사법 개혁에서 가장 의미 있는 일은 배심원단 제도의 도입이었다. 배심원단은 총 6000명으로 구성되었는데, 사회 각계각층의 30세 이상 남자 시민 중에서 무작위 추첨으로 뽑되, 재판정에서 근무하는 기간은 1년으로 정했다. 실제 배심원단의 구성은 사건별로 전체 6000명 중에서 개별적으로 뽑아서 구성했다. 이로써 전에는 사법권이 아르콘과 아레오파고스 평의회에 있었으나, 이제는 그 권한이 배심원단에게 이관되었다.

이 새로운 사법 제도 아래에서, 아르콘은 사소한 범죄에 관련된 판결을 내렸고, 아레오파고스는 몇몇 특수한 사법적 권한을 갖고 있었으며, 평의회와 민회는 공공의 이해와 관련된 특정 사건들에 대하여 조치를 취했다. 그리고 그 밖의 모든 사법적 판단은 시민으로 구성된 법원이 폭넓은 재결권을 부여받았다. 사실상 배심원단이 아테네 공공 생활의 가장 근본적인 원칙을 규정한 셈이었다. 배심원단이 개개 사건에서 법률을 어떻게 적용할지를 결정했기 때문이다. 배심원단을 지도하는 판사도 없었고 그들의 의견에 영향을 미치려는 검사나 변호사도 없었다. 물론 행정관의 직무상 비리 사건이나 공공 안보 사건의 경우, 또는 명백하게 공공의 이해가 걸린 사건의 경우에는 시민이 기소자 측에 서서 발언할 수 있었다. 대부분의 경우, 시민은 고소만 했고, 법원에 출석하는 정부 관리는 단 한 명의 행정관뿐이었다. 그의 임무는 재판 도중에 발생할지도 모르는 싸움을 사전에 제지하는 것이었다.

모든 재판은 하루 만에 결론이 났고, 배심원들은 소송 당사자의 발언을 모두 들은 다음에 판단을 내렸다. 그들은 재판에 온 신경을 쏟으며 공정하게 재판하겠다고 맹세했다. 배심원은 자신의 행위를 스스로 알아서 판단했고, 배심원 임기가 끝난 후에 그들의 행위와 관련하여 추후 조사를 받지 않았다(하지만 다른 공직자들은 임기 후에 정기적으로 조사를 받았다). 배심원에게 뇌물을 주어 재판 결과를 조작하기는 대단히 힘들었다. 우선 배심원단이 수백 명에서 수천 명에 이르렀기 때문이다. 하지만 배심원 조종이 우려 사항이었던 것은 틀림없다. 그리하여 기원전 4세기 초에는 배심원 제도가 수정되어, 재판 당일에 추첨으로 배심원을 선발했다.

당시는 현대의 형사 소송 법정에서 사용되는 과학적·법의학적 자료가 없었으므로 재판에서 가장 중요한 무기는 설득력 있는 언변이었다. 아테네 법정에서는 원고와 피고가 스스로 자신을 위해 변호해야 했다. 때때로 그들은 다른 사람에게 돈을 주어 자신의 변호 연설문을 대신 작성하게 하거나, 자신의 주장이나 자신의 평소 인품에 대하여 증언해달라며 제삼자를 법정에 대동했다. 피고와 원고의 평소 성격과 평판은 아주 중요했다. 배심원들은 사건의 진실을 파악할 때 그들의 배경과 평소의 행동을 매우 중요한 근거로 삼았다. 배심원단의 결정은 과반수의 의견을 따랐다. 배심원단의 결정을 뒤엎는 상급 법원은 없었고, 그 판결에 이의를 제기할 수도 없었다. 에피알테스의 개혁 이후 법원은 곧 아테네 민주제의 실천적 힘을 상징했다.

아테네의 사법 제도를 다룬 아리스토파네스의 희극 《말벌》(기원전 422년)에서 재판에 참석하는 것을 좋아하는 한 배심원은 이렇게 말한다. "법원에서 우리가 누리는 권력은 왕권에 못지않아요!"(《말벌》 548~549)

새로운 법원 제도의 구조는 기원전 5세기 중반 아테네의 '과격한'(오늘날의 학자들이 붙인 용어) 민주제의 기본 원칙이 잘 반영되어 있다. 이 제도는 사회 각계각층 남자 시민들의 폭넓은 참여, 추첨에 의한 대부분의 공직자 선출, 부정부패를 방지하기 위한 정교한 예방 장치, 재산과 관계없이 개개 시민에 대한 평등한 법률적 보호, 국가 위기시 소수나 개인보다 다수에 의한 의사 결정 등을 기본 원칙으로 했다.

특히 맨 마지막 원칙(개인에 대한 다수의 우위)은 아테네에서 개인을 10년 동안 추방시키는 오스트라시즘ostracism(도편 추방)이라는 제도에서 가장 잘 드러난다. 매해 민회는 이 제도의 실시 여부를 투표로 결정했다. 이 제도의 용어는 오스트라카ostraca(부서진 도자기 조각)라는 말에서 나왔는데, 부서진 도자기, 곧 도편陶片에다 추방할 사람의 이름을 적어냄으로써 추방자를 결정하는 것이었다. 만약 어떤 해의 투표에서 도편 추방자를 결정하기로 했다면, 모든 남자 시민은 사전에 정해진 날에 모여서 도자기 조각에다 추방 대상자의 이름을 적어서 내야 했다. 가령 6000명이 투표를 했다면 그중 가장 많은 표를 얻은 자는 의무적으로 아티카 바깥 지역으로 나가 10년 동안 살아야 했다. 추방자는 그 밖의 다른 처벌은 받지 않았다. 그의 가족과 재산도 전혀 피해를 보지 않았다. 도편 추방은 형사적 징벌이 아니었고, 10년 유형을 보내고 돌아온 자는 시민으로서 예전과 동일한 권리를 누릴 수 있었다.

도편 추방제가 존재할 수 있었던 것은 그것이 유형·무형의 위협으로부터 아테네의 제도를 보호했기 때문이다. 어떤 면에서 이 제도는 아테네 민주제에 아주 위험스러운 인물을 제거하는 한 방편이 되었다. 여기서 위험스러운 인물이라 함은 정치 무대를 완전히 장악한 사람, 대중에게 인기가 매우 높아 장래에 참주로 등장할지도 모르는 사람, 사회 전복의 성향이 강한 사람 등을 가리킨다. 이런 점은 아리스티데스와 관련된 저 유명한 일화에서 잘 드러난다.

아리스티데스는 델로스 동맹의 최초 공여금 수준을 결정한 장본인이었다. 그는 아주 공평했기 때문에 '정의로운 사람'이라는 별명을 얻었다. 도편 추방의 투표일에 한 시골 출신의 문맹자가 아리스티데스에게 도자기 조각을 건네면서 자기가 추방하고 싶은 사람의 이름을 거기다가 새겨달라고 요청했다. "그러지요" 하고 아리스티데스가 말했다. "어떤 이름을 적어 넣을까요?" 하고 묻자, 그 시골 사람은 "아리스티데스라고 적어주시오"라고 말했다. 아리스티데스는 그 도자기 조각에다 자기 이름을 적어 넣고는 물었다.
"좋아요. 그런데 왜 아리스티데스를 추방하고 싶어 하는지 그 이유를 말씀해주세요. 그가 당신에게 무슨 나쁜 짓을 했습니까?"
"내게 나쁜 짓을 한 건 하나도 없어요. 사실 나는 그를 잘 알지도 못합니다."

시골 사람이 중얼거리듯 말했다.

"난 만나는 사람마다 그를 가리켜 '정의로운 사람'이라고 말하는 게 너무 지겨웠어요."

– 플루타르코스, 《아리스티데스》 7

대부분의 경우 도편 추방은 실패한 정책에 대하여 저명 인사를 희생양으로 내세우기 위한 수단으로 이용되었다. 실패한 정책이라 함은 원래 민회가 승인했으나 나중에 극심한 정치적 혼란을 가져온 정책을 말하는 것이다. 예를 들어 키몬은 기원전 462년에 발생한 헬로트의 반란 때 스파르타를 지원해야 한다는 실패한 정책을 폈다가 도편 추방되었다. 아리스티데스의 일화가 있기는 하지만, 도편 추방이 경박하게 실시되었다는 증거는 없다. 이 제도가 기원전 416년에 폐지될 때까지 실제로 추방되었던 사람은 수십 명에 지나지 않을 것으로 판단된다. 416년에 이 제도가 폐지된 결정적 이유는 두 명의 저명한 정치가가 서로 결탁하여, 그들 중 한 명이 추방되는 대신 무명 인사를 추방시킨 사건이 발생했기 때문이다.

도편 추방은 아테네 민주제를 이해하는 핵심이다. 그것이 다수결의 원칙을 집약적으로 상징하기 때문이다. 이 제도는 아주 절망적이고 위험한 상황에서 개인의 이익과 집단의 이익이 상충할 때 집단의 이익이 늘 우선한다는 것을 보여준다. 실제로 최초의 도편 추방은 기원전 480년대에 발생했다. 옛 참주였던 히피아스가 기원전 490년 마라톤 평야에 페르시아 군대와 함께 나타났을 때 일부 아테네인들은 그가 다시 참주로 등장할 것을 두려워하여 도편 추방했던 것이다.

아리스티데스는 실제로 기원전 482년에 추방되어 2년 만인 480년에 페르시아 군대와 싸우기 위해 다시 소환되었다. 그러니 그가 시골 사람과 만난 에피소드는 아마도 후대에 지어낸 이야기일 것이다. 그렇다 하더라도 이 에피소드는 하나의 타당한 주장을 내포하고 있다. 즉, 아테네 사람들이 민주제를 보호하는 가장 좋은 방법은 늘 자유인 남자 시민의 다수결을 따르는 것이라고 보았다는 것이다. 다시 말해 자유민은 아무런 제한 없이 가장 좋은 민주제에 대한 자신의 소신을 발언할 수 있어야 한다는 것이다. 아마도 이런 소신에 대한 굳센 믿음 때문에 아리스티데스 에피소드에 나온 저 무책임한 사람의 발언도 존중되었는지 모른다. 아테네 시민들은 유권자 대다수의 모아진 정치적 지혜가 소수의 변칙과 무책임함보다는 언제나 더 나은 방법이라고 확신했다.

페리클레스의 리더십

—

아테네의 민주제와 관련하여, 사회 각계각층의 남자 시민들이 참여할 때 민주주의가 더욱 활성화된다는 사상은 기원전 450년대에 페리클레스 (기원전 495~429년경)에 의하여 특히 강조되었다. 페리클레스는 민주 개혁가 클레이스테네스의 조카인 어머니와 저명한 지도자 아버지를 둔 민주 가문의 아들이었다. 페리클레스는 선배인 클레이스테네스처럼 아테네 민주제의 평등주의 사상을 강화하기 위해 일련의 개혁안을 도입함으로써 당대 아테네에서 가장 영향력 있고 위엄 높은 인물이 되었다. 기원전 450년대에 그는 배심원으로 근무하는 사람들에게 국고에서 일당을 지불하자는 제안을 하여 성사시켰다. 그 외에 클레이스테네스가 발족시킨 500인 평의회의 의원들, 추첨에 의해 공직에 뽑힌 사람들에게도 국고 지원을 하기로 했다. 이런 수당이 지불되기 전에는 가난한 사람들이 시간 잡아먹는 이런 자리에서 봉사하기 위하여 생업을 벗어나기가 대단히 어려웠다. 공직자들과 배심원들이 받는 수당은 큰 액수가 아니어서, 보통 노동자들이 하루에 벌어들이는 수입을 초과하지 않았다. 그렇지만 수당을 지급함으로써 가난한 아테네 시민들은 더 적극적으로 정부 일에 참여할 수 있게 되었다.

그 반면에 가장 영향력 있는 공직자(민간 부문에서 특히 재정 및 군사 부문을 책임지는 10인 장군단)는 수당이 없었다. 장군단의 일은 경험과 기술을 필요로 했기 때문에 추첨이 아니라 민회에서 투표로 선출되었다. 장군단에게 수당이 지급되지 않은 것은 그들이 주로 페리클레스와 같은 부유한 사람들이었기 때문이다. 그들은 장군직을 수행하기에 충분한 교육을 받았고, 또 그런 보직을 담당할 시간적 여유도 있었다. 그렇기 때문에 당연히 장군으로 선출되리라는 기대를 갖기도 했다. 장군들은 그 직책의 신분과 위세로 보상을 받았다.

페리클레스나 그와 경제적 지위가 같은 동료들은 돈 걱정 할 필요 없이 정치에만 온 힘을 집중할 수 있는 경제적 신분을 물려받았다. 하지만 그 밖의 사람들은 사정이 달랐다. 공직 수행에 따른 수당 지급은 아테네 민주제 유지에 필수적이었다. 특히 민주제가 농업이나 임금으로 가족을 부양하는 모든 대중에게 개방되려면 그런 정부 보조가 필요했다.

페리클레스가 배심원 수당 지급 제도를 도입하자 일반 대중 사이에서 그의 인기는 하늘을 찔렀다. 그런 지지를 바탕으로 하여 그는 기원전 450년대에 들어와 아테네 국내 정책과 해외 정책에서 과감한 변화를 시도할 수 있었다. 우선 국내 정책으로, 페리클레스는 기원전 451년에 아버지, 어머니가 모두 아테네인인 자녀만이 시민권을 획득할 수 있게 한 법률을 제안하여 통과시켰다. 전에는 아버지가 아테네인이고 어머니가 비아테네인이어도 시민권이 수여되었다. 페리클레스의 외할아버지가 그러했듯이, 사회적 엘리트 계급의 부유한 아테네 남자들은 돈 많은 외국 여자와 결혼하는 경향이 있었다. 새로운 법률은 독특하면서도 배타적인 아테네의 정체성을 굳건하게 만들었을 뿐만 아니라 아테네 시민권 획득에 대한 아테네 여성의 특권을 새롭게 인정한 것이었다. 그리하여 아테네의 새로운 세대들이 시민권을 획득하는 데에서 여성의 시민권이 남성의 시민권 못지않게 중요해졌다.

시민권법이 통과된 지 얼마 지나지 않아 아테네 시민 명부에 대한 일제 조사가 실시되었고 가짜 시민권을 가진 자는 추방되었다. 남자들의 경우, 시민권은 정치와 배심원단에의 참여, 시민과 그 가족의 생활에 직접 영향을 미치는 결정에의 참여, 법에 의한 평등한 보호, 아테네 영토에서 땅과 집을 소유할 수 있는 권리 등을 의미했다. 아테네 여성 시민은 직접적인 권리는 많이 갖고 있지 않았다. 우선 정치에서 배제되어 있었고, 법정에서는 남자 보호인을 내세워 발언해야 했으며, 임의로 대규모 금전이 오가는 계약을 체결할 수 없었다. 그러나 그들은 시민권의 기본적인 보장은 향유했다. 자기 재산을 통제할 수 있었고, 자신의 신체와 재산에 대하여 법의 보호를 받을 수 있었다. 남녀 시민 모두가 전에 없는 물질적 번영을 구가하는 도시국가에 산다는 소속감을 느꼈고, 또 그 국가의 공동체적 정체성과 국제적 위상에 높은 자부심을 품게 되었다.

페리클레스가 기원전 450년대 초에 해외 정책에 어떻게 개입했는지는 불분명하다. 그가 페르시아의 압제에 저항한 이집트의 반란에 대규모로 개입한 아테네 정책에 어떤 역할을 했는지도 알 수 없다. 아마도 기원전 460년에 시작되었을 이 원정대 파견은 454년에 실패로 끝나고 말았다. 아테네는 그때 파견한 200척의 배와 선원을 모두 잃었다. 한 배에 약 200명이 승선했으므로 인명 피해는 엄청난 규모였다. 물론 그 선원들 중 일부는 아테네인이 아니라 동맹군이었겠지만 아테네인의 비율이 훨씬 높았을 것이다. 이런 대참사가 발생한 직후, 델로스 섬에 있던 델로스 동맹의 재물 창고가 아테네로 이관되었다. 이는 아마도 페르시아의 침공에 대비하여 창고를 안전하게 지키기 위한 조치였을 것이며, 단지 아테네 민회가 그 자금을 더 손쉽게 집행하기 위한 조치는 아니었을 것이다. 이러한 변화의 진정한 동기가 무엇이었든 간에, 이 무렵 아테네가 동맹의 지도국으로서 엄청난 지배력을 행사했음을 알 수 있다.

기원전 450년대는 아테네와 그 동맹국들이 활발하게 군사 활동을 벌인 시기였다. 아테네 군대와 델로스 동맹국들이 이집트에서 싸우고 있는 동안, 아테네는 페르시아의 이권에 대항하여 지중해 동부 해안 지역에서 전투를 벌이고 있었다. 또 그 시기(기원전 450년대)에 페리클레스는 그리스의 스파르타 이권에 대항하는 공세적인 아테네 해외 정책을 펼쳤다. 기원전 457년에 아테네 군대는 중부 그리스 보이오티아의 타나그라 전투에서 펠로폰네소스 사람들에게 패했다. 그러나 그 후 아테네 군대는 타나그라와 그 이웃인 포키스 지방을 다시 장악했다. 펠로폰네소스 인근의 강력한 코린토스와 벌인 전쟁, 아이기나 섬의 도시국가들과 벌인 전쟁에서도 승리를 거두었다. 도편 추방에서 돌아온 키몬이 기원전 450년 키프로스 섬의 페르시아 군대를 상대로 한 해상 전투를 이끌다가 사망하자, 민회는 페르시아 이권을 목표로 삼은 군사 작전을 끝내기로 결정했고, 그 후에는 지중해 동부 해역에 선단을 보내지 않았다. 아테네는 중부 그리스의 스파르타 동맹국들을 상대로 벌인 군사 작전에서도 지속적인 승리를 확보하지는 못했다. 그리하여 기원전 447년에 보이오티아와 포키스는 아테네의 지배에서 벗어났다.

기원전 446년에서 455년으로 이어진 겨울, 페리클레스는 그리스의 세력 균형을 앞으로 30년 동안 동결시키는 평화 협정을 스파르타와 체결함으로써 델로스 동맹 내에서 아테네의 우위를 확보했다. 이어서 그는 시선을 아테네의 정적들에게로 돌렸다. 당시 그의 정적들은 10인 장군단에 페리클레스가 미치는 강력한 영향력을 시기하고 있었다. 그러나 기원전 443년 페리클레스가 자기 대신 강력한 정적인 투키디데스(역사가와는 다른 인물)를 도편 추방하는 데 성공하면서 그 이후 연속하여 15년 동안 아테네의 장군으로 선출되었다. 하지만 그의 압도적 지위는 사모스 섬에서 정치적 위기가 나타났을 때 무모하게 한쪽을 거들다가 도전받게 되었다. 그 결과 아테네는 기원전 441년부터 439년 동안 이 소중한 동맹국을 상대로 전쟁을 벌이게 되었다.

사모스와 아테네 간의 전쟁은 기원전 450년 이래 아테네와 동맹국 사이에 벌어진 최초의 전쟁은 아니었다. 사실 델로스 동맹이 결성된 기원전 478년 이후인 기원전 450년에 당초의 목적(페르시아 군대의 격퇴)이 완전히 달성되면서 아테네와 동맹국 사이에는 긴장감이 조성되기 시작했던 것이다. 일부 동맹국은 더는 페르시아와의 전면전을 지원하는 것도 아니고 있을 것 같지도 않은 공격에 대비하여 쌓아두는 공여금을 낼 필요가 없다면서 델로스 동맹을 탈퇴하려 했다. 페리클레스는 동맹이 페르시아 군대를 물리치는 일차적 기능을 충실히 수행하고 있다고 주장했다. 그는 페르시아 선단이 이제 동부 지중해에서 멀리 떨어진 해상에는 얼씬도 하지 못하는 점이 델로스 동맹의 위력을 반증한다고 주장했다. 기원전 440년대의 비문碑文은 여러 아테네 동맹국들의 불만과 분열적인 동맹국을 동맹 안에 묶어두려는 아테네의 결의를 잘 보여준다.

예를 들어 에우보이아 섬의 칼키스 도시국가가 기원전 446년에 델로스 동맹에서 탈퇴하겠다며 반란을 꾀했을 때, 아테네는 곧바로 그 반란을 진압하고 칼키스인들에게 새로운 협정안을 받아들이라고 강요했다. 그 협정안을 돌에 새겨져서 아테네에 비석으로 세워졌다. 이 비문에 기록된 양측의 서로 다른 맹세는 아테네가 이 시기에 얼마나 오만하게 동맹국들을 지배했는지를 잘 보여준다.

아테네의 평의회와 배심원단은 다음과 같이 맹세한다.

"나는 법원에서 변호할 기회도 없이, 또 아테네 민회의 동의도 없이 칼키스인을 칼키스에서 추방하지 않을 것이고, 그 도시를 노략질하지도 않을 것이고, 칼키스인 개인의 권리를 빼앗지도 않을 것이고, 징벌하지도 않을 것이고, 추방하지도 않을 것이고, 감옥에 넣어 처형하지도 않을 것이고, 재산을 임의로 몰수하지도 않을 것이다. 상대가 정부가 됐든 개인이 됐든, 재판에 참석하라는 사전 통지 없이는 투표를 하지도 않을 것이다. 칼키스의 사절이 아테네에 도착하면, 내가 그럴 능력이 있고 또 그런 절차를 담당하고 있다면 그가 열흘 이내에 평의회나 민회에서 면담할 수 있도록 할 것이다. 만약 칼키스인이 아테네 민회에 복종한다면 나는 위의 사항들을 그에게 보장할 것이다.”

칼키스인은 다음과 같이 맹세한다.
“나는 말이든 행동이든 그 어떠한 음모와 사기도 아테네 시민에게
행하지 않을 것이다. 나는 반란에 가담하지도 않을 것이고, 만일 어
떤 사람이 반란을 꾀하기 시작한다면 그 즉시 아테네인들에게 고발
할 것이다. 나는 아테네인들에게 그들이 상정한 만큼의 공여금을 내
놓을 것이고, 그들에게 가장 믿음직스럽고 가장 좋은 동지가 될 것
이다. 그리고 누군가가 아테네의 시민을 침략한다면 나는 그들을 보
호하기 위해 군사 지원을 할 것이고, 또 아테네의 시민들에게 복종
할 것이다.”

– 크로퍼드와 화이트헤드, no.134 = *IG*, 3d ed., no.40

아테네인들은 이렇게 강제로 부과된 합의서를 가지고 동맹국들과 협
상하는 것을 규칙으로 삼았으므로, 그 관계가 동등하지 않았음은 명백하
다. 그들은 예전의 독립적인 동맹국들에게 이제 명백하게 ‘복종’을 요구
하고 나섰다.
　페리클레스는 기원전 430년대 중반에 말 안 듣고 반항적인 동맹국들
보다 더 위협적인 상대를 맞닥뜨리게 되었다. 기원전 446~445년간에
평화 협정을 맺었는데도 스파르타와의 관계가 크게 악화되기 시작한 것
이다. 아테네가 코린토스의 식민지인 코르키라(현재의 코르푸)와 포티다이
아의 일에 간섭하는 것을 중단하지 않는다면 아테네와 전쟁을 할 수밖에
없다고 스파르타가 통보해왔다. 그리하여 양국의 관계는 긴장 상태에 빠

졌다. 페리클레스는 민회를 설득하여 스파르타와의 타협을 일절 거부하기로 방침을 정했다. 그의 정적들은 그가 스파르타에 강경 정책을 고수하는 것은 쓸데없는 맹목적 애국주의를 부추겨서 자신의 인기 하락을 막아보려는 짓이라고 비난했다. 페리클레스는 아테네의 행동의 자유가 걸려 있는 문제이니만큼 스파르타의 요구 사항은 조금도 받아줄 수 없다고 대답했다. 기원전 431년에 이르러, 기원전 445년에 체결된 30년 평화 협정은 돌이킬 수 없을 정도로 깨지고 말았다. 아테네 동맹국들과 스파르타 동맹국들 사이에 벌어진 펠로폰네소스 전쟁(현대 역사가들이 붙인 명칭)은 이렇게 하여 기원전 431년에 노골적인 교전 상태로 접어들었다. 당시 아무도 그 전쟁이 27년을 끌리라고는 예상하지 못했다.

번영하는 아테네

아테네는 펠로폰네소스 전쟁이 벌어지기 전 기원전 5세기 중반의 몇 십 년 동안 국력과 번영이 최고조에 달했다. 그리하여 오늘날 이 시기를 도시국가의 황금시대라고 부른다.

도심에 있든 시골에 있든, 아테네인 개인의 집은 공동체의 번영과 관계없이 전통적으로 조그마한 가옥 구조였다. 농가는 통상 마을에 듬성듬성 무리 지어 있었지만, 도심의 가옥들은 비좁고 구불구불한 길을 따라 빽빽이 들어차 있었다. 일정한 규모를 갖춘 그리스의 가옥은 기본적으로는 동일한 구조를 갖고 있었다. 집 중앙에 탁 트인 안뜰이 있고, 이곳을 중심으로 침실, 창고, 작업실, 식당 등이 포진되어 있었다. 그러나 안뜰은

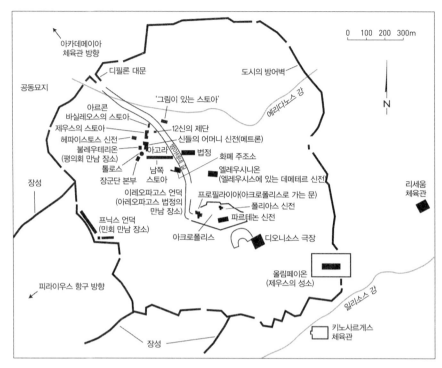

디필론 대문

아카데메이아
체육관 방향

공동묘지

도시의 방어벽

0 100 200 300m

N

에리다노스 강

'그림이 있는 스토아'

아르콘
바실레오스의 스토아

제우스의 스토아

헤파이스토스 신전

불레우테리온
(평의회 만남 장소)

톨로스

장군단 본부

이레오파고스 언덕
(아레오파고스 법정의
만남 장소)

프닉스 언덕
(민회 만남 장소)

12신의 제단

신들의 어머니 신전(메트론)

아고라

법정

남쪽
스토아

화폐 주조소

엘레우시니온
(엘레우시스에 있는 데메테르 신전)

프로필라이아(아크로폴리스로 가는 문)

폴리아스 신전

파르테논 신전

아크로폴리스

디오니소스 극장

장성

올림페이온
(제우스의 성소)

리세움
체육관

일리소스 강

피라이우스 항구 방향

장성

키노사르게스
체육관

지도 7 | 기원전 5세기 말경의 아테네

거리 쪽을 향하고 있지 않아, 그리스 가옥의 일차 목표인 사생활을 보호해주었다. 개인 가옥의 장식물로서 벽화나 그림은 아직 드물게 사용되었다. 그리하여 장식이 별로 없고 간단한 가구를 들여놓는 것이 전부였다. 위생(하수) 시설은 주로 정문 밖에 파놓은 구덩이로 해결했다. 이 구덩이는 오물 수거인이 돈을 받고서 비워주는데, 그는 법률에 의해 도시 바깥의 먼 곳에 지정되어 있는 하수 처리장에다 오물을 내다 버렸다. 가난한 사람들은 가옥이나 오두막을 빌려서 살았다.

부유한 사람들이 내놓은 기부금은 공공시설의 개선에 사용되었다. 가령 키몬이 내놓은 돈은 그늘이 무성한 나무로 도시를 조경하거나, 빈터에 달리기 트랙을 조성하는 데 사용되었다. 아고라 가장자리에는, 도시의 중심에 있는 중앙시장과 탁 트인 만남의 장소가 있었는데 여기에 키몬의 처남이 내놓은 돈으로 저 유명한 '그림이 있는 스토아'가 건설되었다. 스토아Stoa는 한쪽이 완전히 터진 비좁은 건물인데, 햇볕과 비를 가리는 피신처를 제공하기 위해 지어진 것이었다. 정치와 현안에 대하여 대화를 나누려고 매일 아고라에 나오는 사람들은 '그림이 있는 스토아'에 몰려들었다. 이 스토아의 벽에는 당대의 유명한 화가인 폴리그노토스와 미콘이 그린 그리스 역사 속의 사건들로 뒤덮여 있었다. 그런 그림들 중에는 키몬의 아버지 밀티아데스가 기원전 490년 마라톤 전투에서 승전하는 장면도 있었다. 이 스토아는 키몬의 처남이 시 당국에 기증한 것이었으므로 그런 그림이 걸리는 것은 당연한 일이었다.

당시 아테네 민주제의 사회적 가치는 키몬과 그의 처남 같은 지도자들이 공용으로 기금을 내놓을 것을 요구했다. 그런 지도자급 인물들은 도시국가에 호의를 보임으로써 그 보상으로 사회적 인정을 얻었다. 부유한 시민들도 값비싼 의식儀式이나 공공 서비스를 후원하도록 기대되었다. 가령 도시의 축제 때에 연극이나 오락을 제공하거나, 장비가 완전히 갖추어진 전함의 건조 비용을 내놓고 나중에 그 전함의 함장으로 취임하는 식이었다. 참주 페이시스트라토스의 통치 이래 평화시에는 시에 정기적인 소득이나 재산세가 들어오지 않았기에 부자들의 이런 의례 제도는 모자라는 재정을 많이 메워주는 역할을 했다. 재산에 대한 세금 부과는 전쟁 비용을 마련할 때에만 민회가 투표로 의결할 수 있었다.

아테네는 입항료, 판매세, 은광, 동맹국의 조공을 통해 공공 수입을 상

도판 6-2 | 기원전 5세기 중반 아테네인들은 수호신인 아테나 여신을 기념하고 그들의 번영과 군사적 성공을 축하하기 위하여 도시의 성채 위에다 아주 값비싼 파르테논 신전을 지었다. 사진에서 거대한 파르테논의 왼쪽에 있는 건물이 옛 아테나 신전이다. Wikimedia Commons.

당히 올렸다. 기원전 5세기와 4세기의 고전시대에 이런 공공기금으로 지어진 건물들이 아테네 건축물의 주종을 이루었다. 공공건물의 규모는 그 기능에 알맞게 책정되었다. 가령 아고라의 서쪽 가장자리에 있던 건물군에서는 500인 평의회가 회의를 하고 공공문서가 보관되었다. 민회는 아고라 위쪽의 탁 트인 언덕에서 열렸기에 연사용 연단 이외에는 건축물을 필요로 하지 않았다.

그러다가 기원전 447년, 페리클레스의 권유에 따라 아크로폴리스 위에 대규모 토목 공사가 시작되었다. 아크로폴리스는 아고라를 굽어보는 메사(꼭대기가 평평하고 주위가 절벽으로 된 암층 대지)같이 생긴 평평한 대지이다. 그 후 15년에 걸쳐 아테네 사람들은 거대한 프로필라이아(대문) 건축물과 파르테논 신전의 공사비를 댔다. 그 대문은 아크로폴리스의 서쪽 가장자리에 있는 거대한 출입구로, 장대한 기둥으로 떠받쳐졌다. 파르테논은 새로운 아테나 신전(도판 6-2)으로, 여신의 거대한 조상을 모셔놓고 있었다. 이 두 건물의 건축비는 동맹 국가들의 몇 년치 공여금의 총합보다 더 많았다. 그 돈이 아테네의 세입에서 나온 것이든, 혹은 해외 소득원에서 나오는 것이든 고대 그리스 국가로서는 엄청난 비용이었다. 그 건축비가 너무나 엄청났기 때문에 페리클레스의 정적들은 그가 공공기금을 낭비한다고 비난했다. 이 건축 프로그램의 비용 가운데 일부는 델로스 동맹 회원국들이 지불한 공여금으로 충당되었고, 일부는 아테나 여신의 신전을 유지·보수하기 위해 비축해둔 자금에서 나왔다. 그리스 전역의 다른 신전과 마찬가지로 여신의 성소에는 개인 기부금과 공공 지원금을 받아 비축해놓은 자금이 있었다. 재원이 어떤 방식으로 마련되었든, 이 새로운 건물들은 그야말로 장엄했다. 값비싼 건축물이었을 뿐만 아니라 그 거대한 규모, 화려한 장식, 탁 트인 주변 공간 등이 기원전 5세기의 아테네 개인 건물들과 크게 대조를 이루었다.

아크로폴리스에 아테나 여신을 기념하기 위해 새로 지어진 파르테논Parthenon은 '처녀 여신의 집'이라는 뜻이다. 아테네의 수호신인 아테나는 오래전부터 아테나 폴리아스Athena Polias('도시의 수호자'라는 뜻)라는 그녀의 역할을 기념하는 성소를 아크로폴리스에 가지고 있었다. 이전에 세워진 신전의 초점은 여신의 신성한 상징으로 여겨진 올리브나무였다. 여신은 아테네의 수호신 자격으로 사람들의 농업을 지원했고, 또 아테네의 번영을 보장해주었다. 그러나 아테나 폴리아스 신전은 기원전 480년과 479년에 페르시아의 약탈과 방화로 대부분이 파괴되었다. 아테네인들은 30년 동안 아크로폴리스를 폐허 상태로 유지함으로써 페르시아 전쟁에서 죽은 사람들의 고귀한 희생을 기렸다.

페리클레스의 권유로 민회가 아크로폴리스의 신전을 새로 짓기로 했을 때, 아테네 사람들은 페르시아 전쟁에서의 승전을 기념하여 올리브나무 신전보다는 파르테논 신전을 먼저 지었다. 이 장엄한 새 신전은 아테네 군사력의 신성한 수호자인 전사戰士 여신 아테나에게 고마움을 표시하는 동시에 존경을 바치기 위해 지어졌다. 파르테논 내부에는 높이가 9미터가 넘는, 갑옷 입은 아테나 여신상이 놓여 있었다. 여신은 활짝 내뻗은 손바닥 위에 1.8미터 높이의 니케niké(승리) 조각상을 들고 있었다.

파르테논은 그리스의 다른 신전들과 마찬가지로 신을 모시기 위한 집이었을 뿐, 숭배자들의 집합 장소가 아니었다. 전반적인 구조 면에서 파르테논은 그리스 신전의 표준이 되는 건물이다. 즉, 약간 높은 플랫폼 위에 얹혀진, 문 달린 직사각형 구조의 건축물이다. 그리스인들은 이러한 설계 구도의 아이디어를 아마도 이집트의 석조 신전에서 빌려왔을 것이다. 박스형의 건축물은 온 사방으로 기둥 울타리를 둘렀다. 기둥은 도리아 양식이라고 불리는 간단한 건축 양식으로 조각되었다. 이보다 화려한 이오니아 양식이나 코린토스 양식(현대 건축물에 잘 사용되는 양식으로, 워싱턴 디시에 있는 대법원 건물이 코린토스 양식이다)은 일부러 피했다. 신전에는 사제들과 여사제들만 들어갈 수 있었지만, 공공 종교 행사는 건물의 동쪽 끝 바깥에 마련해놓은 제단에서 개최되었다.

파르테논은 그 거대한 규모와 건축 비용도 대단하지만, 건축 양식과 건축 장식의 혁신으로도 놀라운 건축물이다. 2만 톤의 아티카 대리석으로 지어진 이 건물은 길이 약 70미터에 폭 30미터이며, 정면은 도리아풍의 돌기둥 여덟 개(전통적으로는 여섯 개)가 떠받치고 있다. 또 양 측면에는 열일곱 개의 기둥(보통 열세 개)이 도열하고 있다. 이처럼 많은 돌기둥을 사용했기 때문에 장중하면서도 강인한 인상을 풍긴다. 모든 학자가 받아들이는 추론은 아니지만, 이 건축물의 미묘한 특징을 설명하는 추론에 따르면 다음과 같다. 완전히 직선적인 건물은 인간의 눈에 약간 휜 것처럼 보이는데, 파르테논 신전은 미묘한 굴곡을 주어서 완전한 직선인 듯한 시각적 착각을 일으킨다. 돌기둥은 중간 부분을 약간 뭉툭하게 했고, 모퉁이 기둥들은 약간 안쪽으로 기울어지게 설계했으며, 신전이 세워진 플랫폼은 약간 볼록하게 했다. 이러한 세련된 기술 덕분에 파르테논은 직선을 유지했더라면 도저히 자아낼 수 없는 질서정연한 분위기를 갖게 되었다. 자연의 왜곡상을 극복함으로써 정교한 구조를 가진 파르테논 건축물은 자연 세계의 엔트로피적 무질서에 정연한 질서를 부여할 수 있는 인간의 능력을 마음껏 과시하는 대표적 건물이 되었다.

파르테논의 조각물 장식에는 아테네가 신들과 맺은 관계(그들이 신의 은총을 누리고 있다는 믿음)에 대한 엄청난 자신감이 드러나 있다. 파르테논은 건물 상단의 외벽과 삼각형의 박공(페디먼트) 벽에 조각과 그림이 붙여진 패널을 갖고 있다. 이들 장식물은 부분적으로 도리아 양식인데 독특한 특징을 자랑한다. 건물 가장자리를 둘러싼 기둥들로 이루어진 현관 내부의 벽 상부에는 양각의 인물 조각상들이 연속적으로 붙여져 있다. 이런 연속적인 소벽小壁(프리즈) 조각품은 보통 이오니아식 건물에서 채택되는 방식이다. 도리아풍 신전에 이오니아식 소벽을 붙인 것은 사람들의 이목을 집중시키려는 건축의 전통에서 아주 파격적으로 벗어나는 것이다. 설사 그 소벽이 지상에서는 잘 보이지 않는다고 하더라도 말이다.

파르테논의 소벽 조각들은 아마도 아테네의 종교적 의식을 묘사한 것인 듯하다. 시민들이 아크로폴리스까지 행진하여, 특별히 선정된 아테네 소녀들이 짠 새옷을 올리브나무 성소에 있는 아테나 여신에게 봉헌하는 장면이었을 것이다. 하지만 어떤 사람은 그 소벽 조각이 위기시에 도시를 구하기 위해 자신의 딸들을 희생시켰던 전설적인 에렉테우스의 신화를 묘사한 것이라고 주장하기도 했다. 영화의 필름처럼 움직이는 행렬이 묘사된 프리즈에는 말을 타고 가는 활기찬 남자들, 신성한 집기를 들고서 그 옆에서 걸어가는 여자들, 인간 숭배자들을 지켜보기 위해 행렬의 맨 앞에 모여 있는 신들이 보인다. 그리스 신전의 조각 장식물이 보통 그렇듯이, 이 프리즈 역시 기수의 고삐를 묘사한 번들거리는 금속 첨가물이나, 인물과 배경을 생생하게 보이도록 하는 밝은 채색 등으로 반짝거렸다.

신전의 전통적인 기능(공동체의 수호신에게 영광을 돌리고 존경을 바치는 것)을 넘어서서 시민들의 생생한 모습으로 신전을 장식한 도시국가는 아테네 말고는 달리 없었다. 파르테논의 프리즈는 신들과 함께 있는 아테네 시민들을 그려 보임으로써 아테네와 신들 사이의 굳건한 관계를 자신 있게 천명했던 것이다. 설혹 프리즈 속에 조각되어 있는 신들이 행진 중인 인간들로부터 떨어져 있어서 신들의 눈에는 잘 보이지 않더라도 말이다. 완벽한 신체와 아름다움을 지닌 이상화된 시민이기는 하지만, 시민들의 그림으로 장식된 신전은 도시국가와 신들 사이의 특별한 친밀도를 강조하는 것이었고, 또 신들이 아테네를 선호한다는 자신감을 표명하는 것이었다. 아마도 이러한 자신감은 아테네 시민들이 그들의 성공을 해석하는 밑바탕이 되었을 것이다. 자신들은 페르시아 군대를 물리쳤고, 그리스 문명의 수호자로서 역할을 다했으며, 강력한 해상 동맹의 지도국이 되었다. 또한 상업세에서 거두어들이는 공공 수입과 동맹국들의 조공을 확보하여, 그리스 본토의 그 어떤 도시국가보다 더 번성하는 도시국가가 되었다. 페리클레스 건축 프로그램 속의 다른 건축물들과 마찬가지로, 파르테논은 아테네의 성공을 후원해준 신들에게 영광을 돌리는 것이었고, 또 신들이 아테네 제국을 선호한다는 아테네의 사상을 장엄하게 표현한 것이었다. 아테네인들이 볼 때, 그들의 성공은 곧 신들이 그들의 편에 서 있음을 증명하는 것이었다.

신체 묘사의 새로운 스타일

—

파르테논 신전의 외벽에 붙여진 조각물들의 디자인과 마찬가지로, 신전 내부에 설치된 단독 여신상의 거대한 규모와 비용에서도 기원전 5세기 중반 아테네인들의 혁신적이면서도 자신감 넘치는 정신이 드러난다. 여신상의 조각가인 아테네 사람 피디아스는 굉장한 명성을 얻어서 페리클레스의 가까운 친구가 될 정도였다. 그는 다른 그리스 도시국가들로부터 신전의 조각상을 제작해달라는 초청을 많이 받았다. 가령 올림피아 신전의 거대한, 앉아 있는 제우스 상 등이 그의 작품이다.

조각가뿐만 아니라 미술가들도 이 시기에 새로운 테크닉과 예술적 접근을 실험했다. 특히 단독 조각물이 기원전 5세기 그리스 예술에 도입된 인체 묘사의 혁신성과 다양성을 잘 보여준다. 그러한 조각물들은 파르테논의 경우처럼 국가 기금에서 자금이 지원된 공공 조각물일 수도 있고 개인이나 그 가족이 자금을 지불한 조각물일 수도 있는데, 현대적 의미의 개인적 미술품은 아니었다. 조각가에게 개인적으로 조각상 제작을 의뢰했던 그리스인들은 그런 조각물로 자기 집의 내부를 꾸미는 습관을 아직 개발하지 못한 상태였다. 그 대신 그들은 다양한 목적을 위해 조각품을 대중에게 공개 전시했다.

개인적으로 제작이 의뢰된 신들의 조각상은 숭배의 증거로서 성소에 안치되었다. 경제적 성공이나 운동 경기에서의 승리 등 중요한 개인적 체험을 기념하기 위해 신들에게 멋진 수공예품을 봉헌하는 전통에 따라, 사람들은 완벽한 신체를 가진 인간을 묘사한 조각상을 신전에 봉헌했다. 부유한 가문의 사람들은 먼저 죽은 가족(특히 젊어서 죽은 가족)의 조각상을 제작 의뢰하여 무덤 앞에 그것을 안치함으로써 먼저 죽은 가족의 탁월함을 기렸다. 아무튼 개인이 제작 의뢰한 조각상들은 남에게 보이기 위한 것이었다. 이런 의미에서 황금시대의 조각상들은 모두 어느 정도 공공적 기능을 수행했다고 볼 수 있다. 말하자면 그것들은 대중에게 어떤 메시지를 전달했다.

아르카이크 시대의 조각상은 이집트의 입상을 모방한 뻣뻣한 자세가 특징이었다. 이집트의 조각가들은 이런 스타일의 입상을 수세기 동안 변함없이 제작했다. 그런데 그리스 예술가들은 페르시아 전쟁 때 그 스타일을 바꾸기 시작했다. 그리고 기원전 5세기에 들어와 단독 조각물에서 새로운 포즈가 등장하기 시작했다. 이것은 그 후 신전들에 부착되는 조각물에 뚜렷이 나타난 움직임의 예고편이었다. 조각상의 남자는 여전히 누드 상태의 운동선수나 전사였고 여자는 멋진 의상을 입은 상태였으나, 자세와 몸매가 점점 더 자연스럽게 조각되기 시작했다. 아르카이크 시대

도판 6-3 | 고전시대에 그리스인들은 청동을 사용하여 이 사진 속의 천둥과 벼락(오른손에 있던 천둥과 벼락은 멸실)을 던지는 제우스 상이나 삼지창을 뒤흔드는 해신 포세이돈 상 같은 장대하고 값비싼 조각상을 만들었다. 균형 잡힌 신체와 자세를 자연스럽게 묘사한 이 조각상은 그 당시 조각의 특징이 움직임이라는 점을 보여준다. Wikimedia Commons.

의 남자 조각상은 왼쪽 다리를 앞으로 크게 내밀고 양 팔은 허리에 딱 붙였으나, 고전시대의 남자 조각상은 팔을 약간 구부리거나 양 다리에 몸의 하중을 싣는 자세로 바뀌었다. 근육 조직도 기원전 6세기의 조각물처럼 대충 인상적으로 묘사하는 것이 아니라 해부학적으로 정확하게 묘사했다. 여자 조각상도 이제 아주 느긋한 포즈와 의상을 자랑하게 되었다.

여자의 의상은 약간 헐렁하여 의상 아래 몸매의 곡선이 드러날 정도였다. 하지만 고전시대 조각상의 얼굴은 아르카이크 시대의 미소 띤 얼굴과는 달리 표정 없는 침착함을 유지했다.

청동은 이런 과감한 새로운 양식을 개발한 조각가들이 선호하는 재료였다. 물론 대리석도 널리 사용되었다. 진흙으로 만든 본을 이용해 주조하는 청동 조각상은 용광로, 도구, 야금술에 익숙한 주조 기술자라는 삼박자가 완벽하게 갖추어져야 제작할 수 있었다. 조각가와 미술가는 손으로 일을 했기에 부유한 엘리트들은 그들을 낮은 사회 계급의 노동자로 치부했다. 그래서 피디아스처럼 아주 유명한 예술가들만이 상류 사회 사람들과 어울릴 수 있었다. 잘 주조된 청동은 잡아 늘이기가 좋아서 밖으로 내뻗은 팔과 다리의 포즈를 얼마든지 묘사할 수 있었다(도판 6-3). 반면에 대리석의 경우, 이런 포즈는 지지물의 도움이 없으면 불가능했다. 바로 이 때문에 로마 시대에 들어와 그리스의 청동 조각상을 대리석으로 복제할 때 번거로운 나무 지지대와 기타 지지물을 사용했던 것이다. 현대 박물관에서 자주 볼 수 있는 이 로마 복제품들은 오리지널의 형태를 보여주는 유일한 잔존물이다.

청동의 장력張力과 신축력을 이용하여, 아테네인 미론이나 아르고스인 폴리클레이토스 같은 혁신적인 조각가들은 인간을 묘사한 단독 조각물의 아름다움을 극한까지 추구했다. 예를 들어 미론은 팔을 뒤로 한껏 돌리고 웅크린 자세의 원반 던지는 사람을 조각했다. 이러한 포즈는 초기 아르카이크 시대 조각상의 느슨하고 평온한 자세와는 거리가 먼 것이었다. 이 인물은 비균형적인 자세를 취하고 있을 뿐만 아니라, 운동의 긴장으로 근육이 튕겨져 나올 것만 같다. 폴리클레이토스가 제작한, 창을 들고 걸어가는 사람 조각상은 보는 각도에 따라 그 모습이 달라져서 엄청난 운동감을 보인다. 이것은 무명 조각가가 제작한 여자(아마도 사랑의 여신 아프로디테인 듯한 인물) 조각상에도 그대로 해당하는 이야기이다. 이 여자 조각은 한 손을 쳐들면서 속이 비치는 옷 매무새를 가다듬는 포즈를 하고 있다.

이러한 조각상들이 고대 관람자들에게 전달하는 메시지는 에너지, 운동, 절묘한 균형 속의 비균형 등이다. 아르카이크 시대의 조각상은 관람자에게 안정감을 안겨주었다. 아무리 밀어도 그 조각상은 조금도 움직일 것 같지 않은 완강한 인상을 준다. 이와는 대조적으로, 고전시대의 조각상들은 다양한 변화의 폭, 다양한 포즈와 인상을 제공한다. 이들 조각상의 활기찬 움직임은 그 시대의 에너지를 반영하지만, 동시에 황금시대 이면에 내재한 변화와 불안의 가능성을 암시한다.

7

아테네 고전시대의 문화와 사회

앞 장에서 언급했듯이, 기원전 5세기 중반 아테네의 번영과 문화적 성취 덕분에 이 시기는 도시국가의 역사에서 황금시대라고 불린다. 다른 도시국가들보다는 아테네 쪽에서 나온 잔존 증거가 더 많고, 현대의 관심도 고대 그리스, 특히 아테네의 웅장한 건축 유물에 집중되어 있어서, 이 시기의 그리스 역사는 거의 전적으로 아테네 역사에 집중되어 있다. 이런 이유로 우리가 그리스의 황금시대라고 말하는 것은 대체로 아테네를 가리킨다.

이런 전제 조건을 미리 이야기했으니, 이제 다음과 같은 사실을 지적하는 것이 타당하다고 생각한다. 고전시대의 그리스를 이야기할 때 아테네가 큰 비중을 차지한 것은 결코 우연이 아니며, 기원전 5세기에 아테네 문화와 사회에 발생한 전례 없는 변화를 고스란히 반영하는 것이다. 그렇지만 아테네 생활의 중심은 바뀌지 않았다. 이러한 혁신과 계승의 병존은 때로는 생산적이고 때로는 파괴적인 긴장을 유발했다.

비극 작품은 다수의 사람들 앞에서 공연되는 예술 형태로 공개적 지원이 이루어졌는데, 그 주제는 개인과 공동체 생활의 난처한 윤리적 관심사였다. 또한 기원전 5세기에는 공직에 야망을 둔 부유한 청년들을 위한 새롭지만 당황스러운(적어도 전통주의자들에게는) 교육 형태가 생겨났다. 상류 계급 여성들은 공공 생활에서 예절이라는 제약을 받았으며, 또 남편들에게는 생활의 젖줄이었던 정치적 활동으로부터 소외되어 있었다. 그러나 가난한 계급의 여성들은 대중적인 남자들의 세계와 접촉이 빈번했다. 자기 가정을 부양하기 위해 일을 해야 했기 때문이다. 계승과 변화의 상호작용은 긴장을 불러일으켰으나 어느 정도 참을 만한 것이었는데, 펠로폰네소스 전쟁으로 발생한 스파르타와의 갈등으로 아테네 사회의 긴장은 파열점에 도달하고 말았다. 이런 모든 변화는 전통적인 그리스 종교를 배경으로 하여 벌어졌는데, 사실 그리스 종교는 공적인 생활과 사적인 생활 모두에 깊이 스며들어 있었다. 왜냐하면 대부분의 사람들은 신들의 의지가 시민 생활이나 개인 생활에서 아주 중요하다는 믿음을 갖고 있었기 때문이다.

고전시대의 그리스 종교

—

파르테논의 이오니아식 프리즈(소벽)가 극적으로 보여주듯, 기원전 5세기 중반의 아테네 사람들은 신이 자신들을 선호한다고 믿었고, 또 자신들을 보호해주는 신들의 아름답고 장엄한 기념물을 건축하기 위해 기꺼이 공공 자금을 많이 내놓았다. 이러한 믿음은 그리스 종교의 근본 취지,

곧 인간은 개인으로나 집단으로나 신들이 내려준 축복에 감사하기 위해 경배를 드리고, 또 그 대가로 더 많은 축복을 내려주기를 기원하는 것에 부합했다. 그러한 경배는 공공 성소, 희생, 성소에 바치는 봉헌물, 노래·무용·기도·행진의 축제로 구성되었다.

만티클로스라는 남자가 아폴론 신을 기념하기 위해 (위치 미상의) 신전에 봉헌한 기원전 7세기의 청동 조각상(보스턴 미술관 소장)은 왜 개인이 그런 봉헌물을 바쳤는지를 분명히 밝혀준다. 그 조각상의 다리에 새겨진 비문에서 만티클로스는 그런 거래의 이해 사항을 이렇게 적어놓았다.

만티클로스는 은빛 화살을 가장 멀리 던지는 자(아폴론)에게 이 봉헌물을 바칩니다. 그러니 아폴론이여, 그대도 나에게 대가를 주소서.

— BMFA 접근 번호 03.997

이처럼 인간과 신 사이에 존재하는 호혜주의가 신성을 이해하는 그리스 사상의 근간을 이룬다. 신들은 인간을 사랑하지 않았다. 그렇지만 그리스 신화에 나오는 것처럼 인간을 애인으로 취하여 반인반신의 존재를 낳기도 했다. 신들은 그들에게 경배를 바치고 또 그들을 불쾌하게 만들지 않는 인간들만을 지원했다. 한편 신들은 인간들로부터 모욕을 받으면 기근, 지진, 전염병, 패전과 같은 재앙을 내려 보냈다.

자연 속에서 얼마든지 벌어질 수 있는 행동도 사람들에게 재앙과 복수를 가할 수 있었는데, 신들은 그런 행동의 한 부분이기는 하지만 반드시 그 행동을 하도록 보장하는 자는 아니었다. 예를 들어 살인을 포함하여 죽음은 오염 상태, 곧 미아스마^{miasma}를 만들어냈다. 시신은 미아스마를 내뿜기 때문에 적절한 장례를 통하여 정화시켜야 했고 그렇게 해야만 시신 주위의 삶이 평상으로 돌아갈 수 있었다. 살인자들은 그들의 죄에 대하여 공정한 처벌을 받아야 했다. 그렇지 않으면 그 범죄자만이 아니라 공동체 전체가 기형아 출생, 불임, 흉년에 의한 기아, 전염병에 의한 질병과 사망과 같은 끔찍한 결과를 당할 수 있었다.

그런데 인간이 처한 가장 큰 종교적 어려움은 구체적으로 어떤 행동이 신들을 불쾌하게 만드는 일인지 미리 짐작하기 어렵다는 것이었다. 인간은 신들을 충분히 이해할 수가 없었다. 인간과 신들의 간극은 너무나 컸기 때문이다. 다행히도 신들이 인간에게 기대한 몇 가지 행동 기준은 인간의 전통적 도덕 체계에 반영되어 있었다. 예를 들어 그리스인들은 신이 나그네에게 베푸는 환대, 가족 구성원의 적절한 장례, 인간의 오만함 hybris과 살인에 대한 가혹한 징벌 등을 요구한다고 믿었다.

반면에 그들의 일상생활에서 뭔가가 잘못되었을 때에는 신탁, 해몽, 신점, 예언자의 예언 등이 신들의 분노를 이해하는 실마리를 마련해주었다. 희생물을 바치는 것을 잊어버리는 것, 신성모독(신들의 힘을 명백히 부정하는 것), 신전의 성역을 침범하는 것 등의 행동은 신들을 화나게 만드는 행위로 이해되었다. 신들은 어떤 특정한 위반에 대해서는 관심을 보이는 것으로 이해되었지만, 평범한 범죄에 대해서는 일반적으로 관심이 없으므로 그런 범죄는 인간 스스로 단속해야 했다.

그리스인들은 신들이 편안한 생활을 누린다고 믿었다. 신들 사이의 관계 때문에 신들이 때때로 고통을 당하고 좋아하는 인간의 죽음으로 슬픔을 느끼기도 하지만, 본질적으로는 그들의 막강한 힘과 영생 때문에 근심, 걱정이 없다고 보았다. 또 제우스를 주신으로 하는 열두 주요 신들은

기원전 500~323년	그리스의 고전시대.
458년	아이스킬로스의 비극 '오레스테이아 3부작'(《아가멤논》, 《코이포로이》, 《에우메니데스》), 아테네에서 공연됨.
450년경	소피스트 프로타고라스, 아테네를 처음 방문.
447년경	소포클레스의 비극 《아이아스》, 아테네에서 공연됨.
444년	프로타고라스가 남부 이탈리아의 아테네 식민지인 투리이를 위한 법전 작성 위원으로 임명됨.
441년경	소포클레스의 비극 《안티고네》, 아테네에서 공연된 것으로 추정됨.
431년	에우리피데스의 비극 《메데아》, 아테네에서 공연됨.

그리스 본토에서 가장 높은 산으로 높이가 거의 3000미터에 이르는 올림포스 산의 정상에서 매일 향연을 연다고 여겼다.

제우스의 아내인 헤라는 신들의 여왕이었다. 제우스의 남동생 포세이돈은 바다의 신이었고 제우스의 머리에서 직접 태어난 아테나는 지혜와 전쟁의 여신이었다. 아레스는 전쟁을 주관하는 군신이었고 아프로디테는 사랑의 여신이었다. 아폴론은 태양의 신이었고 아르테미스는 달의 여신이었다. 데메테르는 농업의 여신이었고 헤파이스토스는 불과 기술의 신이었다. 디오니소스는 술, 쾌락, 무질서의 신이었고 헤르메스는 신들의 전령이었다. 지하 세계의 신인 하데스 역시 제우스의 남동생이지만 그는 엄밀히 말해서 올림포스 산의 신은 아니었다. 지하에 있으면서 죽은 사람들의 세계를 관장했기 때문이다.

호메로스의 서사시에 나오는, 그들의 지위를 무시하는 불경한 언행에 버럭 화를 내곤 하는 전사들과 마찬가지로, 신들은 자신의 명예를 손상시키는 행위에 민감하게 반응했다. 솔론은 신들의 성격을 이렇게 요약했다. "나는 신들이 인간의 성공을 질투하며, 또 인간의 일을 방해하는 경향이 있다는 것을 잘 알고 있다." 솔론은, 페르시아에 의해 왕국이 멸망당하기 전의 리디아 왕인 크로이소스에게 이 유명한 말(아마도 후대 사람들이 지어낸 것인지도 모르는 말)을 했다고 한다(헤로도토스, 《역사》 1.32).

신과 상호작용하기 위하여 경배자들은 기도를 올리고, 찬송의 노래를 부르고, 희생물을 바치고, 신의 성소에 봉헌물을 내놓았다. 신들의 성소에서 개인은 신들의 축복을 경배하고 감사를 표시했다. 각각의 신은 독특한 관습과 전통을 가진 독립적인 컬트(예배)를 갖고 있었고 주요 신들은 하나 이상의 컬트를 갖고 있을 수도 있었다. 신과 여신의 성소에서, 인간은 축복을 내려달라고 빌면서 신에게 예배와 감사를 바쳤고, 또 신들의 분노로 이해되는 심각한 불행이 닥쳐왔을 때에는 신에게 빌며 용서를 구했다.

한 집에 사는 가족들은 모두가 모인 자리에서 신에게 봉헌물을 바쳤고, 때때로 가족의 노예들도 그 모임에 참석했다. 신들과 여신들에게 바치는 공공 의식의 희생물은 사제와 여사제가 봉헌했는데, 이들 사제들은 대부분 시민 집단에서 차출되었다. 이들을 차출되지 않을 때에는 보통 시민으로서 생활했다. 그리스 종교 의식을 집전하는 사제와 여사제는 특정 성소나 신전에 붙박이로 소속된 사람들로서 정치적·사회적 문제에 영향력을 행사하려 하지 않았다. 그들은 전통에 따라 특정한 장소에서 신들의 의식을 정확하게 집전하는 전문 지식을 갖고 있었지만, 체계적인 신학의 수호자는 아니었다. 그리스 종교는 체계적 신학이나 종교적 교리

도판 7-1 | 회화는 고대 그리스 예술의 인기 높은 분야였지만 후세에 전해진 것이 별로 없다. 목판에 생생한 색채로 그려진 이 그림은 음악 연주를 비롯해 신에게 양을 희생으로 바치는 준비 과정을 보여준다. The National Archaelogical Museum, Athens.

를 갖고 있지 않았고, 또 교리를 감독하는 오늘날의 종교 제도 같은 것도 가지고 있지 않았기 때문이다.

희생 제의는 신들과 인간 숭배자들이 서로 접촉하는 일차적 기회였다(도판 7-1). 그것은 신과 인간들의 불평등하지만 상호적인 관계를 상징한다. 대부분의 희생 제의는 공동체의 민간 달력에 미리 정해진 행사 일정에 따라 집전되었다. 아테네의 경우, 매달 첫 여드레는 시민들이 도시국가의 공식 의례 대상인 여러 신들에게 경의를 표시하는 날들이다. 예를 들어 매달 셋째 날은 아테나의 생신 축일이고, 여섯째 날은 아르테미스의 생신 축일이었다. 아르테미스는 야생 동물을 관장하는 여신으로, 아테네 500인 평의회의 수호신이기도 했다. 아르테미스의 오빠인 아폴론은 일곱째 날이 축일이었다.

아테네는 그리스 전역에서 가장 많은 종교 축제를 벌이는 것을 자랑스럽게 여겼다. 연간 절반 정도가 크고 작은 종교적 축일에 해당했다. 하지만 모든 시민이 그 축제에 참가하는 것은 아니었다. 노동자 고용 계약은 종교 의식에 참석하기 위해 이용할 수 있는 휴가 일수를 미리 규정해놓았다. 범아테네적인 주요 축제(파르테논 소벽에 그려진 행렬은 이런 축제의 하나였을 것으로 짐작된다)는 수많은 남녀 참석자들을 끌어당겼다. 범아테네 축제는 희생 의식과 행진으로 아테나를 경배했을 뿐만 아니라 음악, 무용, 시가詩歌, 운동 등의 경합 행사를 개최했다. 그러한 대회의 우승자에게는 상이 수여되었다. 어떤 축제는 여성 전용이었는데, 그 예로 데메테르 여신을 기념하여 유부녀들만이 참석하는 사흘간의 축제를 들 수 있다. 데메테르 여신은 농업과 출산의 수호신이었다.

컬트에 따라 의식은 서로 달랐으나, 희생 제의는 그중에서 핵심적인 절차였다. 희생물은 덩치 큰 동물의 도살에서 과일, 채소, 과자 등 무혈無血 봉헌에 이르기까지 다양했다. 동물 희생의 전통은 원래 선사시대 사냥꾼의 관습에서 나온 것이다. 사냥꾼의 의식은 자신이 살기 위해 다른 생물을 죽여야 한다는 역설에 대한 불안 의식을 반영한다.

고전시대의 그리스인들은 소속 영지에서 소규모로 기르는 값비싼 가축을 희생물로 바쳤다. 그렇게 하여 신들의 장엄함에 존경심을 표시했고, 자신들과 공동체에 행운을 내려달라고 빌었다. 동시에 동물 세계에 대한 인간의 우위를 확인하고 귀한 동물 고기를 먹을 기회를 가졌던 것이다. 덩치 큰 동물의 희생 제의는 공동체 사람들이 서로 모여 신성한 세계와의 유대감을 다시 확인하고, 희생 동물의 구운 고기를 서로 나눔으로써 예배자들은 신들과의 좋은 관계로부터 혜택을 받는다고 생각했다. 기원전 5세기의 아테네를 회상하면서 웅변가 리시아스는 공공 희생 제의의 필요성을 이렇게 설명했다.

우리의 조상들은 절차가 정해진 희생 제의를 실연함으로써 그리스에서 가장 강력하고 또 번영하는 공동체를 우리에게 물려주었다. 따라서 우리도 조상들처럼 동일한 희생물을 바치는 것이 마땅하다. 그런 제의가 가져다주는 성공을 부여잡기 위해서라도 말이다.

― 《연설》 30.18

동물의 희생 제의는 부정을 타지 않도록 엄격하게 정해진 규칙에 따라 집행되었다. 유혈 희생의 복잡한 규정은 그리스인들이 동물을 살해하여 희생으로 바치는 것을 얼마나 진지하고 엄숙하게 생각했는지를 잘 보여준다. 그곳에는 많은 예배자들이 모였다. 신전의 내부는 신들과 사제들을 위한 것이었다. 우선 희생 제의는 신전 정면의 앞마당에 설치해놓은 제단에서 집행되었다. 희생물은 흠 있는 가축을 택해야 했고, 화환으로 잘 장식하여 희생물이 마치 자발적인 의지로 제단 앞으로 걸어가는 것처럼 꾸며야 했다. 제단 앞에 모인 군중들은 부정을 타지 않기 위하여 침묵을 지켜야 했다. 희생 집전관이 희생 동물의 이마에 물을 몇 방울 뿌리면 동물은 그 물방울을 털어내기 위해 고개를 끄덕거리게 되는데 이는 자신의 죽음에 동의하는 것으로 해석되었다. 희생 집전관은 손을 씻은 뒤 제단의 불과 희생 동물의 머리에다 보리알을 몇 개 던진 다음, 동물의 머리에서 터럭을 한 움큼 베어내 제단의 불에다 던진다. 그러고 나서 기도를 올리고 희생 집행관이 재빨리 동물의 멱을 따는데, 그동안 악사들은 플루트처럼 생긴 파이프를 연주하고 여자 숭배자들은 비명을 지른다. 이것은 그 동물의 죽음에 슬픔을 표시하는 의례적 행위이다. 그다음으로, 죽은 동물의 살을 발라내 그중 일부를 제단의 불에 던져 그 향기로운 연기가 의식의 주신主神이 계신 하늘에까지 올라가게 한다. 나머지 고기는 숭배자들끼리 나누어 먹는다.

그리스 종교는 올림포스 열두 신들의 컬트 이외에도 많은 활동을 포함했다. 가족들은 출생, 결혼, 죽음 등의 중요한 순간에는 기도, 희생, 의식을 통해 기념했다. 기원전 5세기는 사회 엘리트들뿐만 아니라 일반 시민들도 친척의 무덤에 봉헌물을 바치는 일이 아주 흔했다. 거의 모든 그리스 시민들이 꿈과 전조의 의미를 알고자 예언자를 찾아가 상담했고, 사랑의 기회를 높이고 적에게 저주를 내리는 주문을 얻기 위해 주술사를 찾아갔다. 공동체와 개인 모두에게 특히 중요한 것은 이른바 영웅 컬트 hero cults라는 것이었다. 이것은 먼 과거 시절의 여자 혹은 남자의 무덤에 찾아가 의식을 올리는 행위이다. 그리스인들은 영웅의 유해가 특별한 힘을 갖고 있다고 믿었다. 예를 들면 기원전 490년의 마라톤 전투 때에 아테네 병사들은 영웅 테세우스의 유령을 보았는데, 그 유령이 페르시아에 대항하는 길을 가르쳐주었다는 것이다. 외딴섬에서 사망했다고 전해지던 테세우스의 유골로 추정되는 뼈를 기원전 475년에 키몬이 아테네로 가져오자, 아테네 사람들은 그 사건을 공동체의 주요 행사로 기념했고, 그 유골을 도시 중심부에 있는 특별한 사당에다 안치했다. 영웅의 유골이 지닌 위력은 늘 특정 지역에만 한정되었다. 그것은 신탁을 통해 미래의 일을 밝혀주기도 하고 부상과 질병을 치료해주기도 하고 전쟁에서 도움을 제공하기도 했다. 그리스 세계 전역에서 국제적으로 컬트가 확립된 영웅은 헤라클레스가 유일했다. 괴물을 정복하고 불가능한 일을 해낸 그의 초인적 능력은 그리스 사람들을 매혹시켰고, 많은 그리스 도시국가들이 그를 수호자로 여겼다.

또 다른 의미에서 국제적 위상을 지닌 컬트도 있었다. 대표적인 것이 데메테르와 그 딸 코레(혹은 페르세포네)를 기념하는 의식이다. 이 의식의 본거지는 아티카 서부 해안의 정착촌인 엘레우시스에 있었다. 이 의식의 중심 제의는 비의秘儀라고 불렸는데, 비밀스런 지식에 입문하는 일련의 의식을 의미했다. 이 이름은 그리스어 미스테스mystēs(입문자)에서 나왔다. 엘레우시스 비의에 입문한 사람들은 비입문자는 알지 못하는 특별한 지식을 가진 집단의 구성원이 되었다. 미아스마(오염)로부터 자유롭기만 하다면 전 세계 모든 지역의 그리스어를 말하는 자유인은 남녀노소를 불문하고 이 의식에 입문할 수 있었다. 또한 성소에서 근무하는 일부 노예들도 참가할 수 있었다. 입문식은 여러 단계로 진행되었는데, 제일 중요한 단계는 약 2주 동안 계속되는 연간 축제 때 진행되었다. 그리스인들은 이 신비 컬트를 아주 중요하게 여겼기에 그리스의 여러 도시국가들은 축제 기간인 55일 동안 여행자들이 도시국가의 영토를 안전하게 통행할 수 있도록 한 국제 협약에 동의했다.

이 의식에 처음 입문하는 사람은 복잡한 의식에 계속 참가해야 하는데, 그 정점은 하루의 단식 끝에 참석하는 데메테르의 비밀 계시 의식이었다. 이 의식은 그 목적만을 위해서 지어진 계시의 집에서 집전되었다. 내부의 무수한 기둥들이 떠받치고 있는 50제곱미터의 지붕 밑에 밀집한 3000명의 입문자들은 계단식 층계에 서서 그 의식을 지켜보았다. 데메테르와 코레의 비의가 얼마나 신성한 것이었는지는 다음과 같은 사실만 보더라도 금방 알 수 있다. 이 의식이 치러진 천 년 동안 그 의식에 대하여 공개적으로 발언한 사람이 단 한 명도 나타나지 않았을 정도이다. 지금까지 우리가 알고 있는 것이라고는 그 의식에서 뭔가가 행해졌고, 뭔가가 말해졌고, 뭔가가 보여졌다는 것뿐이다. 하지만 그 의식의 입문자가 이승에서의 더 나은 삶을 보장받고—이것은 그리스인의 내세관에서 아주 중요한 것인데—저승에서의 더 나은 운명을 약속받았다는 것은 확실하다. 기원전 6세기의 시집 모음인 《호메로스 찬가》에 들어 있는 〈데메테르에게 바치는 찬가〉(480~482)는 입문자가 얻는 혜택을 다음과 같이 노래했다.

이 의식에 가입한 자는 풍성하게 복을 받을지어다. 그리고 이 의식에 가입하지 않은 자는 죽음 이후 저 어두운 암흑의 세계에서 가입자와 동일한 대접을 받지 못할 것이다.

죽음 이후에 무엇이 인간을 기다리고 있는가 하는 이런 관심사는 다른 비밀 컬트에서도 찾아볼 수 있다. 그들의 성소는 그리스 전역에 분포되어 있었다. 대부분의 비밀 컬트는 유령, 질병, 가난, 난파 등 무수한 일상생활의 위험으로부터 입문자들을 보호하려는 목적을 갖고 있다. 그러나 예배자들에게 주어진 신의 보호는 적절한 행동에 대한 보상으로 주어진 것이지, 신들에 대한 추상적 믿음의 결과는 아니었다. 고대 그리스인들이 볼 때, 신들은 영예와 의식을 기대했고, 그리스 종교는 인간들로부터 구체적 행동과 적절한 행위를 요구했다. 그래서 그리스인들은 기도를 올리고 신들을 숭배하는 찬송가를 부르고 희생 제의를 집행하고 축제를 재정적으로 지원하고 정화 의식을 실천해야 했다. 이러한 의식은 질병에 의한 조기 사망, 사고, 전쟁 등이 빈번했던 인간 생활의 불안정한 조건들을 다스리기 위한 것이었다. 더욱이 그리스인들은 이 세상에 화와 복을 보내주는 신이 동일한 신이라고 생각했다. 그래서 솔론은 크로이소스에게 이렇게 경고했다.

"모든 일에서 끝을 살펴야 하네. 어떻게 끝났는지를 관찰해야 하네.
신의 선물로 번영의 행복을 마음껏 누리던 많은 사람들이 나중에 가
서 완전히 파멸한 경우가 너무나 많으니까 말이야."

– 헤로도토스, 《역사》 1.32

그 결과 그리스인들은 악의 세력이 언젠가는 완전히 정복되어 미래에
천국이 오리라는 생각은 하지 않았다. 그리스인의 인생관은 인간과 신
의 관계가 바뀌지 않는다고 보는 것이었다. 그 관계는 슬픔과 기쁨을 동
시에 갖고 있었고, 지금 여기에서 잘못한 일로 벌을 받는 그런 것이었다.
하지만 엘레우시스 비의나 기타 유사한 비밀 컬트의 입문자들은 어쩌면
이승과 저승에서 더 나은 대접을 받을지 모른다는, 불확실하지만 위안이
되는 희망을 안고 살아갔다.

비극과 공공 생활

신과 인간의 문제적 관계는 고전시대 아테네의 가장 지속적인 문화 혁신
의 토대를 이루었다. 그 토대는 곧 그리스 비극으로, 늦은 봄에 열리는 디
오니소스의 주요 연간 축제 때 사흘 동안 공연되었다. 오늘날에도 무대
에서 공연되는 그리스 연극은 고대 아테네에서 연극 작가 경연의 일환으
로 공연되었다. 당시 그리스 사회에서 거행된 대부분의 행사가 경쟁심을

도판 7-2 | 치유의 신 아스클레피오스의 국제적으로 유명한 성소는 아주 번성했다. 펠레폰네소스의 에피다우로스 도시국가는 기원전 4세기에 연극과 축제를 관람할 수 있는 객석 1만 5000석 규모의 극장을 건설했다. 이 극장의 음향 효과는 아주 탁월해서, 조용한 상태에서 무대에서 가만히 한 말이 객석 맨 위의 자리에까지 들렸다. Wikimedia Commons.

촉발시키는 것들이었기 때문이다. 아테네 비극은 또 다른 중요한 연극 장르인 희극과 마찬가지로 기원전 5세기에 극 형태의 절정에 도달했다(이와 관련된 내용은 다음 장에서 다룬다).

아테네 행정관은 매해 세 명의 극작가를 뽑아 디오니소스 축제 때 각자 연극 네 편을 상연하게 했다. 네 편 중 세 편은 비극이고 나머지 한 편은 사티로스극이었는데, 연극과 소극의 혼합인 이 극에는 반인반수(짐승은 주로 말이나 염소)인 사티로스가 등장해서 붙여진 이름이다. 무슨 이유에서인지 지금으로서는 알 수 없지만, '염소'와 '노래'를 의미하는 두 그리스 말에서 유래한 비극tragedy은 강력한 인간과 신이 등장인물로 나오고 맹렬한 갈등이 벌어지는 연극을 가리키는 말이다. 비극은 고고하고 장중한 운문으로 쓰였는데, 주로 인간과 신이 서로 작용한 결과로 빚어진 참혹한 결과를 상상으로 재해석한 이야기에 바탕을 두고 있었다. 비극의 스토리는 상당한 고통과 정서적 동요, 충격적 죽음을 동반한 끝에 문제가 해결됨으로써 막을 내린다.

고대 그리스 비극의 공연은 현대의 극단 운영과는 유사점이 거의 없다. 그리스 비극은 야외극장에서 낮에 공연되었다(도판 7-2). 아테네에서 극장은 아크로폴리스 남쪽 기슭에 위치했다. 디오니소스 신에게 바쳐진 이 극장은 1만 4000명의 관객을 수용했는데, 정면의 약간 솟아오른 무대 플랫폼 앞에 있는 탁 트인 원형 공간을 내려다보는 형태였다. 기원전 5세기까지는 임시 객석으로 이루어진 극장이 지어졌고, 기원전 4세기에 들어와서야 비로소 최초의 석조 극장이 건립되었다.

모든 비극 작품은 경쟁의 공정성을 기하기 위하여 동일한 규모의 출연진을 이용해야 했고, 배우는 모두 남자였다. 세 명의 배우가 모든 남녀 등장인물의 대사를 처리했고, 그 외에 열다섯 명으로 구성된 코러스가 있었다. 코러스의 단원들은 무대 앞의 원형 지역(오케스트라)에서 주로 노래를 부르거나 춤을 추었다. 코러스의 단장은 때때로 배우들과 대화를 했다. 배우의 모든 대사가 특별한 리듬을 갖춘 운문이었기에 코러스의 음악적 역할은 아테네 비극의 시적 특질을 더욱 정교하게 꾸미기 위한 장치에 불과했다. 또한 무용은 코러스가 관중에게 강력한 시각적 효과를 전달하는 수단이었다.

무대 위의 배경에는 별다른 장치를 하지 않았지만 훌륭한 비극은 생생한 광경을 수많은 노천 관객들에게 제시했다. 코러스는 정교한 장식 의상을 입었고, 멋진 무용을 연출하기 위해 여러 달 동안 연습을 했다. 가면을 쓴 배우들은 멀리 떨어진 자리에 앉은 관객들에게도 들리도록 커다란 목소리와 과장된 몸짓을 구사했다. 이렇게 한 것은 바깥쪽 객석에 부는 바람과, 많은 관중들 사이에서 필연적으로 생겨나는 소음을 제압할 필요가 있었기 때문이다. 이런 부수적인 소리의 개입이 주요 도시국가들의 잘 지어진 극장들의 훌륭한 음향 효과를 압도할 수도 있었다. 굵은 목소리와 정확한 발음은 비극 배우에게 가장 중요한 요소였다. 대화나 긴 독백이 행동보다 더 많이 나오는 비극에서는 말이 의미를 전달하는 결정적 요소였기 때문이다. 하지만 특별한 소품이 배경의 일부분이 되기도 했다. 예를 들어 기중기는 배우들이 갑자기 날아와 무대에 등장하는 신의 역할을 할 수 있게 해주었다.

프로타고니스트protagonist('첫 번째 경쟁자')라고 일컬어졌던 주연 배우들도 가장 훌륭한 배우라는 명성을 얻기 위해 서로 경쟁했다. 비극을 성공적으로 공연하려면 일급 주연 배우를 등장시키는 것이 너무나 중요했기 때문에 드라마 경연에 참가하는 극작가들에게는 프로타고니스트가 추첨으로 배정되었다. 세 명의 극작가 모두에게 가장 훌륭한 출연진을 확보할 기회를 공정하게 주기 위해서였다. 프로타고니스트는 그리스 사회에서 아주 인기 있는 인물이 되었지만, 많은 극작가들과 달리 사회적 엘리트 출신은 아니었다.

디오니소스 축제 때 비극을 출품하는 작가는 감독, 제작자, 음악 작곡가, 안무가로서 활동했고, 때로는 배우까지 겸했다. 상당히 부유한 사람이 아니면 이런 일들이 해내는 데 필요한 시간을 충분히 확보할 수가 없었다. 비극 경연의 상금이 보잘것없었고 집중적인 리허설이 축제 전에 몇 달이나 계속되었기 때문이다. 또한 극작가는 시민으로서도 정상적인 군사적·정치적 의무를 다했다.

아테네의 유명한 극작가로는 아이스킬로스(기원전 525~456년), 소포클
레스(기원전 496~406년경), 에우리피데스(기원전 485~406년경) 등을 꼽을
수 있는데, 이들 모두가 군 복무를 했고, 때때로 공직에 취임했으며, 혹은
그 둘을 겸하기도 했다. 예컨대 아이스킬로스는 마라톤과 살라미스의 전
투에 참가했는데, 그의 묘비명에는 극작가로서의 대성공에 대한 언급은
전혀 없고 시민-전사로서 도시국가에 기여한 공로만 간단히 적혀 있다.

> 이 무덤 속에 에우리포리온의 아들인 아테네인이 누워 있네. … 마라
> 톤의 숲과 거기에 진군한 페르시아 군대가 그의 용기를 증언하리라.
>
> – 파우사니아스, 《그리스 안내》 1.14.5

아이스킬로스가 자신의 군 복무에 대하여 그처럼 자랑스럽게 생각했
다는 사실은 아테네 비극의 근본적 특징을 잘 말해준다. 아테네 비극은
공공을 위한 예술 형태였고, 신들과 갈등하는 인간, 혹은 공동체 내의 다
른 인간들과 갈등하는 인간의 윤리적 딜레마를 탐구하는 폴리스의 표현
양식이었던 것이다. 대다수 비극의 플롯은 고대의 스토리에 바탕을 두고
있다. 그러니까 폴리스가 창설되기 이전의 시대, 곧 신화에서 왕들이 그
리스를 다스렸다고 하는 그 시대이다. 특히 트로이 전쟁 시대의 이야기
들은 아주 인기 높은 주제였다. 그렇지만 이런 오래된 전설을 이야기하
는 극작가의 재해석 속에는 반드시 도덕적 문제가 깃들여 있었고 그것은
당대의 폴리스 사회와 그 시민들의 의무와 관련이 있었다.

예를 들어 기원전 447년에 창작된 것으로 추정되는 소포클레스의 《아

이아스》라는 연극이 그러하다. 아이아스는 트로이와 싸운 그리스 전사 중에서 두 번째로 뛰어난 사람이었다(첫째는 아킬레우스). 아이아스는 트로이 앞에 진을 친 다른 전사들이 사망한 아킬레우스의 갑옷을, 덩치는 크지만 머리는 좀 떨어지는 그에게 주지 않고 영리하고 수다스러운 오디세우스에게 주려고 하자, 명예의 경쟁에서 졌다고 생각하여 반+광란의 상태가 되어 친구들에게 대들었다. 그런데 아테나 여신은 그가 한때 전투에서 여신의 도움을 오만하게 거절한 적이 있었기 때문에 그에게 좌절을 안긴다. 복수를 하지 못해 치욕을 느낀 아이아스는, 가족들을 적들의 처분에 맡기지 말라고 아내 테크메사가 애원했는데도 자살해버린다. 이때 오디세우스가 끼어들어 적대적인 그리스 지휘관들을 설득하여 아이아스를 매장하자고 설득한다. 왜냐하면 군대의 장래 안전과 우정의 책무를 감안할 때, 생전에 어떤 행동을 했든 사자死者는 반드시 매장하라는 신들의 지시에 복종해야 했기 때문이다. 오디세우스가 이처럼 아이아스를 매장하자고 주장한 것은 마치 군대를 폴리스인 양 혼동했기 때문인데, 이것은 명백한 시대착오다. 그리고 공동체의 이익을 위해 개인의 갈등과 이해를 절충해야 한다는 그의 설득력 있는 언변도, 기원전 5세기의 아테네 내에서 분쟁이 해소되는 과정과 매우 유사하다.

기원전 441년에 공연되었을 것으로 추정되는 《안티고네》에서, 소포클레스는 죽은 자를 매장해야 한다는 가정의 도덕적 의무와, 사회의 질서와 공동체의 가치를 유지하려는 도시국가의 필요 사이에서 발생하는 엄청난 갈등을 다루었다. 전에 테베의 왕이었으며 이제는 사망한 오이디푸스의 딸 안티고네는 새로운 통치자인 숙부 크레온과 갈등을 일으키게 된다. 숙부는 안티고네의 두 오빠 중 한 명이 반역자라는 이유로 그의 매장을 금지시킨다. 왕권을 나눠 갖기로 한 약속을 형이 깨뜨리자 동생이 테베를 공격했고 형제는 전투에서 모두 사망했는데, 그들의 숙부는 권력을 잡았던 동생의 매장은 허용하고 형은 매장하지 말라고 명령한다. 안티고네가 이른바 반역자로 낙인찍힌 큰오빠를 상징적으로 매장함으로써 숙부에게 항명하자, 통치자인 숙부는 그녀에게 죽으라고 명령한다. 숙부는 신들에게 바치는 희생이 크게 잘못되자 그제서야 자신의 오류를 깨닫는다. 그것(희생 의례의 잘못된 절차)은 신들이 크레온의 결정을 거부했고, 모든 망자를 적절히 매장하라는 고대의 전통을 무시한 그의 처사에 분노를 표시한다는 뜻이었다. 안티고네를 징벌하려던 그의 결정은 개인적 비극으로 끝난다. 안티고네를 사랑한 그의 아들의 자살에 이어 아내가 절망 속에서 자살한 것이다. 분노와 자부심과 죽음이 난무하는 이 끔찍한 이야기에서 소포클레스는 갈등의 양측에 포진한 선과 악을 교묘하게 드러내 보인다. 안티고네의 숙부는 마침내 신하들의 말에 귀 기울여야 하는 왕의 책무를 시인하지만, 연극은 그 깊은 갈등에 대하여 손쉬운 해결책을 제시하지 않는다. 여자(안티고네)는 신들에 의해 제기된 도덕적 전통을 대변하고, 남자(크레온)는 국가의 정치적 통치를 대변하면서 갈등이 깊어졌기 때문이다.

그리스 비극의 특징적인 측면은, 주로 남자 극작가들이 쓴 이들 연극이 여자를 플롯의 중심적이고 적극적인 인물로 묘사했다는 점이다. 이면면에서는 연극에서 여인이 자주 다루어지면, 대부분의 시간을 다른 남자들과 함께 보내는 남자들이 여자들의 세계를 은밀히 엿볼 수 있다는 이점도 있었다. 하지만 기원전 5세기 아테네 비극에서 묘사된 여주인공들은 당대의 사회적 도덕률 속에 내재된 긴장을 탐구했다. 특히 가정과 관련된 도덕률의 경우, 남자들이 그것을 위반하면서 갈등이 생겨났다. 여주인공들은 행동을 통해 여성적 지위와 명예를 과시한다. 가령 소포클레스의 안티고네는 테베의 남자 통치자에게 맞서게 되는데, 그가 사자를 매장하는, 가문의 전통적 권리를 박탈하려 하기 때문이다. 안티고네는 선과 악의 문제를 논의하는 공개적인 장소에서 강력한 통치자를 겁 없이 비판하는 대담함을 보인다. 달리 말해서, 소포클레스는 아테네 남자 시민처럼 언론의 자유를 누리는 여자를 그려낸 것이다. 아테네 남자들은 다른 사람들이 듣기 싫어하고 또 화를 낼 수도 있는 얘기를 발언할 권리를 갖고 있다고 믿었다. 이렇듯 또 다른 방식으로 안티고네 같은 여주인공들은 무대 위의 언행을 통하여 정치에 참여하는 그리스 남자들이 생활 속에서 성취하려는 용기와 강단이라는 특징을 보여주었다.

결단과 행동에서 남자 못지않은 또 다른 비극의 여주인공은 그리스 원정군 사령관 아가멤논의 아내 클리템네스트라이다. 기원전 458년에 공연된 아이스킬로스의 《아가멤논》에서 클리템네스트라는 아가멤논이 결혼 생활을 멋대로 망쳐놓자 새로운 남자 애인을 만들고 남편을 대신하여 도시를 다스린다. 아가멤논은 군대의 행진을 가로막고 있던 분노한 여신의 화를 풀어주기 위해 자기 딸을 희생으로 바쳤고, 트로이 공략의 선봉장으로 나서면서 10년 동안 집을 비워 결혼 생활이 엉망이 되었던 것이다. 마침내 아가멤논이 트로이 전쟁에서 돌아올 때 그는 사로잡은 트로이 공주를 데리고 오는데, 그 여자를 집 안에 첩으로 앉힐 계획이었다. 한 가정의 아내이자 어머니였던 자신에게 가한 이 최후의 모욕에 엄청나게 분노한 클리템네스트라는 아가멤논을 살해함으로써 설욕하지만, 결국 비극적인 파멸로 나아간다. 또 그녀의 자녀들은 아버지를 참살한 일에 대하여 그녀와 그 애인에게 치명적인 복수를 하게 된다.

3대 아테네 비극 작가의 한 사람인 에우리피데스는 가장 화제가 된 여주인공을 그려냈다. 기원전 431년에 공연된 《메데이아》의 여주인공 메데이아는 남편인 이아손이 더 부유하고 유명한 여자와 결혼하기 위해 자기와 이혼하려고 하자 아주 충격적인 방식으로 반발한다. 이아손의 계획은 당시의 통상적 결혼관과는 정면으로 배치되는 것이었다. 합법적인 아이, 특히 적자를 낳아 자신의 의무를 완수한 아내와 이혼하는 것은 남편으로서 결혼의 도덕률을 저버리는 일이었다. 메데이아는 복수하기 위해 마법을 걸어 자신과 이아손 사이에서 태어난 아이들뿐 아니라 남편의 새 여자를 죽여버린다. 메데이아가 자신의 아이들을 죽인 것은 아내와 어머니로서의 적절한 역할을 파기한 일이 된다. 그러나 그녀는 그러한 역할을 재평가해달라고 강력히 요청한다. 그녀는 아이를 낳은 여자는 중장 보병으로서 싸운 남자 못지않게 존경받을 자격이 있다고 주장한다.

"사람들은 남자가 전쟁에 나가는 동안 우리 여자들이 집 안에서 편안한 생활을 하고 있다고 말해요. 그렇게 말하는 사람들은 정말 멍청한 사람들이에요! 나는 아이를 한 번 출산하느니, 차라리 중장 보병의 팔랑크스 대형에 들어가 세 번 싸우는 것이 더 낫겠어요."

— 《메데이아》 248~251

소포클레스의 연극은 그 우울한 결말에도 불구하고 인기가 아주 높았으며, 그는 아테네인이 가장 좋아하는 극작가라는 명성을 얻었다. 그는 60년 동안 극작가로 활동하면서 연극 경연에 약 30회 참가했고, 적어도 스무 번 이상 우승을 차지했으며, 2등 이하로 떨어진 적은 단 한 번도 없었다. 우승 연극의 선정은 관객들의 반응을 유심히 지켜보는 일반 남자 시민들의 평가단에 의해 결정되었으므로, 소포클레스의 수상 성적은 디오니소스 축제 때 연극 경연에 참가한 많은 사람들이 그의 연극을 좋아했다는 뜻이 된다. 관람객은 남자와 여자를 망라했을 것이고, 소포클레스 극에서 깊이 다루어진 가정과 공동체 내에서의 젠더(남녀의 역할 차이) 관계가 그들의 마음에 커다란 파문과 감동을 일으켰을 것이다. 관람자들이 소포클레스를 비롯한 여러 극작가들의 메시지를 어느 정도 이해했는지 우리로서는 알 길이 없다. 하지만 그들은 극중 핵심 인물들이 권력과 위세를 누리던 지위에서 갑작스런 재앙으로 추락한 사람들이라는 점은 알아보았을 것이다. 이처럼 운명이 일순간에 뒤바뀌는 것은 그들이 지독한 악한이어서가 아니라, 그들이 인간으로서 오류, 무지, 오만 등 치명적인 실수를 저질러 신들의 징벌을 받았기 때문이다.

아테네 관람객들이 소포클레스의 연극을 보던 시절, 아테네 제국은 절정기에 있었다. 디오니소스 축제에서 연극을 공연하기 전 극장에서는 먼저 행진이 있었다. 아테네가 델로스 동맹의 동맹국들로부터 받은 조공을 전시하기 위한 행진이었다. 관중석에 앉아 있는 아테네 남자들은 도시국가 시민 민병대의 역전의 용사들(혹은 앞으로 용사가 될 사람들)이었다. 그들은 공동체에 봉사하기 위해 치명적 폭력을 감내하거나 행사해야 할지 모른다는 사실을 개인적으로 잘 알고 있었다. 따라서 사려 깊은 관객들은 아테네가 지닌 현재의 권능과 위세(비록 그것이 민주적인 민회에 의해 행사되지만)가 극중 주인공들의 처참한 운명을 조종하는 동일한 힘에 사로잡힐 수도 있음을 깨달았을 것이다.

비극은 확실히 매력이 있었다. 오락으로서도 사람을 빨아들이는 힘이 있었고 교육적인 기능도 강했다. 연극은 시민들, 특히 폴리스의 정책을 입안하기 위해 투표하는 사람들에게 다음과 같은 사실을 상기시켰다. 성공과 그것을 유지하는 데 필요한 힘은 도덕적으로 엄청나게 복잡한 문제들을 야기하므로 그런 문제들은 결코 섣불리 혹은 교만하게 대응해서는 안 된다는 것이었다.

아테네 여자들의 생활

—

아테네 여자들은 가정과 종교에서 중심적 역할을 해냄으로써 개인 생활과 공공 생활에서 힘을 행사하고 지위를 얻었다. 그러나 여성들은 정치에서 공식적으로 배제되었기 때문에 그들이 도시국가에 기여한 바를 남자들은 종종 간과했다. 에우리피데스 비극의 한 여자 주인공인 멜라니페는 여자를 깔보는 남자들에 대하여 다음과 같은 유명한 대사를 남겨 현대인들도 공명할 수 있는 정서를 표현했다.

"남자들이 여자들에게 퍼붓는 비난은 공허해요. 화살 없이 저 혼자 왱왱거리는 활대의 소리와도 같아요. 여자들은 남자들보다 나아요. 난 그걸 증명할 수 있어요. 여자들은 자기가 정직하다는 것을 입증해 줄 증인이 없더라도 합의서를 체결할 수 있어요. … 여자들은 가정을 관리하고 귀중한 재산을 보존해요. 아내가 없다면 그 어떤 가정도 깨끗할 수 없고 번영의 행복도 누리지 못해요. 그리고 신들과 관련된 문제에서(사실 이게 우리의 가장 중요한 공헌이에요) 우리는 큰 몫을 하고 있어요. 델포이의 신탁에서 우리는 아폴론의 의지를 읽어내요. 도도나의 제우스 신탁에서는 그걸 알고 싶어 하는 그리스인에게 제우스의 의지를 알려줘요. 남자들은 '운명의 여신'과 기타 무명 여신들의 의식을 제대로 수행하지 못해요. 하지만 여자들은 그걸 아주 잘 하지요…."

— 《포로 멜라니페》, 단편 13a

그리스 연극은 때때로 아테네 여성들이 폴리스에 공개적으로 혁혁하게 기여한 부분을 강조한다. 그들은 공공 생활에서는 여사제로 활동하고, 개인 생활에서는 훗날 도시국가의 시민이 될 적자를 낳아서 양육하고 가정의 재산을 관리함으로써 폴리스에 기여했다. 아테네 고전시대에 통용되었던 여성의 재산 소유권 규정은 여자가 재산을 관리해야 하는 이유와, 재산을 소유하는 남자를 중심으로 하여 가정을 구성하고 보존하려는 그리스의 경향을 잘 보여준다. 아테네 민주제에서 여자들은 유산 상속과 지참금을 통해, 재산뿐만 아니라 토지(아테네 사회에서 가장 중요한 소유물)까지도 소유할 수 있었다. 하지만 그런 재산을 매매하거나 증여하려 할 때에는 남자들에 비해 더 크게 제약을 받았다. 여자들도 남자들과 마찬가지로 그들의 재산을 후대에 물려주어야 할 의무가 있었다. 어떤 집안에 아들이 있으면 딸들은 아버지의 재산을 물려받지 못했고 그 대신 결혼할 때 지참금으로 집안 재산의 일부를 받았다.

아들이 장성하여 결혼을 하려고 할 때 아버지가 살아 있으면 그 아들은 아버지에게 재산의 일부를 미리 상속받아 분가할 수 있었다. 통계적으로 보아 다섯 가구 중 한 가구 꼴로 딸들만 있는 집이었는데 그 경우 아버지의 재산은 딸들에게 상속되었다. 여자들은 남자 후사 없는 남자 친척들의 재산도 상속했다. 신부의 남편은 아내의 지참금 형태로 건너온 부동산을 통제할 권리가 있었다. 그리고 남녀의 재산은 종종 통합해서 관리되었다. 이런 의미에서 남편과 아내는 집안의 공동 재산을 지배하는 공동 소유자였다. 하지만 결혼이 깨지면 그 재산은 각각의 소유자에게 공식적으로 반환되었다. 남편은 아내의 지참금을 보존하고, 또 아내와 자식들에게 그 지참금을 사용할 법적 책임이 있었다. 신랑은 종종 자기 소유의 가치 있는 땅을 담보물로 내놓아 신부의 지참금을 안전하게 보관할 것을 약속해야 했다. 아내가 죽으면 그 지참금은 자식들에게 상속되었다. 신부가 지참금을 가져와야 한다는 인식이 있었기에 비슷한 신분과 재산을 가진 집안끼리의 중매 결혼이 흔했다. 여성의 상속권을 규정하는 규칙과 마찬가지로, 통상적인 지참금 관행은 사회의 목표를 지지하는 쪽으로 움직였다. 다시 말해 남자들로 하여금 가정을 꾸리고 유지하게 하여 아버지의 재산이 아들에게 돌아가도록 했다. 딸들의 지참금은 보통 남자 형제들의 상속금보다 액수가 적었기 때문이다.

이런 목적은 상속녀에 관한 아테네 법률에서도 분명하게 드러난다. 만약 아버지가 딸만 남긴 채 사망하면 그의 재산은 상속녀인 딸에게 돌아간다. 하지만 그 딸은 자기 마음대로 유산을 처분하지 못하므로 현대적인 의미에서 본다면 그 재산을 소유했다고 볼 수 없다. 가장 전형적인 아테네 법률에서는 그녀 아버지의 가장 가까운 친척(아버지 사망 이후 그녀의 공식 보호자)이 상속녀와 결혼하여 아들을 낳을 것을 요구한다. 그러면 상속된 재산은 그 아들이 나중에 장성하여 물려받게 된다. 기원전 4세기 법정 사건의 한쪽 당사자는 상속녀에 대해서 이렇게 말한다.

> 그녀와 가장 가까운 친척이 상속녀와 결혼하고, 상속받은 재산은 그
> 녀가 아들을 낳을 때까지 그녀의 소유로 했다가, 아들이 성년이 되고
> 2년이 지나면 그 재산을 물려주어야 합니다.
>
> — 이사이오스, 《연설》, 단편 25

    상속녀에 관한 법률은 재산이 상속녀 아버지의 가정 안에 머물게 하려는 것이 그 목적이었다. 이론적으로 볼 때 이 법은 상속녀뿐만 아니라 그녀와 가장 가까운 생존한 남자 친척의 개인적 희생을 엄청나게 요구하는 것이다. 이 법은 상속녀가 이미 결혼했거나(아들을 낳지 못한 경우), 그 남자 친척이 아내를 두고 있어도 상관없이 적용되었다. 이론상 상속녀와 그 남자 친척은 현재의 배우자와 이혼하고 서로 결혼해야 했다. 하지만 그들은 이혼하고 싶은 마음이 전혀 없을 수도 있었다.

    그러나 실제로는 당사자들이 다양한 법적 구멍을 통해 이런 법률을 피할 수가 있었다. 상속법은 또한 부유한 남자가 상속녀의 보호자를 교묘하게 조종하여 그 상속녀와 결혼함으로써 양가의 재산이 합해지는 것을 금지했다. 상속법은 무엇보다도 재산이 결혼하지 않은 여자의 손에 집중되는 것을 극력 예방하려 했다. 아리스토텔레스의 보고에 따르면, 스파르타에서는 여자의 손에 재산이 집중되었기 때문이다. 스파르타에서는 여자들의 재혼을 강제하는 적절한 법률이 없었기에 여자들이 지참금으로 물려받은 토지가 고스란히 여자들 손에 남게 되었다는 것이다. 스파르타 여자들이 이런 식으로 해서 스파르타 토지의 40퍼센트를 소유하게

되었다고 아리스토텔레스는 주장했다. 그러나 아테네 법률은 재산 소유 남을 가부장으로 하는 가족 제도를 추구하기 위하여 여자들의 재산 소유를 규제하는 데 성공했다.

에우리피데스의 연극《메데이아》에서 메데이아는 여자들이 집 안에 있을 때만 안전하게 생활할 수 있다는 남자들의 가르침을 받는다고 말했다. 이것은 당시 아테네 사회의 여자들에 대한 기대를 그대로 반영한다. 유산 계급의 여자들은 가족이나 친지들이 아닌 남자들과는 가깝게 접촉하는 것을 피해야 한다는 것이다. 사회적·경제적 수준이 높은 여자들은 대체로 자기 집이나 여자 친구의 집에서 시간을 보내야 했다. 집의 내실이나 중앙 안뜰에서 여자들은 옷을 입고 잠을 자고 또 일을 했다. 남의 집을 방문하는 남자들은 여자들의 공간인 내실에 출입하는 것이 금지되었다. 그렇다고 해서 내실이 여자들을 가두어두는 공간은 아니었고, 단지 가정의 공간을 융통성 있게 활용하면서 여자들이 일하는 공간이었다. 여자들이 통제하는 방들에서 여자들은 옷감을 짜고, 놀러온 여자 친구와 대화를 나누고, 아이들과 함께 놀고, 여자 노예들의 일을 감독했다. 집 안의 중심이고 남녀가 상호 교류하는 안뜰에서 여자들은 남자 가족들에게 집안일과 정치에 대해 여러 가지 의견을 내놓기도 했다.

집 안의 방 하나는 통상적으로 남자들의 응접실andrōn로 따로 떼어놓았다. 거기서 남편은 그리스식으로 벽에다 바짝 붙여놓은 소파에 비스듬히 앉아 남자 친구들을 만났다. 이렇게 하면 남자 친구들이 여자 노예들을 제외하고 집안 여자들과 마주칠 일이 없었다. 가난한 여성들은 집안일을 할 시간이 별로 없었다. 그들은 남편, 아들, 형제 들과 마찬가지로 그들의 집(아주 비좁은 임대 가옥)을 떠나 일자리를 찾아야 했기 때문이다. 그들은 조그마한 좌판을 벌여놓고 빵, 채소, 간단한 옷, 장신구 등을 팔았다. 그들의 가난한 남자 친척들은 작업장, 주조소, 건설 공사장 등 다양한 일터에서 일할 자유가 있었다.

여자들은 엄격하게 예의를 지켜야 했다. 가령 하인을 둔 여자가 직접 집의 문을 열어주러 나오는 것은 예의 없는 행동이었다. 또 예의 바른 여자는 일이 있을 때에만 바깥출입을 했고 보통 스카프 같은 베일로 머리를 가렸다. 다행히도 아테네의 생활은 종교 축제, 장례식, 친척과 친지 집 아이의 출생, 구두나 기타 물품을 사기 위한 외출 등 여자가 바깥에 나갈 기회를 많이 제공했다. 때때로 여자의 남편이 그녀를 호위했으나, 하인이나 여자 친구를 대동하는 경우가 더 많았고, 그렇게 해야 행동의 자유가 더 많이 허락되었다. 남자들이 공공의 대화나 법정 대화에서 존경받는 부인의 이름을 말하는 것은 사회적 예의에서 벗어나는 일이었다. 단, 불가피하게 그 이름을 말해야 할 때는 예외였다.

여자들은 집 안이나 그늘에 머무는 경우가 많았고 부유한 여자들은 일을 할 필요가 없었기 때문에 얼굴색이 아주 창백했다. 이런 창백한 안색은 부와 여가의 상징으로 여겨져 감탄의 대상이 되었다. 오늘날 같은 이유로 멋지게 그을린 피부에 감탄하듯이 말이다. 그래서 그리스 여자들은 적절히 창백한 빛깔을 내기 위하여 백납 가루를 화장품으로 자주 사용했다. 상류 계급 여성들은 집 바깥에서 남자들과 별로 접촉하지 않는 것을 우월한 신분의 표시로 생각했다. 아테네의 부자 계급처럼 젠더가 구별되는 사회에서 상류 계급 여성들의 대인 관계는 주로 그녀의 자녀들과 다른 여자 친구들을 상대로 한 것이었다.

여자의 행동을 이처럼 사회적으로 제약한 것은 아내들의 간통을 예방

하고 딸들의 처녀성을 보존함으로써 자녀에 대한 부성父性을 확실히 해두기 위함이었다. 도시국가의 정치 구조를 결정하고 또 남자의 개인적 자유를 규정하는 데에서 시민권이 대단히 중요했기에, 아테네 사람들은 남자아이가 진정 자신의 아이라는 것을 확인하는 일이 대단히 중요하다고 생각했다. 이것은 다른 그리스인들, 다른 지역의 남자들에게도 마찬가지였다. 만약 그 아이가 외국인 혹은 노예의 아이이면 도시국가의 정치 구조 등에 여러 가지로 문제가 되었다. 더욱이 아테네인들은 재산을 부계의 후손에게 상속하는 것을 좋아했기 때문에 아버지의 재산을 물려받을 아이는 당연히 적자여야만 했다. 이런 가부장적 제도 아래에서 아테네 사람들은 시민권과 재산권을 지키기 위해 여자들의 사회적 움직임을 제한했던 것이다.

그렇지만 적자를 생산한 여자들은 그 즉시 높은 신분을 얻었고 가정 내에서 더 많은 자유를 누렸다. 여자들에 대한 이런 대우는 어떤 아테네 남자가 법정에서 한 말에서 잘 드러난다. 그는 아내와 간통을 벌인 외간 남자를 현장에서 발견하여 살해한 혐의로 법정에 선 남자였다. 그는 이렇게 말했다.

"결혼 후 나는 아내의 일에 별로 간섭을 하지 않았습니다. 그렇다고 해서 아내에게 자유를 많이 준 것도 아닙니다. 나는 그녀를 감시했습니다. … 하지만 아내가 아이를 낳고부터는 그녀를 더 신임하게 되었고 이제 아주 가까운 사이가 되었다고 확신했기 때문에 내가 가진 모든 물건의 관리를 그녀에게 맡겼습니다."

– 리시아스, 《연설》 1.6

남자아이를 낳는다는 것은 여자에게 특별한 영예가 되었다. 남자아이는 곧 부부의 안전한 관계를 의미했기 때문이다. 성인이 된 아들은 부모를 돕기 위해 법정에 설 수도 있었고, 거리에서 부모를 보호할 수도 있었고(아테네는 역사상 정규 경찰을 두지 않았다), 사회 보장 제도가 없는 상태에서 나이 든 부모를 봉양하기도 했다. 아들을 낳아야 한다는 압력이 너무나 강해, 아이를 낳지 못하는 여자들이 몰래 노예의 아이를 데려와 자기 아이라고 했다는 얘기도 널리 퍼졌다. 물론 이런 이야기가 얼마나 신빙성이 있는지는 알 수 없지만, 남편들은 출산할 때 멀리 떨어진 곳에 가 있었으므로 충분히 가능한 얘기였다.

남자들은 여자들과 달리 혼외정사를 벌여도 아무런 징벌을 받지 않았다. "남자의 성적 욕구와 아이를 낳는 것은 별개가 아니겠어요?" 상류 계급 출신의 저술가 크세노폰은 이렇게 썼다. "거리와 유곽에는 그런 욕구를 처리해줄 방법이 많이 있답니다"(《회고》2.2.4).

여자 노예─그들은 주인의 요청을 거절하지 못했다─와 성관계를 맺는 것 이외에도 남자들은 지불 능력에 따라 다양한 계층의 창녀를 선택할 수 있었다. 창녀를 자신의 집에다 두면 아내와 갈등을 일으키기 때문에 그것은 피하려 했지만, 돈 주고 사는 성관계는 전혀 수치가 아니었다. 그리스 사람들은 매우 값비싼 창녀를 '동반자hetairai'라고 불렀다. 대부분 다른 도시국가에서 온 동반자는 남자들의 저녁 만찬(아내들은 초대되지 않음)에서 노래를 부르고 악기를 연주하여 그들의 성적 매력을 높였다(도판 7-3). 많은 동반자들이 남자 손님에게 착취나 학대를 당하는 불안정한 생활을 했다. 그러나 최고급 동반자는 사회 최고 계층의 남자를 유혹해 호화롭게 살 수 있었다. 이들의 높은 수입과 독립된 신분은 성욕을 자유

도판 7-3 | '붉은 인물' 스타일의 이 화병에는 남자들의 음주 파티인 향연이 묘사되어 있다. 이 파티에서 여자 '동반자' 가 손가락으로 조작하는 구멍 뚫린 갈대 악기인 아울로스로 음악을 연주하며 손님들을 즐겁게 해주고 있다. 남자들 중 두 명은 바닥이 얕은 와인 컵에 남은 술 찌꺼기를 던지면서 노는 놀이인 코타보스(cottabos)를 하고 있다. Marie-Lan Nguyen / Wikimedia Commons.

롭게 처리할 수 있다는 점과 더불어, 부유한 유부녀와 뚜렷이 구분되는 부분이었다. 또한 공공장소에서 남자들과 스스럼없이 이야기할 수 있는 것도 동반자의 특징이었다. 일본의 게이샤와 비슷하게, 고대 그리스의 동반자들은 재치 넘치고 재미있는 대화로 남자들을 즐겁게 했다. 이런 능숙하고 재치 있는 언변 덕분에 동반자들은 다른 여자들이 통상 누리지 못하는 언어의 자유를 누렸다.

나이 들고 돈이 많은 여자들, 가령 유명한 군사 지도자 키몬의 누이동생 엘피니케는 가끔 동반자가 누린 것과 비슷한 언론의 자유를 누렸다. 엘피니케는 사모스 섬의 반란을 진압한 후에 무공을 자랑하는 정치 지도자 페리클레스를 다음과 같이 공개적으로 조롱했다.

"페리클레스, 그건 정말 놀랍군요. … 하지만 당신은 많은 선량한 시
민을 희생시켰어요. 그것도 내 오빠 키몬처럼 페니키아 군대나 페르
시아 군대와 싸우다가 그런 것이 아니라 동료 그리스인들과 싸우다
가 그런 희생을 냈단 말이에요."

— 플루타르코스, 《페리클레스》 28

한 법정 소송 사건에서 어떤 남자는 아테네 여자들의 서로 다른 부류
에 대해서 이렇게 명확하게 말했다.

"쾌락이라면 우리에게 '동반자'가 있어요. 일상의 육체적 욕구를 해
결해야 한다면 평범한 창녀가 있고요. 적자를 낳아주고 집안일을 돌
봐줄 사람이라면 아내가 있지요."

— 데모스테네스, 《연설》 59.122

물론 여자들의 역할이 이런 분류에 딱 들어맞게 구분된 것은 아니었
다. 아내가 그 세 부류의 여자 노릇을 다 해줄 수도 있었다. 동반자들은
사회적으로 주변부 인물이었다. 그들은 대체로 시민이 아니었고, 법률
적으로 결혼할 수도 없었고, 게다가 평판이 좋지 않았다. 언론과 성욕의
자유를 누렸던 동반자들은 평판 따위는 신경 쓰지 않는 여성들이었다.
그 반면에 다른 여성들은 그 규범을 지킴으로써 존경과 사회적 신분을
얻었다.

공공 생활을 위한 훈련

—

아테네 사람들은 학교에서 행동의 규범을 배우지 않았다. 그들은 가정에서, 혹은 일상생활 속의 무수한 에피소드 속에서 그런 규범을 배웠다. 현대적 의미의 공식 교육은 아직 존재하지 않았다. 즉, 국가가 경비를 보조해주는 학교가 존재하지 않았다. 굉장히 부유한 가정만이 개인 교사에게 학비를 지불할 수 있었다. 이런 가정에서는 자녀를 개인 교사에게 보내 읽기, 쓰기, 노래 부르기, 악기 다루기, 운동, 군사 훈련 등을 배우게 했다. 신체적 강건함은 남자들에게 아주 중요한 사항이었다. 18세부터 60세까지의 남자는 언제라도 민병대에 들어가 군 복무를 해야 했기 때문이다. 그래서 도시국가는 매일 운동 연습을 할 수 있도록 야외 운동 시설을 제공했다. 이런 운동 시설(체육관)은 정치적 대화를 나누고 뉴스를 교환하기에 알맞은 장소였다. 부유한 집안의 딸들은 집에서 읽기와 쓰기, 간단한 산수를 배웠다. 이런 기술을 가진 여자는 나중에 결혼을 하면 남편의 배우자로서 집안 재정과 가사를 능숙하게 관리하고 감독할 수 있었다. 또 그런 이유로 가정에서 그런 기술을 가르쳤다.

가난한 집 딸과 아들은 장사 기술을 배웠고, 일상생활 속에서 부모를 도와주면서 약간의 문자를 해독할 수 있었다. 운이 좋다면 공산물 제작자의 도제로 들어갈 수도 있었다. 앞에서 언급했듯이, 솔론의 법률은 아버지가 아들에게 생계를 이어갈 기술을 가르치도록 요구했다. 그렇게 하지 않을 경우, 아들은 부모가 나이 들어 일을 할 수 없게 되었을 때 부모를 부양할 의무에서 면제되었다. 현대적 기준으로 볼 때 부유한 계급 이외의 아테네인의 문자 해독 수준은 아주 낮은 편이었다. 가난한 사람들은 대부분 자기 이름을 쓸 수 있는 정도였다. 글을 읽지 못한다고 해서 극복하지 못할 어려움은 거의 없었다. 문맹자는 자신이 읽을 필요가 있는 문서가 있으면 글을 아는 사람에게 읽어달라고 부탁하면 되었다. 문자보다 구두 의사소통이 더 강했다는 사실은 사람들이 귀로 정보를 입수하는 데 익숙했다는 뜻이다. 사실 글을 읽을 줄 아는 사람들도 소리 내어 크게 읽는 것이 보통이었다. 그리하여 그리스인들은 노래, 연설, 구송口誦 이야기, 생생한 대화를 아주 좋아했다. 그리고 그들은 귀로 들은 것을 기억하도록 훈련이 되어 있었다. 예를 들어 유명한 아테네 장군 니키아스의 아들의 경우, 《일리아스》와 《오디세이아》를 모두 외웠다고 알려져 있다.

부유한 가문의 젊은이들은 아버지, 남자 친척, 기타 나이 든 어른들이 민회에 참석하고, 평의회 의원이나 행정관으로 근무하고, 법정 소송에서 변론하는 모습을 보고 배움으로써 사회생활에 성공적으로 참여하는 데 필요한 기술을 획득했다. 가장 중요한 기술은 대중 앞에서 설득력 있게 말하는 능력이었다. 많은 경우에 나이 든 남자는 어린 소년을 자신의 애제자로 선택한다. 소년은 그 나이 든 남자와 그의 친구들과 함께 시간을 보내면서 공공 생활에 대해 배우게 된다. 낮 동안에 소년은 그의 스승이 아고라에서 정치적 의견을 발표하고 민회나 법원에서 연설하는 것을 듣는다. 또 스승이 공직에서 임무를 수행하는 것을 지켜보고, 그와 함께 체육관으로 가서 운동을 한다. 저녁이면 그들은 음주 파티인 심포지엄에 참석한다. 파티에서는 진지한 정치적·철학적 얘기에서부터 소란스러운 환락에 이르기까지 다양한 장면이 연출된다.

이러한 스승-피보호자 관계는 통상적으로 소년과 스승(주로 유부남) 사이의 유대 의식의 표현인 동성애적 사랑을 포함했다. 앞에서 스파르타의 성풍속을 논의할 때 말했듯이, 고대 그리스의 성욕과 성풍속에 현대의 범주와 판단을 적용하기는 어렵다. 현대의 판단은 허용에서 비난을 거쳐 남색이라는 해석까지 다양하기 때문이다. 어쨌든 당시의 그리스인들은 소녀의 육체미에 매혹되는 것이 당연하듯이 나이 든 남자가 소년의 육체적 아름다움에 매혹되는 것을 당연하다고 생각했다. 그러나 나이 든 '애인erastés'과 젊은 '사랑받는 사람erōmenos' 사이의 사랑은 욕망 이상의 것이 포함되었다. 그 관계의 에로티시즘은 일종의 신분상의 콘테스트(힘겨루기)로 전개되어야 했다. 그러니까 소년은 스승에게 매력적인 존재로 여겨져야 하지만, 동시에 스승의 요구를 거부하거나 억제할 수 있는 자제력을 갖고 있어야 하는 것이다. 반대로 스승은 소년과의 육체관계에 성공함으로써 소년의 저항을 꺾을 수 있는 힘과 능력을 과시하고 싶어 했다. 스승-제자 관계 이외의 남자 동성애 및 여자 동성애는 일반적으로 수치스러운 일로 여겨졌다. 스승과 제자 사이의 특별한 동성애는 스승이 소년을 육체적으로 착취하거나 소년의 공식 교육을 소홀히 하지 않는 한 많은—전부는 아니다—도시국가들에서 적절한 행동으로 인정되었다.

플라톤은 그의 저서 《향연》에서 허용 가능한 남자 동성애에 대하여, 기원전 5세기의 평범한 아테네 남자의 입을 빌려 이렇게 적었다.

"나는 소년이 일찍부터 고상한 애인을 두는 것이 최고로 좋다고 생각한다. 또한 애인도 사랑받는 사람을 두는 것이 좋다. 평생 동안 탁월한 삶을 살기를 바라는 사람의 가치는 그들의 친척, 공직, 부, 기타 어떤 것보다도 사랑에 의해 가장 잘 배양된다. … 수치스러운 행동에 대해서 부끄러움을 느끼게 하고, 남들보다 뛰어나야겠다는 야망을 갖게 하는 그런 가치들 말이다. 이러한 가치가 없다면 도시국가나 개인은 위대하고 탁월한 일들을 이루어낼 수가 없다. ⋯ 이런 사랑으로 뭉쳐진 사람들이 전장에서 나란히 싸운다면, 비록 소규모일지라도 그들은 온 세상을 무릎 꿇게 할 수 있다. 애인은 사랑받는 사람이 직무에서 이탈해 무기를 버리고 탈주하는 것을 결코 보아 넘길 수 없기 때문이다. 그는 그런 일을 허용하기보다는 차라리 백 번 거푸 죽기를 원할 것이다."

– 《향연》 178c~179a

기원전 5세기 후반에 새로운 종류의 교사들이 등장했다. 그들은 뛰어난 민주 정치를 펼치기 위해 꼭 필요한 대중 연설과 논증의 기술을 젊은 이들에게 가르쳐주는 사람들이었다. 이 교사들은 소피스트^{sophist}('현명한 사람')라고 불렸다. 그러나 이 명칭은 나중에 경멸적인 의미를 갖게 되는데('궤변술'을 뜻하는 영어 단어 'sophistry'에 그런 의미가 포함되어 있다), 그들이 대중 연설과 철학 논쟁에서 너무나 뛰어났던 탓이다. 전통적인 사상을 가진 사람들은 소피스트를 싫어하거나 두려워했다. 그들이 전통적인 정치 사상을 위협했기 때문이다.

초창기 소피스트들은 아테네 이외의 그리스 세계에서 활약했으나 기원전 450년경부터는 물리적 번영과 문화적 명성의 절정에 있던 아테네로 들어오기 시작했다. 그들의 가르침에 높은 수업료를 낼 수 있는 학생들을 찾아 아테네로 온 것이다. 부유한 집안의 청년들은 이 순회 교사들이 보여주는 놀라운 논증 능력을 배우기 위해 구름같이 몰려들었다. 소피스트들은 야망 있는 젊은이들이 배우고 싶어 하는 바로 그것을 제공했다. 당시 민주제를 실시하던 아테네에서 가장 소중한 기술은 민회, 평의회, 배심원 입회하의 법정에서 동료 시민들을 설득할 수 있는 유창한 언변 기술이었다. 소피스트들은 자신들의 새로운 수사학 기술을 배우려 하지 않거나 배울 능력이 없는 사람들을 위하여 높은 수수료를 받고 연설문을 대신 작성해주었다. 고대 그리스와 같은 구두 문화에서 설득력 있는 언변은 대단히 중요한 무기였다. 그래서 소피스트들은 많은 사람들에게 겁나는 존재가 되었다. 그들이 기존의 정치적·사회적 전통을 위태롭게 할 정도로 언변의 힘을 격상시켰기 때문이다.

가장 유명한 소피스트는 그리스 북부의 아브데라 출신이며 페리클레스의 동시대인인 프로타고라스였다. 프로타고라스는 마흔 살 정도 된 기원전 450년경에 아테네로 이사해 거의 여생을 그곳에서 보냈다. 그의 웅변술과 강직한 성품에 감명한 아테네 사람들은 그를 기원전 444년 남부 이탈리아에 새로 건설한 친그리스 성향의 투리이 식민지의 법전 작성 위원으로 임명했다. 프로타고라스의 사상은 전통적 심성을 지닌 시민들에게 충격을 주었고 그들은 공동체에 그가 미칠 악영향을 우려했다. 그중 하나가 신들에 관한 불가지론不可知論이었다.

> 신들이 존재하는지, 또 그들의 모습이 어떻게 생겼는지 나는 발견하지 못했다. 주제가 애매모호한 점, 인간 생명의 단명성 등, 그 문제에 대한 지식 획득을 방해하는 요소가 너무 많기 때문이다.
>
> – 디오게네스 라에르티오스, 《저명한 철학자들의 생애》 9.51 = D.-K. 80B4

신들은 당연히 이런 사상을 불쾌하게 여겼을 테니 프로타고라스에게 그런 사상을 가르치도록 허용한 도시국가를 징벌할 것이라고 그 당시 사람들은 생각했다.

이에 못지않게 물의를 불러일으킨 프로타고라스의 사상은, 모든 문제에는 서로가 수용 불가능한 두 가지 측면이 있다면서 진리의 절대적 기준을 부정한 것이다. 예를 들어 어떤 사람은 산들바람이 따뜻하다고 생각하는 반면, 다른 사람은 서늘하다고 생각하는데, 사람들은 이중에 어떤 판단이 정확한지 알 수 없다는 것이다. 같은 바람이 어떤 사람에게는 따뜻하고 어떤 사람에게는 서늘하기 때문이다. 프로타고라스는 《진리》(내용의 대부분은 전해지지 않음)라는 자신의 저작 첫 부분에서, 다음과 같이 널리 인용되는 주관론(현상과는 별개로 존재하는 절대적 실재는 없다는 믿음)을 펼쳤다.

"인간은 만물의 척도이다. 만물의 상태가 이러이러하다 혹은 이러이러하지 않다고 할 때에도 인간이 주된 척도가 된다."

– 플라톤, 《테아이테토스》 151e = *D.-K.* 80B1

이 문장에서 '인간'(그리스어로는 'anthrōpos'라고 하는데, '인류학'을 뜻하는 영어 'anthropology'가 여기서 파생)은 남자든 여자든 개인을 가리키는 듯하다. 프로타고라스는 그런 개인에게 일어나는 인상의 상태를 판단하는 유일한 판관은 그 개인 자신이라고 보았다.

프로타고라스의 비판자들은 이러한 견해를 통박하면서 그가 학생들에게 엉터리 기술을 가르친다고 비난했다. 허약한 논증을 강력한 논증으로

탈바꿈하게 만드는 기술을 가르침으로써 그럴듯하지만 실은 위험하기 짝이 없는 주장으로 다른 사람들을 속이고 사기를 친다는 것이다. 프로타고라스 비판자들은 이것을 민주제에 아주 큰 위협으로 보았다. 민주제는 진리에 바탕을 둔 설득에 크게 의존하고 또 공동체의 선을 향상시키려면 무엇보다도 진리가 우선시되어야 했기 때문이다.

새로운 사상이 미친 영향

—

프로타고라스 같은 소피스트들이 가르친 사상과 논쟁 기술은 많은 아테네인들을 긴장시키고 화나게까지 했다. 페리클레스 같은 지도자급 시민들이 그들의 말을 경청했기 때문이다. 소피스트들이 가르친 다음의 두 가지 연관된 견해가 특별히 물의를 일으켰다.

첫째, 인간의 제도와 가치는 관습이나 인습 혹은 법률^{nomos}에서 생겨난 것일 뿐, 자연^{physis}의 결과는 아니다.

둘째, 진리는 상대적인 것이므로 연설자는 어떤 문제의 찬반양론을 똑같이 설득력 있게 주장할 수 있어야 한다.

첫 번째 사상은 전통적인 인간 제도가 불변의 자연 속에 자리 잡은 것이 아니라 임의적인 것이라는 주장이다. 두 번째 사상은 수사학을 몰도덕적(도덕과는 상관없는) 기술로 만들었다. 이런 두 가지 사상은 말(구어口語)을 중시하는 사회에 아주 위험한 도전으로 비쳐졌다. 왜냐하면 이것들이 예측 불가능한 변화를 일으키면서 폴리스가 공유하는 공공 가치를 위협했기 때문이다.

프로타고라스는 자신의 지적 교리와 효과적 연설 기술이 민주제에 위협을 주지 않는다고 주장했다. 모든 사람이 '탁월함'을 추구하는 내적 능력을 갖고 있고, 또 인간의 존속은 정의에 바탕을 둔 법치의 존중에 의존한다고 프로타고라스는 말했다. 그는 계속해서 이렇게 논리를 풀어나갔다. 공동체의 구성원들이 법을 준수해야 하는 것은, 그 법이 절대적 진리(그런 진리는 없다)에 바탕을 두고 있어서가 아니라 사람들이 사회의 합의된 행동 기준을 따라 살면 그들에게 이익이 되기 때문이다. 가령 절도를 금지하는 법률이 부적절하다고 주장할지도 모르는 도둑은 이렇게 설득할 수 있다. 절도를 금지하는 법률이 그 도둑에게도 이익이 될 수 있다. 법이 그 도둑의 재산을 지켜주고 그가 인간으로서 생활을 영위하고 번창시켜야 하는 공간인 공동체의 안녕을 촉진하기 때문이다.

프로타고라스가 제공한 가르침은 일부 아테네 사람들이 볼 때 우스꽝스러울 정도로 세부에 집착하는 것이었다. 예를 들어 아버지 페리클레스와 사이가 벌어진 한 아들은, 운동경기에서 선수가 던진 장창에 맞아 죽은 구경꾼의 우연한 죽음에 대하여 프로타고라스와 논쟁을 벌이는 페리클레스를 조롱했다. 이 두 사람이 그 비극에서 운동선수, 경기 심판, 장창 중에 어디에 책임이 있는가 하는 문제로 하루 종일 논쟁을 벌였기 때문이다.

하지만 이런 비판은 프로타고라스가 펼친 가르침의 핵심을 놓치는 것이다. 그는 아테네의 부유한 집안 자제들이 전통적 도시국가의 사회적 안정을 파괴하도록 부추긴 것이 아니다. 그러나 후대의 소피스트들은 어떤 주제의 찬반양론에 대하여 똑같은 가치로 논증하는 일 따위를 양심에 거리낌 없이 행동했다. 예를 들어 기원전 5세기 후반에 편집된 익명의 수사학 책자는 상식적인 문제를 가지고도 얼마든지 찬반양론을 이끌어낼 수 있는 수사학의 기술을 다음과 같이 열거한다.

철학에 관심 있는 그리스인들은 선과 악에 대하여 이중의 논증을 제안한다. 그들 중 어떤 사람은 선과 악은 별개의 것이라고 주장한다. 반면에 다른 사람들은 선과 악이 동일한 것이라고 주장한다. 이 두 번째 부류의 사람들은 동일한 것이라도 어떤 사람에게는 좋고 어떤 사람에게는 나쁘며, 또 동일한 사람의 경우라도 그 동일한 것이 시간대에 따라 좋기도 하고 나쁘기도 하다고 주장한다. 나는 이 두 번째 부류에 동의한다. 논증의 구체적 사례로 인간 생활에서 음식, 술, 성적 쾌락의 예를 들어보겠다. 이런 것들은 아픈 사람에게는 나쁜 것이지만, 건강하거나 그것을 필요로 하는 사람에게는 좋은 것이다. 더욱이 이런 것들에 탐닉하는 것은 그 탐닉하는 사람에게는 나쁘지만, 그런 것들을 그 탐닉자에게 팔아먹는 사람에게는 좋은 것이다. 다음은 이와 비슷한 또 다른 사례이다. 병든 상태는 환자에게는 나쁜 것이지만, 의사들에게는 좋은 것이다. 죽음은 죽는 사람에게는 나쁜 것이지만, 장의사나 무덤 조각물의 판매자에게는 좋은 것이다. … 배의 난파는 배 주인에게는 나쁜 것이지만, 배 건조자에게는 좋은 것이다. 도구가 무디어지거나 못쓰게 되는 것은 주인에게는 나쁜 것이지만 도구 제작자에게는 좋은 것이다. 도자기가 깨지는 건 모두에게 나쁜 것이지만, 도자기 제작자에겐 좋은 것이다. 구두가 닳거나 떨어지는 것이 사람들에게는 나쁜 것이지만, 신기료장수에게는 좋은 것이다. … 달리기 경주에서 승리는 우승자에게는 좋은 것이지만, 패배자에게는 나쁜 것이다."

– 《이중의 논증》 1.1~6

법치주의의 도덕적 기반과 같은 근본적인 문제에 상대주의적 접근을 취하는 이런 논증 태도는, 많은 아테네 사람들을 당황하게 만든 새로운 지적 발전의 한 가지 양상에 불과했다. 이오니아 클라조메나이의 아낙사고라스나 밀레토스의 레우키포스 등 기원전 5세기의 사상가들과 철학자들은 기원전 6세기 이오니아 사상가들의 도발적인 자연관에 응답하여, 코스모스의 본질에 관한 문제적인 새로운 이론을 내놓았다. 우주의 근본 조직 원칙으로 '마음'을 내세운 아낙사고라스의 일반 이론은 너무 막연하여 우려할 바가 못 되었지만, 그 사상의 세부 사항은 전통적인 종교관을 가진 사람들을 불쾌하게 만들었다. 예를 들어 그는 태양은 불타는 돌덩어리일 뿐, 신적인 존재가 아니라고 주장했다.

제자 아브데라의 데모크리토스에 의해 그 사상이 널리 전해진 레우키포스는, 어떻게 변화가 발생하고 또 그 변화가 왜 상존하는지 설명하기 위하여 원자론을 주창했다. 레우키포스는 모든 것이 미세하고 분할 불가능하며, 영원히 움직이는 입자에 의해 구성되어 있다고 주장했다. 그런 입자들이 무작위적으로 충돌함으로써 무한히 다양한 형태로 합해지고 헤어졌다가 다시 합해진다는 것이다. 아낙사고라스의 태양 이론과 레우키포스의 원자론은 전통적 종교관의 상부 구조를 뒤흔들어놓았다. 전통적으로 사람들은 인간사의 모든 것이 신적인 힘과 신들의 의지가 작용한 소치라고 믿었기 때문이다.

많은 사람들은 소피스트들과 철학자들의 가르침이 신들을 불쾌하게 만들어, 도시국가가 누리는 신의 은총과 보호를 저해하지 않을까 걱정했다. 신들에게 불쾌한 학설을 퍼뜨리는 교사들은 살인자와 마찬가지로 오염(미아스마)을 가져올 수 있고, 그리하여 공동체 전체에 내려지는 신의 징벌을 불가피하게 만들 수도 있었다. 이러한 불안이 너무나 강력했기에, 페리클레스의 정적들은 거기에 편승하여 프로타고라스나 아낙사고라스를 비롯한 문제적인 지식인들과 친한 페리클레스를 비난하고 나섰다. 특히 기원전 430년대에 스파르타와의 전쟁 발발 위험이 고조되면서 정치적 긴장이 높아졌을 때, 페리클레스의 정적들은 그것을 공격의 무기로 삼았다. 그들은 페리클레스의 리더십이 독재적일 뿐만 아니라 위험스러운 새 사상에 공감하고 있다고 비판했다.

기원전 5세기 중반에 등장한 새로운 사상가가 소피스트만은 아니었다. 예를 들어 역사 기술記述 분야에서도 기원전 6세기 후반에 태어난 밀레토스의 헤카타이오스는 과거에 대해 좀 더 폭넓고 비판적인 길을 열었다. 그는 자신이 알고 있는 세계를 설명하기 위하여 많은 지리 안내서를 썼고, 신화적 전통을 비판하는 논문들도 썼다. 그를 뒤이은 그리스 역사가들은 자신들이 살고 있는 지역의 역사에 집중했고, 역사를 사건과 지리 지식 이상의 것으로 만드는 연대기 방식으로 역사서를 집필했다. 1장에서 언급된 바와 같이, 할리카르나소스의 헤로도토스(기원전 485~425년경)는 헤카타이오스의 업적을 바탕으로 하여 《역사》라는 획기적인 저서를 집필함으로써 역사 서술의 가능성에 완전히 새로운 전망을 열었다. 《역사》는 폭넓은 지리적 범위, 역사적 증거에 대한 비판적 접근, 우주의 본성에 대한 복잡한 해석, 그리스인과 바르바로이 등 다양한 민족과 사상에 대한 진지한 탐구 등으로 역사서의 효시가 되었다. 기원전 5세기 초에 페르시아 전쟁으로 폭발한 동서의 긴장을 묘사하고 설명하기 위하여 헤로도토스는 과거를 깊숙이 탐구하고 관련된 모든 민족의 전통과 사상을 검토함으로써 페르시아 전쟁의 기원을 추적했다. 민족지학에 관심이 깊었던 헤로도토스는 역사적 탐구의 일환으로서 다른 나라의 문화를 연구하는 작업이 필수적이라 생각했고, 또 그것을 즐거움으로 여겼다. 그는 자신이 직접 목격한 사건들을 우주의 자연 질서가 부과한 보복적 정의의 증거로써 면밀히 검토했다. 이렇게 하여 그는 이 지상에 살고 있는 인간들의 운명을 심오하게 분석했는데 그중에는 사람들을 당황하게 만드는 분석도 포함되었다.

역사 분야의 헤로도토스 사상이 혁명적이었다면 의학 분야의 히포크라테스 사상도 그에 못지않게 혁명적이었다. 헤로도토스보다 조금 더 나이 어린 동시대인인 히포크라테스의 이름은 고대 그리스의 의학 이론과 치료의 오랜 역사에서 하나의 우뚝한 이름이 되었다. 코스라는 에게 해의 섬 출신인 이 영향력 높은 의사의 생애와 사상에 대해서는 알려진 바가 별로 없다. 하지만 그의 이름으로 보존된 저서들을 살펴보면 그가 의학적 진단과 치료를 과학적 토대 위에 올려놓는 창의적이고 획기적인 기여를 했다는 걸 알 수 있다. 의료술에 대한 히포크라테스의 기여는 지금도 의사 생활을 막 시작하는 초임 의사들의 히포크라테스 선서에서 잘 기억되고 있다. 그 이전의 초창기 그리스 의학 사상은 주술과 의식에 의존했었다. 히포크라테스는 완전히 새로운 접근 방법을 썼다. 그는 인체를 하나의 유기체로 여겨 신체 각 부분은 상호 연관된 전체의 일부로 보았고, 그 원활한 기능 혹은 기능 부전은 구체적 원인들의 결과로 파악해야 한다고 주장했다. 하지만 이미 고대에서도 히포크라테스 의술의 근본

이론에 대하여 의학서 집필자들은 의견이 분분했다. 어떤 사람들은 후대에 들어와 인기가 높아진 인체의 4대 체액론(혈액, 점액, 흑담즙, 황담즙)을 만들어낸 장본인이 히포크라테스라고 주장하기도 했다. 이처럼 인체를 네 부분으로 나누는 것은 무생물의 세계를 지地·수水·화火·풍風 넷으로 나누는 지적 체계와 일치하는 것이었다.

더욱이 히포크라테스는 세심한 관찰과 처방에 대한 환자의 반응을 중심으로 의학 지식을 축적해야 한다는 중요한 가르침을 남겼다. 그는 실제 치료에 바탕을 둔 임상 경험이야말로 환자에게 도움을 줄 수 있는 최상의 치료 방법이라고 주장했다. 그래서 '히포크라테스 선서'는 "환자에게 해를 입히는 일을 하지 말라"라고 가르친다. 그는 의학적 조치가 치료 효과가 있을 수도 있고 반대로 아주 큰 해를 입힐 수도 있다는 점을 알았다. 의약은 병을 고치기도 하지만 독이 될 수도 있었기에 긍정적 효과에 대한 믿을 만한 근거 없이 투약을 하는 것은 무책임한 행위였다. 히포크라테스 의학의 획기적인 혁신은, 질병의 발생과 원인이 신의 작용 때문이라고 말하지 않았다는 점이다. 그리스 종교의 다양한 컬트, 가령 아스클레피오스 신의 컬트는 그 예배자들에게 치료 효과가 뛰어나다는 소문이 났지만, 그는 이런 다양한 의학적 컬트의 기반을 부정했다. 신들을 의학 분야에서 배제한 것은 전통으로부터 급격하게 이탈하는 것이었다. 그러나 히포크라테스는 환자를 위해 그렇게 해야 한다고 생각했다.

역사학과 의학 분야에서 벌어진 이런 새로운 발전이 일반인들에게 어떤 영향을 미쳤는지를 알려주는 직접적인 증거는 아쉽게도 전하지 않는다. 하지만 교육, 웅변, 철학 등에서의 새로운 추세(페리클레스는 이런 추세와 관련이 있다고 기록되어 있다)에 대한 불안 의식은 기원전 430년대에 아테네의 정치적 긴장을 한층 고조시켰다. 이런 추세는 폭넓은 파급 효과를 가져왔다. 고대 아테네의 정치적·지성적·종교적 생활 차원은 서로 긴밀하게 연결되어 있었기 때문이다. 그리하여 아테네 시민은 어떤 때는 도시국가의 국내외 정책에 대해서 토론하는가 하면, 어떤 때는 자연의 본질에 대한 새로운 이론을 가지고 토론했다. 그리고 거의 모든 경우에 신들이 공동체에 화가 나 있는지, 아니면 흐뭇하게 생각하는지 이야기했다. 그리고 기원전 430년대 후반에 이르러, 아테네 사람들은 시민으로서 또 개인으로서 자신들의 삶에 아주 중요한 문제들을 더욱 걱정해야할 새로운 상황에 접어들었다.

8

펠로폰네소스 전쟁과 그 여파

기원전 480~479년에 크세르크세스가 그리스를 침공했을 때, 아테네와 스파르타는 서로 힘을 합해 싸웠다. 그러나 그 후 두 강대국의 관계는 점차 악화되어, 기원전 5세기 중반에는 서로에게 노골적인 적대국이 되었다. 전쟁을 끝내기 위해 기원전 446~465년에 체결된 평화 협정은 그 효력 기간이 30년이었으나, 430년대에 발생한 여러 사건들로 양국의 긴장은 한층 높아졌다. 그 결과 기원전 431년부터 404년까지 27년에 걸친 펠로폰네소스 전쟁이 발발했고, 이 전쟁은 그 긴 기간 동안에 그리스 세계의 거의 모든 것에 영향을 주었다.

그토록 장기간에 걸쳐서 치러진 그리스인 대 그리스인의 전쟁이라는 점에서 아주 특별한 이 전쟁은 많은 죽음과 희생을 가져왔고 아테네의 사회적·정치적 조화를 일거에 파괴했다. 그뿐만 아니라 아테네의 경제적 힘을 약화시키고, 그 주민 수를 감소시키고, 아테네 시민의 일상생활을 완전히 전도시켰다. 전쟁은 아테네 시민들 사이에 깊은 분열상을 노

기원전 433년	아테네와 코린토스가 코린토스의 옛 동맹국 문제를 놓고 격돌.
432년	아테네가 메가라에 경제 제재를 부과.
431년	스파르타가 아테네를 침공하고, 아테네 해군이 펠로폰네소스를 공격함으로써 전쟁 발발.
430~426년	아테네에 전염병 창궐.
429년	페리클레스가 전염병으로 사망.
425년	클레온이 지휘하는 아테네 군대가 필로스에서 스파르타 중장 보병들을 사로잡음. 아리스토파네스의 희극 《아카르나이 사람들》이 아테네에서 공연됨.
424년	아리스토파네스의 희극 《기사들》이 아테네에서 공연됨.
422년	클레온과 브라시다스, 암피폴리스 전투에서 사망.
421년	니키아스의 평화안이 전쟁 이전의 상태로 동맹을 다시 회복시킴.
418년	아테네인들이 만티네이아에서 패배. 스파르타와의 전쟁 재개.
416년	아테네가 멜로스 섬을 침공.
415년	시칠리아 섬의 시라쿠사를 침공하기 위한 아테네 원정대 발진.
414년	아리스토파네스의 희극 《새들》이 아테네에서 공연됨.
413년	아티카의 데켈레이아에 스파르타 위수지 건설. 시칠리아에서 아테네군 패배.
411년	아테네 민주제 잠시 폐지. 아리스토파네스 희극 《리시스트라타》, 아테네에서 공연됨.
410년	알키비아데스가 키지쿠스에서 스파르타를 상대로 아테네 해군을 지휘하여 승리. 아테네의 민주정 회복.
404년	아테네, 리산드로스 장군이 이끄는 스파르타 군대에 항복.
404~403년	아테네, 30인 참주의 공포 정치 전개.
403년	내전에 의한 참주의 추방과 아테네 민주제의 회복.
399년	아테네인 소크라테스의 심판과 처형.
393년 무렵	아테네 장성의 재건축 완료.

출했다. 그들은 도시국가를 통치하는 방식에 대하여 논쟁했고, 걷잡을 수 없을 정도로 시체와 비용이 자꾸 쌓여가는 상황에서 전쟁을 계속해야 할지에 대해서도 의견이 통일되지 않았다. 전쟁으로 아테네가 겪은 국내의 불만 사항들은 전쟁 기간에 공연된 아리스토파네스(기원전 455년경~385년)의 희극에 잘 드러나 있다. 아테네의 참상을 폭로한 다른 기원전 5세기의 희극 작가들도 있었지만 아리스토파네스는 그 극본이 후대에 전해진 유일한 작가이다. 기원전 403년에 아테네가 항복하면서 전쟁의 유혈이 멎은 후에도 기원전 399년에 있었던 아테네 철학자 소크라테스의 재판과 처형은 전쟁에서 살아남은 아테네인들의 심각한 분열상을 잘 보여준다.

아테네인이 펠로폰네소스 전쟁에서 겪은 손실은 아테네 민회의 남자 투표자들이 거듭하여 적과 평화로운 협상을 거부한 태도에서 비롯된, 예기치 못한 참담한 결과였다. 아테네 민회는 완전한 승리를 고집함으로써 모든 것을 잃었다. 그러나 동전의 다른 면도 있다. 아테네 사람들은 전쟁의 패배와 인력의 손실로부터 회복하는 데 놀라운 유연성을 보였다. 전쟁의 전례 없는 규모와 그 논쟁적인 요소 때문에, 또 투키디데스가 제공한 방대한 전쟁 관련 자료 덕분에, 현대의 많은 역사가들과 정치학자들이 이 전쟁과 이 전쟁이 참전한 사람들에게 미친 영향에 크게 주목해왔다.

펠로폰네소스 전쟁이 발발한 원인
—

이 장기간의 유혈 전쟁의 원인과 사건에 대한 우리의 지식은 대부분 아테네 역사가인 투키디데스(기원전 460~400년경)가 쓴 역사서에 의존하고 있다. 투키디데스는 전쟁 초기에 북부 그리스에서 아테네의 지휘관으로 복무하다가, 기원전 424년 중요한 북쪽 진지인 암피폴리스가 스파르타에게 붙는 것을 막지 못한 데 대한 처벌로 민회에 의하여 20년의 추방형에 처해진 인물이다. 추방 기간 동안 투키디데스는 전쟁의 양측 목격자들을 인터뷰할 수 있었다.

투키디데스는 헤로도토스와 달리 당대사에 집중했고, 일련의 전쟁에 관련된 사건들을 편년체로 기술했다. 다시 말해 전쟁의 연대기에 따라 역사를 서술했고, 시간 순서에서 벗어나는 경우는 아주 드물었다. 하지만 헤로도토스와 마찬가지로, 투키디데스는 사건의 서술 이외에도 직접적인 대화를 포함시켰다. 그의 연대기에 나오는 대화들은 헤로도토스가 기록한 대화들보다 길고 복잡한데, 주로 전쟁의 주요 사건과 쟁점들을 복잡하면서도 극적인 언어로 생생하게 묘사하고 분석한 탓이다. 그러한 대화 내용들은 전쟁 참가자들의 동기를 설명해준다. 학자들은 등장인물의 입을 빌려서 표현된 사상이나 언어가 어디까지가 등장인물의 것이고, 또 어디서부터 투키디데스의 것인지를 두고 의견이 엇갈린다. 하지만 그러한 대화들이 펠로폰네소스 전쟁, 나아가 인간의 갈등을 바라볼 때 투키디데스가 중심적인 것으로 여겼던 도덕적·정치적 문제를 다루고 있는 것은 틀림없다. 투키디데스의 논평은 인간성과 인간 행태에 대하여 폭넓으면서도 때로는 비관적인 해석을 제시한다. 예리한 사건 연대기와 인간 동기에 대한 심오한 논평 덕분에, 그의 역사서는 개척자의 위상을 지닌 작품이 되었고, 또 당대의 사건과 정치권력을 인상 깊게 기술한 이야기라는 평가를 받고 있다.

대부분의 전쟁과 마찬가지로 펠로폰네소스 전쟁의 근원은 복잡하다. 투키디데스에 의하면 직접적인 원인은 상대방 동맹국의 일에 어느 정도 간섭할 수 있는가 하는 문제였다. 기원전 430년대에 아테네와 스파르타는 이 문제를 놓고서 논란을 벌였다. 아테네와 스파르타 사이에 심각한 분쟁이 발생한 계기는 다음 세 가지 사건이었다.

첫째, 아테네가 코린토스(스파르타의 주요 동맹국)와 반목하던 섬나라인 코르키라를 원조했다.

둘째, 아테네 영토에서 아주 가까운 서쪽에 위치한 도시국가 메가라(스파르타의 동맹국)에 아테네가 경제 제재를 부과했다.

셋째, 아테네가 그리스 북부에 위치한 도시국가인 포티다이아에 봉쇄 조치를 취했다. 포티다이아는 전에는 아테네 동맹국이었는데 그 무렵 반란을 일으켜 코린토스의 지원을 얻으려 하고 있었다.

하지만 이보다 더 깊은 이유는, 양국이 서로 그리스 패권覇權의 야망을 갖고 있었고, 상대방의 힘을 두려워했으며, 강력하면서도 적대적인 라이벌의 간섭 없이 자유롭게 행동하고 싶다는 욕망을 가지고 있었다는 것이다.

스파르타가 아테네에 최후통첩을 하고, 아테네 민회가 페리클레스의 조언을 받아들여 최후통첩을 거부함으로써 전쟁은 시작되었다. 스파르타는 메가라에 대한 경제 제재와 포티다이아에 대한 군사 봉쇄를 해제하지 않으면 곧바로 전면전에 돌입할 것이라고 위협적으로 나왔다. 그전에 아테네는 메가라인들이 아테네 제국의 모든 항구에서 거래하는 것을 금지시켰는데, 해상 무역에서 나오는 수입에 의존하던 메가라에게 그런 조치는 심각한 타격이었다. 아테네는 메가라인들이 메가라와 아테네 사이

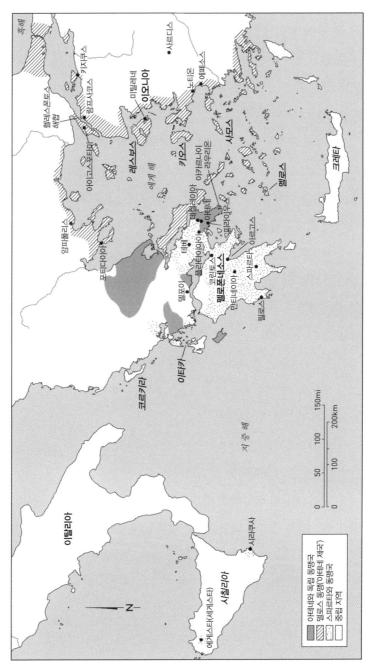

지도 8 | 펠로폰네소스 전쟁

흑해

키지쿠스

헬레스폰토스 해협

람프사코스

아이고스포타미

노티온

에페소스

사르디스

미틸레네

이오니아

크레타

엠포리오

레스보스

에게 해

키오스

사모스

프리에네

아르기누사이

라우리온

밀로스

포티다이아

칼키디아이

아테나

피레우스

테베

멜로스

델포이

피라이에우스

코린토스

펠로폰네소스

스파르타

이타카

아테나이

만티네이아

필로스

케르키라

이탈리아

이탈리아

지중해

0   50   100   150mi

0   100   200km

시칠리아

시라쿠사

에게스타(세게스타)

N

아테네의 독립 동맹국

델로스 동맹('아테네 제국')

스파르타와 동맹국

중립 지역

의 국경에 있는 신성한 땅을 침범했다고 주장하면서, 그런 제재 조치를 내렸었다. 포티다이아는 원래 코린토스가 건설한 도시인데, 스파르타의 동맹국인 코린토스는 자기네 식민지를 대변하면서 아테네의 군사적 봉쇄를 비난하고 나섰다.

그렇잖아도 코린토스는 아테네에 불만이 많았다. 아테네가 코린토스와 싸우고 있던 코르키라를 지원했을 뿐만 아니라 코르키라와 그 막강한 해군력에서 동맹을 맺었던 것이다. 스파르타는 메가라의 비위를 맞춰주기 위해 최후통첩을 발령했지만, 실은 막강한 해군력을 갖춘 코린토스를 의식하여 그런 행동으로 나선 것이었다. 당시 코린토스는 스파르타를 위협하고 있었다. 만약 포티다이아 문제로 아테네와 싸우고 있는 코린토스를 스파르타가 지원하지 않는다면, 코린토스는 펠로폰네소스 동맹에서 탈퇴하여 아테네의 동맹에 그들의 전함을 내놓겠다고 으름장을 놓았던 것이다. 이 위협은 스파르타인들에게 아테네를 상대로 모래 위에 일정한 선을 긋도록 했다(모래는 경기장 혹은 전쟁터의 뜻을 갖고 있다―옮긴이). 말하자면 대결을 하도록 강요했다.

아테네가 메가라 포고$^{Megarian Decree}$(메가라에 대한 경제 제재 조치를 일컫는 오늘날의 용어)를 철회하라는 스파르타의 최후통첩을 거부하자, 자연히 양국은 교전 상태에 돌입하게 되었다. 스파르타의 최후통첩에 대하여 페리클레스는 아주 차갑게 대답했다고 전해진다. 그는 아테네 민회가 메가라 포고가 적힌 공고판을 내리지 못하게 하는 법률을 이미 통과시켰다고 답변했다. 이에 대해 스파르타 사절의 대표는 이렇게 대꾸했다.

"좋아요. 그 공고판을 내릴 필요도 없겠지요. 법률이 적힌 면을 벽

쪽으로 돌려놓기만 하면 될 테니까요! 당신은 말만 그렇게 할 뿐, 그
런 금지 법률을 통과시키지 않았어요!"

- 플루타르코스, 《페리클레스》 30

메가라 포고와 관련된 이 에피소드는 기원전 430년대 후반에 스파르
타와 아테네 양국의 긴장 관계가 어느 정도였는지를 잘 보여준다. 이렇
게 하여 약소국의 움직임이 두 강대국을 자극했고, 기원전 431년에는 전
쟁 일보 직전까지 가게 된 것이다.

메가라의 경제 제재, 포티다이아의 무력 제재, 코르키라와 아테네의
동맹 등은 아테네와 스파르타 양국이 안고 있던 커다란 권력의 문제를
반영하고 있다. 스파르타의 지도자들은 아테네가 장거리 공격 무기(델로
스 동맹의 해군력)를 이용하여 펠로폰네소스 동맹에 대한 스파르타의 지배
력을 무너뜨리려 하는 것이 아닐까 우려했다. 그 반면에 아테네 민회는
스파르타가 아테네의 행동 자유에 간섭하는 것을 불쾌하게 생각했다. 예
를 들어 투키디데스는 동료 남자 시민들에게 열변을 토하는 페리클레스
를 이렇게 묘사했다.

"만약 우리가 전쟁을 하게 된다면 사소한 문제 때문에 하게 되었다
고 생각하지 마십시오. 이런 사소한 문제를 통해 여러분의 결단이 증
명되고 확인되는 것입니다. 만약 당신이 적들의 요구에 굴복한다면
그들은 당장 좀 더 큰 요구 사항을 들고 나올 것입니다. 그들은 우리
가 겁을 먹어서 요구를 들어준다고 생각하기 때문입니다. 하지만 우
리의 입장을 굳세게 지킨다면 그들은 우리를 동등인으로 대해야 한

다고 생각할 것입니다. … 만약 우리의 동등인들이 현재 분쟁 중인 사안의 중재안에 동의하지 않고 이웃인 우리에게 일방적인 요구를 해온다면, 그리고 우리가 그런 요구에 굴복한다면, 우리는 노예나 다름없는 처지가 될 것입니다. 그 요구 액수가 크든 작든 관계없이 말입니다."

— 《펠로폰네소스 전쟁사》 1.141

위의 인용문에서 곧바로 이어지는 문장에서 투키디데스는 페리클레스가 말한 "미끄러운 등성이 길"에 대하여 타협은 곧 "노예제"로 가는 길이라고 서술하고 있는데, 진정성이 느껴지는 표현이다(영국 총리 네빌 체임벌린이 1938년 체코슬로바키아의 주데텐란트를 합병하겠다는 요구에 굴복한 일을 역사가들이 비판하는 것은, 그 일로 히틀러가 더 큰 합병을 욕심 내게 되었기 때문이다). 먹을수록 양양이라는 말이 있듯이, "1인치를 내주면 1마일을 달라고 한다"라는 속담에는 일리가 있다. 또한 적과 타협하는 것이 파괴적이고 예측 불가능한 전쟁을 피하는 방법으로 타당한 때와 장소도 있는 법이다. 그런 타협이 신중하기는 하지만 불명예스럽지 않느냐고? 설사 불명예스럽다고 한들 그게 그리도 중요한가? 아테네인들은 기원전 431년에 페리클레스의 권유로 스파르타의 최후통첩을 거부했다. 이때 그들은 일찍이 기원전 479년의 페르시아 전쟁 때 스파르타인들에게 자기들이 했던 대답을 기억했을까? 페르시아 전쟁 당시 아테네인들은 페르시아 왕이 그 어떤 뇌물을 주어도 그리스를 '노예제'로 전락시키는 일에는 동의하지 않겠다고 말했다. 만약 그렇다면 두 전쟁의 상황은 서로 유사한가? 아테네인들이 기원전 431년에 한 번 협상을 해서 나온 결과를 규정하는 말로 '노예제'가 타당한 용어인가? 혹은 스파르타인들이 그들에게 전쟁 이외에 다른 선택안은 주지 않았는가? 펠로폰네소스 전쟁의 발발에 이르는 여러 상황의 복잡 미묘함과, 아테네와 스파르타 양측의 심리 상태에 대한 투키디데스의 극적인 서술은 고대 그리스사의 아주 도발적인 장면을 보여준다. 이 장면은 적들과 타협해야 할 때, 혹은 타협하지 말아야 할 때라고 하는 힘든 문제와 관련하여 "아주 훌륭한 생각 거리"를 제공한다.

전쟁의 공식적 책임 소재를 가릴 때 다음 사항을 기억하는 것이 중요하다. 아테네인들이 스파르타가 제시한 중재안에 따르겠다고 말한 것은 사실이다. 중재 절차는 기원전 446~445년의 평화 협정에도 들어 있는 조항이었다. 하지만 스파르타는 그 중재안을 거부했다. 만약 그 중재안이 그들에게 불리하게 나와 코린토스가 펠로폰네소스 동맹에서 탈퇴하는 사태가 발생하면 곤란했기 때문이다. 스파르타는 아테네의 엄청난 해군력과 맞서 싸우기 위해서는 코린토스의 대규모 선단이 꼭 필요했다. 스파르타가 협정에 의해 명시된 의무 사항을 지키지 않는 것은 신성모독이나 마찬가지였다. 스파르타는 아테네가 모든 양보안을 거부했으니 아테네의 잘못이라고 주장했지만, 맹세한 의무 사항을 위반한 데 대하여 신들의 징벌을 받지 않을까 우려했다. 한편 아테네인들은 조약의 의무 사항을 준수했으니 전쟁에서 신들의 가호를 얻을 수 있으리라는 자신감을 내보였다.

페리클레스의 전략
—

아테네는 막강한 선단과 요새가 있었기에 도심과 주요 항구 피라이우스가 직접 공격받더라도 난공불락의 상태였다. 이미 기원전 450년대에 이르러 아테네는 도시의 중심을 거대한 석벽으로 둘러쌌고, 서쪽으로 약 6킬로미터 떨어진 피라이우스 항구에 이르는 길 양쪽을 벽으로 쌓아 넓은 통로를 요새화했다(6장의 지도 6 참조). 기원전 460년대 후반에 키몬은 첫 두 장성長城의 기초를 놓는 데 막대한 돈을 투자했고, 페리클레스는 공공 기금을 이용하여 450년대 초반에 장성의 완성을 보았다. 기원전 445년경에는 세 번째 성벽을 쌓았다.

기원전 5세기의 포위 공성攻城 기술은 아직 충분히 발달되어 있지 않아서 아테네의 두터운 석벽 장성을 꿰뚫을 수가 없었다. 따라서 스파르타의 침공으로 장성 바깥 아티카의 농업 생산이 아무리 큰 피해를 입는다 하더라도 도심 속의 아테네인들은 요새화한 항구를 통해 들어온 배에서 얼마든지 식량을 얻을 수 있었다. 아테네는 델로스 동맹의 공여금과 라우리온의 은광에서 나온 수입을 축적해두었기 때문에 얼마든지 식량과 그 운송 비용을 감당할 수 있었다. 그들은 은을 주조하여 은화를 만들었는데 이 동전은 국제 통화로서 아주 인기가 높았다(도판 8-1). 또한 아테네는 우수한 스파르타 보병이 아테네의 덜 우수한 지상군을 공격해오면 장성 뒤로 숨을 수도 있었다. 이처럼 난공불락의 위치를 확보한 덕분에 아테네는 요새화한 항구에서 배를 띄워 적진 뒤쪽 깊숙이 병사들을 상륙시킴으로써 적에게 기습전을 감행할 수도 있었다. 레이더 경비 체제가 발명되기 이전의 전투기처럼, 아테네의 전함은 적이 미처 방어할 준비도 갖추기 전에 기습 공격을 할 수 있었다.

따라서 페리클레스가 아테네를 위해 고안한 양면 전략은 아주 간단한 것이었다. 즉, 설혹 스파르타 보병이 아티카 농촌 지역을 파괴한다고 해

도판 8-1 | 아테네에서 주조한 은화는 널리 통용되는 화폐가 되었다. 모든 사람이 이 귀중한 금속의 가치를 믿었기 때문이다. 국제 시장에 대한 하나의 보장책으로서 아테네 사람들은 은화의 디자인을 수세기 동안 바꾸지 않았다. 예를 들어 기원전 5세기의 이 은화는 다른 은화들과 마찬가지로 앞면에는 아테나 여신의 옆얼굴을, 뒷면에는 아테나의 신성한 새인 올빼미를 새겨 넣었다. 이 은화는 '올빼미'라는 속어로 불렸다. 사진 출처: Los Angeles County Museum of Art.

도 스파르타와의 지상 대치전은 피하고 해상으로부터 스파르타와 그 동맹국들의 농촌을 직접 공격한다는 전략이었다. 페리클레스는 아테네의 인원과 물자가 풍부하므로 이런 소모전에서 아테네가 결국 이길 거라고 내다보았다. 전쟁 수행에 정말로 필요한 것은 아테네 지도자들의 지속적인 인도와 시민들의 강철 같은 헌신이었다. 모두가 고통을 받겠지만 결국에는 살아남아 승리할 것이었다. 이 노선을 철저하게 고수할 수만 있다면 말이다.

그러나 페리클레스의 전략에는 중대한 난점이 있었다. 도심 바깥의 농촌 지역에 사는 아테네인들은 매해 스파르타군이 아티카를 침공해올 때마다 자신들의 집과 농경지를 스파르타의 약탈과 방화 행위에 내맡겨야 했다. 투키디데스가 보고했듯이, 사람들은 농촌에서 도심으로 이주하는 것을 싫어했다.

> 대부분의 아테네인은 농촌에서 태어나 자랐다. 그들은 전 가족을 이끌고 아테네 도심으로 이주해야 하는 것을 못마땅하게 여겼다. … 그것은 정상적인 생활 방식과 고향을 포기하는 것과 같았다.
>
> – 《펠로폰네소스 전쟁사》 2.16

기원전 431년, 스파르타가 처음으로 아티카를 침공하여 농촌의 집들을 파괴하면서 전쟁을 개시했다. 그렇게 하면 아테네 보병 부대가 교전에 응할 거라고 기대했던 것이다. 아티카의 농촌 지역 거주자들은 안전한 아테네의 도심 성벽 위에 서서 자신들의 집과 들판이 불타는 모습을 보고서 분통을 터뜨렸다. 성벽 북쪽에서 바로 보이는, 인구가 조밀한 아티카의 지역구인 아카르나이 남자들이 특히 더 분개했다. 페리클레스는 스파르타 중장 보병과 지상전을 벌이려고 달려 나가는 시민 민병대를 가까스로 말릴 수 있을 정도였다. 그는 민회가 지구전을 철회하고 새로운 공격 전략을 승인하려는 것을 간신히 막아냈다. 페리클레스가 이 중대한 시기에 정상적인 민주적 절차를 어떻게 방해했는지, 투키디데스는 보고

하지 않았다.

스파르타군은 아티카에 한 달 정도 머물다가 본국으로 돌아갔다. 스파르타군은 장기간 군수 물자를 보급할 구조를 갖추지 못했고, 또 헬로트의 반란을 두려워하여 장기간 외국에 머물 수가 없었다. 이러한 이유로 전쟁 초기에 스파르타군이 아티카에 머문 시기는 연간 40일을 넘지 않았다. 하지만 이 짧은 기간 동안에도 스파르타군은 아테네의 농촌 지역에 많은 피해를 입혔고, 도심 속에 갇혀 지낸 아테네인들은 그런 상실의 여파를 개인적으로 절감했다.

예상하지 못한 재앙
—

그러나 예기치 못한 사태의 발생으로 페리클레스의 승전 전략은 크나큰 상처를 입었다. 기원전 430년, 전염병이 발생하여 여러 해 동안 계속되면서 많은 아테네 주민들의 목숨을 앗아간 것이다. 농촌에서 대피한 아테네인들이 도시 성벽 뒤편의 비위생적인 조건 속에서 혼잡하게 살게 된 상황에서 전염병이 발생한 것이다. 대규모 도시 피란민의 주택과 위생 시설을 적절하게 마련하지 못한 것은 페리클레스와 동료 지도자들의 치명적 실수였다. 투키디데스가 자세히 묘사한 전염병의 징후는 참담하다. 사람들은 구토, 경련, 고통스러운 부스럼, 멈추지 않는 설사, 고열, 갈증 등에 시달렸다. 어떤 환자는 심한 고열로 고생한 나머지 차가운 물로 위로를 얻고자 송수관에 몸을 던져보았으나 헛일이었다. 사망률이 너무 높아서 페리클레스의 전략 중 하나였던 해상 원정대의 인원마저 제대로 채울 수 없을 정도였다.

설상가상으로 페리클레스마저 전염병으로 기원전 429년에 사망했다. 페리클레스는 자신의 강력한 지도력이 사라지면 아테네에 발생할 엄청난 손실을 예상하지 못했다. 전염병은 신들과의 우호적인 관계에 대한 아테네인들의 믿음을 파괴시켜 그들의 전쟁 수행 능력을 크게 마비시켰다. "신들에 관한 한 어떤 사람이 신을 숭배하느냐 그렇지 않느냐는 그리 중요한 문제가 아니다. 왜냐하면 착한 사람이나 악한 사람이나 무차별적으로 죽어가기 때문이다"라고 투키디데스는 썼다(《펠로폰네소스 전쟁사》 2.53).

전염병은 아테네인들에게 여러모로 피해를 입혔다. 물질적으로는 인구를 감소시켰고, 정치적으로는 유능한 지도자인 페리클레스를 희생시켰으며, 심리적으로는 그들의 자신감을 파괴시키고 사회적·종교적 규범을 약화시켰다. 그럼에도 아테네인들은 항복하기를 거부했다. 치명적 질병으로 주민을 많이 잃었는데도 아테네 군사력은 여러 장소에서 효율성을 발휘했다. 아테네와 코린토스의 갈등을 유발시켰던 반란 세력인 포티다이아인은 기원전 430년에 진압되었다. 포르미오 장군이 이끈 아테네 해군은 기원전 429년 코린토스 만 서쪽의 나우팍투스 해상에서 두 번의 주요한 승리를 거두었다. 기원전 428~427년에 미틸레네 도시국가가 레스보스 섬에서 주도한 심각한 반란은 무력으로 진압되었다.

투키디데스의 역사서에서 매우 유명한 연설들 가운데 하나가 미틸레네인들의 운명에 대하여 아테네의 두 연사 클레온과 디오도토스가 내놓은 상반된 연설이다(《펠레폰네소스 전쟁사》 3.37~48). 두 연설은 각각 정의와 편의를 내세우면서, 한쪽은 사형을, 다른 한쪽은 관용을 요청했다. 두 사람의 논증은 미틸레네의 반란자들을 어떻게 처리할 것인가 하는 직접적인 문제라기보다, 그보다 큰 차원의 정치적·윤리적 문제에 관하여 감동적이면서도 도발적인 입장을 각각 대변했다.

이것 못지않게 감동적이면서 도발적인 것은 기원전 427년에 코르키라 섬의 도시국가에서 발생한 내전에 관해 투키디데스가 쓴 보고서이다. 이 섬의 친아테네 진영과 친스파르타 진영은 펠로폰네소스 전쟁의 양 당사자에게 각각 호소함으로써 섬의 정권을 장악하려 했다. 투키디데스의 노골적인 분석은 내전이 인간성의 나쁜 측면을 부추기고 악랄한 감정을 불러일으키며 심지어 평생 이웃으로 살아온 사이에서도 적대감을 불러일으킨다는 것을 생생하게 보여준다.

코르키라의 내전에서 민주제를 지지했던 시민들은 그들이 찾아낼 수 있는 적을 모두 찾아내 처형했다. … 이어서 그들은 헤라의 성소로 가서 그곳에 피신하고 있던 약 50명의 탄원자(적에게 소속된 자)에게 법정에 나오도록 유도했다. 민주제를 지지했던 자들은 그 탄원자 전원을 사형에 처했다. 법원의 재판에 나가기를 거부했던 탄원자들은 무슨 일이 벌어졌는지 알고서 성소에서 서로를 찔러 죽임으로써 대다수가 사망했다. 일부는 나무에 목매달아 죽었고, 일부는 또 다른 다양한 방법으로 자살했다. 민주제를 지지했던 자들은 적이라고 생각되는 자들을 일주일 동안 모조리 학살했다. 그들은 희생자들이 민주제를 전복시키려 했다고 비난했다. 하지만 대부분은 개인적으로 증오심을 갖고 있거나 희생자에게 빚을 져서 그들을 죽인 것이었다. 그들은 온갖 방식으로 사람들을 죽였다. 이런 경우에 늘 그렇듯이, 살인자들은 극악한 수단과 방법을 가리지 않았다. 아들을 죽인 아버지가 있는가 하면, 신전에서 끌려 나와 죽음을 맞이한 사람도 있었다. 신들의 제단 앞에서 처형당한 사람도 있었으며, 어떤 사람들은 디오니소스 신전에 틀어박혀 있다가 거기서 굶어죽었다.

이런 분파적인 갈등은 여러 그리스 도시에서 많은 재앙을 낳았다. 인간성이 변하지 않는 한 이런 일은 지금도 발생하고 있고 앞으로도 발생할 것이다. … 평화와 번영의 시대에 도시와 개인은 아주 엄격한 행동 기준을 준수했다. 그들이 원하지 않는 행동을 하도록 강요되는 상황에 놓여 있지 않았기 때문이다. 하지만 전쟁은 난폭한 교사이다. 전쟁은 힘들지만 일상의 의무를 수행하는 사람들의 능력을 아예 빼앗아감으로써 사람들의 기질을 현재와 같은 수준으로 추락시켜버린다.

그리하여 도시마다 분파적 갈등이 터져 나왔다. 그러한 투쟁이 다른 도시들보다 뒤늦게 벌어진 도시에서는 다른 도시에서 이미 발생한 사건들에 대한 지식이 더 교묘한 공격과 더 잔인한 보복 행위를 가져오게 했다. 이러한 행동 변화에 발맞추어 어휘도 통상적인 의미에서 이탈하여 사람들의 현재 목적에 부응하게 되었다. 전에는 무자비한 공격 행위로 규정되었던 것이 이제는 분파에 가담하는 충성스러운 사람의 용기로 바뀌었다. 미래를 생각하여 즉각적인 행동을 취하지 않으려 하는 사람에게는 비겁자라는 칭호가 주어졌다. 온건한 조치를 제안하는 사람은 비겁함을 은폐하려는 자로 치부되었다. 어떤 문제의 다른 측면을 이해하는 능력은 행동하지 않고 우물쭈물하는 우유부단함으로 여겨졌다. 광신적 열광만이 진짜 사나이를 규정하는 특징이 되었다. … 가족 간의 유대 의식은 어떤 분파에 소속되어야 한다는 의무보다 더 강한 의무가 될 수 없었다. 그리고 분파(당파)의 구성원은 무슨 이유에서든지 극단적인 행동을 할 준비가 되어 있어야 했다.

– 《펠로폰네소스 전쟁사》 3.81~82

대규모 전염병으로 인력을 많이 상실한 아테네는 당초 페리클레스가 구상한 전략대로 대규모 해군 원정대를 조직할 수가 없었다. 기원전 420년대 초반의 연간年間 전투들은 양측에 추가로 손실을 안겨주었고, 어느 쪽도 상대방을 결정적으로 제압했다고 주장할 수가 없었다.

그러다가 기원전 425년에 아테네는 유리한 평화 협정을 이끌어낼 수 있는 황금 같은 기회를 잡았다. 아테네 장군 클레온이 120명의 스파르타 '동등인'과 약 170명의 펠로폰네소스 동맹군을 사로잡는, 전례 없는 승리를 거둔 것이다. 클레온은 서부 펠로폰네소스의 필로스에 딸린 작은 섬인 스팍테리아에서 장기전을 펼치다가 그런 전공을 세웠다. 그 이전까지 스파르타 병사는 어떤 상황에서든 항복한 적이 없었다. 그들은 임전무퇴를 군인의 사명으로 여겼던 것이다. 그런 마음가짐은 한 스파르타 병사의 어머니가 전쟁에 나가는 아들에게 방패를 주면서 했다는 다음의 말에 잘 드러난다. "이 방패를 가지고 집에 오든지, 아니면 그 위에 엎어져 오든지 해라"(플루타르코스, 《모랄리아》 241F). 그러니까 승자로 돌아오든지, 아니면 죽어서 돌아오라는 얘기였다.

아무튼 그 무렵 스파르타의 남자 시민 인구는 크게 줄어서 이 정도의 소규모 인원을 잃는 것도 엄청난 손실이었다. 그래서 스파르타 지도자들은 그 포로가 된 전사들을 돌려주는 조건으로 아테네에 유리한 휴전 조건을 제시했다. 클레온은 필로스에서 예기치 못한 승리를 거둔 덕분에 그 정치적 위상이 한층 높아졌다. 그는 스파르타에 대하여 강경 노선을 유지하는 쪽을 지지했다. 클레온을 별로 좋아하지 않은 듯한 투키디데스는 그를 "아주 난폭한 시민 가운데 한 명"(《펠로폰네소스 전쟁사》 3.36)이라고 규정했다. 아테네 민회는 클레온의 조언을 받아들여 스파르타와 평화 협정 체결하기를 거부했다. 클레온은 더 많은 승전을 거둘 수 있다고 시민들에게 큰소리쳤고, 그리하여 그들은 도박을 하기로 했다.

아테네의 결정이 우둔한 것이었음이 그 후의 사태 전개에 의하여 명백해졌다. 스파르타가 갑자기 군사 정책을 바꾸어, 본국에서 장기간 떠나 군사 작전을 펼치기로 결정한 것이다. 기원전 424년 스파르타의 장군 브라시다스는 지상군을 이끌고 원정전에 나서서 스파르타에서 수백 마일 떨어져 있는 그리스 북단의 아테네 요새들을 공격하기로 결정했다. 그가 세운 가장 큰 공로는 아테네가 전략적으로 요지라고 생각했던 해안 근처의 아테네 주요 식민지인 암피폴리스를 스파르타 편에 붙도록 만들었다는 것이다. 브라시다스의 조치로 아테네는 은광과 금광, 선박 건조에 필수적인 목재의 주요한 원천을 빼앗겼다. 투키디데스는 암피폴리스의 함락에 직접적인 책임은 없었지만, 그 인근 지방을 책임진 지휘관이었기 때문에 아테네 민회는 그 재앙에 대한 징벌로 추방을 강요하여 관철시켰다.

계속된 싸움 속의 평화

—

기원전 425년에 필로스에서 아테네에 획기적인 승리를 안긴, 가장 영향력 있는 지도자 클레온이 422년에 브라시다스를 저지하기 위해 북부 그리스로 파견되었다. 그러나 클레온과 브라시다스는 422년 스파르타군이 승전한 암피폴리스 인근의 전투에서 모두 전사했다. 두 지휘관이 죽자 양측은 협상에 나섰다. 그리하여 431년 이전의 세력 균형을 다시 부활시키는 조건으로 양측은 421년에 평화 협정을 체결했다. 이 협정은 일명 '니키아스의 평화 Peace of Nicias'라고도 하는데, 니키아스가 아테네 민회를 설득하여 평화 조약을 인준하도록 했기 때문이다. 스파르타가 그 평화 협정에 서명했다는 것은 아테네에 대항하는 스파르타 동맹에 금이 갔다는 사실을 말해준다. 왜냐하면 코린토스와 보이오티아가 그 평화 협정에 서명하기를 거부했기 때문이다.

니키아스 평화 협정은 결정적 승리를 고집하는 양측의 호전적 세력들을 진정시키지 못했다. 용감하고 부유하고 젊기까지 한 아테네인 알키비아데스(기원전 450~404년경)는 그런 불안한 평화를 특히 반대했다. 그는 아테네의 부유하고 저명한 가문 출신이었고, 그 아버지가 기원전 447년 스파르타 연합국들을 상대로 한 전투에서 전사한 이래(당시 알키비아데스는 세 살이었다) 페리클레스의 집에서 성장했다. 아테네의 정치적 기준으로 볼 때 젊은 나이라고 할 수 있는 서른 초반에 알키비아데스는 아테네 민회에서 지원 세력을 규합하여 펠로폰네소스의 스파르타 이권 지역에 공격을 감행할 수 있었다. 스파르타와 아테네 사이에 평화 조약이 체결되었는데도 그는 아테네, 아르고스, 기타 스파르타에 적대적인 도시국가들과 새로운 동맹을 결성한 것이다. 알키비아데스는 이처럼 스파르타를 약화시키는 일을 계속 함으로써 아테네의 힘과 보안을 강화하는 한편, 자신의 경력도 다질 수 있다고 믿었다.

아르고스는 펠로폰네소스 북동쪽에 위치하여 스파르타 영토에서 남북으로 출입하는 통행로의 길목에 있었다. 따라서 스파르타는 알키비아데스가 결성한 동맹을 두려워할 이유가 충분했다. 만약 그 동맹이 공고해진다면, 아르고스와 그 동맹국들은 사실상 스파르타군을 독 안에 든 쥐로 만들어버릴 터였다. 그런데도 그 동맹에 대한 아테네의 지원은 그리 두텁지 못했다. 아마도 지난 10년간 치른 전쟁의 기억이 여전히 새로워서였을 것이다. 그 동맹의 위험성을 잘 알고 있던 스파르타는 기원전 418년 펠로폰네소스 북동부에 있는 만티네이아 전투에서 그 동맹군 세력을 패퇴시켰다.

설사 전쟁이 공식적으로 재개되지 않았다 하더라도 니키아스 평화 협정은 실제로는 휴지 조각이나 다름없었다. 나중에 아테네 군대가 스파르타 영토를 침범하자 전쟁이 다시 불붙었다. 투키디데스는 니키아스 평화 협정이 맺어졌지만 펠로폰네소스 전쟁은 휴전에 들어간 적이 없다고 말한다. 아테네와 스파르타의 적대감은 너무나 뿌리 깊고 맹렬해서 협정으로 해소될 성격이 아니었다. 전쟁이 진정으로 종식되려면 둘 중 어느 하나가 승리해야만 했다.

기원전 416년, 아테네군은 펠로폰네소스 남동쪽 지중해의 멜로스 섬에 위치한 자그마한 도시국가를 포위했다. 스파르타에 동정적이었던 이 공동체는 전쟁에 직접 참여하지는 않았지만 스파르타에 전쟁 비용을 보태주고 있었다. (이것은 한 비문에서 나온 정보에 의거한 것이다. 이 비문은 이 도시가 포위 작전에 의해 함락된 이후에 벌어진 사건들을 언급했을 가능성이 있다. 이당시 멜로스 피란민들은 스파르타의 환심을 사려고 소액의 돈을 내놓았다.) 아테네는 기원전 426년 니키아스가 멜로스를 공략하여 성공하지 못한 이래 오랫동안 이 섬을 적국으로 생각하고 있었다. 다시 한 번, 아테네는 스파르타에 대한 군사적 지원을 철회하거나, 아니면 몰살을 각오하거나 둘 중하나를 선택하라고 멜로스에 요구했다. 멜로스는 아테네가 군사적으로 엄청난 우위였음에도 이런 위협에 굴복하지 않았다. 멜로스는 약탈할 재산이 많은 것도 아니었고, 전략적으로 중요한 위치에 있는 것도 아니었기 때문에, 아테네가 이 전투로 무엇을 얻으려 했는지는 불분명하다. 어쩌면 아테네인들은 멜로스가 자기들의 동맹에 가담하지도 않고 지시를 따르지도 않자 화가 났는지도 모른다. 마침내 멜로스가 아테네와 그 동맹군에게 항복하자, 그 도시국가의 남자들은 살해되었고 여자들과 아이들은 노예로 팔려갔으며, 그 섬에는 아테네 공동체가 세워졌다.

투키디데스는 아테네의 멜로스 정복 사건을 무력의 사용이라는 몰도덕적 관점으로 시종일관 기술하고 있으나, 멜로스 사람들은 국가 간에 존재하는 정의의 원칙에 따라 행동해야 한다는 입장을 취했다고 묘사했다. 그는 양측 지도자들을 개인적인 모임에 출석시켜 서로의 입장을 개진하게 함으로써 그들 각자의 철학이 무엇인지를 보여준다. 투키디데스의 역사서에 나오는 이 부분(《펠로폰네소스 전쟁사》5.84~114)은 일명 '멜로스 대화'라고 하는데, 국제 정치에서 윤리와 권력이 상충하는 양상을 잘보여준다. 투키디데스의 깊은 통찰과 차가운 현실 인식은 이 주제와 관련해 참으로 영원한 교훈을 준다.

시칠리아 원정

—

기원전 415년에 전쟁이 다시 불붙었다는 것은 의문의 여지가 없다. 알키비아데스는 아테네 민회를 설득하여 크고 번성한 시칠리아 섬의 스파르타 동맹국인 시라쿠사를 공격하는 해상 전투를 감행하게 된다. 시칠리아 섬 남동부에 위치한 이 부유한 도시는 아테네의 승전을 위해서는 가장 큰 목표물이면서 동시에 가장 큰 위협이었다. 특히 이 도시가 스파르타에 군사적 지원을 한다면 문제가 아주 심각해질 터였다. 이 원정의 내재적 목적은 아테네와 그 동맹국들이 그곳을 정복하여 재산을 많이 빼앗아오고, 또 시칠리아의 도시들이 스파르타를 지원하지 못하게 하자는 것이었다. 좀 더 표면적인(공식적인) 측면에서 살펴보면, 아테네는 시칠리아의 동맹국인 에게스타(혹은 세게스타로 알려진 곳)의 지원 요청을 받아들여 그 원정에 나서게 되었다. 에게스타는 이전에 아테네와 동맹을 맺은 동맹국이었다. 에게스타인들은 시칠리아를 정복하면 그 섬에 있는 적들과 싸움을 하는 데 필요한 군수 물자를 많이 확보할 수 있다고 부풀려 말함으로써 아테네의 원정을 유도해냈다.

　시칠리아 원정을 결정하는 토론장에서 알키비아데스와 그의 지지자들은 시라쿠사에 있는 많은 전함이 아테네 동맹에 특히 위협적인 존재이니 반드시 파괴해야 한다고 말했다. 전함들은 언제라도 시칠리아를 떠나 스파르타 동맹국과 합류하여 아테네와 그 동맹국들을 공격할 수 있다는 주장도 했다. 니키아스는 원정전에 반대하는 세력의 우두머리였다. 시라쿠스의 전함들의 파괴가 쉽지 않다는 그의 논리는 알키비아데스가 부추겨놓은 열광적인 분위기를 잠재울 수가 없었다. 알키비아데스의 화려한 군사적 영광의 꿈은 아직 전쟁의 엄혹한 현실을 겪지 않은 아테네 젊은이들에게는 특히 매력적이었다. 아테네 민회는 지금껏 그리스에서 출항한 것 중에 가장 큰 규모의 병력을 파견하기로 결정함으로써 알키비아데스의 야망을 밀어주었다.

알키비아데스는 개인적으로 오만한데다가 정치적 야망이 지나쳐서 아테네에 많은 정적을 만들어놓은 상황이었다. 그런데 시칠리아 원정대가 막 출발하려는 시점에 그의 정적들은 아주 좋은 기회를 잡게 되었다. 알키비아데스가 출정 하루 전날 밤에 신성모독적인 사건에 가담했다는 비난을 듣게 된 것이다. 그런 사건들 중 하나는 아테네의 돌기둥(헤르마 herma)과 관련되어 있었다. 발기한 남근 조각과 헤르메스 신의 흉상을 모신 헤르마는 출입문, 경계, 전환점 등을 수호하는 역할을 했다. 그래서 헤르마는 도시의 모든 교차로에 세워져 있었다. 사람들이 길을 건너는 교차로는 상징적으로 특별한 위험 지대를 의미한다고 보았기 때문이다. 그런데 알키비아데스의 원정 선단이 막 항해에 나서기 직전에 어떤 파괴 분자들이 헤르마의 남근 조각상을 떼어내는 신성모독죄를 저지른 것이다. 알키비아데스가 그 파괴 행위와 관련되어 있다는 비난을 듣자, 그의 정적들은 그가 예전에도 엘레우시스 비의를 조롱했다는 보고서를 내놓음으로써 그를 궁지에 몰아넣었다. 그런 일은 아주 중대한 신성모독죄였기에 대중은 분노했다. 알키비아데스는 자신의 인기가 하늘을 찌르고 또 자신을 지지하는 군인들이 아직 아테네에 있을 때 재판을 받고자 재판 일정을 서둘렀다. 하지만 그의 정적들은 원정대의 출발을 연기할 수 없다는 구실로 재판을 뒤로 연기했다. 그래서 알키비아데스는 선단과 함께 출발했다. 하지만 그가 해상으로 나간 지 얼마 되지 않아서 그에게 혼자 아테네로 돌아와 재판을 받으라는 명령이 날아들었다. 알키비아데스는 그 명령에 아주 극적이고 놀라운 행동으로 대응했다. 아테네를 배신하고서 스파르타로 달아난 것이다.

알키비아데스의 배신으로 아테네의 시칠리아 원정대는 강력하고 단호한 지도자를 잃은 셈이 되었다. 하지만 아테네 선단은 굉장히 큰 규모였기 때문에 처음엔 뛰어난 지도자가 없는 상황에서도 시라쿠사와 그 동맹국들을 상대로 승리를 거두었다. 그러나 지휘관 니키아스의 우유부단한 태도 때문에 그리스 원정대는 결국 성공을 거두지 못했다. 아테네 민회는 그런 교착 상태를 돌파하기 위하여 데모스테네스 장군이 이끄는 증원 부대를 파견했다. 하지만 증원 부대도 뛰어난 지휘관에 충분한 물자를 갖춘 시라쿠사 부대를 격파하지 못했다.

시라쿠사의 군사적 지도력에는 알키비아데스가 커다란 영향을 미쳤다. 스파르타가 알키비아데스의 조언을 받아들여, 아테네 원정대에 맞서 싸울 유능한 지휘관을 보낸 것이다. 기원전 414년, 스파르타는 글리포스를 파견했고 그는 현장에 나와 있는 아테네 측의 지휘관들보다 더 우수한 전략을 지닌 군인으로 판명되었다. 글리포스는 스파르타인들이 모탁스^{mothax}(사회 내의 고정된 지위를 지키지 않는 사람)라고 하는 인물, 말하자면 자수성가한 인물이었다. 그는 스파르타인 아버지와 헬로트(혹은 아주 가난한 시민) 어머니 사이에서 태어난 '혼혈'의 특수 계급 출신이었다. 펠로폰네소스 전쟁 중에 인구 감소가 극심해지자, 스파르타인들은 이런 혼혈 계급의 재주 있는 소년들을 공동식사에 참여시켜 전사 혹은 유능한 지휘관 계급으로 성장하는 것을 허용했다.

이렇게 해서 아테네 군대는 시라쿠사 항구에 갇힌 꼴이 되었고, 기원전

413년 해전에서 스파르타인들과 그들의 시칠리아 동맹군에게 결정적으로 패배하고 말았다. 아테네 원정대의 잔존 병력은 목숨을 건지려고 육지로 달아났으나, 니키아스를 포함한 모든 병력이 몰살당했다. 시칠리아 원정대는 아테네에 불명예스러운 패배를 안겼고, 또 도시국가가 지닌 군사력의 주된 원천인 해군이 완전히 망가지는 결과를 가져왔다. 이 재앙의 소식이 아테네에 전해지자 시민들은 공포에 사로잡혀 탄식하며 눈물을 흘렸다.

그 뒤로 10년간 더 지속된 전쟁

—

아테네인들은 공포스러웠지만 포기하지 않았다. 시칠리아 참사 이후 더 많은 문제들이 그들을 괴롭혔으나 꿋꿋이 버텼다. 알키비아데스의 배신은 시칠리아의 대재앙 이후에도 계속 고통을 가져다주었다. 알키비아데스는 스파르타에 있는 동안 스파르타 지휘관들에게 아티카 농촌에다 항구적인 작전 기지를 구축하라고 조언하면서도 큰 문제를 일으켰다. 기원전 413년, 스파르타 지휘관들은 마침내 그 조언을 받아들여 실천에 나섰다. 시칠리아에서 엄청난 인원과 물자의 손실을 겪은 아테네의 취약성을 이용하여 스파르타는 아티카 북동부 지역인 데켈레이아에 위수衛戍 진지를 구축했다. 그곳은 아테네의 장성이 보이는 위치였다. 스파르타 군대는 이제 연중 무휴로 아테네의 농촌을 감시하고 침입할 수가 있었다.

전에 전쟁 초기에는 아테네 영토에 파견된 스파르타 군대의 주둔 기간은 고작해야 날씨가 좋은 40일을 넘지 않았다. 그런데 위수 부대의 상존은 아티카 들판에서 농사를 짓는 것을 어렵게 만들었고, 또 아테네 사람들로 하여금 전보다 더 과중하게 해상 수입 식품에 의존하게 만들었다. 국가 노예 2만 명이 스파르타 진영으로 달아나버리자 아테네가 입은 타격은 더욱 심각해졌다. 이 노예들 중 일부는 라우리온 은광에서 일했는데, 그들을 잃자 은광에서 들어오던 수입이 끊어졌다. 그 타격이 몰고 온 위기는 너무나 심각하여 아테네 정부에 비상조치가 취해졌다. 도시의 업무를 맡아 보는 10인 관료단이 임명되었다. 무한정 계속될 듯한 전쟁의 스트레스로 시민들은 민주제의 통상적 절차가 시민의 안전을 보장하는 데 부적절하다고 생각하게 되었다. 그들은 조국 건국의 원칙에 가졌던 자신감을 잃어버렸다. 그래서 투키디데스는 이렇게 말한 것이다. "전쟁은 난폭한 교사이다"(《펠로폰네소스 전쟁사》3.82).

기원전 413년 시칠리아에서 패전한 결과는, 페르시아가 다시 한 번 그리스 문제에 직접적으로 개입함으로써 더 악화되었다. 페르시아의 의도는 아테네가 허약한 틈을 타 스파르타 편에 붙어서 서부 아나톨리아의 아테네 동맹국들을 제압하여 그 일대의 지배권을 다시 주장하겠다는 것이었다. 그 지역의 페르시아 땅을 지배하던 총독은 스파르타와 그 동맹국들을 위한 함대 건설과 인원 비용을 내놓기 시작했다. 에게 해 동부에 있는 키오스 섬의 강력한 도시국가를 주축으로 하는, 이오니아 지방의 일부 아테네 동맹국들은 반란을 일으켜 델로스 동맹에서 탈퇴했다. 알키비아데스는 다시 한 번 동포들에게 복수를 가했다. 스파르타인들이 기원전 412년 반란을 선동하라면서 알키비아데스를 이오니아로 파견하자, 그는 이오니아인들에게 아테네를 상대로 반란을 일으키도록 부추겼다. 동맹국들의 반란으로 아테네는 커다란 타격을 받았다. 이오니아는 해상 수송로의 공격 거점을 제공했기 때문에 남동쪽의 이집트와 북동쪽의 비옥한 흑해 연안으로부터 식량을 수입하는 이오니아의 해상 운송로가 막힐지도 모를 상황이었던 것이다. 이오니아 동맹국을 잃어버린다면 아테네는 굶주림을 면하기 어려운 상황이었다.

그러나 이처럼 커다란 어려움 앞에서도 아테네는 강력한 공동체적 의지를 발동했고 독립을 유지하기 위해 계속 싸우려는 의지를 다졌다. 그들은 선박을 새로 건조하고 그 선박을 운영할 선원들을 양성하는 데 자금을 투입했다. 그 돈은 선박 기금을 지원하기 위해 전쟁 이래 아크로폴리스에 쌓아두었던 비상 자금이었다. 놀랍게도 기원전 412~411년에 이르러 해군력이 충분히 회복되어, 아테네는 키오스를 도와주러 가는 코린토스 선단의 움직임을 성공적으로 차단할 수 있었다. 그리고 그 반항적인 섬을 포위, 공격했고, 또 아나톨리아 연안의 일부 전투에서 승리를 거두기도 했다. '절대 죽었다고 말하지 말라'가 이들의 좌우명이었다.

이러한 군사적 회복에도 불구하고 아테네 정치의 혼란과 시칠리아와의 전투에서 패배하여 생겨난 세입의 불안정은 일부 사회적 엘리트 출신들에게 운신의 폭을 넓혀주었다. 그들은 아테네의 광범위한 직접 민주제를 오래전부터 경멸해왔고 사실상 과두제 쿠데타나 다름 없는 정변을 일으키려고 꾀했다. 그들은 민주적 민회보다는 소규모의 엘리트 지도자 집단이 아테네 정책을 더 잘 집행할 수 있다고 믿었다. 알키비아데스는 아나톨리아 서부의 페르시아 총독들과 연맹을 맺어 아테네에 자금 지원을 할 수 있다는 제안을 내놓아 과두제 지지자들을 성원했다. 단, 민주제를 파괴하고 과두제를 수립해야 하다는 조건이었다. 알키비아데스는 그때 아테네로 돌아갈 생각을 하고 있었다. 그가 페르시아 총독들과 벌인 협상이 스파르타의 이익을 위한 것이 아니라 그 자신을 위한 것이었다고 스파르타가 의심했기 때문이다. 게다가 알키비아데스는 스파르타의 두 왕 중 한 사람인 아기스의 아내를 유혹하여 성관계를 가짐으로써 강력한 적을 만들어놓은 상태였다.

페르시아의 황금을 미끼로 내세운 알키비아데스의 제안은 아테네의 과두제 지지자들에게 큰 힘이 되었다. 그들은 아테네 민회가 가진 공포와 희망을 교묘히 조종했다. 기원전 411년, 그들은 마침내 민회 구성원들이 모든 권력을 400인 협의회에 넘기도록 하는 데 성공했다. 민회는 이 소규모 통치 집단이 전쟁 중에 외교 정책을 잘 수행하고 페르시아 왕과의 협상을 통해 아테네의 재정 상태를 개선할 것이라고 설득당해 권력 이양에 동의했다.

이 400인은 도시의 최종 통치 단체를 구성하는 5000인을 선택하여 폭좁은 과두제가 아니라 폭넓은 과두제를 수립하기로 되어 있었다. 하지만 400인이 사실상 모든 권력을 장악했다. 그러나 과두 세력이 서로 더 많이 권력을 차지하려 들었고 또 동료 과두의 우월한 지혜에 승복하는 듯이 보이는 것을 싫어했기에 과두 체제는 곧 붕괴되기 시작했다. 에게 해 동부의 친아테네 도시국가인 사모스 섬에 주둔하던 함단이 과두 세력에게 물러나지 않으면 귀국하여 힘으로 민주제를 원상복구시키겠다고 위협하자 이 혁명적 정부는 끝나고 말았다. 그리하여 5000인 집정제라는 민주제와 과두제의 절충형 정부가 생겨났다. 투키디데스는 이 정부를 가리켜 "적어도 내 생애에 아테네인들이 경험해본 가장 좋은 정부 형태"라고 말했다(《펠로폰네소스 전쟁사》 8.97). 이 새 정부는 알키비아데스뿐 아니라 추방했던 군 지도자들을 소환하기로 의결했다. 이런 노련한 사람들이 아테네의 군사 지도력을 높이고 또 스파르타와의 전쟁을 승리로 이끌어 주기를 바랐기 때문이다.

알키비아데스를 지휘관으로 새로 영입하여 재건된 아테네 선단은 기원전 410년 초에 흑해 남쪽 키지쿠스에서 스파르타를 상대로 대승을 거두었다. 승리한 아테네인들은 패배한 스파르타군이 본국의 지도자들에게 보내는 다음과 같은 간결한 전갈을 가로챘다.

"전함을 잃었습니다. 지휘관은 사망했습니다. 병사들은 굶고 있습니다. 어떻게 해야 할지 모르겠습니다."

— 크세노폰, 《헬레니카》 1.1.23

한편 민주제를 지지하는 해군의 선단들은 아테네에 완전한 민주제를 회복시킬 것을 요구했다. 키지쿠스에서의 승리 후 몇 달 만에 아테네 정부는 기원전 411년의 과두제 쿠데타 이전의 정부 형태와 구성 방식으로 되돌아갔다. 또한 기원전 420년대 중반 아테네 민회가 견지했던 비타협적인 호전적 태도로 복귀했다. 기원전 425년에 필로스에서 패배했을 때그러했던 것처럼, 스파르타인들은 기원전 410년 키지쿠스에서 패배하자다시 강화 제안을 들고 나왔다. 아테네 민회는 휴전을 거부했고, 아테네선단들은 피라이우스 항구로의 식량 수송로를 안전하게 확보했으며, 전에 반기를 들었던 동맹국들을 다시 동맹의 품속으로 돌아오게 했다.

아테네로서는 불운하게도 전투에서의 승리가 전쟁의 승리를 가져다주지는 않았다. 스파르타의 공격적인 지휘관 리산드로스는 페르시아 돈을 받아들여 스파르타 선단을 재건하고 이 새로운 해군에 유능한 지휘관을 임명함으로써 아테네의 희망에 쐐기를 박았다. 기원전 406년 리산드로스가 아나톨리아의 해안 도시 에페소스 근처인 노티온에서 아테네 선단을 물리치자, 그 해전에 참가하지는 않았지만 알키비아데스에게 책임을 물었고 그래서 알키비아데스는 마지막으로 강제 추방되었다. 아테네 선단은 기원전 406년 레스보스 섬 남쪽의 아르기누사이 섬 해역에서 승리를 거두었으나, 바람이 심하게 불어 난파된 배에 탔던 선원들은 구하지 못했다. 그처럼 많은 선원을 잃은 데 대하여 아테네의 여론은 너무나 좋지 않았다. 개인의 재판에서는 충분히 보장되는 권리를 묵살하기 십상인 집단 재판에서, 아테네의 해상 지휘관들은 직무태만죄로 사형에 처해졌다.

다시 한 번 아테네 민회는 현재 상태를 유지하자는 스파르타의 제안을 거부했다. 그러자 리산드로스는 더 많은 페르시아 자금을 확보하여 스파르타 해군력을 더 강하게 키웠다. 그는 기원전 405년 아나톨리아 해안의 람프사코스 근처의 아이고스포타미 해전에서 아테네 해군을 결정적으로 격퇴했다. 아테네는 이제 방어가 불가능해졌다. 리산드로스는 아테네를 봉쇄했고, 마침내 기원전 404년에 아테네를 항복시켰다. 27년간 거의 끊이지 않고 전쟁을 치러온 아테네인들은 마침내 적의 자비에 자신들을 맡겨야 했다.

아테네에게는 다행스럽게도, 스파르타 지도자들은 아테네의 철천지원수인 코린토스 등 동맹국들이 내놓은, 패배한 도시를 완전히 파괴해버리자는 제안을 거부했다. 스파르타는 아테네라는 견제 세력이 없으면 대규모 선단을 보유한 채 펠로폰네소스의 출입로 길목에 자리 잡은 코린토스가 너무 강성해질까봐 우려한 것이다. 그래서 아테네를 파괴하지 않고 반민주적인 아테네 협력자들의 체제를 구축하여 도시를 다스리게 했다. 이들은 30인 참주로 알려지게 된다.

이 아테네인들은 부유한 엘리트 출신으로서 평소에 민주제를 경멸하고 과두제를 존경하던 집단이었다. 이 과두 세력은 기원전 404~403년 8개월에 걸쳐 폭력이 난무하던 시기에 아테네의 반대 세력을 무자비하게 탄압했고, 귀중한 재산을 가지고 있다는 죄밖에 없는 사람들에게서 인정사정없이 재산을 몰수했다. 거류 외국인이면서 저명한 연설문 작성가인 리시아스(그의 아버지가 수십 년 전 페리클레스의 부름을 받아 아테네로 이주했다)에 의하면, 30인 참주의 부하들이 리시아스 형의 재산을 빼앗기 위하여 그를 붙잡아서 처형했다고 한다. 또 귀중품을 노략질하던 그 부하들은 심지어 그의 형수의 귀에서 황금귀고리까지 낚아챘다고 한다.

30인 참주의 통치는 너무나 난폭하고 극악했기에, 기원전 403년 민주제파와 과두제파 사이에 내전이 벌어졌고 일련의 시가전 끝에 친민주적 저항 운동 세력이 아테네의 정권을 잡았을 때 스파르타는 개입하지 않았다. 아테네를 산산조각 낼지도 모르는 내부의 갈등을 종식시키기 위하여 새로 구성된 민주 정부는 일반 대사면을 선포했다. 그것은 서구 역사상 최초의 사면이었다. 그 포고령에 따라 테러 기간 동안에 일어난 범죄 사건들과 관련된 고소와 재판은 모두 무효가 되었다. 아테네 정부는 다시 한 번 원활하게 돌아가는 민주제를 회복했다. 그러나 아테네의 재정적·군사적 힘은 완전히 손상된 상태였다. 그리하여 아테네 사회는 그 어떤 사면으로도 완전히 치유하기 힘든 치명적인 분열의 기억을 간직하게 되었다.

전시 아테네인의 고난과 희극

—

펠로폰네소스 전쟁은 아테네의 국고를 탕진시켰고, 정치적 조화를 깨뜨렸으며, 그 군사력도 파괴시켰다. 하지만 그게 전부가 아니었다. 근 30년 동안 지속된 전쟁은 아테네 사람들의 가정생활에도 심각한 영향을 미쳤다. 도시와 시골의 많은 사람들은 전쟁이 초래한 경제 위기 때문에 생계가 위협받는다고 생각했다. 배우자나 남자 친척들이 전쟁에서 사망한, 가난한 여자들은 특히 어려움이 컸다. 그들은 자기 자신과 아이들을 부양하기 위하여 가정 밖에서 일자리를 찾지 않으면 안 되었다. 이것은 전에 그들이 해본 적이 없는 일이었다.

가장 참담한 개인적 손실과 파괴를 경험한 이들은 도시의 성벽 바깥 지역에서 살던 아테네인들이었다. 이 농촌 거주자들은 스파르타 침략군들이 가옥과 들판을 쑥대밭으로 만드는 동안 도시 성벽 안으로 피란을 가야 했다. 만약 이들이 도시에 집을 갖고 있지 않거나 그들을 받아줄 친척이 없으면 이들은 비좁고 비위생적인 아테네의 공공 지역에서 천막을 치고 살아야 했다. 또한 피신처, 음식, 취사 시설, 일용할 물 등을 그때그때 조달해야 했다. 그들은 아테네의 도시 기반 시설에 큰 부담을 안겼고 그 결과 피란민과 도시 거주자들 사이에 불가피하게 갈등이 발생했다.

전쟁은 아테네의 많은 가정이 생계를 유지하는 방식에 급격한 변화를 가져왔다. 그 변화는 농업이나 자영업을 해서 먹고사는 많은 남녀에게 직접적으로 영향을 미쳤다. 돈과 귀중품을 축적해놓은 부유한 가정은 저축을 이용하여 전쟁의 위기를 헤쳐 나갈 수 있었지만, 대부분의 사람들은 그런 여축이 있을 리 없었다. 적들이 추수를 망쳐놓아서 농부들은 도시에서 일용 근로자로 일해야 했다. 하지만 그런 일을 찾는 사람들이 점점 늘어나자 그런 일자리마저 드물게 되었다. 아테네 전함에서 노를 젓는 사람들은 바다에 나가 있는 동안에는 돈을 벌 수 있었지만, 가족과 장기간 떨어져 불편한 조건에서 살아야 하는데다가 해전과 폭풍우에 의한 죽음을 각오해야 했다. 도시에서 수공품 제작자, 소규모 상인, 자영업자 등으로 일했던 남녀는 여전히 생계비를 벌어들이긴 했으나, 소비자의 구매력이 점점 떨어졌기 때문에 그들의 수입 수준도 점점 낮아졌다.

전쟁이 아테네 사회에 끼친 영향은 많은 부유한 여자들에게 더더욱 심각했다. 특히 그들의 남편이나 오빠가 전쟁 중에 사망한 경우에 여자들의 삶은 아주 어려워졌다. 이러한 사회적·경제적 수준의 여인들은 전통적으로 집에서 가족들의 옷감을 짜고 가내 노예의 일을 감독했다. 농업이나 상업을 통해 집안의 수입을 벌어들이는 것은 남자들의 몫이었다. 그들 자신과 아이들의 생활을 돌보아주는 남자들이 없어지자, 이 여자들은 유모, 옷감 짜는 사람, 포도원 노동자(들판의 남자 인력이 모자랄 경우) 등으로 일하지 않으면 안 되었다. 상황이 이렇게 되자 많은 여자들이 집 밖에서 활동하면서 낯선 사람들과 전보다 자주 접촉하게 되었다. 그렇다고 해서 현대적 의미의 여성 해방 운동이 벌어진 것은 아니었다. 또 아테네 정치 무대에 여자들이 등장하게 된 것도 아니었다.

전쟁 후 아리스토파네스는 《의회의 여인들》(기원전 392년경)이라는 희극을 내놓았다. 이 희극은 남자로 변장한 여자들이 민회를 접수하여 아테네 행정을 혁신하고, 또 가계를 꾸릴 때처럼 국가의 재정 계획 원칙을 준수하면서 아주 신중하게 국가 재원을 사용한다는 내용이다. 희극에서 대부분의 아테네 남자들은 여자들이 도시국가의 행정을 맡으면 남자들보다 더 잘 해낼 것이라고 인정한다. 그러나 이것은 희극 무대에 한정된 얘기였고 실제 생활에선 정치권력을 위임받은 여자란 존재하지 않았다.

아테네의 재정 건전성은 펠로폰네소스 전쟁의 마지막 단계에서 절망적인 수준으로 악화되었다. 스파르타의 아티카 침공으로 농업이 무수히 방해를 받았고, 스파르타군이 기원전 413년 데켈레이아에 항구적인 위수지를 구축한 결과 은광을 상실하여 국가 수입이 크게 줄어들었기 때문이다. 이제 적들이 1년 내내 주위에서 우글거리고 있었기 때문에 도시국가의 국고에 아주 중요한 은광이 제대로 운영될 수가 없었다. 은광과 야금 시설은 라우리온에 있었는데 이 지역은 침략자들의 진지에서 쉽게 공격할 수 있는 곳이었다.

그러나 아테나 여신에게 바치는 에렉테움 신전(아크로폴리스 소재) 공사를 비롯한 일부 토목 공사는 계속 진행되었다. 아테네가 어떤 일이 있어도 공사를 계속하겠다는 의지를 보여주기 위해서, 또 어느 정도 공공 자금을 투입하여 건설 노동자들의 임금을 지불함으로써 손상된 경제를 다소나마 회복시키기 위해서였다. 하지만 전쟁 비용 탓에 비군사적 활동을 지원할 수 있는 공공 자금이 얼마 되지 않았다. 예를 들어 해마다 벌어지는 연극 축제도 규모를 축소해야 했다. 전쟁 말기에는 재정 상태가 너무나 위태로워서 전통적으로 사용되던 은화 대신에 은을 입힌 청동 주화를 국내의 비상 통화로 사용할 정도였다. 정규 은화와 아테네의 신전들에서 빌린 금붙이로 주조한 금화는 전쟁 비용으로 지출되었다. 국내 경제에서 본질적 가치가 있는 은화 대신에 그런 가치가 없는 '가짜' 은화를 만들었다는 사실은 아테네 정치가 거의 부도 상태에 이르렀음을 보여준다.

도판 8-2 | 음주 연회에서 와인과 물을 함께 섞는 데 사용되는 물병에 대그리스 출신 희극 배우의 그림이 장식되어 있다. 배우는 바구니를 이고 속이 두툼한 옷을 입고 있다. 고대 그리스 희극은 여러 형태가 있었는데, 풍자극, 소극, 정치인 비판극 등이 인기 높은 형태였다. Jastrow/ Wikimedia Commons.

펠로폰네소스 전쟁 중에 상연된 아테네 희극의 플롯과 등장인물은 죽음, 파괴, 절망이 가득한 이 30년 동안에 일상생활 속에서 점증한 스트레스를 반영하고 있다. 다른 모든 인간 사회에서 그러하듯이, 희극은 고대 그리스에서 아주 인기가 높았고 또 다양한 형태(도판 8-2)로 존재했다. 비극과 마찬가지로 희극은 운문으로 쓰였고, 기원전 5세기 초부터 도시에서 해마다 공연되었다. 디오니소스를 기념하는 아테네의 민간 축제에서 희극도 경연을 개최했고, 비극을 공연하던 동일한 야외극장에서 상연되었다. 여자들도 희극 공연에 참석할 수 있었는지 여부를 입증하는 고대의 증거는 불충분하다. 하지만 여자들이 비극을 볼 수 있었으니 아마도 희극도 볼 수 있었을 것이다.

희극에 등장하는 배우는 모두 남자였고, 정규 배우 이외에 24명으로 구성된 코러스가 있었다. 비극과 달리, 대사가 있는 희극의 등장인물은 세 명으로 제한되지 않았다. 희극의 코러스가 부르는 시적인 노래는 아름다웠고, 교묘하게 환상적인 플롯과 멋지게 어울렸다. 희극은 어떤 문제를 제기하면서 시작되었다가 늘 축제적이고 밝은 분위기에서 해결되는 것으로 끝났다. 예를 들어 시칠리아에서의 전쟁이 한창이던 기원전 414년에 공연된 아리스토파네스의 희극《새들》은 이런 줄거리를 갖고 있다.

아테네 일상생활의 갈등과 실망과 아테네 제국의 규정들로부터 도피하고 싶어 하던 두 남자가 먼 데로 달아나서 '클라우드쿡쿨랜드Cloud-cuckooland'라는 세계에서 새로운 삶을 찾으려 한다. 그런데 그 세계에는 말을 할 줄 아는 새들이 살고 있다. 이 새들은 화려한 새 모양의 의상을 입은 코러스에 의해 묘사된다. 이 천국에 살고 있는 새들에게는 불운하게도 인간 이주자들이 쾌락과 이익을 위해 그 섬의 지배권을 접수하려 하고 그 과정에서 새들의 희생이 불가피해진다.

희극 작가의 일차적 목표는 아름다운 시를 들려주고 순간적인 웃음을 유발해서 축제의 최고 희극으로 뽑히는 것이었다. 기원전 5세기의 아테네 희극의 플롯은 주로 시사 문제와 당대의 유명 인물들 이야기였다. 희극의 유머는 주로 섹스나 어색한 몸짓에 대한 노골적 언급에서 나왔으며 그 대화의 상당 부분이 검열되지 않은, 아주 다채로운 모독적인 발언을 포함했다.

페리클레스나 클레온(필로스 전투의 승자) 등 저명한 사람들에 대한 인신공격은 희극 무대의 단골 메뉴였다. 페리클레스는 기원전 441년에서 439년 사이에 사모스 반란이 일어난 뒤로 희극에서 그 자신이 노골적인 모욕을 당하자 그런 인신공격을 하지 못하게 했다. 하지만 그런 금지 조치는 곧 철회되었다. 클레온은 아리스토파네스의 희극에서 자신이 너무나 우스꽝스럽게 묘사된 점에 모욕을 느껴서 그 극작가를 고소했다. 클레온은 패소했고, 승소한 아리스토파네스는 《기사들》(기원전 424년)이라는 희극에서 클레온을 타락한 외국 노예로 무자비하게 패러디했다. 작중 인물로 등장하지는 않지만, 많은 저명 인사들이 대화 속에서 성적 무기력자 혹은 비겁자로 매도되었다. 한편 극중에서 조롱과 비웃음의 대상이 된 여성 등장인물들은 허구적인 인물로서, 아테네 사회에 살았던 실제 여성들의 분신은 아닌 것으로 보인다.

일반 시민 대중을 향한 예리한 풍자는 아테네 희극에서 별로 용인되지 않았다. 하지만 기원전 5세기 희극들은 종종 민회에 의해 승인된 정부 정책을 비판했다(비판은 그런 정책을 입안한 정치 지도자 개인을 비난하는 형식을 취했다). 희극의 비판적 성격이 가장 두드러지게 나타난 시기는 펠로폰네소스 전쟁 때였다. 대중적인 인기를 얻었던 몇몇 아리스토파네스 희극들은 극중 인물들이 스파르타와 평화 협정을 맺는다는 스토리를 갖고 있었다. 전쟁이 치열하게 진행되고 민회가 평화 협정을 거부하던 시점에 그 희극이 상연되었는데도 말이다. 예를 들어 《아카르나이 사람들》(기원전 425년)이라는 희극에서 주인공은 당시 아테네의 저명한 군 지휘관을 상징하는 인물에게 모욕을 가하면서, 주인공과 그 가족만을 위한 별도의 평화 협정을 스파르타와 체결한다. 달리 말해서, 이 희극 속의 승리하는 주인공은 아테네를 배신하고도 무사한 반역자이다. 이 연극은 그해의 경연에서 일등상을 수상했는데 이러한 사실은 아테네 고전시대에 언론의 자유가 얼마나 컸는지, 또 얼마나 많은 시민이 전쟁을 끝내고 '정상적' 생활로 되돌아가고 싶어 했는지를 보여준다.

아리스토파네스의 희극 중에서 가장 주목할 만한 작품은 여자들이 주인공으로 나오는 희극이다. 이 여자들은 기지와 단결력을 발휘하여 아테네 남자들로 하여금 아테네의 기본 정책을 철회하게 만든다. 이런 강력한 여성들을 묘사한 아리스토파네스 희극으로는 여주인공 이름을 제목으로 사용한 《리시스트라타》(기원전 411년)가 있다. 이 희극은 펠로폰네소스 전쟁을 끝내라고 남편들에게 강요하는 아테네 여성들을 다룬다. 여성들은 먼저 아테네의 국고가 있는 아크로폴리스를 점령한 다음, 국가의 돈을 더는 전쟁 경비로 낭비하지 못하게 한다. 그런 뒤 자신들을 공격하는 늙은 남자들을 물리친다(젊은 남자는 모두 전장에 나가 있다). 남편들이 전장에서 돌아오자, 여자들은 남편과 잠자리를 같이하기를 거부한다. 아테네 여성들은 스파르타 여성들과 공모하여 잠자리 거부 캠페인을 벌인다. 그 캠페인이 일련의 노골적으로 성적이며 희극적인 에피소드 속에서 묘사되고, 그들은 마침내 아테네와 스파르타의 남자들이 평화 협정에 동의하도록 만든다.

《리시스트라타》는 남자들에게 국제적인 협력 아래 용감하고 공격적으로 대항하는 여자들을 보여준다. 그들은 남자들이 전장에 오래 나가 있음으로써 가정생활을 파괴하고 있으며, 무의미한 전쟁을 계속함으로써 나라를 망치고 있다고 주장한다. 달리 말하면, 희극 속의 강인한 여성들은 공동체의 전통적인 생활 방식을 유지하기 위하여 남성적 역할을 떠맡고 있다고 할 수 있다. 작가는 리시스트라타라는 여성이 정치적 결정을 내릴 수 있는 지성과 판단력을 갖추고 있다고 말함으로써, 여성의 그런 역할(남성적 역할)을 강조한다. 그녀는 전통적인 방식으로 그런 지식을 획득했다고 말한다.

> "나는 여자예요. 그렇지만 나는 머리가 있어요. 그리고 내가 판단을 잘못 내린다고 생각하지 않아요. 내 교육이 신통치 않다고 생각하지도 않아요. 우리 아버지와 다른 남자 어른들의 대화를 어깨 너머로 들으면서 배운 것이긴 하지만요."
>
> — 《리시스트라타》 1124~1127

이렇듯 리시스트라타는 남자 어른들에게 배움으로써 전통적인 교육을 받았다고 설명한다. 그녀의 구식 교육과 양식良識은 공동체를 보호하기 위하여 어떤 일을 해야 하는지 가르쳐준다. 비극의 여주인공들과 마찬가지로 리시스트라타는 보수반동적 인물이다. 그녀는 사태를 모든 게 지금보다 나았던 과거의 상태로 되돌려놓고 싶어 한다. 하지만 그렇게 하기 위해서 그녀는 혁명가가 되어야 한다. 이 희극의 메시지는 아테네 사람들이 옛날의 방식을 보존해야 한다고 강조한다.

그러나 이러한 주장은 민회의 남자 유권자들을 감동시키지 못했다. 리시스트라타가 그들에게 전쟁을 끝내는 방법을 보여주었는데도 그들은 전쟁을 끝내지 못했다. 도시국가의 정치적 독립과 국제적 권력을 유지하고 싶은 욕망이 평화에 대한 염원을 압도한 것 같다. 자부심과 명예

심도 협상에 의한 종전을 거부하는 데 얼마간 작용했을 것으로 보인다. 역사는 좋든 나쁘든 이런 정서들이 인간에게 얼마나 소중한지를 거듭 보여준다.

전후의 아테네 사회

—

인구의 감소, 전염병에 의한 막대한 피해, 전쟁 수행에 따른 엄청난 경비 지출 등은 아테네에 지속적으로 문제들을 안겼다. 기원전 403년에 민주정이 회복되면서 내려진 대사면도 전쟁과 30인 참주의 학정이 악화시킨 사회적·정치적 증오심을 완전히 해소하지는 못했다. 이런 심각한 분열의 최대 희생자가 다름 아닌 저 유명한 철학자 소크라테스였다. 그의 불경죄와 관련한 재판은 기원전 399년에 시작되어 사형 선고로 매듭지어졌다. 그러나 아테네의 전통적인 가정 제도(가족 구성원과 가내 노예)는 도시국가의 사회적·경제적 기본 단위로서 전쟁의 참화를 이겨내고 살아남았다. 시간이 흘러가면서 아테네는 예전의 번영과 다른 그리스 도시국가들의 지도자 역할을 상당 부분 되찾았다.

그러나 완전하게 되찾지는 못했다. 기원전 4세기에 아테네는 재정적으로나 군사적으로나 전보다 취약한 상태였다. 이런 점은 도시국가의 자유와 세계 내의 위상에 크게 불리하게 작용한다. 그리하여 기원전 4세기 중반에 필리포스 2세 치하의 마케도니아 왕국이 난데없이 등장하여 위협했을 때 아테네는 제대로 대응하지 못하게 된다. 이 부분은 다음 장에서 살펴볼 것이다.

많은 아테네 가정이 펠로폰네소스 전쟁에서 아버지, 아들, 형제를 잃었다. 하지만 재주 많은 가정들은 전후(기원전 4세기의 몇 십 년 동안)에 이런 가정 내 개인적 비극이 가져온 경제적 압박을 이겨내는 방법을 찾아냈다. 구체적인 예로, 작가 크세노폰(기원전 428~354년경)이 묘사한 아리스타르코스라는 아테네인의 삶을 들 수 있다. 아리스타르코스는 전쟁의 와중에 수입이 크게 감소한데다 여동생들, 조카들, 여자 사촌들이 그의 집에 와서 함께 사는 바람에 생활이 곤궁했다. 그에겐 노예 이외에도 열네 명이나 되는 대식구를 부양할 방법이 없었다. 그러자 아리스타르코스의 친구 소크라테스가 그에게 그의 여자 친척들이 남녀의 외투, 셔츠, 망토, 겉옷 등을 잘 만든다는 사실을 상기시켰다. "이런 일들은 여자에게 아주 알맞은 좋은 일이지"(《회고》 2.7.10). 하지만 그들은 전에는 가족의 옷만 만들었지, 그 옷을 내다 판 적은 없었다고 아리스타르코스가 대답했다. 소크라테스는 다른 여자들은 옷뿐만 아니라 빵을 구워서 팔기도 한다면서, 집안 여자들에게 그런 일을 시키라고 말했다. 그 계획은 재정적으로 성공했다. 하지만 여자들은 집안 식구 중에 아리스타르코스만 일을 안 한다고 불평했다. 소크라테스는 친구에게 자기는 양을 지키는 경비견 같은 존재라고 대꾸하라고 일러주었다. 양들에게 늑대가 달려들지 못하게 함으로써 자기 밥값을 하고 있다는 논리였다.

아테네의 많은 제조 물품들은 아리스타르코스처럼 개인의 집이나 작은 가게에서 생산했다. 하지만 소수의 대기업도 존재하기는 했다. 그런 대기업으로는 노예 120명을 고용해 금속 주조소, 도자기 공장, 방패 공장을 운영한 리시아스 가문을 들 수 있다. 이 시기에 이보다 규모가 더 큰 사업체는 없었다. 거류 외국인 리시아스는 전후에 자기가 받은 교육을 밑천으로 삼아 남의 연설문을 대신 써주는 일로 생계를 이어갔다. 기원전 404년에 30인의 참주가 그의 재산을 모두 몰수했기 때문이다.

거류 외국인들은 특별 허가 없이는 아테네 영토에서 땅을 소유하지 못했다. 하지만 그들은 아테네 법정에서 사법적 권리를 향유했는데, 그것은 다른 외국인은 누리지 못한 권리였다. 그 대신 거류 외국인은 세금을 납부했고, 소환을 받으면 군 복무를 했다. 리시아스는 아테네의 항구인 피라이우스 근처에서 살았다. 그곳에서 많은 거류 외국인들이 자리 잡고 살았는데, 곡식, 와인, 도자기, 아테네 은광에서 나는 은 등 피라이우스를 거쳐 가는 국제 무역에서 그들이 중추적 역할을 했기 때문이다. 전후에 징벌의 일환으로 파괴되었던 장성이 기원전 393년에 재건되면서, 아테네 무역의 안전도가 전전의 수준으로 회복되었다. 아테네 경제 회복의 또 다른 징조는 기원전 390년대 후반에 이르러 은화가 다시 주조되어 전쟁 말기에 나왔던 청동 비상 주화를 대체했다는 사실이다.

피라이우스를 통하여 곡식을 수입하는 것은 기원전 4세기 아테네 인구의 식량 수요를 충족시키기 위해 매우 중요한 일이었다. 전쟁 전에도 아테네 농가는 모든 주민을 먹일 만큼 곡식을 생산하지 못했다. 펠로폰네소스 전쟁이 벌어지는 동안 아테네 농가 건물과 농기구가 많이 파괴되어 상황이 더욱 나빠졌다. 기원전 413년부터 404년까지 스파르타가 일 년 내내 주둔하는 데켈레이아 요새가 건설되면서 전에 단기간 주둔하던 때보다 아테네 영토에 더 큰 피해를 입혔기 때문이다.

스파르타 침략군은 귀중한 올리브유의 원천인 아테네 올리브나무도 남벌했다. 올리브유는 가정에서도 널리 사용되었고 또 귀중한 수출 품목이었다. 올리브나무는 아주 천천히 자라기 때문에 복구하려면 무려 한 세대가 걸렸다. 전후에 아테네의 부동산 소유자들은 그들의 땅과 사업을 회복시키려고 열심히 일했다. 그들에겐 수입을 늘려야 한다는 목표도 있었지만, 장래의 세대에게 재산을 물려주어야 한다는 목표도 있었다. 아테네 남녀들은 땅이든 돈이든 물건이든, 그런 것들을 잘 보존하여 후손에게 물려주어야 한다는 믿음을 갖고 있었다. 이런 유산 상속의 정신이 강했기에, 부모들은 소득을 가져오는 부동산을 남겨주거나 생활 기술을 가르쳐주어 자녀들의 생계를 마련해줄 의무가 있었다. 이런 이유로 아테네 법률은 상속받은 유산을 낭비하는 자를 기소할 수 있었다.

노동자 계층의 다수는 자신의 수입으로 겨우 가족을 먹이고 입히는 수준이었을 것이다. 아테네인들은 하루 두 번 식사를 했다. 오전 중간쯤에 가벼운 점심을 먹고 저녁에 음식을 많이 먹었다. 빵이 주식이었는데, 가난한 사람은 보리빵을, 좀 부유한 사람은 밀빵을 먹었다. 아테네 가정은 여자들이 운영하는 소규모 빵가게에서 빵을 사거나 집에서 구워 먹었다. 가정에서 만들 때는 여주인의 지휘로 가내 노예가 곡식을 빻아서 가루를 만들고 반죽을 한 다음, 목탄으로 가열하는 도자기 화덕에서 구웠다. 고기를 사들일 수 있을 정도로 부유한 가정은 현대의 휴대용 화로같이 생긴 도자기 화로에 목탄불로 고기를 구워 먹었다. 그러나 대다수 사람들에게는 채소, 올리브, 과일, 치즈 등이 주식을 이루었다. 고기는 국가나 부자 시민들이 비용을 부담하는 동물 희생을 올릴 때에나 먹을 수 있었다. 물을 타서 마시는 포도주는 인근의 포도밭에서 양조한 것이었다. 물은 공공 샘물에서 항아리로 길어다 먹어야 했다. 이 일은 집안 여자들이 직접 하거나 가내 노예를 시키고 감독을 했다.

전쟁은 아테네 경제에 큰 피해를 주었는데 특히 아티카 지방의 은광에서 일하던 노예들이 모두 달아나는 바람에 타격이 컸다. 그러나 가내 노예들은 거의 도망가지 않았다. 설사 그들이 아테네 주인으로부터 도망을 치는 데 성공했다 하더라도 스파르타인에 의해 다시 노예로 팔려갈 것이 뻔했기 때문이다. 그러므로 아주 가난한 아테네 가정을 빼놓고 대부분의 가정에는 집안일을 하거나 아이들을 돌봐주는 한두 명의 노예가 있었다. 만약 어떤 어머니가 아이들에게 젖을 줄 유모 노예가 필요한데 그런 노예가 없다면, 가정의 재정 형편이 허락하는 범위 내에서 가난한 자유인 여자를 그 일에 고용할 수 있었다.

소크라테스의 생애

펠로폰네소스 전쟁 이후에 발생한, 그리스 역사에서 가장 불명예스러운 사건은 기원전 5세기 후반의 유명한 철학자 소크라테스(기원전 469~399년)의 기소, 유죄 확정, 처형이었다. 소크라테스의 일생은 권력자의 의지를 남들에게 강요하는 권력이 곧 정의라는 사상과 맞서 싸운 한평생이었다. 그의 열정적 관심사는, 인간은 정의로운 삶을 살아가며 어떤 상황에서도 정의가 부정의보다 낫다는 것을 증명하는 타당한 지침을 발견하는 것이었다. 그리하여 그는 그리스 철학에 새로운 방향을 제시했는데, 곧 윤리를 강조한 것이다. 그보다 앞선 시인이나 극작가도 도덕적 문제를 다루기는 했지만, 소크라테스는 윤리와 도덕을 핵심 과제로 삼은 최초의 철학자였다. 전후의 사회적·정치적 혼란 속에서 벌어진 그의 처형은 아테네 사법 제도의 취약성을 잘 보여준다. 특히 30인 참주가 벌인 범죄에 대한 지속적인 증오와 원한이라는 측면에서 검증해보면 그런 점이 더 분명하게 드러난다.

재정적으로 큰 성공을 거둔 소피스트들과 비교해볼 때 소크라테스는 가난 속에서 살았고, 물질적 소유를 공공연하게 경멸했다. 하지만 그는 군대에서 중장 보병으로 근무했고, 아내와 여러 자식들을 부양했다. 그는 약간의 돈을 유산으로 물려받았고, 부유한 추종자들로부터 선물을 받기도 했다. 그렇지만 그는 신체적 용모나 의복에 전혀 신경 쓰지 않았기 때문에 많은 아테네 사람들이 그를 괴짜라고 생각했다. 그의 말에 따르면 "너무 커서 불편할 정도로"(크세노폰, 《심포지움》2.18) 튀어나온 배를 갖고 있던 그는, 여름이나 겨울이나 값싼 겉옷을 입고 다녔고, 아무리 날씨가 추워도 신발을 신지 않았다(도판 8-3). 아테네 군대에서 보병으로 근무할 때나 향연에서 술을 마실 때 남들보다 더 오래 마시는 그의 정력은 정말 대단했다고 한다.

심포지움에 참가하거나, 아고라를 산책하거나, 젊은이들이 체육관에서 운동 연습을 하는 것을 지켜보거나, 그 외에 무슨 일을 하거나 소크라테스는 거의 모든 시간을 대화와 명상으로 보냈다. 아테네 사람들은 남들과 오랫동안 이야기하는 것을 좋아하고 또 중요하게 여겼는데, 이 점에서 소크라테스도 예외는 아니었다. 그는 아무런 저작물도 남기지 않았다. 우리가 그의 사상을 알게 된 것은 다른 사람들의 저작물, 특히 제자였던 플라톤(기원전 428~347년)의 저작을 통해서이다. 플라톤의 대화편(긴 철학적 대화에 참여한 소크라테스를 묘사한 책이어서 이런 이름으로 부른다)은 동료 시민, 외국 친구들, 다양한 소피스트들을 상대로 사정없이 질문을 퍼붓는 소크라테스의 모습이 묘사되어 있다.

소크라테스의 질문은 대화의 상대방으로 하여금 그가 당연히 여기고 있는 인생의 기본적 전제 사항들을 검토하게 하려는 도발적이면서도 당황스러운 것이었다. '소크라테스의 산파술'이라는 방법을 사용하는 그는 대화 상대방을 직접적으로 가르치는 법이 없다. 그 대신 대화자로 하여금 소크라테스의 예리한 질문에 대답하게 하고, 그렇게 하여 그가 소중히 여기지만 반성해보지 않은 전제 사항들을 반박하게 만든다.

소크라테스는 행복과 같은 추상적 개념, 용기와 같은 탁월함의 정의定義를 대화 상대자에게 물어봄으로써 대화를 시작한다. 예를 들어 대화 상대방의 한 명이었던 아테네 장군의 이름을 딴 '라케스'라는 제목의 대화에서, 소크라테스는 라케스와 군 지휘관들에게 평범한 시민을 용감한 군인으로 만드는 요인이 무엇이냐고 묻는다. 소크라테스는 질문을 계속 던져, 용기의 정의 및 대화 상대자가 적시한 용감한 행위의 사례가 용기라고 인정되는 행동에 대한 그들의 신념과 일치하지 않음을 보여준다. 달리 말해, 그는 그들이 자기가 하고 있는 말을 잘 모른다는 것을 보여준다. 그 화제가 군사 지도자라는 그들의 핵심 기술과 관련되어 있는 것인데도 말이다.

이러한 간접적이지만 철저한 진리 추구 방법은 소크라테스의 대화 상대자를 난처하고 우울하게 만들었다. 왜냐하면 그들은 자신이 완벽하다고 생각했던 전제 조건이 불완전하다는 사실, 그리고 자신의 생활 원칙이 지성적인 검토를 당해내지 못한다는 불편한 사실을 인정해야 하기 때문이다. 소크라테스는 자신도 탁월함의 가장 좋은 정의가 무엇인지 모른다고 말했다. 하지만 자신이 잘 모른다는 것을 아는 것이야말로 지혜의 시작이라고 가르쳤다. 그는 대화 상대자의 개인적 가치를 훼손하려 하기보다는 개선시키려고 노력했다. 하지만 대화 상대자들은 소크라테스와의 대화가 노랑가오리stingray에게 쏘인 것처럼 사람을 얼얼하게 만든다고 고백했다. 소크라테스는 이성적 대화를 통하여 도덕을 정당화해주는 보편적 기준을 발견하고자 했다. 그는 특히 소피스트들의 인습적 도덕관을 두고 "자연을 묶어버리는 족쇄"(플라톤, 《프로타고라스》 337d)라고 맹렬하게 공박했다. 그들은 결국 인간의 행복을 권력, 혹은 '더 많이 얻는 것'과 동일시한다고 비판했다.

소크라테스는 정의로운 행동이 문자 그대로 부정한 행동보다 인간에게 훨씬 더 좋은 것이며, 그것은 인간에게 행복과 복지를 안겨주는 것이므로 정당하다고 열렬하게 주장했다. 그는 정의로운 행동 혹은 탁월함이 지식과 동일하다고 보았다. 정의에 대한 진정한 지식은 필연적으로 사람들로 하여금 악보다 선을 선택하고 만들고, 그리하여 금전적 성공이나 신체적 안락함과 관계없이 인간을 진정으로 행복하게 만든다고 주장했다. 그가 볼 때, 가난한 사람도 부자들보다 더 쉽게 진정으로 행복해질 수 있다. 부자들은 재산을 관리하고 증식하는 일에 몰두하게 되는데 그러다 보면 필연적으로 진정으로 정의로운 삶을 살 수 없기 때문이다.

소크라테스는 지식 자체가 행복을 위한 충분 조건이므로 알면서도 부정하게 행동하는 사람은 아무도 없으며, 정의롭게 행동하는 것은 늘 개인에게 이익이 된다고 주장했다. 개인들은 자기보다 약한 사람들을 속이거나 무력을 사용하여 자기의 이익을 증진시킬 수 있다고 생각할지도 모른다. 하지만 그런 생각은 기만적인 생각이라고 소크라테스는 말했다. 자기가 원하는 것은 무엇이든 추구할 수 있는 무한 권력을 가진 인생이 최고의 인생이라고 생각하는 것은, 소크라테스가 볼 때 무식의 소치이다. 가장 바람직한 인생은 탁월함을 추구하고 정의에 대한 이성적 반성에 의해 인도되는 삶이다. 소크라테스는 이런 순수한 도덕적 지식만 있으면 선량하게 살 수 있다고 확신했다.

소크라테스의 기소와 처형

—

소크라테스는 사회의 정의를 특별히 강조했다. 그는 소피스트들과는 달리 강의를 하지도 않았고 젊은이들을 가르치고 수수료를 받지도 않았지만, 그가 많은 사람들에게 끼친 영향은 소피스트들의 상대주의적 철학 못지않게 혼란스러운 것이었다. 실제로 소크라테스가 대화 상대자의 소중한 신념들을 반박하자 일부 대화자들은 아주 불편해 했다. 그들 중에서도 가장 불행한 사람은 아들을 둔 아버지들이다. 아들들은 소크라테스가 어떤 사람을 아주 당황하게 만드는 광경을 보고서 그 테크닉을 부모에게도 써먹으려 했던 것이다. 전통적인 교육관(아버지가 아들을 가르치는 것이지 그 반대는 아니었다)의 반전反轉을 경험한 사람들은, 본인의 의도야 어쨌든 간에 소크라테스의 가르침이 아테네 사회의 안정을 저해한다고 느꼈다. 소크라테스는 아테네의 전통에 의문을 제기했고, 젊은 사람들에게 열정적인 패기를 가지고 자기처럼 의문을 제기하라고 촉구했던 것이다.

우리는 소크라테스가 아테네 여성에 대하여 어떻게 생각했는지, 반대로 아테네 여성들이 그를 어떻게 생각했는지는 자신 있게 말할 수가 없다. 하지만 인간의 능력이나 행동에 대한 그의 사상은 남녀 모두에게 적용되는 것이었다. 어쩌면 그는 남녀 모두가 기본적으로 동일한 정의의 능력을 가졌다고 생각했는지도 모른다. 하지만 아테네 사회의 현실에 비추어 볼 때, 소크라테스는 주로 남자들과 교제하고 남자들의 상황에 자신의 사상을 적용했다고 볼 수 있다. 크세노폰의 말에 따르면 소크라테스는 페리클레스와 여러 해 동안 동거했다고 하는 고급 창녀 아스파시아와 많은 대화를 나누었다. 또 플라톤은 소크라테스의 사랑에 대한 사상은 만티네이아의 디오티마라는 여사제에게서 영향을 받은 것이라고 말하기도 했다. 하지만 이러한 접촉이 실제로 있었는지, 아니면 허구인지는 불확실하다.

소크라테스가 기존의 사회를 유지시켜주는 전통에 위협이 되는 인물이라는 많은 사람들의 의구심은 아리스토파네스의 희극 《구름》(기원전 423년)의 제작 동기를 제공했다. 이 희극에 이런 제목이 붙여진 것은 코러스의 역할 때문이다. 이 희극에서 소크라테스는 냉소적인 소피스트로 등장한다. 그는 자신의 학교에서 수수료를 받고서 약한 논증을 강한 논증으로 만들어주는 프로타고라스의 수사학을 가르친다. 주인공의 아들은 소크라테스의 가르침을 받은 뒤, 아들이 부모를 때릴 수 있다는 궤변을 그럴듯한 논증으로 만드는 수사적 능력을 갖추고 실제로 그것을 자신의 아버지에게 실천한다. 이 희극의 주인공은 소크라테스의 '생각하는 가게'를 불태워 버림으로써 극을 끝마친다.

소크라테스를 불안한 눈으로 지켜보던 아테네 사람들은 배신자 알키비아데스의 삶과 30인 참주 가운데 한 명인 크리티아스의 삶에서 그 불안을 확인하게 된다. 소크라테스 비판자들은 알키비아데스가 사회적 인습을 그토록 무시할 수 있었던 것은 그가 소크라테스의 열렬한 제자였던 탓이라고 말했다. 또 다른 소크라테스 추종자였던 크리티아스는 기원전 404~403년에 30인 참주들이 저지른 학살과 약탈을 대표하는 인물이었다. 크리티아스는 신들의 개념, 종교와 관련된 도덕 체계는 입법가들이 만들어낸 냉소적 작품이라고 주장한다. 그런 것들을 내놓아 신들이 인간의 소행을 모두 알고 있고 잘못한 자를 처벌한다고 세뇌함으로써 백성들을 단속하고 또 법률에 복종하도록 만든다는 것이다. 소크라테스를 비방한 사람들은 크리티아스가 소크라테스의 제자였다는 점만 강조했을 뿐, 30인 참주들이 횡포한 계획에 소크라테스를 참여시키려고 하자 소크라테스가 30인 참주들에게 도전했을 뿐 아니라 크리티아스의 부도덕한 행위를 노골적으로 거부했다는 사실은 무시해버렸다.

30인 참주의 폭정 이후, 일부 아테네 사람들은 소크라테스에게 반감을 품게 되었고 그것이 민주제 지지자인 저명한 아테네인 아니토스에 의해 표면으로 터져 나왔다. 알키비아데스는 아니토스를 조롱한 적이 있었고 아니토스의 아들은 소크라테스의 말을 듣고서 아버지에게 도전했었다. 아니토스는 다른 두 정치가들과 함께 기원전 399년에 소크라테스를 고소했다. 대사면 이후 기원전 404~403년의 참주 시대에 벌어진 사건에 대해서는 직접적으로 고소를 할 수 없었기 때문에 그들은 소크라테스가 그 언행으로 미루어 볼 때 도시국가의 신들을 존경하지 않았다고 비난했다('불경죄'). 당시에 불경죄는 아주 심각한 범죄였다. 어떤 도시국가에 불경한 개인들이 있을 경우, 신들이 그 도시국가 전체를 징벌한다고 믿었기 때문이다.

그러나 아테네 법률은 어떤 행동이나 말이 불경죄가 되는지 구체적으로 적시하지 않았기 때문에 고소한 사람들은 배심원들을 상대로 소크라테스의 소행, 그의 행동 양식, 그의 신념이 어떻게 처벌 가능한 범죄가 되는지를 입증해야 했다. 아테네의 재판에서는 어떤 증거가 채택되고 어떤 법률이 적용될지를 결정하는 판사가 없었다. 아테네 법률에 의하여 자동으로 검찰 측이 된 고소자들은 501명의 배심원단 앞에서 소크라테스의 유죄를 입증해야 했다. 배심원단은 30세 이상의 남자 시민들로 구성된 그해의 총배심원단(대략 6000명)에서 추첨으로 뽑힌 사람들로 구성되었다.

소크라테스의 기소는 종교적 요소와 도덕적 요소의 두 가지 측면을 갖고 있었다. 종교적으로, 기소자들은 소크라테스가 도시국가의 신들을 믿지 않으며 새로운 신들을 도입했다고 비난했다. 그리고 도덕적으로는 아테네 젊은이들을 아테네의 기준과 이상으로부터 벗어나게 만들었다고 주장했다. 기소자들의 최종 변론이 끝나자, 아테네의 법적 절차에 따라 소크라테스는 자기 자신을 직접 변호하게 되었다. 플라톤의 묘사에 의하면, 소크라테스는 변론에서 기소자들의 비난을 모두 부인하고 배심원들의 동정을 사려 하지 않았다. 오히려 동료 시민들에게 자극을 주어 기존의 전제 조건들을 진지하게 검토하게 하려 했다는 평소의 소신을 힘주어 강조했다. 그는 반성하지 않는 생활은 영위할 가치가 없다는 유명한 말을 했다. 짜증이 날 정도로 끊임없이 질문하는 방식은 동료 시민들이 탁월한 삶을 살아가도록 돕기 위한 것이었고, 자신은 이런 행위의 결과로 어떤 처벌을 받는다 해도 결코 멈추지 않을 거라고 말했다. 더욱이 아테네 시민들은 물질적 소유에 신경 쓰지 말고 그들의 진정한 자아(영혼)를 가능한 한 선량하게 만들어야 한다고 역설했다. 그는 이것보다 더 중요한 일은 없다고 했다. 그리고 만약 자신이 무죄 석방된다면 신상에 어떤 일이 벌어지든 그는 아테네의 등에로 남을 거라고 대담하게 선언했다.

배심원들은 가까스로 소크라테스의 유죄를 인정했다. 배심원들은 이제 사법 절차에 따라 원고와 피고가 제안하는 대안적 징벌을 선택해야 했다. 아니토스와 그의 동료들은 사형을 제안했다. 이런 경우 대부분의 피고는 추방을 대안적 징벌로 제안한다. 그러면 배심원은 그 징벌을 받아들이는 것이 관례였다. 그러나 소크라테스는 고소자 측의 사형 구형에 대하여, 자기는 징벌이 아니라 포상을 받아야 한다는 무모한 주장을 폈다. 그러자 재판에 참관했던 그의 친구들이 황급히 그를 제지하면서 벌금형을 대안적 징벌로 제시했다. 배심원은 사형을 선택했는데, 이때의 표차는 유죄를 결정할 때보다 더 크게 났다. 소크라테스는 침착하게 그 선고를 받아들였다. 왜냐하면 그가 했던 유명한 역설逆說처럼, "살아 있을 때나 죽을 때나 선량한 사람에게는 사악한 일이 벌어지지 않기 때문"(플라톤, 《변명》 41d)이었다. 말하자면 그 어떤 일이 벌어져도 탁월함에 기여하는 지혜를 포기할 수 없으며 그런 지혜의 상실이야말로 진정한 악덕이라는 생각이었다.

선고가 내려진 후, 소크라테스는 처형될 때까지 감옥에서 얼마간 기다려야 했다. 당시 도시국가가 아폴론을 기념하기 위하여 델로스의 키클라데스 섬에 신성한 사절을 파견해놓은 상황이었기 때문이다. 그런 신성한 종교적 행사가 진행되는 도중에는 사형수의 처형을 금지했다. 처형을 기다리는 동안, 소크라테스는 크리톤이라는 부유한 친구의 방문을 정기적으로 받았다. 그는 소크라테스에게 이 감옥에서 탈출하여 아티카가 아닌 다른 곳으로 도피하거나, 다른 지방에 있는 친구들에게로 피신하라고 요청했다. 크리톤은 뇌물을 주면 소크라테스의 자유를 확보할 수 있다고 자신 있게 말했다. 소크라테스는 도피를 거부했다. 그는 아테네 법률을 의인화하여 자신과 아테네 법률이 상상의 대화를 나누는 상황을 통해 도피 거부 이유를 밝혔다. 이 대화에서 두 대화자는 시민과 국가 사이의 자발적이면서도 암묵적인 계약의 개념에 대해서 논증한다.

"(아테네 법률이 말했다.) 이것 보게, 소크라테스. 자네가 우리에게 잘못된 일(감옥에서 달아나 처형을 피하는 것)을 하려 한다고 말하는 게 정당한 일인가 생각해보게. 우리는 자네를 이 세상에 나오게 하고, 자네를 키우고, 교육시키고, 또 자네와 동료 시민들에게 우리가 할 수 있는 모든 좋은 것의 한 몫을 차지하도록 했네. 또한 우리가 자네에게 이렇게 해줌으로써 우리는 다음과 같은 원칙을 공개적으로 표명했네. 어떤 아테네인이 성인이 되어 도시와 정치 조직과 우리의 법률을 잘 이해한 뒤에 우리에게 불만을 품는다면, 그는 자기 가족과 재산을 가지고 아무 데나 자유롭게 옮겨 갈 수가 있네. 우리와 도시가 못마땅한 시민이 우리의 식민지나 다른 도시로 가기로 결정했다면 우리 법률은 그가 가고 싶은 곳으로 가는 것을 방해하거나 금지하지도 않았고, 또 그 어떤 재산상의 손해도 입히지 않았네. 그 반면에 아테네 시민들이 여기 머물기로 하고 또 우리가 정의를 유지하는 방법과 우리 도시의 공공 조직에 대해 충분히 숙지했다면 우리는 그의 체류 사실로 미루어 그가 우리의 명령을 따르기로 동의했다고 볼 수가 있는 걸세. 또 이 상황에서 우리에게 불복하기로 마음먹은 사람이 있다면 그는 다음의 세 가지 점에서 잘못을 저지르는 것일세. 첫째, 우리는 그의 부모이고, 둘째, 우리는 그의 수호자이고, 셋째, 그 시민은 우리에게 복종하기로 약속해놓고 복종하지 않거나, 아니면 우리가 잘못되었을 때 우리의 결정을 바꾸려고 우리를 설득하지 않는 것일세. 그리고 우리는 모든 명령을 하나의 제안으로 제시했을 뿐, 엄혹한 명령으로 내놓은 것은 아닐세. 우리는 그 시민에게 우리를 설득하려고 노력하거나, 혹은 우리의 지시를 이행하거나 둘 중에 하나를 선택하라고 말하는 것일세. 하지만 그는 실제로는 그 어떤 것도 하지 않고 있네."

— 플라톤, 《크리톤》 51cd

이러한 주장을 펼치면서 도피하라는 친구의 요청을 물리친 소크라테스는 통상적인 방식으로 처형되었다. 그는 분말 헴록(독미나리)을 넣은 유독 음료를 마시고 죽었다. 소크라테스가 생전에 불러일으킨 지적 논쟁은 그의 사후에도 계속되었다. 철학자들과 소피스트들은 '소크라테스의 대화'라고 불리는 장르에 해당하는 저서들을 계속해서 내놓았다. 그들은 또 소크라테스와 관련된 다양한 문제들에 대하여 찬반양론을 펼쳤다. 크세노폰은 소크라테스 처형 후 수십 년이 지난 다음에 집필한 회고록에서 그를 존경하는 사람들의 마음을 이렇게 요약했다.

소크라테스가 어떤 종류의 인물이었는지 알고 있는 사람들, 생전에 탁월함을 지향하는 모든 사람은 심지어 오늘날까지도 그를 흠모한다. 왜냐하면 그는 탁월함을 배우는 데 가장 큰 도움을 준 사람이기 때문이다.

— 크세노폰, 《회고》 4.8.11

9

펠로폰네소스 전쟁에서 알렉산드로스 대왕까지

펠로폰네소스 전쟁이 비극적으로 끝났다고 해서 그리스 전역의 패권을 다투던 주요 그리스 도시국가들 사이의 갈등이 끝난 것은 아니었다. 전쟁 종식 이후 50년 동안 스파르타, 테베, 아테네 등은 군사적 패권을 놓고 서로 싸웠으나 결국에는 서로를 약화시키기만 했을 뿐, 아무런 소득도 올리지 못했다. 그리하여 그리스에 권력의 공백 상태가 발생했다. 그 공백은 필리포스 2세(재위 기원전 359~336년)의 통치 기간에 급부상한 마케도니아 왕국의 군사적·정치적 힘으로 메워졌다. 필리포스는 마케도니아 군대를 재편성하여 북방 적들의 침공에 대비했고, 동쪽과 남쪽으로 그 영향력을 확대하여 그리스 본토에까지 진출했다. 필리포스는 기원전 338년에 카이로네이아에서 그리스 도시국가들의 연합군을 쳐부수었고 코린토스 동맹을 결성하고 지배했다. 그는 그리스군과 마케도니아군 모두를 이끌고 페르시아 제국을 상대로 150년 전 그리스 본토를 공격한 데 대하여 복수전에 나설 계획을 세웠다.

필리포스는 페르시아 정복의 꿈을 성취하지는 못했다. 원정에 나서기 전인 기원전 336년에 살해되었기 때문이다. 그 대신 그의 아들 알렉산드로스 대왕(재위 기원전 336~323년)이 뒤를 이어 필리포스의 꿈을 성취함으로써 온 세상을 놀라게 했다. 그 판도가 그리스에서 인도 서부에까지 이르는 알렉산드로스의 경이로운 정복은 그리스 세계와 근동 세계를 전에 없이 가깝게 접촉시켰다. 그리하여 알렉산드로스는 자신이 신의 지위를 성취했다고 확신했다.

알렉산드로스는 기원전 323년에 예기치 않게 사망함으로써 마케도니아 왕국을 이어갈 성년의 후계자를 남기지 못했다. 또한 기원전 4세기 후반 세계의 새로운 정치 조건에 적합한 항구적인 그리스 정치 조직의 개편을 이룩하지 못했다. 알렉산드로스는 정복자로서 커다란 명성을 쌓았지만 그리스 세계의 국제적 세력 균형을 적절히 조직하는 문제를 미해결로 남겨두었다. 그리하여 도시국가들의 시민 민병대는 알렉산드로스 군대에 소속되었던 야심 찬 군사령관들 휘하의 용병 부대를 막아낼 수가 없었다. 군사령관들은 스스로 왕위에 올라 세계를 다스릴 계획을 세웠다. 알렉산드로스의 장기 원정전은 그리스 세계와 근동의 세계를 이전보다 더 직접적으로 접촉하게 만들었고, 그리스 본토, 에게 해, 아나톨리아의 도시국가들이 독자적인 외교 정책을 수행할 정도로 강력하지 못하다는 사실을 드러냈다. 국제 관계에서도 도시국가들은 군주들의 신하와 같은 처지로 전락해갔다.

전쟁 후의 갈등

—

펠레폰네소스 전쟁 이후에 아테네는 기원전 5세기에 번영의 정점에서 누렸던 막강한 경제적·군사적 수준을 회복하지 못했다. 아마도 그 주된 요인은 아테네의 은광에서 예전과 같은 수준으로 은이 생산되지 못한 점과 관련이 있을 것이다. 크세노폰은 구매한 노예들을 투입하여 은 생산을 늘리자고 공개적으로 주장하는 글을 발표했다. 하지만 그 정책은 채택되지 않았다. 국가가 노예 구매에 필요한 선도금을 투자할 정도의 재정적 여유가 없었기 때문이다. 그렇지만 아테네는 기원전 403년에 민주제를 다시 회복하면서 예전의 힘을 상당히 회복하여 다시 한 번 국제 정치의 주요 세력이 되었다.

특히 아테네와 다른 도시국가들은 외교적·군사적 상호 교류가 많았다. 이것은 펠로폰네소스 전쟁 이후 다른 그리스인들에 대한 통제력을 확대하려는 스파르타의 노골적인 시도에 맞서기 위한 것이었다. 그러나 이처럼 스파르타에 적대적인 태도를 취했는데도 도시국가들은 단합하지 못했다. 그 결과 기원전 4세기 초에는 그리스 도시국가들 사이에 합종연횡이 자주 발생했다. 간단히 말해서 어느 시점에 자신이 약하다고 생각하는 도시국가는 최강이라고 여겨지는 도시국가에 붙었다. 설사 그 최강이 스파르타라고 해도 개의치 않았다. 그러나 공동의 적이 뒤로 물러나면 국가들 사이의 합종연횡은 자연히 힘을 잃었다.

전쟁이 끝난 직후인 기원전 401년에 페르시아 총독 키로스는 용병을 고용했다. 전왕의 아들인 키로스는 기원전 404년에 등극한 페르시아의 현왕 아르타크세르크세스 2세를 퇴위시키고 그 자리를 차지하려 했다.

아테네의 모험가이며 저술가인 크세노폰은 반란 총독 키로스를 따라 그가 벌인 내전에 참가했다. 크세노폰의 《아나바시스^{Anabasis}》는 그가 한 모험들을 자세히 기록한 저술인데 키로스 군대에 들어간 그리스 용병들의 대장정과 많은 전투를 흥미롭게 기술해놓았다.

오늘날 이라크에 속하는 바빌론 근처 쿠나크사에서 키로스의 군대가 대패하고 키로스가 살해되어 지휘자 혹은 후견자가 사라지자, 일 떨어지고 지도자 없는 그리스 용병들은 말하자면 이동 중인 도시국가로, 그들 스스로를 다시 조직해야 했다. 그들은 사막에서 적들에게 포위당했지만 적진을 돌파했고, 그런 다음 수백 마일에 달하는 적진을 때때로 소규모 전투를 벌여가며 통과해야 했다. 또 눈 덮인 산맥을 지나 아나톨리아로 들어갈 때에는 방한복도 제대로 갖추지 못한 채 가슴 높이까지 쌓인 눈 더미를 뚫고 행군해야 했다. 이렇게 해서 그리스 중장 보병은 생존의 기술과 용기를 과시했다. 이 일을 알게 된 페르시아 왕은 그리스인들이 서로 힘을 합하면 제국에 커다란 위협이 될 수 있음을 깨달았다. 왕은 그리스인들을 서로 분할하여 자기들끼리 싸우게 만들어 자신의 제국과 부에 눈독을 들이지 못하게 하는 것이 자신에게 이롭다는 교훈을 명심했다.

페르시아를 위협하는 일은 기원전 390년대에 구체적으로 나타났다. 이 시기에 스파르타 장군 리산드로스와 스파르타 왕 아게실라오스는 아나톨리아와 북부 그리스에서 펠로폰네소스 전쟁의 승리를 바탕으로 삼아 스파르타의 세력을 확장하는 데 몰두했다. 다른 스파르타 군사령관들은 시칠리아에 개입했다. 스파르타가 배출한 가장 훌륭한 지휘관인 아게실라오스는 전쟁에서 거듭 승리하여 그 힘으로 페르시아 제국마저 정복할 기세였다. 하지만 그는 이 꿈을 포기해야 했다. 스파르타의 정치가들이 그에게 귀국하여 그리스 적들로부터 고국을 지키라고 명령했기 때문이다. 충실한 스파르타인인 아게실라오스는 그 명령에 복종했다. 만약 그가 아시아로 진출했더라면 우리는 오늘날 페르시아의 정복자로서 알렉산드로스 대왕이 아니라 '아게실라오스 대왕'을 말했을 것이다.

그리스를 제패하려는 스파르타에 맞서서 테베, 아테네, 코린토스, 아르고스 등은 반反스파르타 연합을 형성했다. 스파르타의 확장 정책이 그들의 대내외 이익을 위협했기 때문이다.

펠로폰네소스 전쟁이 종료되면서 그리스 동맹국들 사이에 위상의 반전이 일어나자, 페르시아 왕은 스파르타에 대항하여 아테네를 비롯한 그리스 도시국가들과 동맹을 맺어 이른바 코린토스 전쟁을 일으켰다. 이 전쟁은 기원전 395년에서 386년까지 계속되었다. 페르시아 왕은 스파르타에 반항하는 도시국가들이 결국에는 스파르타보다는 페르시아 제국에 덜 위협이 된다고 보았다. 왕의 목적은 그리스 내에 정체 상태를 유지해 페르시아에 대한 잠재적 위협을 막는 것이었다. 그러나 이 연합은 곧 깨지고 말았다. 페르시아 왕의 그리스 동맹들이 그가 스파르타 분쇄에 도움을 줄 생각이 없다는 것을 깨달았기 때문이다. 그리하여 페르시아 왕이 아나톨리아의 그리스 도시국가들의 통제권을 가져가는 한편, 본토 그리스인들의 자율권을 인정해주는 조건을 제시함으로써 전쟁은 끝났다. 스파르타인들은 이 조약이 자신들의 주관하에 그리스의 자유를 옹호하기 위해 체결된 것으로 보이게 하려고 애썼다. 하지만 실제로는 왕의 약속에 힘입어 그리스 내에서 자신들이 자유롭게 지배권을 추구할 수 있기를 기대했다. 이 협정을 '왕의 평화 협정'(기원전 386년)이라고 하는데, 이로 인해 아나톨리아의 그리스인들은 1세기 전의 종속적인 상태로 되돌아

기원전 400~380년경	플라톤이 아테네에 그의 학교 아카데메이아를 설립.
395~386년	스파르타와 다른 그리스 도시국가들 사이에 코린토스 전쟁 발발.
390년대~370년대	스파르타, 아나톨리아에 이어 그리스에서 전투.
386년	스파르타와 페르시아 사이에 '왕의 평화 협정' 체결됨.
377년	아테네, 해군 동맹 회복.
371년	스파르타, 보이오티아의 레욱트라 전투에서 패배.
370년	테살리아의 페라이 참주 이아손이 암살됨.
369년경	에파미논다스가 지휘하는 테베군이 메세니아를 스파르타로부터 해방시킴.
362년	스파르타군, 펠로폰네소스의 만티네이아 전투에서 테베에 패배함. 테베의 위대한 장군 에파미논다스가 전사함.
359년	필리포스 2세, 마케도니아의 왕이 됨.
357~355년	아테네가 이끄는 해군 동맹이 내전에 의해 와해됨.
338년	필리포스 2세, 보이오티아의 카이로네이아에서 그리스 동맹을 격파하고 코린토스 동맹을 창설.
336년	필리포스가 피살되고 그의 아들 알렉산드로스('대왕')가 왕위에 오름.
335년	아리스토텔레스, 아테네에 리케움 설립.
334년	알렉산드로스, 페르시아 제국에 대한 공격 개시. 북서부 아나톨리아의 그라니코스 강에서 승리를 거둠.
333년	알렉산드로스, 아나톨리아 남동부의 이소스에서 승리를 거둠.
332년	티레의 성벽 도시(레바논 해안의 섬)가 알렉산드로스의 공격으로 함락됨.
331년	알렉산드로스가 이집트를 정복하여 알렉산드리아 건설. 가우가멜라에서 페르시아 왕을 상대로 승리를 거둠.
329년	알렉산드로스, 박트리아(현대의 아프가니스탄)에 도착.
327년	알렉산드로스, 박트리아 공주 록사네와 결혼.
326년	알렉산드로스 군대, 인도의 히파시스 강에서 항명.
324년	알렉산드로스, 게드로시아 사막(현대의 이란 남부)을 어렵게 횡단하여 페르시아로 귀환.
323년	알렉산드로스, 바빌론(현대의 이라크)에서 사망.

가게 되었다. 그들은 페르시아 전쟁(기원전 490~479년)에서 그리스 측이 승리하면서 페르시아의 지배에서 벗어난 지 한 세기 만에 다시 페르시아의 판도 안에 들어가게 된 것이다.

스파르타는 펠로폰네소스 전쟁이 종결되었을 때와 마찬가지로 그리스 내에 있는 스파르타의 적들을 진압하는 데 지원을 받는다는 조건으로 페르시아와 거래를 맺었다. 이것은 그리스 도시국가들의 해방자이며 그리스의 정치적 독립을 옹호한다는 페르시아와 스파르타의 오랜 주장을 깡그리 무시하는 처사였다.

스파르타군은 기원전 386년에 체결된 왕의 평화 협정 이후 몇 년 동안 그리스 전역의 도시국가들을 공격했다. 한편 아테네는 도시와 항구를 연결하는 장성을 재건함으로써 외부의 침공에 다시 든든하게 대비했다. 아테네 장군 이피크라테스는 펠타스트peltast라는 경무장 부대(경보병)를 위해 효율적인 새 전략을 고안했다. 펠타스트는 그들이 휴대하는 자그마한 방패를 가리키는 말에서 유래했다. 그는 이 경무장 보병들이 중무장 보병을 상대로 더 오래, 더 효과적으로 싸우게 만들기 위해 그들의 무기를 더 길게 만들었고, 금속제 가슴 보호구를 꽉 조이는 리넨 조끼로 대체했으며, 질이 더 좋은 야전용 신발을 고안했다. 아테네는 또한 해군을 재건하여 공격력을 상당한 수준까지 회복했다. 기원전 337년에 이르러 아테네는 그리스 국가들이 맺은 해군 동맹의 지도국으로 올라섰다. 그러나 이번에는 동맹국들이 자신들의 권리를 문서로 보장받아 놓았고, 모든 사람이 볼 수 있도록 그 권리의 포고문을 비석에다 새겨두었다. 기원전 5세기에 이른바 아테네 제국이 보여주었던 고답적인 행동을 미연에 방지하기 위해서였다.

펠로폰네소스 전쟁 이후 수십 년 동안 지속적인 권력을 성취하려 했던 스파르타의 희망은 기원전 371년에 깨어졌다. 위대한 장군 에파미논다스가 지휘한 테베군이 보이오티아의 레욱트라에서 스파르타군을 깨뜨린 것이다. 스파르타는 기병대가 보병 대열로까지 밀리면서 밀집 전투 대형이 파괴된데다 왕과 야전 사령관 클레옴브로토스가 살해되면서 전투에서 패배했다. 스파르타의 많은 중장 보병은 살해되거나 부상을 당해 후방으로 철수했다. 승자들은 연이어 펠로폰네소스의 스파르타 본토를 침공했는데 이것은 전에 없던 일이었다. 이 시점에서 테베는 그리스의 군사적 맹주 자리를 차지하기 위하여 테살리아 페라이의 참주이며 군사령관인 이아손에게 도전했다.

기원전 370년에 이아손이 피살되자 테살리아의 위협은 갑자기 사라졌다. 그러나 에파미논다스가 기원전 369년에 스파르타 영토를 또다시 침공했다. 그는 레욱트라 전투의 여세를 몰아 메세니아를 스파르타의 통제로부터 해방시키는 데 성공했다. 이 사건은 스파르타 역사에서 전환점이 되었다. 그 크고 비옥한 지역에서 일하는 헬로트들의 경제적 소출을 박탈당하자 스파르타의 국력은 크게 타격을 입었고 그 이후 다시는 회복하지 못했다. 테베인들은 이제 본토에서 가장 강성한 도시국가의 지위를 거머쥘 수 있게 되었다. 그러자 전에 앙숙이었던 스파르타와 아테네가 서로 연합하여 기원전 362년 펠로폰네소스의 만티네이아에서 테베의 군대와 맞서 싸웠다. 테베군은 그 전투에서 승리했으나, 위대한 지도자인 에파미논다스가 만티네이아에서 사망함으로써 군사 지도부의 능력이 크게 훼손되었다. 그 후 20년 동안 테베는 이웃 그리스인들과 계속 싸웠으나 그 영향력은 쇠퇴했다. 그리고 곧 필리포스 2세 휘하의 마케도니아 왕국이 등장했다. 이 기간에 아테네와 스파르타는 다시 한 번 서로 노골적으로 적대 관계에 돌입했다. 기원전 350년대 중반에 아테네가 주도하는 해군 동맹이 해체되고 또 동맹국들이 노골적으로 아테네에 반발해도 아테네는 힘이 쇠퇴하여 그들에게 복종을 강제할 수가 없었다. 이처럼 국력이 쇠퇴한 아테네는 한 세기 전 황금시대에 누렸던 전 그리스 제패라는 꿈이 산산조각 나버렸다. 크세노폰은 동시대 그리스인을 기술한 자신의 역사서에서 이때의 상황을 이렇게 요약했다.

> 모든 사람이, 이 전투의 승리자가 그리스의 통치자가 될 것이고 패자는 신하가 될 것이라고 생각했다. … 하지만 그 전투가 끝난 후에는 전보다 더 심한 혼란과 소요가 발생했을 뿐이다
>
> − 《헬레니카》 7.5.26~27

크세노폰의 말이 맞았다. 기원전 4세기 전반에 그리스 본토에서 패권을 확립하고자 했던 주요 그리스 도시국가들의 노력은 실패로 끝났다. 기원전 350년대와 340년대에 이르러 그리스 도시국가들은 겨우 자기 영토만을 보전했을 뿐, 외부로 떨치고 나갈 힘이 없었다. 80년 전 펠로폰네소스 전쟁의 발발과 함께 그리스의 패권을 노리던 세력 다툼은 국제적 수준에서 정치적으로나 군사적으로나 교착 상태에 접어들었다. 이런 난처한 교착 상태에 빠졌는데도 그리스는 여전히 문화적으로 왕성한 활동을 보였다. 이 시기에 고대 그리스 역사를 통틀어서 가장 유명하고 영향력 높은 지적 발전이 이루어졌다.

플라톤의 일생

—

기원전 4세기 초반 몇 십 년 동안 지속된 혼란스러운 시기에 그리스에서
가장 유명한 사람은 군인도 정치가도 아닌 철학자 플라톤(기원전 428~347
년경)이었다. 이 아테네의 철학자는 소크라테스의 뛰어난 제자였다. 그의
저작은 이 시대의 가장 중요한 문화적 유산임이 틀림없다.

플라톤은 사회 엘리트 출신이어서 젊어서 정계에 진출했지만, 기원전
399년 이후에는 아테네의 공직 생활에서 물러났다. 소크라테스가 처형
되는 것을 보고 플라톤은 민주주의 가지고는 편협한 자기 이익을 초월하
여 보편적 진리를 깨달을 수 없다고 확신하게 되었다. 그가 보기에 이 진
리를 획득하는 것이 가치 있는 삶의 목적이었다. 인간 사회를 조직하는
가장 좋은 방법을 다룬 저서에서 플라톤은 민주주의를 타당한 정부 형태
로 인정하지 않았다. 그는 민주제를 가리켜 "최악의 통치 형태"(《정치가》
303a)라고 불렀다. 그는 시민들의 폭넓은 국정 참여를 가능하게 했던 페
리클레스의 공직 수당제에 비판적인 입장을 취했으며, 그것이 아테네 사
람들을 "게으름뱅이, 겁쟁이, 얼간이, 탐욕꾼"(《고르기아스》 515e)으로 만
들었다고 말했다. 그는 재판 당시 소크라테스의 말을 기술하면서 탁월함
을 신봉하는 명예로운 사람은 아테네의 공직 생활에 참여하지 말아야 한
다고 결론을 내렸다. 참여할 경우, 반드시 증오와 도덕적 위험을 일으킨
다는 것이다(《변명》 32e).

이처럼 플라톤은 자신의 도시국가를 맹렬하게 비판하면서 정치적·사
회적 조직의 이상적 상태를 묘사했는데, 무엇보다도 철학적 지혜를 갖추
고 그에 따라 행동하는 지도자들을 강조했다. 그의 유토피아적 이상은 당

시의 정치 상황에는 아무런 영향을 미치지 못했다. 그리고 시칠리아의 시라쿠스 참주인 디오니시오스 2세(재위 기원전 367~344년)에게 철학자-통치자의 이상을 가르쳐주려던 시도는 철저히 실패로 끝났다. 하지만 정치철학은 천문학, 수학, 형이상학(직접적인 경험이나 과학적 실험으로는 이해할 수 없는 현상에 대한 이론적 설명) 등 다양한 분야에 걸쳐 있는 플라톤의 관심사 중 한 부분이었을 뿐이다. 기원전 4세기 중반에 플라톤이 사망한 이후 철학자들은 새로운 방향으로 나아갔지만, 그의 사상은 영향력을 이어나갔다. 즉, 그의 사상은 나중에 영혼의 문제, 인간과 신의 관계에 대한 복잡한 문제 등을 탐구하는 기독교 신학자들에게 아주 중요한 역할을 했다. 플라톤의 난해한 사상은 그 지성적 힘과 문제 제기적 성격으로 그를 세상의 위대한 철학자 가운데 한 사람으로 만들어주었다.

플라톤은 오늘날의 철학자들이 쓰는 추상적인 논문을 집필하지는 않았다. 그의 저서는 대화 형태로 되어 있기 때문에 오늘날 대화편이라고 불린다. 마치 희곡이나 시나리오처럼, 그 대화들은 특정한 무대가 있고 철학적 주제를 다루는 대화자들(종종 소크라테스를 포함)이 있다. 플라톤의 대화편에서 철학적 내용만 따로 분리하는 것은 분명 오류이다. 플라톤의 대화는 전체로서 이해되어야 한다. 다시 말해 대화의 해석은 그 형태와 내용을 함께 고려해야 한다. 대화의 플롯과, 대화의 형태를 취하고 철학적 주제에 간접적으로 접근해 들어간 목적은, 일정한 철학 원리를 독자들에게 일방적으로 강요하기보다는 독자로 하여금 깊은 사색에 잠기도록 유도하기 위한 것이었다.

더욱이 플라톤의 사상은 시간이 흐르면서 바뀌어간 듯하고, 어느 한 군데에서 일관된 사상 체계를 제시하지도 않는다. 플라톤은, 기본적인

도판 9-1 | 로마의 도시 폼페이에서 발굴된 이 후대의 모자이크는 아테네에 있었던 플라톤의 아카데메이아의 광경을 상상으로 표현한 것이다. 이 학원에 남자들이 모여서 실재와 지식의 본성, 그런 것을 알게 된 이후에 인간이 보여야 할 행동 방식 등에 대한 플라톤의 사상을 논의했다. 플라톤의 '학원'은 수업료를 부과하지 않는 대신에 학원 수강생들의 개인 재산과 헌금으로 지원을 받았다. Wikimedia Commons.

지식은 개인적 경험과 내적 성찰에 바탕을 둔 도덕적 지식이라는 소크라테스의 사상에도 동의하지 않은 듯하다. 그는 지식이란 가시적 세상의 관찰자인 개인과는 별도로 존재하는 진리를 찾는 것이며, 그 진리는 남들에게 가르칠 수 있는 것이라고 결론지었다. 기원전 4세기 초에 그는 이런 교육의 가능성을 바탕으로 아테네의 성벽 밖에 있는 아카데메이아라는 곳에다 학교를 설립했다. 아카데메이아는 시원한 그늘 아래의 집합 장소로, 그 근처에 전설적 영웅 아카데모스의 사당이 있었기에 그의 이름을 따서 명명된 것이다(도판 9-1).

아카데메이아는 현대적 의미의 대학이나 연구 기관은 아니었으며 단지 철학, 수학, 이론 천문학 등에 관심 있는 사람들이 모여서 공부하고 대화하며 시간을 보내는 비공식 집합 장소였고, 그런 이들이 플라톤을 선생으로 모신 것이다. 아카데메이아는 지식인의 집합 장소로서 너무나 유명해져서 플라톤 사후 900년 동안 존속했다. 어떤 때는 저명한 철학자가 책임을 맡았고, 또 어떤 때는 평범한 지도자가 맡는 바람에 별 볼일 없는 기관으로 추락하기도 했다.

플라톤의 사상을 이해하고자 한다면 그의 대화편을 모두 읽어보는 것이 가장 좋겠지만 여기서 그의 사상을 간략히 개관하더라도 큰 잘못은 아닐 것이다. 플라톤은 인간은 선, 정의, 미, 평등 같은 절대적 탁월함에 대하여, 일상생활 속의 구체적 체험을 가지고 설명하는 것이 불가능하다고 보았다. 세상의 구체적 사례는 다른 상황에서는 다른 성질을 가지게 되기 때문이라는 것이다. 예를 들어 남에게서 빌린 것을 다시 돌려주는 것은 언제나 정의로운 일처럼 보인다. 하지만 A라는 친구에게 무기를 빌린 B가 그것을 다시 돌려주려고 할 즈음에 A가 그 무기로 자살하려고 한다면 어떻게 되는가? 그 경우 무기를 돌려주는 것은 오히려 정의롭지 않은 일이 된다. 우리는 평등의 구체적 사례도 이처럼 상대적이라는 것을 알 수 있다. 가령 2피트 막대기의 평등은 다른 2피트 막대기와 대어보면 자명한 것 같다. 하지만 3피트 막대기와 대어보면 불평등하다. 결론적으로 말해서 인간이 감각으로 경험하는 세계에서는 탁월함이나 평등의 모든 사례가 상황에 따라 상대적이다.

그러나 플라톤은 탁월함의 상대성을 인정하지 않는다. 이처럼 상대주의를 열렬히 거부하기 때문에 소피스트들의 상대주의도 맹렬하게 공박한다. 그리하여 플라톤은 이런 이론을 개발했다. 탁월함은 경험에 의해서 발견되지 않는다. 그것은 절대적인 것으로서 이성에 의해서만 이해될 수 있으며, 인간의 존재와는 별개로 존재한다. 이처럼 별개로 존재하는 순수한 탁월함을 플라톤은 자신의 저서에서 형상形相, Forms 혹은 이데아라고 했다. 그 형상은 비물질적 보편으로서 인간의 직접 체험과는 별개로 존재하며 인간의 체험에 의해 인식되지도 않는다. 형상들은 보이지도 않고 변하지도 않는 완벽한 것으로서, 인간의 경험 세계 너머의 높은 경지에 있는 영원한 실재이다. 선, 정의, 미, 평등 같은 탁월함은 그런 형상 혹은 이데아에 속하며 유일하게 진정한 실재이다. 인간이 감각으로 체험하는 것은 이 원형들의 그림자 혹은 모방에 지나지 않는다.

플라톤은 이처럼 비물질적 형상의 개념을 내세우고 나서, 형상에 대한 지식은 인간의 육체가 아니라 불멸하는 영혼을 통해 얻을 수 있다고 주장했다. 영혼이 인간이 현재 지닌 몸속에 형상에 대한 지식을 가지고 온다는 것이다. 이 영혼은 인간의 이성을 사용하여(인간의 감각을 통한 경험에 의해서가 아니라) 영혼의 선재先在하는 지식(영혼이 인간의 몸속으로 들어오기 전에 알고 있었던 지식)을 되살려낸다.

플라톤은 형상의 성질이나 의미에 대해 일생 동안 일관된 입장을 취하지는 않았다. 그의 후기 저술들은 이 이론으로부터 사뭇 동떨어져 있는 듯이 보인다. 아무튼 형상이라는 개념은 플라톤 사상의 복잡성과 다양성을 보여주는 좋은 사례이다.

인간이 육체와는 별개인, 죽지 않는 영혼을 갖고 있다는 플라톤의 사상은 이원론의 개념을 확립하여, 정신적 존재와 육체적 존재를 분리시켰다. 이처럼 영혼과 육체가 분리되어 있다는 사상은 후대의 철학과 종교에 큰 영향을 미쳤다. 생애 후반에 집필된 대화편인 《티마이오스》에서 플라톤은, 불멸의 영혼이 지닌 선재하는 지식은 사실상 지고至高의 신이 알고 있는 지식이라고 말했다. 플라톤은 이 신을 데미우르고스 Demiurgos(조물주)라고 불렀다. 그리고 데미우르고스는 형상의 지식을 이용하여 자연의 질료를 가지고 살아 있는 존재의 세계를 만들어낸다고 보았다.

플라톤의 이러한 이론에 따르면, 모든 것을 알고 있는 합리적인 신이 이 세상을 만들어냈으므로 이 세상은 질서를 가지고 있다. 또 이 세상의 모든 존재는 일정한 목표를 지니고 있는데, 그것은 동물들이 생존하기 위하여 주어진 환경에 적응하는 것을 보면 알 수 있다. 데미우르고스는 물질세계에 형상의 완벽한 질서를 구현하고 싶어 하지만, 그가 만들어낸 이 세상은 불완전한 것으로 판명되었다. 왜냐하면 물질은 필연적으로 불완전할 수밖에 없기 때문이다.

인간은 합리적 이성으로써 비합리적 욕망을 통제하여 완벽한 질서와 영혼의 순수성을 추구해야 한다고 플라톤은 주장했다. 비합리적 욕망은 여러 가지 방식으로 해를 끼치기 때문이다. 예를 들어 술을 과도하게 마시려는 욕망은 비합리적인데, 왜냐하면 그 술꾼이 그다음날 아침의 숙취를 생각하지 않기 때문이다. 이처럼 비합리적 욕망에 휘둘리는 사람은 영혼과 육체의 미래를 생각하지 않는 사람이다. 마지막으로, 영혼은 불멸의 것이고 육체는 필멸의 것이므로, 몸과 영혼이 뒤섞인 현재의 불완전한 존재는 영혼이 이데아로서의 영혼으로 되돌아가는 날까지 일종의 과도기에 지나지 않는다.

플라톤은 이런 형상 이론을 이 세상의 삼라만상이 창조되는 과정에 적용했을 뿐 아니라 인간의 이상적 사회가 조직되는 방식에도 적용했다. 플라톤의 이상적 비전이 가장 잘 드러난 대화편은 《국가》이다. 이 책의 제목인 그리스어 '폴리테이아Politeia'를 정확하게 번역하면 '정부의 조직'이다. 이 책의 주된 관심사는 정의의 본질과 사람들이 정의롭게 행동해야 하는 이유를 밝히는 것이다.

플라톤은 정의가 누구에게나 이익을 가져다준다고 주장한다. 정의는 곧 비합리적인 것을 영혼 속의 합리적인 것에 복종시키는 것이기 때문이다. 플라톤은 이처럼 상상 속의 정의로운 도시국가를 하나의 모델로 내세워, 영혼에 복종해야 한다는 개념을 이해시키는 도구로 삼는다. 따라서 인간 사회의 이상적 구조를 내세우는 이런 세계관은 곧 정의롭고 도덕적인 영혼을 갖추기 위해 인간이 어떻게 해야 하는지를 보여주는 길잡이가 된다. 정의로운 영혼과 마찬가지로 정의로운 사회는 적절한 위계질서를 따르는 각 부분으로 구성된다. 《국가》에서 플라톤은 형상의 진리를 이해하는 능력 정도에 따라 사람들을 세 계급으로 나누었다. 제1계급은 통치자 계급으로, '수호자들'이다. 이들은 수학, 천문학, 형이상학을 교육받은 자들이다. 둘째 계급은 '보조자들'로, 이들의 기능은 도시국가를 방어하는 것이다. 셋째 계급은 '생산자들'로, 곡식을 경작하거나 도시 주민들이 필요로 하는 물품을 만들어내는 자들이다. 각 계급은 그들의 주된 기능을 수행함으로써 사회에 기여한다.

플라톤의 이상 사회에서는 남자들 못지않게 여자들도 수호자가 될 자격이 있다. 남녀 사이에 신체적 힘의 차이는 있지만, 여자들도 남자와 똑같은 탁월함과 능력을 지녔기 때문이다. 탁월함은 남녀 공통의 것이라며 여자들까지 포함시킨 이 원칙은 아마도 플라톤이 소크라테스에게서 빌려온 사상일 것이다. 여성을 이상적 도시국가의 통치 계급으로 포함시킨 것은 플라톤 당대의 실제 관행으로부터 많이 벗어나는 생각이었다. 실제로 플라톤 이전의 서양 역사에서 꿈에라도―사실 그의 '국가'가 꿈의 도시가 아니고 무엇이겠는가―젠더와 상관없이 인간 사회의 일을 골고루 분배해야 한다고 주장했던 사람은 없었다.

수호자들의 삶의 방식을 규정한 것도 아주 과격한 주장이다. 수호자들은 의무에 대한 정신적 혼란을 최소화하기 위하여 개인 재산이나 핵가족을 가져서는 안 되었다. 남녀 수호자들은 공유 가옥에서 살아야 하고, 공유 식당에서 식사를 해야 하며, 같은 체육관에서 운동을 해야 한다. 그들의 자녀는 특별한 관리인이 담당하는 공동의 환경에서 집단적으로 양육되어야 한다. 이러한 조치는 여성 수호자들로 하여금 자녀 양육 책임을 면제해주어 남자들과 똑같이 통치에 참여하게 하기 위함이다. 하지만 플라톤은 여성 수호자가 남성 수호자보다 훨씬 어려운 삶을 살아가야 한다는 점을 간과했다. 여자들은 빈번히 임신을 하고 출산의 긴장과 위험을 겪어야 하니 말이다. 하지만 플라톤은 바로 그런 점(임신과 출산) 때문에 여성이 통치에서 배제되어서는 안 된다고 믿은 듯하다. 플라톤의 이상 사회에서 가장 높은 수준의 지식을 획득한 수호자들은 철학자-왕으로서 국가를 이상적으로 다스릴 자격이 있는 사람들이었다.

수호자가 되려는 사람은 어릴 때부터 여러 해 동안 수학, 천문학, 형이상학을 교육받아야 한다. 그렇게 해야 플라톤이 《국가》에서 공동선을 성취하기 위하여 필요하다고 주장한 지식을 획득할 수 있다. 이처럼 수호자의 교육을 강조한 덕분에 플라톤은 심성의 교육을 강조한 최초의 철학자가 되었다. 그는 교육이 정보나 실질적인 기술의 획득을 목표로 하기보다 마음과 인품의 훈련이 되어야 한다고 역설했다. 이러한 교육을 바탕으로 삼은 나라는 자연히 권위적일 수밖에 없다. 왜냐하면 통치 계급만이 국가 정책을 결정할 수 있는 지식을 갖고 있고, 또 최선의 아기를 낳기 위해 누가 누구와 짝지어져야 하는가 하는 번식의 문제마저 결정하려 들기 때문이다.

플라톤은 이처럼 《국가》에서 이상 사회를 건설하기 위해서는 일에서 우생학에 이르기까지 엄격한 생활 규정이 필요하다고 주장했다. 이는 합리적인 인간에게 진정한 이익을 가져오는 것은 바로 도덕이라는 플라톤의 관점을 강조하는 것이기도 하다. 플라톤은 정치학과 윤리학 영역에서는 이성의 힘을 통해 객관적 진실이 발견될 수 있다고 주장했다. 아테네 민주제에 대한 통렬한 비판과 수사학의 중요성에 대한 경시에도 불구하고 플라톤은 사람들이 실제로 살아가는 방식을 급격하게 바꾸는 일의 어려움을 잘 알고 있었다. 그리하여 후기 대화편인 《법률》에서는 《국가》의 이상 사회보다는 훨씬 덜 급진적인 방식으로(하지만 여전히 권위적인 방식으로) 실제 세상을 개선시키는 방법을 다루었다. 플라톤은 평범한 정치가가 아니라 진실을 알고 공동선을 추진할 수 있는 비범한 정치가가 나라를 다스려야 한다고 믿었다. 그렇게 해야 모든 사람의 실질적인 이익을 도모하는 통치가 가능하다고 보았다. 바로 이런 이유로 철학 연구가 일상생활에서 아주 중요하다고 그는 역설했다.

아리스토텔레스의 과학과 철학
—

기원전 4세기 후반의 그리스는 그 영향력에서 플라톤 못지않은 두 번째 사상가를 배출했다. 플라톤의 뛰어난 제자인 아리스토텔레스(기원전 384~322년)는 자연 세계의 과학적 탐구와 논리적 증명의 엄정한 체계를 수립함으로써 과학과 철학에서 지속적인 명성을 얻었다. 아리스토텔레스의 저작은 후대, 특히 중세 유럽에 엄청난 영향을 미쳐, 그는 서양의 과학과 철학사에서 핵심적인 인물로 부상했다. 그의 업적은 플라톤과 비견되는데, 일부 학자들의 견해에 따르면 플라톤의 업적을 능가한다.

그리스 북부인 스타기라에서 부유한 의사의 아들로 태어나서 마케도니아 왕궁에서 근무했던 아리스토텔레스는 플라톤의 아카데메이아에서 공부하기 위해 열일곱 살에 아테네로 왔다. 기원전 335년, 아리스토텔레스는 아테네에 자신의 철학 학교인 리케이온^{Lykeion}을 세웠다. 이 학교는 나중에 '소요 학교^{Peripatetic School}'라고 불렸는데, 시원한 그늘이 있는 산책로^{peripatos}에서 유래한 이름이다. 이 학교의 학생들은 지중해의 따가운 햇살을 피해 이 산책로를 소요하면서 대화를 나누었다.

아리스토텔레스는 리케이온에서 생물학, 의학, 천문학, 심리학, 기상학, 물리학, 화학, 수학, 음악, 형이상학, 수사학, 정치학, 윤리학, 문학 평론 등 거의 모든 분야의 학문을 가르쳤다. 또한 실질적인 논증에 활용하기 위한 정교한 논리 체계를 완성하기도 했다. 아리스토텔레스는 논리적으로 타당한 경우와, 그럴듯하게 보이는 경우를 엄격하게 구분하는 기준을 설정했다. 그는 전제와 결론, 보편과 특수 등 언변과 논증에서 보통명사가 된 용어들을 만들어냈다. 아리스토텔레스에 따르면, 단 하나의 통일된 전체로 환원되지 않는 네 가지 설명 범주가 존재했다. 형태(특성을 규정하는 것), 물질(원소를 이루는 것), 운동의 근원(오늘날의 '원인'과 비슷한 것), 목적(텔로스^{telos})이 그것이다. 이런 정밀한 분석을 통하여 아리스토텔레스는 실재의 복잡성을 지나치게 단순화하지 않고자 했다.

뛰어난 교사였던 아리스토텔레스는 제자들에게 여러 특별한 학문 분야에서 연구하라고 장려했다. 예를 들어 학생들에게 그리스의 158개 도시국가들에 대한 연구 보고서를 작성하라고 요구했다. 아리스토텔레스의 철학 사상은 플라톤의 영향을 많이 받았지만 그는 스승의 가르침을 일부는 다시 다듬고 일부는 배척하기도 했다. 예를 들어 그는 플라톤의 형상(이데아) 이론을 거부했다. 형상이 이 세상과는 별개로 존재한다는 플라톤의 이론은 말이 안 된다는 것이었다. 이러한 입장을 취하고 있었기에 아리스토텔레스는 사물을 설명할 때 형이상학보다는 논리적 추론과 관찰에 더 의존했다.

현대의 기준으로 볼 때 그의 과학 사상은 설명과 수량적 추론을 중시하는 수학적 모델에는 별로 신경을 안 쓴 듯하다. 하지만 그 당시 수학은 아직 이런 작업을 할 수준에 도달하지 못했다는 점을 감안해야 한다. 아리스토텔레스의 방법은 현대 과학자의 그것과는 달랐다. 그는 통제된 실험을 선호하지 않았다. 실험실이라는 인공적인 장소보다는 자연 그대로의 상태에 있는 사물과 존재를 관찰할 때 그것들을 더 잘 이해할 수 있다고 생각했다. 자세한 관찰과 예리한 추론을 강조하는 그의 방법론은 생물학, 식물학, 동물학 등의 자연과학에 잘 들어맞았다. 예를 들어 동물의 어떤 종에 대한 정보를 수집하여 그것을 분류한 최초의 과학자였던 아리스토텔레스는 곤충을 포함하여 500가지 이상이나 되는 동물들에 대한 정보를 기록했다. 인간의 부인과학(산부인과)과 관련한 정보는 특히 부정확했지만, 그의 꼼꼼한 기록 덕분에 이 분야는 크게 발전하게 되었다. 예를 들면 후대 동물학자들이 간과한 사항, 즉 고래와 돌고래가 포유류라는 그의 주장은 2000년 후에 다시 인정된 생물학적 사실이다.

동물학 연구에서 아리스토텔레스는 자연을 목적론적으로 보는 시각을 드러냈다. 그는 모든 유기체가 어떤 자연의 텔로스, 즉 어떤 목적이나 기능을 획득하기 위해 발전한다고 보았다. 따라서 어떤 현상을 설명하려면 '그것이 존재하는 목적'을 먼저 파악해야 한다고 생각했다. 이에 대한 간단한 사례로는 오리 발의 물갈퀴를 들 수 있다. 아리스토텔레스의 논리에 따르면 이렇다. 오리는 헤엄을 치기 위하여 물갈퀴를 갖고 있는데, 헤엄은 오리의 존재 목적을 뒷받침해주는 활동이다. 오리는 이렇게 헤엄을 칠 수 있기에 물속에서 먹이를 찾아내어 생존할 수 있다. 아리스토텔레스는 인간에게도 그런 자연적인 목적이 있다고 보았다. 인간의 목적은 도시국가에서 사는 것이다. 도시국가가 생겨난 것은, 고립된 채 살 수 없는 인간이 함께 살고 싶어 했기 때문에 그 필요에 부응한 결과이다. 더욱이 도시국가에서의 생활은 그 시민들로 하여금 질서 있는 탁월함의 삶을 영위하도록 해준다. 이런 질서 있는 삶을 성취하는 수단은 법의 통치에 의해 시민이 번갈아 통치하고 통치되는 과정을 확립하는 것이다.

아리스토텔레스가 펼친 가장 영향력 있는 논제 중 하나는 인간이 당연시하는 질적 개념, 즉 시간, 공간, 운동, 변화 등을 집중적으로 파고든 것이다. 그는 신중한 논증을 통해 이런 친숙한 개념 속에 존재하는 철학적 난점을 탐구했다. 그리고 사물의 성질에 관한 그의 설명은 후대의 사상가들에게 엄청난 영향을 미쳤다.

노예 제도에 관한 한 아리스토텔레스는 당시의 보수적 사상을 뛰어넘지 못했다. 그는 어떤 사람들은 인간만의 특성인 영혼을 갖고 있지 못하기 때문에 노예가 될 수밖에 없는 운명이라고 생각했다. 이런 사상에 반대하는 사람은 별로 많지 않았지만 그래도 존재했다. 기원전 4세기의 웅변가인 알키다마스는 "신은 인간을 자유롭게 놓아주었다. 자연은 그 누구도 노예로 만들지 않는다"(단편 3＝아리스토텔레스에 대한 주석,《수사학》1373b)라고 주장했다.

또한 아리스토텔레스는 당시의 통설을 그대로 답습하여 여자는 남자보다 열등하다는 입장을 취했다. 이러한 시각은 잘못된 동물관에서 기인했다. 그는 수컷의 정액이 태의 형태를 결정하고 암컷은 수태의 장소만 제공하는 수동적인 역할에 그친다고 오해했다. 암컷은 수컷보다 덜 용감하다는 그의 주장은 동물과 관련된 의심스러운 증거에서 비롯되었다. 가령 오징어 수컷은 암컷이 작살질을 당하면 마치 도와주려는 듯 그 옆에 머무는데, 암컷은 이런 경우에 달아나버린다는 것이다. 비록 잘못된 생물학 정보 때문에 여성이 남성보다 불완전하다고 믿게 되었지만, 아리스토텔레스는 인간의 공동체는 남녀가 공동으로 기여할 때 성공하고 행복을 누릴 수 있다고 보았다. 또 결혼은 남녀가 서로 도움과 위로를 주기 위한 것이지만, 그래도 남자가 가장이 되어야 한다고 생각했다.

노예제와 여성에 대한 아리스토텔레스의 견해를 잘 살펴보면 그는 자신이 제자들에게 가르쳤던 추론과 관찰이라는 높은 기준에 부응하지 못한 듯하다. 이런 점은 정의에 관심 있는 모든 사람에게 겸손해지라는 경고를 던진다. 아리스토텔레스 같은 뛰어난 과학자 겸 철학자도 어떤 인간적 차이점이 인간을 차별 대우하는 데 정당하게 거론될 수 있는가, 그렇지 않은가 하는 아주 민감한 문제를 분석할 때 판단 착오를 일으켰으니 말이다.

아리스토텔레스는 정의와 선량함에 대한 지식이 정의로운 행동을 하는 데 필수 조건이라고 본 소크라테스의 사상과는 아주 다른 입장을 취했다. 아리스토텔레스는 인간의 영혼은 정의에 대한 지식을 갖고 있지만 비합리적인 욕망이 인간을 압도하여 잘못된 행동을 저지르게 한다고 보았다. 예를 들어 다음 날 아침의 숙취를 잘 알고 있으면서도 사람들은 여전히 과음을 하는 식이다. 인간의 영혼 속에 들어 있는 욕망의 갈등을 잘 이해했던 아리스토텔레스는 정신이 본능과 열정을 이기도록 잘 훈련하여 극기심을 갖추어야 한다고 말했다. 극기심은 인간의 욕망이나 욕구를 부정하는 것이 아니다. 신체적 욕구에 무제한으로 탐닉하는 것과 무조건 억제하는 것 사이에 어떤 균형을 잡아서 '중용'을 이루어야 한다는 것이다. 아리스토텔레스는 인생의 모든 측면에서 그런 균형을 잡는 데 정신이 주도적 역할을 해야 한다고 보았다. 왜냐하면 지성이 인간 최고의 특질이고 정신은 진정한 자아, 혹은 인간의 특질 중에 신과 가장 가까운 요소이기 때문이다. 그는 특히 젊은 사람들에게 생활의 습관을 들이는 문제에 크게 신경을 쓰라고 경고했다. 인생의 후반부에 가서 새로운 것들을 성취하거나 지금까지와는 다르게 행동해야 하는 때가 오는데, 그 시점에 가서 그렇게 하기는 거의 불가능하다는 것이다. 왜냐하면 젊은 시절에 들인 습관이 그런 성취나 다른 행동을 가로막기 때문이다.

아리스토텔레스는 과학과 철학을 일상생활에서 동떨어진 추상적인 학문으로 보지 않고 일상생활의 전 부문에 적용되는 지식을 추구하는 과정으로 보았다. 이러한 추구야말로 좋은 생활과 진정한 행복을 가져온다고 생각했다. 현대의 일부 비판가들은 아리스토텔레스의 사상이 분명한 도덕적 메시지를 갖고 있지 못하다고 비판한다. 하지만 그는 윤리학 연구에 커다란 기여를 했다. 선과 악의 기준이 어떤 행동을 강제하는 추상적인 이유들의 목록이 아니라, 인간 본성의 선량함과 인간의 고상한 특성에 뿌리박고 있을 때에만 비로소 기준으로서 제 역할을 발휘할 수 있다고 주장했다. 다시 말해 윤리 체계는 인간이 일상생활에서 실제로 경험하는 도덕적 상황에 적용될 수 있어야 한다고 보았다. 다른 분야의 연구에서도 그렇지만 윤리학 분야에서도, 아리스토텔레스는 정신의 작용과 실생활에서의 체험이 서로 잘 융합될 때 가치 있는 인간을 만들어낼 수 있다고 보았다.

아리스토텔레스는 인간의 행복을 쾌락의 추구와 동일한 것으로 보아서는 안 된다는 입장을 취했다. 인간의 행복은 인간의 잠재력을 최대한 완수하는 데에서 얻어져야 한다고 보았다. 그런 잠재력의 완수는 합리적 선택, 실질적인 판단, 탁월함을 위한 수련, 중용을 선택하는 가치 등의 뒷받침이 있을 때 가능하다. 도덕의 가장 핵심적인 문제는 '더 많은 것'을 얻으려는 인간의 보편적 성향, 권력을 가졌을 때 정의롭지 못하게 행동하려는 성향을 어떻게 억제하느냐에 관한 것이다. 교육의 목적은 인간을 그런 성향으로부터 떼어놓는 것이다. 인간의 그런 성향이 금전이나 명예를 획득하려는 쪽으로 집중될 때 최악의 결과가 발생한다. 아리스토텔레스가 일정한 수준에서 그칠 줄 알아야 한다고 주장한 것은 주로 공직 생활을 염두에 두고서 한 말이었다. 민주제든 과두제든, '더 많은 것'을 얻으려는 인간의 욕망 때문에 사회에 위험한 무질서가 발생한다는 것이다.

아리스토텔레스는 스승 플라톤과 마찬가지로 민주제를 비판했다. 민주제가 교육받은 엘리트들의 지배가 아니라 가난한 다수가 지배하는 정치 체제라는 이유에서였다. 아테네는 여러 해 동안 아리스토텔레스의 근거지였으나 그 과도한 직접 민주제는 그의 승인을 얻지 못했다. 그가 볼 때 민주주의의 목적은 모든 개인이 자기 좋을 대로 살자는 것인데, 그런 목적은 가장 좋은 정부를 조직하는 타당한 원칙이 될 수 없다는 것이다. 진정한 자유는 법의 통치에 의하여 시민이 번갈아 통치하고 통치되는 과정을 확립하는 것이며, 반드시 시민의 욕구를 성취하는 것을 의미하지는 않는다고, 아리스토텔레스는 보았다.

이소크라테스의 수사학과 사회론
—

아리스토텔레스는 국가의 제도, 수사학의 이론과 실천 등 정치학에 관련된 학문에 관심이 있기는 했으나, 플라톤의 영향을 크게 받은 이론가였다. 그는 모든 성인 시민에게 개방된 아테네의 민주제에 반대했다. 아테네 민주제에서는 설득력 있는 언변이 가장 소중한 기술로 인정되었는데, 아리스토텔레스는 이런 기술을 가르치는 일에 그다지 관심이 없었다. 따라서 실질적 지혜와 공직 생활에서의 직접적인 응용을 강조하던 기원전 4세기의 일반적 교육 풍토로부터 아리스토텔레스는 한 발짝 물러서 있었다. 당시 교육에서 가장 중요한 과목은 대중 연설과 명쾌한 논증을 가르쳐주는 수사학이었다. 효과적인 연설을 하려면 웅변 기술이 뛰어나야 할 뿐만 아니라 세상 돌아가는 지식이 있어야 하고 인간 심리를 훤히 꿰뚫고 있어야 했다.

이런 수사학에 뛰어난 기술을 갖춘 사람은 민주제나 수사학을 별로 숭상하지 않았던 소크라테스의 제자들 중에서도 찾아볼 수 있다. 예를 들어 크세노폰은 소크라테스를 잘 알고 있어서 그와 나눈 대화를 회고록에다 기록할 정도였지만, 역사, 전기, 부동산 관리, 승마술, 아테네의 공공 수입 등 다양한 범위에 걸친 저작을 남겨놓았다. 이처럼 다양한 분야에 걸쳐 글을 남긴 이유는 크세노폰이 젊은이들의 적절한 교육에 그런 과목들이 필요하다고 생각했기 때문이다.

실질적 기술로서의 수사학과 관련하여 가장 영향력 있는 저작을 남긴 사람은 이소크라테스(기원전 436~338년)였다. 부유한 가문에서 태어난 그는 소피스트와 소크라테스 양쪽 모두에게 교육을 받았다. 그 후 펠로폰네소스 전쟁이 터지는 바람에 재산을 다 날려버리고 작가 겸 교사로서 생계를 이어나가게 되었다. 그는 대중을 상대로 연설을 하기에는 목소리가 너무 작고, 또 실제 정치보다는 학문적 연구를 더 좋아하는 사람이었다. 그래서 다른 사람의 연설문을 대필해주거나 교육과 정치에 대한 소논문을 많이 집필하여 대중과 정치 지도자들에게 영향력을 행사하려 했다.

이소크라테스는 교육을 공직 생활에 진출하여 좋은 생활을 영위하기 위한 중요한 준비 과정으로 보았다. 그래서 교육이 추상적 개념의 이론적 연구와 다른 사람을 설득하는 수사적 기술의 중간 지점에 위치해야 한다고 보았다. 이런 식으로 해서 이소크라테스는 플라톤의 추상적 이상론과, 설득력 높은 연설을 개인적 이득을 추구하는 도구로 삼으라는 소피스트의 매혹적인 현실론의 중간에 서게 되었다. 이소크라테스는 가끔 모든 사람에게 참여 기회를 주는 아테네 민주제를 비판했지만, 그래도 도시국가에 대한 자부심은 결코 버리지 않았다. 나이 90대에 이르러 그는 〈범아테네Panathenaicus〉라는 긴 논문을 저술하여 아테네가 그리스에서 발휘한 지도자 정신을 찬양했고, 살벌한 국제 정치 무대에서 그리스가 스파르타보다 훨씬 도덕적으로 행동했다고 주장했다.

이소크라테스는 수사학을 발전시키려고 애썼지만, 타고난 재능과 이 세상에서의 실무 경험이 동반되어야만 그런 기술이 발전할 수 있다고 보았다. 이런 경험이 있어야만 웅변가는 대중의 문제와 심리를 잘 파악하여 공동선을 받아들일 수 있도록 설득할 수 있다는 것이다. 따라서 이소크라테스는 수사학을 오만한 출세의 방편으로 본 것이 아니라 인간의 복지를 촉진시키기 위한 강력한 설득의 도구로 보았다. 그는 양심과 재능이 있고 훈련을 받은 사람이 수사학의 기술을 잘 구사한다면 사회가 발전하리라고 보았다. 여성들은 정치에 참여할 수 없었기 때문에 수사학의 훈련 과정에서 제외되었다.

수사학을 실생활과 정치에 접목시켜 사회를 개선해야 한다는 이소크라테스의 가르침은 플라톤의 추상적 이상론에 비해 후대의 그리스인이나 로마인에게 큰 영향을 끼쳤다. 또한 2000년 뒤인 르네상스 시대 유럽에도 커다란 영향을 미쳤다.

이소크라테스는 평생 동안 당대의 가장 심각한 문제에 대처하는 각종 처방전을 내놓았다. 특히 그리스 전역의 공동체에서 빈부 격차가 발생시키는 사회적 긴장에 대하여 고민을 많이 했다. 기원전 4세기의 아테네는 다른 도시국가들과 비교하면 계층 간의 갈등을 비교적 잘 다스리는 편이었다. 아테네 민주제는 공공 봉사liturgy 제도를 통하여 부자들이 공동체의 행사에 돈을 기부하도록 유도했기 때문이다.

엘리트 계층의 사람들은 전함의 건조 비용, 함대 사령관으로서의 근무, 연극 축제 등에서 코러스가 입을 의상비 등을 찬조 출연함으로써 도시국가의 공공 행사를 적극적으로 지원했다. 일반 대중은 이렇게 공공 행사에 적극적으로 기부하는 엘리트들에게 감사의 정(그리스어로 'charis'라고 하는데, 현대 영어 'charity', 즉 '자비'의 어원이다)을 공식적으로 표시함으로써 그들을 찬양했다. 그리고 법정 소송에 휘말린 부자들은 자신이 평소 행했던 공공 봉사의 건수를 열거함으로써 재판정의 배심원들에게 동정을 얻고자 애썼다. 배심원들은 소득이 별로 많지 않은 사람들이 대부분이었으므로 그런 공공 봉사의 필요성과 의미를 잘 이해했다. 실제로 부유한 시민들은 대중 연설에서 공공 봉사의 원칙을 철저히 지키겠다고 약속함으로써 대중의 지지를 이끌어내려고 애썼다. 바로 이런 카리스charis의 정치학 덕분에 아테네는 빈부 간의 갈등을 다소 완화할 수 있었다.

그러나 그리스의 다른 지역에서는 빈부 간의 갈등이 아주 심각했다. 그런 갈등은 도시국가들의 전통적인 적개심과 경쟁심으로 더욱 고조되었다. 그들은 사회적 문제를 해결할 협력의 방안을 거의 찾지 못했다. 이소크라테스가 볼 때 그리스의 정치적 상황은 너무나 불안정했기에 아주 과격한 구제책을 실천하지 않으면 다스려지지 않을 것 같았다.

그런데 이소크라테스가 원했던 범그리스주의Panhellenism, 즉 그리스 국가들 사이의 화합은 그리스인이 아니라 마케도니아의 왕 필리포스 2세에 의해 실천에 옮겨지게 된다. 필리포스는 150년 전의 군사적 영광(페르시아 전쟁에서의 승리)을 상기시키면서, 그리스인들을 통합시켜 페르시아 정벌에 나서겠다고 주장했다. 이소크라테스는 그런 동맹이 커다란 효과를 가져오리라고 보았다. 그리스 도시국가들은 이제 싸움을 그만두고 아나톨리아의 페르시아 세력을 몰아내는 데 힘을 모을 수 있을 것이고, 거기에다 그리스 식민지를 건설함으로써 그리스 본토 내에서의 영토 다툼도 종지부를 찍을 수 있을 터였다. 이 자부심 강하고 저명한 아테네 철학자가 그리스인들을 구제하기 위해 마케도니아 왕의 도움을 노골적으로 요청한 것은 기원전 4세기 후반의 그리스 세계에 새로운 정치적·군사적 현실이 도래했음을 보여준다.

마케도니아 왕국과 필리포스 2세

급부상한 마케니도니아 왕국은 기원전 4세기 그리스 도시국가들 간의 무익한 싸움이 가져온 권력의 공백을 메웠다. 일찍이 크세노폰은 그의 저서 《헬레니카》 마지막 부분에서 만티네이아 전투가 가져온 아주 황폐한 결과를 가지고 그런 공백을 잘 설명했다.

마케도니아는 그리스의 북쪽에 있는, 높은 산과 낮은 계곡으로 이루어진 척박한 땅이다. 그곳은 날씨가 추운데다가 북쪽과 서쪽의 적들이 주기적으로 침입해와서 그리스의 다른 지역에 비해 살기가 어려웠다. 마케도니아 사람들은 보호 성벽도 없는 자그마한 촌락이나 도시에 살았기 때문에 외침에 특히 취약했다. 하지만 마케도니아는 그리스의 다른 지역에 비해 목재나 귀금속 같은 천연자원이 풍부했다. 이처럼 미미했던 왕국이 기원전 350년대와 340년대에 들어와 그리스의 강대국으로 부상했고, 나아가 기원전 330년대와 320년대에는 페르시아 제국마저 정복했다. 이 사실은 고대의 군사적·정치적 역사에서 하나의 경이로 꼽는다.

마케도니아 왕국의 왕권은, 왕이 늘 국민의 말을 들어주어야 한다는 전통에 의해 제약을 받았다. 국민들은 언론의 자유를 크게 누리면서 왕을 스스럼없이 비판했다. 게다가 왕은 마케도니아 엘리트들의 지원을 받아야만 효과적으로 통치를 할 수 있었다. 당시 엘리트 가문의 지도자들은 왕과 유사한 사회적 지위를 누렸고 추종자들을 제법 거느리고 있었다. 이런 엘리트들의 오락은 싸움, 사냥, 음주 등이었다. 왕은 이런 오락들을 능숙하게 해냄으로써 국가를 경영할 능력이 충분하다는 것을 엘리트들에게 보여주어야 했다. 마케도니아의 왕비와 왕족은 이 남성 위주의 사회에서 존경을 받았는데, 그들이 마케도니아의 사회적 엘리트 가문 출신이거나 마케도니아 인근 지방의 왕가 출신이었기 때문이다. 왕비는 또한 남자아이를 낳아서 왕가의 법통을 이어가게 한 공로도 있었다. 왕이 없을 때에는 이들 왕족 여성이 왕궁의 권력을 놓고서 왕의 대리인과 다투기도 했다.

마케도니아는 그리스어와 비슷한 그들만의 언어를 따로 갖고 있었다. 하지만 마케도니아 사회를 지배한 엘리트들은 스스로를 그리스인이라고 생각했기 때문에 그리스어를 배웠다(사실 모든 마케도니아인들이 자신들을 그리스인의 후예라고 생각했다). 그런 동시에 마케도니아인들은 남쪽의 그리스인들이 마케도니아의 험난한 생활을 감당하지 못할 유약한 자들이라고 생각했다. 그리스인들도 마케도니아인을 우습게 보기는 마찬가지였다. 유명한 아테네의 웅변가 데모스테네스(기원전 384~322년)는 마케도니아 왕 필리포스 2세(기원전 382~336년)를 이렇게 비웃었다.

그는 그리스인도 아니고 그리스와 관계도 없을 뿐만 아니라 이렇다 하게 언급할 만한 가치가 있는 땅에서 온 야만인도 아니다. 그렇다.

그는 마케도니아 출신의 골치 아픈 존재일 뿐이다. 제대로 된 노예 한 명 살 수 없는 형편없는 땅, 마케도니아 말이다.

– 《연설》 9.31

데모스테네스는 아테네 민회에서 대내외 정책을 논의할 때면 이런 가시 돋친 말을 자주 했다. 그는 그리스로 남하하려는 마케도니아의 세력 팽창 정책을 저지해야 한다고 틈만 나면 강조했다. 데모스테네스는 뛰어난 수사학 기술을 갖고 있어, 법정에서 대독할 연설문을 작성하는 데 당대 최고라는 평가를 받았다.

데모스테네스는 필리포스 왕의 야심이 대단하다는 것을 잘 알고 있었기에 왕의 정책에 강력하게 제동을 걸었다. 사실 필리포스 왕은 매우 불리한 여건 속에서도 마케도니아를 국제적인 강국으로 만든 인물이었으니 그러한 견제는 당연한 것이었다. 필리포스 왕 이전의 마케도니아는 사실 분열된 왕국이었다. 왕가와 호족 가문의 갈등이 너무나 심해서 마케도니아는 일치단결된 군사력을 유지하지 못했다. 마케도니아 왕들은 자국민에게 폭행을 당할까 두려워 침실 앞에까지 보초를 세워야 할 정도였다. 게다가 마케도니아의 왕자들은 다른 지역의 남자들과는 다르게 스무 살이 넘으면 곧바로 결혼을 했다. 왕권이 너무나 불안정했기에 일찍 후사를 얻어 왕권을 안정시키려는 의도였다.

기원전 359년, 마케도니아의 왕 페르디카스가 병사 4000명과 함께 마케도니아 북부의 적국인 일리리아 사람들과 벌인 전투에서 몰살당하자 마케도니아 왕실 정치는 위기 상황에 봉착했다. 필리포스는 당시 겨우 이십 대 초반이었다. 이런 국가 위기의 순간을 맞이하여 필리포스는 특

도판 9-2 | 마케도니아의 왕이었던 필리포스 2세의 상아 두상. 필리포스는 메토네 시의 성채 위에서 방어를 하고 있던 병사가 날린 화살에 맞아 오른쪽 눈을 잃었다. 필리포스는 기원전 354년에 이 도시를 포위 공격했다. The Archaeological Museum, Thessaloniki.

유의 카리스마를 발휘하여 마케도니아 호족들을 설득하여 자신을 왕으로 옹립하는 데 성공했다(당시 그는 죽은 페르디카스를 대신하여 어린 조카의 섭정으로 있었다).

필리포스는 곧 보병 부대에 불패의 전략을 가르쳐줌으로써 군의 신임을 얻었다. 당시 마케도니아 군대는 16~18피트(4~5미터) 남짓 되는 기다란 창을 사용했는데, 이 창은 매우 무거워서 두 손으로 들고 다녀야 했다. 필리포스는 사병들에게 그 기다란 창을 팔랑크스 대형으로 사용하는 방법을 가르쳤다. 장창으로 무장한 전진은 마치 가공할 멧돼지의 이빨 같은 위력을 발휘했다. 또한 기병이 적의 정면을 쳐부수어 아군 보병의 측면을 보호해주게 되자 필리포스의 재정비된 군대는 마케도니아의 북쪽 적군을 재빨리 물리쳤고, 또 필리포스 왕에게 반기를 든 지방 호족들도 진압할 수 있었다.

필리포스는 이어서 외교 정책, 뇌물 공여, 군사 작전 등을 번갈아 펼치면서 그리스 국가들로 하여금 자신의 정치적 우위를 인정하게 만들었다. 그는 마케도니아의 광산과 정복지 트라케의 광산에서 나온 금과 은으로 만든 주화를 마구 풀어 자신의 야심만만한 정책을 뒷받침했다. 전장에서 한쪽 눈을 잃는 심각한 부상을 당했지만 그 일이 필리포스 2세의 야심을 멈추게 하지는 못했다(도판 9-2). 그와 동시대인 그리스 역사가인 키오스의 테오폼포스는 필리포스를 가리켜 이렇게 말했다.

> 그는 욕심 많고 사치한 사람이다. 그는 모든 것을 재빨리 해치운다. …
> 군인인 그는 자신의 수입과 지출을 계산해보는 법이 없다.
>
> — 아테나이오스, 《현인들의 저녁 연회》 4.166f~166a = *FGrH* 115 F 224

기원전 350년대에 필리포스는 마케도니아의 남쪽인 중부 그리스의 번성한 지역인 테살리아의 강력한 지도자들을 설득하여 자신을 동의에 의한 연맹의 최고 지도자로 뽑도록 했다. 이렇게 하여 그는 그리스인의 맹주로 나서게 되었다. 테살리아의 세력가들은 필리포스가 전설적인 헤라클레스의 후예로서 자기들의 친척이며 또 그런 유명한 조상 덕분에 그런 자리를 차지할 자격이 충분하다는 이유를 내세워, 마케도니아를 동맹국의 맹주로 내세우는 데 동의했다.

기원전 340년대 중반, 필리포스는 테살리아 남부에 살며 마케도니아의 전통적인 적수였던 포키아인들이 델포이의 아폴론의 신성을 모독하는 행위를 저질렀다는 이유를 내세워 그들과 심하게 다투었고 그 결과 군사력으로 개입했다. 이른바 신성한 이 전쟁에서 필리포스와 그의 그리스 동맹국들은 아테네를 포함한 포키아 동맹과 싸움을 벌였다. 필리포스는 이 싸움에서 승리를 거두었고, 기원전 340년대 후반에 이르러 그리스 북부와 중부의 국가들은 대부분 필리포스의 대외 정책을 지지하게 되었다.

필리포스의 목표는 마케도니아군과 그리스군이 힘을 합해 페르시아 제국을 패배시키는 것이었다. 그의 이런 계획은 그리스의 역사관에서 비롯된 것이었다. 그들은 기원전 480년에 그리스와 마케도니아를 침공했던 페르시아에 인과응보의 복수를 해야 한다고 생각했다. 필리포스는 또한 자신의 강력한 군대가 아무런 할 일도 없이 빈둥거리면 왕권 행사에 부담이 되지 않을까 하는 우려를 안고 있었다. 그러나 야심찬 페르시아 침공을 감행하기 위해서는 그보다 앞서 그리스 남부의 세력을 자신의 동맹국으로 편입시켜야 했다.

한편 아테네의 데모스테네스는 필리포스에게 저항하지 않으려 하는 아테네인들을 상대로 다음과 같이 날카로운 비난의 연설을 퍼부었다.

아테네인들은 필리포스가 마치 폭풍우나 되는 것처럼 가만히 서 있기만 한다. 그들은 그를 물리치기 위한 조치를 전혀 내리려 하지 않는다.

– 《연설》 9.33

아테네 사람들은 필리포스에 맞설 것인지, 아니면 협력할 것인지 의견이 분열되어 있었다. 그들은 얼마 되지 않는 공공 재원을 전쟁 준비에 모두 투입하는 문제를 두고 합의를 이루지 못했다. 그러다가 마침내 아테네는 전통적 적수인 테베와 합류하여 그리스 남부 국가들의 동맹을 맺어 군사력을 강화함으로써 필리포스의 남하 정책에 맞서게 되었다. 그러나 동맹의 군사력은 충분하지 않았다. 기원전 338년에 필리포스와 그의 그리스 동맹군은 보이오티아의 카이로네이아 전투에서 그리스 남부의 동맹을 패퇴시킨다. 이 국가들은 여전히 내부의 자유를 유지했지만, 필리포스를 맹주로 하는 동맹에 강제로 가입해야 했다. 이 동맹을 현대 역사학자들은 '코린토스 동맹'이라고 하는데, 그 본부가 코린토스에 있었기 때문이다. 스파르타는 코린토스 동맹에 가입하지는 않았으나 그리스의 주요 국가라는 옛 명성은 이제 상실한 상태였다. 그들의 인구가 너무나 크게 줄어들었기 때문이다. 카이로네이아 전투는 그리스 역사에서 아주 중요한 전환점이 되었다. 그 전투 이후 그리스 국가들은 외부 세력의 눈치를 보지 않고서 독자적으로 대외 정책을 펼 수 없게 되었다. 이러한 변화는 국제 정치에서 독립적인 역할을 했던 도시국가들의 종언을 의미한다. 비록 그렇게 추락하기는 했지만, 그들은 그리스 세계의 경제적·사회적 기본 단위라는 지위는 유지했다. 그러나 그들은 이제 마케도니아 왕국의 신하 혹은 동맹국이라는 종속적 역할에 머물렀다.

그리고 기원전 323년, 알렉산드로스 대왕의 사망 이후에는 그의 부하 장군들이 세운 헬레니즘 왕국들의 간섭을 받았다. 이들 왕국은 뒤에 그리스 세계를 통치했던 로마 속주들처럼, 그리스 도시국가의 현지 지도자들에게 의존하여 통치를 했다. 제국의 국고에 들어갈 세금을 거두거나, 일반 시민들의 충성심과 복종심을 강제하는 데에는 현지 지도자들이 아주 쓸모가 있었던 것이다. 이렇게 하여 도시국가들은 그리스 세계의 정치 지도에서 중요한 부분으로 남았고, 또 시민들의 공공 생활을 유지하는 데 중요한 역할을 했지만, 그 후 다시는 자신의 운명을 스스로 결정하는 완전한 주인이 되지는 못했다.

그리스인들이 다르게 행동했더라면 이런 추락을 모면할 수 있었을까 하는 문제는 한번 물어볼 만한 질문이다. 그들은 더 뛰어난 지도자를 갖추고 국력을 지원할 수 있는 풍부한 천연자원을 가진 적과 우연히 마주친 것인가? 그리스 도시국가들이 수십 년 동안 서로 싸우면서 국력과 재력을 탕진하지 않았더라면 필리포스를 물리칠 수 있었을까? 분쟁이 발생했을 때 그들은 다른 도시국가들과 더 잘 타협할 수 있었을까? 아니면 그런 타협이 페리클레스가 전쟁을 하는 한이 있더라도 타협해서는 안 된다고 하면서 말한, '노예제'로 가는 미끄러운 등성이 길이었을까? 오늘날의 역사와도 상관이 있는 이런 질문들은, 내가 볼 때 고대 그리스사에서 '좋은 생각 거리'를 제공하는 여러 장면 가운데 하나이다.

알렉산드로스 대왕의 정복

—

기원전 336년, 자신이 엄청난 모욕을 당했다며 불만을 품은 한 마케도니아인이 필리포스 왕을 암살했다. 그 살해의 배후가 필리포스의 여러 아내 중 한 명인 올림피아스라는 확인되지 않은 소문이 나돌았다. 올림피아스는 마케도니아 서쪽 나라인 에피로스 출신의 공주로, 필리포스의 아들 알렉산드로스(기원전 356~323년)를 낳은 여자였다. 아버지가 살해되자 약관 스무 살의 알렉산드로스는 곧 왕위를 차지하겠다고 나선 자들을 모두 물리치고 왕위에 올랐다. 그는 번개같이 빠른 작전을 구사하여 마케도니아 서쪽과 북쪽의 적들을 모두 제압했다. 이어서 필리포스 왕의 사망 소식에 코린토스 동맹에서 탈퇴한 그리스 남부 국가들을 강제하여 다시 동맹에 가입하게 했다. 필리포스의 치세시와 마찬가지로 스파르타는 역시 동맹에 가입하지 않았다. 불복종의 대가를 보여주기 위하여 알렉산드로스는 기원전 335년에 반란을 일으킨 테베를 멸망시켰다. 이 사건은 알렉산드로스의 정책을 분명하게 밝혀주는 것이었다. 알렉산드로스는 그리스 도시국가들의 동의에 따라 동맹을 이끌어가겠지만—이러한 동맹의 지도자를 그리스어로는 헤게몬hegemon이라고 했다—, 불복종하는 국가에 대해서는 강력한 무력을 사용하여 제재하겠다는 뜻이었다. 알렉산드로스는 (설사 전에 그의 적이었더라도) 자신의 권력을 인정하는 자들에게는 언제나 포상을 하려 했지만, 자신의 신임을 배신하거나 자신의 야망에 도전하는 자들은 무자비하게 징벌했다.

그리스 전역이 겁먹은 상태로 마지못해 동맹권 안에 들어오자, 알렉산드로스는 기원전 334년 마케도니아군과 그리스군을 이끌고 부왕 필리포스의 페르시아 응징 계획을 실천하기 위해 아나톨리아로 진군했다. 그다음 해에는 페르시아 제국 전역을 정복했다. 그리하여 불과 이십 대의 나이였던 알렉산드로스는 후일 '대왕'이라는 칭호를 얻게 된다. 생존 당시에도 그는 부하들에게 용기를 불어넣어 그들이 가기 싫어하는 곳으로 데려가는 능력으로 소문이 자자했다. 그런 곳들은 대부분 문명 바깥에 있는 미지의 적대적인 땅이었다. 그는 또 어린 시절을 보낸 땅과 사람들로부터 멀리 떨어져 타지로 깊숙이 행군할 때면 변화하는 군사적·사회적 상황에 맞추어 용병술을 조정하는 탁월한 역량을 보였다.

알렉산드로스는 자신의 안전을 전혀 돌보지 않는, 무모하다고 할 정도의 용기로 휘하 부대에 용기를 불어넣었다. 가령 그는 전투 대형의 맨 앞에 서서 보통 병사와 똑같이 죽을 위험을 무릅썼다. 깃털 달린 투구, 채색한 옷, 햇빛에 반짝이는 갑옷 등으로 그가 누구인지를 당장에 알아볼 수 있었는데도 부대의 맨 앞에 서서 싸웠던 것이다. 알렉산드로스는 미지의 땅을 정복하겠다는 열망이 너무나 강해서, 그가 사망하면 발생할 정국 불안정을 미리 막기 위해 결혼하여 자식을 둘 때까지 정복전을 멈추어달라는 조언마저 무시했다. 그는 군대의 전력을 강화하기 위해 자신의 땅과 재산을 남에게 주어버림으로써—그렇게 하면 새로운 지주가 군대의 비용을 댈 것이라고 보았다—노련한 고문관을 놀라게 했다. "그럼 당신 자신을 위해서는 뭐가 남아 있습니까?" 하고 그 늙은 고문관이 물었다. "나의 희망이 남아 있지요." 알렉산드로스가 대답했다(플루타르코스,《알렉산드로스》15).

알렉산드로스의 희망은 호메로스의 《일리아스》에 나오는 무적의 아킬레우스처럼 영광스러운 전사의 이미지를 구축하는 것이었다. 알렉산드로스는 베개 밑에다 《일리아스》 한 권과 단검을 늘 놓아두었다고 한다. 알렉산드로스의 야망은 호메로스가 제시한 영광스러운 정복 전사의 세계관을 잘 드러낸다. 그는 "언제나 최선이 되기 위해" 노력했고, 뛰어난 업적이 가져다주는 불멸의 명성을 얻으려고 애썼다.

알렉산드로스는 헬레스폰토스 해협을 통과하여 유럽에서 아시아로 건너갔을 때 아나톨리아의 땅에 창을 박아 넣었다. 그렇게 함으로써 호메로스의 전사처럼 아시아 대륙을 '창으로 정복하겠다'는 의지를 표명하고 나섰다(디오도로스 시쿨루스,《역사 문고》17.17.2). 최초의 전투는 아나톨리아 서부 그라니코스 강에서 벌어졌는데, 알렉산드로스 군대의 기병대가 유감없이 실력을 발휘했다. 기병대는 도강하여 강둑으로 달려가 페르시아 적들을 패퇴시켰다. 그때 왕이 적을 향해 기병대를 몰고 달려 나갔는데 어떤 페르시아인이 칼을 높이 쳐들어 왕의 머리를 두 쪽으로 절단하기 일보 직전까지 왔으나, 한 마케도니아 지휘관이 그자의 팔을 베어버림으로써 돌격하는 왕의 목숨을 구했다.

알렉산드로스는 프리지아에 있는 미다스의 수도 고르디온을 방문한 적이 있다. 그 도시에는 어떤 신탁이 전해져오고 있었다. 그 도시에 보관되어 있는 고대의 전차에 매어진, 풀 수 없는 매듭을 푸는 사람이 아시아의 주인이 되리라는 신탁이었다. 전설에 따르면 젊은 마케도니아인 알렉산드로스가 칼을 높이 들어 내리침으로써 그 매듭을 풀었다고 한다.

기원전 333년, 페르시아 왕 다리우스는 마침내 아나톨리아 남동부 구석에 있는 이소스에서 알렉산드로스와 맞섰다. 알렉산드로스 군대는 수적으로 우세한 적군에 맞서서, 먼저 기병대가 페르시아 전열의 왼쪽 옆구리를 돌파했다. 그런 다음에 다시 페르시아 왕이 위치한 중앙의 본진으로 육박해 들어갔다. 다리우스는 사로잡히지 않기 위해 전장에서 달아났다. 페르시아 왕가의 전통에 따라 그를 따라온 아내와 딸들을 뒤에 내버려둔 채였다. 알렉산드로스는 이소스에서 페르시아 왕가의 여자들을 사로잡은 뒤에도 그들에게 잘 대해주었다. 그리하여 페르시아 제국 사람들에게 크게 인심을 얻었다.

기원전 332년, 오늘날의 레바논 해안에 있었던 요새 도시 티레가 항복하기를 거부하자, 알렉산드로스는 부왕 필리포스가 개발한 공성攻城 무기와 투석기를 사용하여 요새 도시의 두터운 성벽을 마침내 허물어뜨렸다. 알렉산드로스의 티레 함락은 성벽 도시국가가 더는 공성전에서 난공불락이 아님을 보여주었고 그리하여 도시국가의 주민들에게 공성전의 공

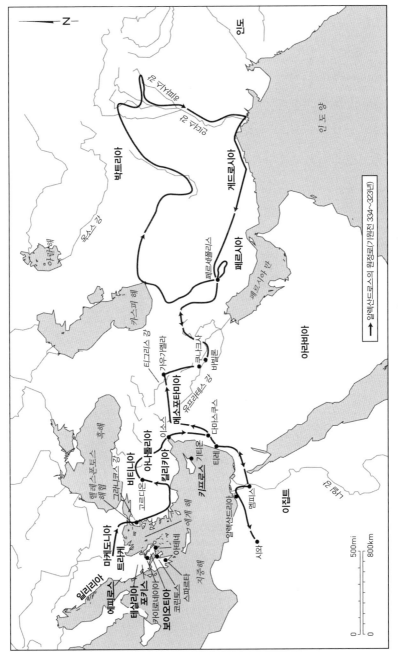

지도 9 | 알렉산드로스의 원정로(기원전 334~323년)

알렉산드로스의 원정로(기원전 334~323년)

인도

박트리아

욱소스 강

아랄 해

힌두쿠시 산

인더스 강

게드로시아

페르세폴리스

페르시아

페르시아 만

인도양

아라비아

카스피 해

티그리스 강

가우가멜라

메소포타미아

아르벨라

쿠나크사

바빌론

유프라테스 강

다마스쿠스

티레

키프로스 기티온

알렉산드리아

멤피스

이집트

나일 강

홍해

흑해

비티니아

헬레스폰토스 해협

그라니코스 강

아나톨리아

고르디온

킬리키아

이소스

시와

파플라고니아

마케도니아

트라케

일리리아

에피로스

테살리아

포키스

보이오티아

아이톨리아

코린토스

스파르타

아테네

아이게 해

지중해

500mi

800km

0   500

0   800

포를 안겨주었다(하지만 잘 건축된 도시의 성벽은 공격자에게 엄청난 장애가 되었기 때문에 알렉산드로스의 성공 이후 성벽이 함락되는 경우는 아주 드물었다). 이제 도시국가의 주민들은 자신들의 방어 체제가 공격자의 무기를 무한정 감당할 수 있다고 자신할 수 없게 되었다. 포위전이 도시의 성벽을 허물어뜨릴지도 모른다는 상존하는 공포는 심리적으로 도시 주민들의 단결을 가로막았다. 특히 알렉산드로스같이 공격적인 왕이 위협을 가할 때는 더욱 자신감이 흔들렸다.

알렉산드로스는 연이어 이집트를 정복했다. 이집트의 상형문자 기명들은 그가 이집트의 파라오가 아니라 페르시아의 왕으로서 이집트를 다스리러 왔다는 것을 보여주는 증거라고 학자들은 생각한다. 이러한 학자들의 결론은 확실한 것이 아니다. 이집트의 미술에서 알렉산드로스는 고대 이집트 통치자의 전통적인 복장을 하고 있다. 사실 알렉산드로스는 파라오가 된 셈이었다. 이것은 그가 정복한 땅을 잘 통제하고 또 자신의 우월한 지위를 선언해주는 외국의 관습이나 제도는 무엇이든 채택할 생각이었다는 초기 징조였다. 기원전 331년, 알렉산드로스는 나일 강 서쪽의 해안에 자신의 이름을 딴 새로운 도시를 건설했다. 이 도시는 그가 동쪽의 아프가니스탄까지 도달하는 동안 세웠던 여러 도시 가운데 첫 번째 도시였다. 이집트에 체류하는 동안 알렉산드로스는 극비리에 아몬 신의 신탁을 들으러 갔다. 그리스인들이 제우스 신과 똑같은 신이라고 여겼던 아몬 신의 신전은 이집트 서부 사막에서도 멀리 떨어진 시와^{Siwah} 오아시스에 자리 잡고 있었다. 알렉산드로스는 아무에게도 신탁의 내용을 말하지 않았지만, 그가 신의 아들이라는 신탁을 받았다는 소문이 흘러나왔다. 그리고 기쁜 마음으로 신탁을 받아들였다는 것이다.

기원전 331년 알렉산드로스는 메소포타미아 북부의 가우가멜라(오늘날의 이란과 이라크 국경 근처) 전투에서 페르시아 왕의 주력 부대를 패퇴시켰다. 그러고는 자신이 페르시아 왕을 대신하는 아시아의 왕이라고 선포했다. 이제 마케도니아의 왕이나 그리스인들의 맹주로 그치는 일은 결코 없을 터였다. 다양한 민족으로 이루어져 있던 옛 페르시아 제국 내에서 마케도니아인이 페르시아의 왕좌를 차지했지만 페르시아인들의 생활에는 아무런 변동도 생기지 않았다. 그 민족들은 한 번도 본 적 없는 멀리 떨어진 곳의 군주에게 계속해서 세금을 보냈다. 알렉산드로스는 이집트에서와 마찬가지로 페르시아 제국의 지역 행정 체제를 그대로 존속시켰고, 일부 페르시아 총독은 유임시키기까지 했다. 그의 장기적 목표는 마케도니아인, 그리스인, 페르시아인으로 구성된 행정 조직을 만들어, 그가 무력으로 정복한 영토를 잘 다스리는 것이었다.

알렉산드로스는 남들의 탁월함도 재빨리 알아보았다. 그는 조력자 혹은 행정관으로써 '야만인들'에게 점점 더 의존하게 되었다. 그의 정책은 인종적 전통과 인력을 잘 뒤섞어 힘과 안정을 구축하는 것이었다. 그는 십 대 시절 마케도니아에서 스승 아리스토텔레스로부터 자연을 잘 뒤섞으면 가장 강하고 최선이 된다는 가르침을 받았는데, 이제 그 가르침을 실천하고 있었다.

인도로의 진출과 퇴각

알렉산드로스는 그다음으로 그리스인들이 전혀 알지 못하는 동쪽 땅을 향해 진격해갔다. 그는 휘하 군대의 군수품 필요량을 축소하도록 지시했다. 그들이 행진해야 할 척박한 땅에서는 군수 물자를 획득하기가 어려웠기 때문이다. 그리스 군대의 중장 보병은 저마다 갑옷과 장비를 들고 다니는 노예를 두고 있었는데, 알렉산드로스는 부왕 필리포스를 흉내 내어 부하들에게 자신의 장비를 직접 들고 다니도록 했다. 그렇게 하여 군대에 필요한 노예 수를 대폭 줄임으로써 훨씬 효율적인 군대를 만들어냈다. 그러나 고대 군대의 경우와 마찬가지로, 대규모 비전투 요원이 전투 부대의 뒤를 따라갔다. 군대가 머무는 곳마다 전을 펴는 상인들, 병사들이 함께 데리고 간 아이들과 여자들, 연예인들, 창녀들 등이 그들이었다. 이런 비전투 요원들에게 물자를 공급하는 것이 알렉산드로스의 책임은 아니었지만, 아무튼 군수 담당자는 이런 사람들 때문에 군대에 물자를 조달하기가 무척 어려웠다.

고대의 군대는 이처럼 물자를 필요로 했기에 그 군대가 지나간 곳의 주민들은 곧바로 기근과 파괴를 각오해야 했다. 군대는 현지 사람들이 군수 장교나 부대 뒤를 따라가는 상인들에게 양식을 팔거나 기증해주기를 바랐다. 하지만 고대의 농부들은 자급자족하는 생활을 했기 때문에 팔 양식이 없었다. 따라서 군대가 식량을 징발(사실상 강탈)해 가버리면 농부의 처지는 아주 어려워졌다. 농부들이 식량 대신 받은 돈은 아무런 소용이 없었는데, 다들 자급자족하는 터라 농촌에는 사들일 만한 물건이 없었기 때문이다. 요컨대 농촌 사람들은 자신들이 자급자족할 식량을 강요에 못 이겨 팔아야 했다.

페르시아의 중심부에 들어간 알렉산드로스는 기원전 329년 북동쪽으로 방향을 잡아, 박트리아(현대의 아프가니스탄)의 길 없는 초원 지대로 들어섰다. 그러나 지구전을 피하고 게릴라전으로 나오는 기동성 높은 적들을 완전히 제압할 수가 없었다. 그리하여 알렉산드로스는 기원전 327년 박트리아의 공주 록사네와 결혼함으로써 동맹을 맺었다. 같은 시기에 알렉산드로스는 자신의 정복 계획에 반대하는 휘하의 장수들을 모조리 숙청했다. 과거의 경우와 마찬가지로, 그는 믿을 수 없는 마케도니아인들을 반역과 불충의 명목으로 처형했다. 이 숙청 사건과 기원전 335년의 테베 파괴는 알렉산드로스가 반란 억제책으로 폭력을 유익하게 활용했다는 사실을 보여준다.

박트리아에서 알렉산드로스는 동진하여 인도 쪽으로 진군했다. 그는 아마도 지구의 끝을 찾아서 중국에까지 진군할 의사가 있었을지도 모른다. 아리스토텔레스가 지구는 둥글다고 말했던 것이다. 그러나 몬순 기간의 장대비를 뚫고서 70일간을 행군한 끝에 알렉산드로스의 병사들은 마침내 신경이 곤두서고 말았다.

기원전 326년 봄, 병사들이 인도 북서부의 히파시스(현대의 베아스)의 강둑에서 항명을 벌이며 더는 나아가지 않겠다는 뜻을 밝혔고, 알렉산드로스는 회군할 수밖에 없었다. 전에 그의 군대가 행진을 거부할 때면 알렉산드로스는《일리아스》의 아킬레우스처럼 자신의 천막에 칩거하며 우울해 함으로써 그들에게 수치심을 일으켜 다시 행군하게 만들었다. 그러나 이번에는 병사들이 조금도 수치심을 느끼려 하지 않았다.

동쪽으로 계속 나아가는 일이 좌절된 알렉산드로스는 인더스 강을 따라 남하했다. 동진東進에 제동이 걸린 알렉산드로스는 저항하는 인도 부족들을 학살함으로써, 또 더 무모하게 자기 몸을 내던짐으로써 분풀이를 했다. 좌절에서 오는 분노의 꼭짓점에서 그는, 호메로스 서사시의 영웅처럼 적과 일대일로 맞붙고자 인도 마을의 성벽을 타고 넘어가려고 했다. 깜짝 놀란 그의 부장들은 가까스로 그를 말릴 수 있었다. 알렉산드로스는 그 돌출 행동에서 거의 치명적인 부상을 입었다.

인도양에 면한 인더스 강 하구에서 알렉산드로스는 부대의 일부를 떼어내어 게드로시아의 뜨거운 사막 지대를 행군하게 했다. 또 다른 부대는 동쪽 루트를 타고 내륙으로 들어가게 했고, 나머지 그룹은 해안을 타고 서쪽으로 항해하면서 메소포타미아와 인도를 연결하는 새로운 정착촌과 항구 건설의 가능성을 알아보게 했다. 알렉산드로스 자신은 사막을 횡단하는 부대의 지휘를 맡았다. 그는 그 이전의 저명한 군사 지도자들이 건너지 못했던 사막을 횡단함으로써 자신의 무용을 뽐내고자 했다. 사막의 뜨거운 햇볕은 군대를 따라오던 비전투 요원들을 몰살시켰다. 많은 병사들도 물 부족과 뜨거운 열기 때문에 사망했다. 사막의 기온은 그늘진 곳도 섭씨 53도나 되었다.

알렉산드로스는 언제나 마찬가지로 병사들의 어려움을 함께 나누었다. 사막 행군과 관련하여 이런 전설적인 얘기가 전한다. 정찰병이 투구에다 정찰 도중에 발견한 물을 담아서 알렉산드로스에게 가져왔다. 알렉산드로스는 부하들이 못 마시는데 자기만 마실 수 없다며 그 물을 모래 위에다 쏟아버렸다고 한다. 부하들은 그 무엇보다도 그의 이런 행동 때문에 그를 사랑했다. 어쨌든 사막 횡단을 성공적으로 마친 잔여 부대는 마침내 기원전 324년 페르시아의 심장부에 안전하게 도착했다. 알렉산드로스는 곧이어 아라비아 반도를 침공할 계획을 세웠고, 그다음에는 이집트 서쪽의 북부 아프리카를 침공할 복안을 갖고 있었다.

페르시아에 돌아왔을 무렵, 알렉산드로스는 이제 절대 군주의 자격으로 그리스인을 다스리겠다는 의지를 분명히 했다. 그것은 그리스 도시국가들의 내부적 자유를 존중하겠다고 이전에 맹주로서 했던 약속을 철회하는 것이었다. 그는 이제 그리스 도시국가들에 준엄한 명령문을 보내, 그리스 세계를 방랑하는 다수의 집 없는 추방자들을 시민으로 복귀시키라고 명령했다. 그리스에서 지난 수십 년 동안 전쟁을 하느라고 방랑자들이 양산되었는데, 그들의 무국적 상태가 사회적 불안을 일으키고 있었던 것이다.

더 놀라운 것은 알렉산드로스가 도시국가들에 자신을 신으로 대접해달라는 명령문을 보냈다는 사실이다. 그리스 지도자들은 그런 요청에 처음에는 당황했지만, 곧 축하 사절을 보내 그를 신인 양 숭앙했다. 스파르타인 다미스의 간결한 말이 알렉산드로스의 신격화 요구에 놀랐던 그리스인의 입장을 잘 표현해준다.

"만약 알렉산드로스가 신이 되고 싶다면, 우리는 그저 신이라고 불러주는 수밖에."

— 플루타르코스, 《모랄리아》 219e

알렉산드로스의 이런 신격화 추진 동기를 두고 현대 학자들 사이의 견해는 엇갈리지만, 예전의 인기 높았던 학설을 받아들이는 사람은 거의 없다. 그 학설에 따르면, 알렉산드로스는 실제로는 자신을 신이라고 생각하지 않았고 정치적 이유 때문에 자신을 신이라고 선언했다는 것이다. 그렇게 하면 그리스의 도시국가들이 그의 명령에 복종해도 체면을 유지할 수 있었기 때문이라는 것이다. 신의 권위는 당연히 지상의 모든 체제의 권위보다 앞서는 것이므로, 신의 명령을 그들이 별다른 저항 없이 받아들일 것이라는 계산이 깔린 조치라는 설명이다. 그러나 이런 정치적 동기보다는 아마도 개인적인 동기가 작용했을 것이다. 알렉산드로스는 아마도 자신이 제우스의 아들이라고 믿었던 게 아닌가 싶다. 사실 그리스 신화에서는 제우스가 인간 여자와 교접하여 아이를 낳은 이야기가 여러 번 등장한다. 그러나 그렇게 해서 출생한 전설적인 인물들은 모두 유한한 목숨을 가진 인간이었다. 하지만 알렉산드로스의 정복은 그가 그런 전설적 인물들을 훨씬 능가한다는 것을 보여주었다. 그런 정복은 인간적 가능성의 범위를 훌쩍 넘어서는 것이었으므로, 자신이 초인적인 존재라고 생각했을 법도 하다. 달리 말하면 알렉산드로스의 업적은 그가 신과 같은 위력을 획득했음을 보여주므로, 그는 이제 인간이면서 신이 되어야만 하는 것이다. 고대의 관점에서 보자면 알렉산드로스의 신격화는 그의 권력에서 나온 자연스러운 결과였다. 우리는 알렉산드로스가 자신이 인간이면서 신이라고 믿었다는 고대의 증거를 진지하게 받아들여야 한다. 이것은 후세의 역사가 보여주듯, 아주 긴 미래를 가진 사상이다.

알렉산드로스의 정치적·군사적 목적은 여러 가지 요소와 연계되어 있었다. 첫째는 이미 알려진 땅을 정복하여 다스리는 것이었고, 둘째는 미지의 땅을 정벌하여 식민지를 건설하고, 셋째는 그렇게 하여 다스릴 새로운 땅을 더욱 넓히자는 것이었다. 알렉산드로스와 같은 야심만만한 지도자에게 무력을 통한 정복은 오래전부터 영광스럽게 여기던 명예였다. 그는 제국의 행정과 군대 편성에 마케도니아인이 아닌 사람들도 썼다. 그렇게 폭넓게 인재를 등용한 것은 '인간의 형제애'라는 추상적 관념을 추구했기 때문이 아니라 그들의 전문 기술이 필요했기 때문이다. 알렉산드로스의 정벌은 지리학에서 식물학에 이르기까지 여러 과학 분야의 발전에 기여했다. 그는 과학 저술가들을 다수 데리고 다니면서 그들로 하여금 새로운 지리와 식물에 대해 기술하게 했다. 그가 멀리 떨어진 곳에 새로 세운 도시들은 정복지의 평화를 유지하는 제국의 전초 기지 역할을 했고, 또 현지에서 반란이 일어날 경우 본부에 사전 경고를 보내주기도 했다. 그 도시들은 지중해 지역에서는 나지 않는 향료와 같은 귀중한 물건들의 무역 기회를 촉진시켰다.

아라비아와 북아프리카를 정복하려던 알렉산드로스의 계획은 기원전 323년 6월 10일 그가 바빌론에서 때 이른 죽음을 맞이함으로써 수포로 돌아갔다. 그는 와인을 마신 후의 탈수 현상으로 고열이 악화되어 사망했는데, 당시 그리스인들은 와인이 병자에게 치료약의 효과가 있다고 믿었다. 그 일이 있기 전에 알렉산드로스는 가장 아끼던 친구 헤파이스티온의 죽음으로 몇 달 동안 우울증에 빠져 있었다. 어린 시절부터 친구였던 알렉산드로스와 헤파이스티온은 아마도 애인 사이였을 것이다. 전해지는 고대의 증거들이 이 주장을 명시적으로 밝혀주지는 않지만, 알렉산드로스는 그 당시의 다른 남자들과 마찬가지로 성적 욕망과 관습에 대하여 오늘날보다 훨씬 폭넓은 생각을 갖고 있었던 듯하다. 가령 그는 아름다운 남자 환관을 옆에 두고 성적 봉사를 받았다고 전해진다. 아무튼 헤파이스티온이 과도한 음주로 사망하자, 알렉산드로스는 슬픔으로 제정신이 아니었다. 헤파이스티온을 신으로 기념하는 정교한 신전을 건설하기로 계획을 세운 것만 봐도 그가 얼마나 그 죽음을 슬퍼했는지 알 만하다. 그런 와중에도 알렉산드로스는 아라비아 침공을 준비하기 위해 메소포타미아 남부의 습지 저지대에서 정찰을 했다. 이 정찰 도중에 그는 말

도판 9-3 | 로마 제국 시대에 알렉산드로스 대왕을 기념하기 위해 제작된 황금 메달. 대왕은 화려한 장식의 갑옷을 입었지만 투구는 쓰고 있지 않아 얼굴이 분명하게 보인다. 대왕의 머리는 위를 쳐다보며 하늘을 살펴보는데, 마케도니아 정복자가 공식 흉상을 제작할 때 취했던 포즈라고 한다. The Walters Art Museum, Baltimore.

라리아와 유사한 병에 걸려 고열로 신음했고, 이로 인해 겨우 서른 두 살에 사망했다.

알렉산드로스는 자신이 죽으면 후사를 어떻게 할지 전혀 계획을 세워놓지 않았다. 그의 아내 록사네는 그의 사망 후 몇 달이 지나서야 그의 첫 아이를 낳았다. 알렉산드로스의 임종 자리에서 휘하 사령관들이 누구에게 왕국을 물려줄지를 묻자, 그는 이렇게 대답했다.

"가장 강력한 자kratistos에게."

– 아리아노스, 《알렉산드로스의 원정》 7.26.3

아테네의 웅변가 아이스키네스(기원전 397~322년경)는 알렉산드로스의 생시에 벌어진 놀라운 일들에 대하여 많은 이들이 느꼈던 경이감을 다음과 같이 잘 표현했다.

우리의 시대에는 기이하면서도 예기치 못한 일들이 많이 벌어졌다. 우리가 영위해온 삶은 평범한 삶이 아니다. 우리는 후세에 경이적인 존재가 될 것이다.

– 《연설》 3.132

알렉산드로스는 엄청난 수준의 명성을 얻었고 그것은 후대에까지 지속되었다(도판 9-3). 그와 관련된 경이로운 무용담은 고대 세계 전역에서 인기 높은 민담民譚이 되었고, 심지어 알렉산드로스가 밟아보지 못한 땅인 사하라 이남의 아프리카에까지 그 이야기가 전파되었다. 전사 영웅으로서 최고의 업적을 성취한 알렉산드로스가 누린 전설적인 인기는 그가 후대에 남긴 유산 중에 가장 오래 지속된 강력한 유산이다. 그리스와 근동이 전보다 더 가까워졌다는 사실은 그의 원정이 창출한 또 다른 지속적인 효과이다. 하지만 알렉산드로스 사망 직후 그의 휘하 사령관들은 곧바로 난폭한 정치적·군사적 갈등에 휘말리게 되는데, 그 결과로 헬레니즘 시대의 왕국들이 탄생하게 된다.

10

헬레니즘 시대

'헬레니스틱Hellenistic('헬레니즘 시대의'라는 뜻)'이라는 용어는 19세기에 들어와 만들어진 말이다. 이 용어는 기원전 323년(알렉산드로스 대왕의 죽음)에서부터 기원전 30년(이집트의 마지막 마케도니아 통치자 클레오파트라의 죽음)에 이르기까지의 그리스와 근동의 역사를 가리킨다.

초기 헬레니즘 시대에 마케도니아와 근동의 전통을 따르는 새로운 왕조들이 형성되었고, 이런 상황이 알렉산드로스 사후 지중해 동부 지역의 지배적인 정치 구조가 되었다. 헬레니즘 왕국을 건설한 사람들은 알렉산드로스 휘하의 장군들이었다. 그들은 기존의 왕족과 아무런 혈연관계도 없고 그들이 터 잡은 땅에 아무런 역사적 연원도 가지고 있지 않았는데도 그들 자신을 군주라고 선언했다. 이처럼 왕이 될 수 있었던 원동력은 그들의 군사력, 그들의 권위, 그들의 야망 등이었다.

'헬레니스틱'은 헬레닉(그리스의) 전통과 지중해 동부의 고유 전통을 결합시켜 혼합적이고도 코스모폴리탄적인 사회적·문화적 생활 방식을 탄생시켰다. 헬레니즘 시대의 왕들은 오랜 전통을 가진 고유의 공동체 안에 그리스인들을 데려와 살게 하고 새로운 그리스식 도시들을 건설함으로써 그러한 혼합 문화의 발달을 가져왔다. 이처럼 이주한 그리스인들은 주로 도시에 살았기 때문에 그리스식 사상과 관습이 이집트와 서남아시아의 도시 주민들에게 커다란 영향을 미쳤다. 반면에 근동 지방의 농촌에 살면서 도시를 거의 방문하지 않는 많은 사람들은 그리스식 생활 방식과 동떨어진 삶을 살았다. 헬레니즘 왕들이 그리스 문화를 선호했기 때문에 헬레니즘 왕국의 엘리트들은 그들의 출신지가 어디든 상관없이 그 문화를 받아들일 수밖에 없었다. 이와 동시에 그리스 문화도 그리스 본토 이외의 여러 지역으로 전파되면서 그리스인의 의미와 '그리스적인' 삶의 성격이 바뀌게 되었다.

헬레니즘 왕국들의 창건

—

알렉산드로스 대왕의 사망 이후 그의 어머니 올림피아스는 여러 해 동안 록사네가 낳은 손자를 마케도니아 왕위에 올리려고 노력했다. 그러나 알렉산드로스 휘하의 장군들이 스스로 권력을 차지하려고 적극적으로 나서자 그녀의 노력은 수포로 돌아갔다. 대왕의 사후 20년 만에 알렉산드로스의 제국으로부터 세 명의 장군이 세 개의 새로운 왕조를 창건했다. 안티고노스(기원전 382~301년경)와 그의 아들 데메트리오스(기원전 336~283년경)는 마케도니아와 그리스를 차지했다. 셀레우코스(기원전 358~281년경)는 시리아와 옛 페르시아 제국(아프가니스탄과 서부 인도 포함)

을 차지했고, 프톨레마이오스(기원전 367~282년경)는 이집트를 차지했다. 이 장군들은 마치 후계자라도 되는 양 알렉산드로스 정복지의 가장 큰 부분을 차지했기 때문에 '후계왕'이라고 불렸다. 그러나 그들은 알렉산드로스와는 아무런 혈연관계가 없었다.

최초의 헬레니즘 왕들은 신생 정치 체제가 겪는 것과 똑같은 도전에 직면했다. 그들은 자신들의 통치에 대한 정통성을 수립해야 했다. 알렉산드로스의 옛 부장들이 그들의 사후에도 지속될 수 있는 그들 나름의 왕조를 세우려면 주민들이 인정하는 정통성 확보는 아주 중요한 과제였다. 그 결과, 신분 높은 가문에서 데려온 헬레니즘 왕조의 왕비들이 높은 사회적 지위를 누렸다. 그들은 왕의 후사를 생산함으로써 더욱 존귀한 존재가 되었다.

궁극적으로 후계왕들의 위상은 결국 그들의 개인적 능력과 권력에 달려 있었다. 그들은 합법적 통치자로 인정될 만한 자동적인 연고를 주장할 수 없었다. 가령 아나톨리아 북서부의 도시 일리온은 그러한 사정을 잘 요약한다. 셀레우코스의 아들이며 후계자인 안티오코스 1세(재위 기원전 281~261년)의 공적을 칭송하기 위해 기원전 270년대에 그 도시에 세워진 비석의 문구는 이렇게 말한다. "그는 그 자신의 탁월함으로써 그와 왕국을 번성하게 하고 빛나게 했다. 여기에는 그의 친구들과 군대의 호의도 작용했다"(오스틴, 《헬레니즘의 세계》, no.162 = *OGIS* 219). 결론적으로 말해서 헬레니즘 왕권은 물려받은 권위나 특권에 의존한 것이 아니라 왕의 개인적 능력에 그 뿌리를 두고 있었다. 이런 이유로 헬레니즘 왕조는 종종 '개인 왕조'라고 불린다.

새로운 왕국의 세력 판도가 확연히 드러난 것은 알렉산드로스 대왕의

기원전 320~301년경	마케도니아 장군 안티고노스와 그의 아들 데메트리오스가 다른 '후계왕들'과 싸우면서 알렉산드로스의 제국을 재건하려 했지만 마케도니아와 그리스에서만 왕국을 유지함.
310년	마케도니아의 마지막 후예인 알렉산드로스의 아들 파살. 제논, 아테네에서 스토아학파 창시.
307년	에피쿠로스, 아테네에 철학 학원 창립.
306~304년	알렉산드로스의 '후계왕들'이 자신들을 왕이라고 선포.
303년	셀레우코스, 자신의 왕국 중 동쪽 영토를 인도 왕 찬드라굽타에게 할양.
301년	안티고노스, 아나톨리아의 입소스 전투에서 패배하여 사망.
300년	프톨레마이오스 1세, 알렉산드리아에 도서관 건립.
284~281년경	남부 그리스에서 아카이아 동맹 창건됨.
279년	갈리아족이 마케도니아와 그리스를 침공.
256년	마우리아 왕조의 아소카 왕이 그리스인들에게 불교 전파를 선포.
239~130년	박트리아(현대의 아프가니스탄)에 독립 그리스 왕국 수립됨.
238~227년	아탈로스 왕 아탈로스 1세가 갈리아족을 정복한 뒤 그들을 갈라티아에 거주하도록 제한함.
167년	안티오코스 4세가 시리아 신 바알의 조상彫像을 예루살렘의 유대 신전에 강제로 안치.
30년	헬레니즘 시대의 마지막 마케도니아 군주인 이집트의 여왕, 클레오파트라 7세 사망.

사망 이후 수십 년이 지나서였다. 안티고노스는 다른 후계왕의 왕국을 공격함으로써 자신의 개인 왕조를 제국으로 만들고 싶어 했다. 하지만

다른 왕국들이 힘을 합해 대항했고, 기원전 301년 아나톨리아의 입소스 전투에서 그를 패배시키고 살해했다. 그의 아들 데메트리오스는 기원전 294년에서 288년까지 마케도니아 왕위에 올랐으나, 전투에서 계속 패배함으로써 셀레우코스 왕국의 포로로 잡혀 무기력한 식객 신세로 만년을 보냈다. 데메트리오스의 아들 안티고노스 고나타스(기원전 320~239년경)는 안티고노스 왕국을 재건하여 기원전 276년경에 마케도니아에서 자리를 잡았다. 셀레우코스 왕국은 왕조 초창기에 극동의 땅을 인도 왕 찬드라굽타(마우리아 왕조의 창건자. 재위 기원전 323~299년)에게 코끼리 500마리를 받고서 할양했다. 그리고 그 후 페르시아 땅의 대부분을 북부 이란 부족인 파르티아인에게 빼앗겼다. 이렇게 영락한 후에도 셀레우코스 왕국의 영토는 방대했다. 프톨레마이오스 왕국은 이집트의 풍요로운 땅을 계속 유지할 수 있었다. 그 땅의 변경에는 사막들이 있어서 육상 침공을 어렵게 만들어 영토를 지키기가 수월했기 때문이다.

기원전 3세기 중반에 이르러 세 후계 왕국은 세력 균형을 이루어 자신들의 영토를 잘 지키는 문제에 더 신경을 쓰게 되었지만, 헬레니즘의 군주들은 그들 이전의 그리스 도시국가들과 마찬가지로 국경 문제를 놓고 갈등을 벌이면서 경쟁적인 상태를 유지했다. 예를 들어 프톨레마이오스 왕가와 셀레우코스 왕가는 팔레스타인과 시리아를 놓고서 자주 영토 싸움을 벌였다.

헬레니즘 시대에는 소규모 지역 왕국들도 생겨났다. 그런 왕국들 중에 가장 유명한 것은 페르가몬이라는 부유한 도시에 도읍을 정한 아나톨리아의 아탈로스 왕국이다. 이 나라 사람들은 강력한 힘을 갖고 있어서, 기원전 3세기에 북부 유럽에서 페르가몬 왕국을 침공해온 갈리아라는 켈트

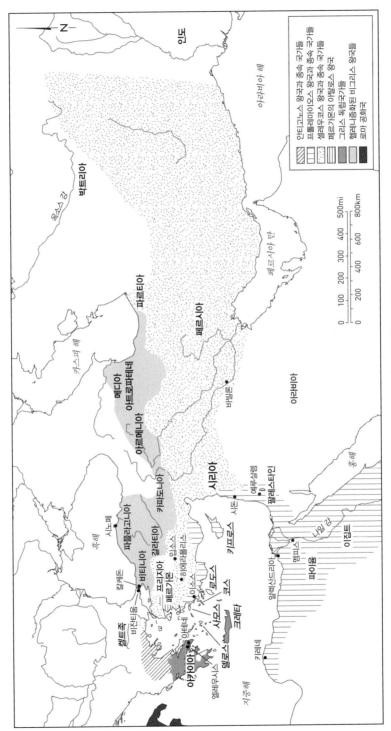

지도 10 | 헬레니즘 세계(기원전 240년경)

부족을 물리치고 그들을 아나톨리아의 일정한 지역에 거주하게 했다. 그 후 이 지역은 갈라티아라는 이름으로 알려지게 된다.

저 멀리 중앙아시아 지역(오늘날의 아프가니스탄)에도 새로운 왕조가 들어섰다. 디오도토스 1세가 기원전 3세기 중반에 셀레우코스 왕국의 박트리아 그리스인들을 규합, 반란을 일으켜 왕조를 세운 것이다. 이 박트리아 그리스인들은 알렉산드로스 대왕이 박트리아를 정벌할 당시에 눌러앉은 이들의 후예였다. 그 땅은 지중해 세계와 인도 및 중국과의 사치품 교역이 이루어지는 중간 지점에 있었기에 자연히 경제가 번성했다. 기원전 1세기 말에 이르러 박트리아 왕국은 옥소스 강(현재의 아무다리아 강) 북쪽에서 치고 내려온 아시아 침략자들에게 멸망당했다. 하지만 이 지역은 불교를 포함하여 동양과 서양의 예술적·철학적·종교적 전통이 교차하는 용광로와 같은 역할을 했다.

동부 지중해 지역에 있던 헬레니즘 왕국들은 모조리 로마인에게 복속되었다. 기원전 3세기 초에 마케도니아 왕들이 외교적·군사적 실수를 연거푸 저지르면서 로마인들이 그리스 땅으로 들어오게 된 것이다. 그리하여 그리스는 기원전 200년 중반부터 로마의 지배를 받게 되었으며, 그때부터 그리스사는 곧 로마사의 한 부분이 되었다.

로도스의 도시국가나 페르가몬의 아탈로스 왕국 같은 소국들도 결국 로마인들이 동부 지중해 지역에 개입하는 것을 허용하고 말았다. 초창기에 영토를 잃고 그 후에는 대내외적 반란으로 골치를 앓던 셀레우코스 왕국은 그래도 200년 동안 근동에서 대국으로 존속했다. 하지만 이 왕조도 결국 기원전 1세기 중반에 로마인에게 멸망당했다. 프톨레마이오스 왕조는 3대 후계 왕조 중에서 가장 오래 존속했다. 하지만 왕조의 힘이 점점 약해지면서 이집트 왕들은 간헐적으로 로마에 지원을 요청하게 되었다. 로마인들은 보호를 요청한 자들이 장래에 로마인의 뜻을 따른다는 조건하에 지원했다. 그러다가 기원전 1세기 후반에 클레오파트라 여왕이 로마 내전에서 패자의 편을 선택함으로써 기원전 30년에 로마의 침공을 초래했고, 프톨레마이오스 왕가는 그녀를 마지막으로 하여 몰락하게 되었다. 그리하여 이집트는 로마의 속주가 되었고 그 정복자인 옥타비아누스(로마 초대 황제인, 미래의 아우구스투스)를 세상에서 최고의 부자로 만들어주었다.

헬레니즘 왕국들의 수비와 행정
—

헬레니즘 왕국의 육군과 해군은 외적과 내부의 불안을 잠재우고 안전을 제공했다. 헬레니즘 왕가의 군대는 용병으로 구성되어 있었다. 헬레니즘 시대의 그리스 도시국가들도 시민을 병사로 차출하기보다는 용병을 고용하는 경우가 점점 더 늘었다. 셀레우코스 왕과 프톨레마이오스 왕은 자체 군사력을 증강하기 위하여 그리스인과 마케도니아인의 이민을 적극적으로 추진했는데, 그들은 군인으로 근무하는 대신 땅을 하사받았다. 나중에는 이러한 인력 수입이 줄자 왕들은 현지 인력에 의존하게 되었고, 때로는 현지인 군대를 편성하여 군 복무를 시키기도 했다. 왕들은 용병들에게 주기적으로 임금을 지불해야 했기 때문에 왕국의 군사 비용이 크게 늘었다. 또한 기술이 발달하여 77킬로그램 무게의 투사물을 약 183미터 가까이 날아가게 하는 투석기와 같은 전쟁 무기를 유지하는 데에도 큰 비용이 들었다.

헬레니즘 시대의 해군도 비용이 많이 들기는 마찬가지였다. 전함들의 덩치가 점점 더 커졌고, 일부 전함은 수백 명의 선원을 한꺼번에 태울 수 있을 정도였다. 적에게 충격 효과를 안겨주는 데에는 그만인, 헬레니즘 시대의 애용 무기, 전쟁용 코끼리들을 유지하는 데에도 비용이 많이 들었다. 코끼리는 일 년 내내 엄청나게 먹어댔다.

헬레니즘 왕들은 왕국의 고위 행정을 펼치는 데에 처음엔 이주시킨 그리스인과 마케도니아인에게 많이 의존했다. 고문관과 궁신 등 내부 측근들은 '왕의 친구들'이라는 칭호를 얻었다. 이전의 알렉산드로스 대왕과 마찬가지로, 셀레우코스와 프톨레마이오스 왕조는 행정의 중하위 보직에는 현지인들을 많이 고용했다. 그러나 그리스인과 비그리스인의 사회적 차별은 지속되었다. 현지인은 정부 행정직에서 아무리 출세한다 하더라도 왕의 측근 세력으로까지 올라가는 경우는 아주 드물었다.

그리스인과 마케도니아인은 일반적으로 자신들이 사회적으로 매우 우월하여 현지인들과는 어울릴 수 없다고 생각했다. 현지인이 정부에서 출세하려면 현지 언어 말고도 그리스어를 잘 읽고 쓰는 것이 필수적이었다. 그들은 최고위직의 그리스인이나 마케도니아인이 현지 농부, 건축업자, 수공업자 등에게 내리는 명령을 통역해주는 중간 보직을 맡았다. 이런 중간 계급의 행정가들이 배운 그리스어를 '코이네koiné(보통 그리스어)'라고 하는데, 아테네 방언에 바탕을 둔 당시의 표준어였다. 코이네는 시칠리아에서 인도 국경에 이르기까지 상업과 문화에서 보편적으로 사용된 언어였다. 로마 제국 시대 초기에 바로 이 코이네로 신약 성서가 집필되었다. 또 이 언어는 비잔틴어와 현대 그리스어의 시조가 되었다.

행정관의 주된 임무는 질서를 유지하고, 왕들의 주요 수입 원천인 왕국의 직접세와 간접세를 통제하는 것이었다. 헬레니즘 왕조의 행정 제도는 여러 면에서 이전의 아시리아, 바빌로니아, 페르시아 제국의 제도와 유사했다. 행정관이 분쟁 당사자들 사이에서 거중 조정을 맡는 역할을 했고, 또 필요하다면 군대를 동원하여 경찰 기능을 담당하게 했다. 그러나 세금 징수를 관리하는 일은 아주 복잡했다. 예를 들어 헬레니즘 왕국 중에서 행정 조직이 가장 탄탄하다는 프톨레마이오스 치하의 이집트에서, 왕실의 관리는 물품의 유형에 따라 50, 33.33, 25, 20퍼센트 등 서로 다른 비율의 세금을 부과했다.

프톨레마이오스 왕조의 유명한 중앙집중식 행정 제도는 이집트 역사의 초창기부터 내려온 것이었다. 왕실 관리들은 왕의 수입을 극대화하기 위해 식물성 기름 등 왕실 독점 품목을 계속해서 지정했다. 현대의 중앙집중식 농업 제도와 비슷하게, 프톨레마이오스 왕가의 행정관들은 왕실의 땅에 기름을 함유한 식물을 얼마나 많이 심을지 결정했고, 곡식에서 추출한 식물성 기름의 생산과 분배를 감독했으며, 판매 단계에서도 일일이 가격을 책정했다. 왕은 더 많은 수입을 올리기 위해 자신의 행정관을 앞세워 개인 투자자와 제휴를 맺기도 했다.

도시는 헬레니즘 왕국의 경제적·사회적 중심이었다. 그리스에서는 일부 도시들이 왕국들과 세력 균형을 이루기 위해 새로운 동맹을 맺기도 했는데, 기원전 280년대 후반에 펠로폰네소스에서 맺어진 아카이아 동맹이 대표적인 경우이다. 공동 민회에서 동맹의 주요 정책을 결정했던 이 도시들은 주화, 도량형, 시민을 위한 법 절차 등 공통적인 제도를 확립하는 데 동의했다. 많은 그리스인과 마케도니아인이 알렉산드로스와 그 후계자들이 근동에 건설한 도시에서 살았다. 헬레니즘 시대의 왕들은 자신의 영예를 드높이기 위하여 기존의 도시들을 재건했고, 새로운 이민자들을 데려왔으며, 자신들의 정책을 뒷받침하는 사회적 풍습을 조성했다. 이들 새로운 정착촌은 체육관이나 극장 등 그리스 고전시대의 전통적 특징을 갖추고 있었다. 이들 도시는 평의회나 민회 등 도시국가의 전통적인 정치 제도를 일부 갖추고 있었으나, 그들이 자유롭게 행동할 수 있는 범위는 어디까지나 왕의 의지에 달려 있었다. 왕은 도시의 평의회에 서한을 보낼 때 공손한 요청 형식으로 지시를 내려 보냈지만, 자신의 요청이 명령이나 다름없이 받아들여지기를 기대했다. 게다가 도시들은 왕에게 직접 세금을 바치기도 했다.

왕은 도시의 치안을 유지하고 지속적인 세수 확보를 위해서는 부유하고 영향력 있는 도시 거주자들(도시 엘리트를 형성하는 그리스인과 마케도니아인)의 호의를 얻을 필요가 있었다. 이 부유한 사람들은 도시뿐만 아니라 인근 농촌 지역에서도 세금을 징수하여 그 돈을 안전하게 왕의 금고에 보내는 중요한 책임을 맡고 있었다. 왕은 이런 상류 계급의 호의와 협조를 얻기 위해 그들을 우대할 필요가 있었다. 왕의 우대를 받은 도시들은 왕에게 하사금을 받아 극장이나 신전 혹은 지진 피해 복구 사업 등의 값비싼 공공 비용을 충당했다. 또한 도시 상류 계급의 남녀들은 일반 대중을 만족시키도록 봉사했다. 즉, 그들은 도시 주민이 식량을 안정적으로 공급받을 수 있도록 각종 증여금과 융자금을 내놓고, 교사들과 의사들의 비용을 보조하고, 공공 시설을 건설하게 함으로써 일반 시민들의 환심을 사 그들을 다루기 쉽게 만들었다. 요컨대 왕국 내에서 왕과 도시 상류 계급의 사회적 상호작용을 통해 도시국가의 부유한 엘리트가 공동선을 위하

여 공공 봉사를 해야 한다는 전통이 새로운 방식으로 계승되었다.

부유한 현지 주민들 역시 왕에게는 중요한 구성원이었다. 예를 들면 시리아와 팔레스타인에서는 비그리스 도시들이 오래전부터 강력한 힘을 갖고 있어서, 왕은 원주민의 지도자들과 우호적인 관계를 유지해야 했다. 동부 지방의 비그리스인과 비마케도니아인도 점점 더 많은 이들이 헬레니즘 시대의 그리스 도시들로 이주했다. 특히 많은 유대인들이 팔레스타인을 떠나 아나톨리아, 그리스, 이집트 등지에 흩어져 살았다. 그리하여 가장 유명한 헬레니즘 시대 도시인 알렉산드리아에서는 유대인 공동체가 가장 중요한 소수 세력으로 부상하게 되었다.

이집트의 경우, 프톨레마이오스 왕가는 이집트의 전통 신들을 모시는 신전을 장악한 사제들과도 협력해야 했다. 신전이 소작 농부들이 경작하는 방대한 농지를 소유하고 있었기 때문이다. 마케도니아 통치자들은 자신들의 초상화를 이집트 양식으로 제작하게 함으로써 고대 이집트에 경의를 표시했다(도판 10-1). 헬레니즘 왕국의 조직을 지탱하는 힘은 왕과 고위직 신하들(그리스인, 마케도니아인, 현지 엘리트) 사이의 상호 부조 제도였다. 말하자면 두 세력은 정부와 공공 재정에서 상급자와 하급자의 파트너 관계를 형성했던 것이다.

그러나 후계왕들의 왕국은 결국 그리스-마케도니아 혈통의 외국 왕과 왕비가 원주민들을 지배하는 체제였다. 왕들이 도시 엘리트와 이민자들을 수용한 것은 사실이지만, 왕권은 왕국 내의 모든 신하에게 작용되는 것이었고, 특히 사법 체계 면에서 그러했다. 셀레우코스는 왕권을 하나의 보편적 진리라고 말하며 이렇게 선언했다.

> 내가 신하들에게 부과하는 것은 페르시아나 기타 민족의 관습이 아니라 모든 사람에게 적용되는 준엄한 법이다. 그리고 왕이 선포하는 법은 언제나 정의롭다.
>
> — 아피아노스, 《로마사》 11.61(시리아 전쟁)

자발적 동맹에 의해 그리스인들을 다스리겠다고 주장한 안티고노스의 후계자들조차 자주 그리스 도시국가들의 내정을 간섭했다. 다른 왕들과 마찬가지로 그들은 충성심이 의심스러운 도시에는 자신들이 임명한 총독을 주재시키고 위수군을 주둔시켰다. 그리하여 고대 그리스인들은 왕조의 그늘에서 벗어난 자유로운 삶을 더는 영위하지 못하게 되었다. 그 그늘은 때로는 멀리서, 때로는 가까이서 어른거렸다.

헬레니즘 왕국들의 경제와 사회

—

지중해 동부 세계의 헬레니즘 사회는 계층이 분명하게 나뉘어 있었다. 제일 상류층은 왕가와 왕실의 측근들이었다. 그 다음이 주요 도시들에 사는 그리스인들과 마케도니아인 엘리트들이었다. 그 밑으로 원주민 도시의 부유한 엘리트, 도시 소수 세력의 지도자, 농촌 지역에서 전통적인 권위를 유지한 원주민의 왕자들 등이었다. 가장 낮은 계층을 형성하는 자유민들은 소상인, 공산품 제작자, 노동자 등이었다. 노예는 예전 그대로의 상태인 채 사회의 바깥에 존재했는데, 법원에서 근무하는 노예는 예외적으로 간혹 물질적으로 안락한 생활을 했다.

가난한 사람들은 헬레니즘 왕국의 경제를 떠받치기 위해 엄청나게 노동을 해야 했다. 농업이 경제의 기반이었고, 농민과 농업 노동자들의 삶은 시간이 지나도 별반 나아지지 않았다. 많은 농민들이 왕가에 소속된 방대한 농장에서 일했다. 그러나 농촌 지역을 여전히 유지하고 있던 도시국가의 경우, 농민들은 자그마한 농경지에서 일하거나 부유한 지주에게 소속된 거대한 농장에서 일했다. 농민들은 한낮의 뜨거운 태양을 피하기 위해 아침 일찍부터 일어나 일했다. 그들의 조상들이 간단한 손기구나 짐 나르는 동물을 이용해 경작을 했던 것과 똑같은 방식으로 똑같은 곡식을 경작했다. 당시의 경작 기술은 수준이 매우 낮아서 노예나 자유민이나 할 것 없이 전체 성인 남녀의 80퍼센트 정도가 밭에 나가 일을 해야만 전체 주민의 식량을 댈 수가 있었다.

한편 특정한 국제 경로를 통해 해상 무역이 번성했다. 예컨대 그리스의 로도스 섬에서 만들어진 수만 개의 암포라^{amphora}(올리브유나 와인 등을 수송하기 위해 만들어진 거대한 도자기 항아리)가 프톨레마이오스 왕조 치하의 이집트에 수입되었다. 해외 상인들의 연합체는 에게 해에 위치한 섬인 델로스를 국제 무역의 중심으로 만들었다. 그리하여 많은 물자가 거쳐가는 이 섬의 항구에서는 하루에 1000명의 노예가 거래되기까지 했다. 도시에서는 가난한 남녀가 소상인, 행상, 도구·도자기·옷·가구 등을 생산하는 제조업자 등으로 일했다. 남자들은 국제 무역에서 나오는 이익을 좇아 지중해와 인도양을 오가는 상선의 선원 노릇을 하기도 했다. 헬레니즘 후기 시대에 이르러, 상선들은 알렉산드로스 대왕의 함대들이 인도에서 돌아올 때 개발한 항로를 따라 인도를 정기적으로 왕복 운행했다.

셀레우코스와 프톨레마이오스 왕국에서 농촌 지역의 상당수 인구는 자유민과 노예의 중간 수준에 해당하는 의존적 상태로 살아갔다. 통상 이 인구를 가리켜 '평민'이라고 하는데, 그들은 왕국의 가장 큰 지주인 왕의 농장을 경작했다. 왕은 이론적으로는 왕국 내의 모든 땅을 자기 것이라고 주장할 수 있었다. 알렉산드로스의 정복 용어를 빌리자면 그 땅은 '창으로 얻은 것'이기 때문이다. 하지만 실제로는 왕이 도시, 신전, 총애하는 개인 등에게 많은 땅을 하사했다.

이와는 대조적으로 '평민'은 지주는 아니었고 단지 소작농일 뿐이었다. 그들은 가재 노예처럼 팔아치울 수 있는 존재는 아니었지만, 그렇다고 해서 자기 마음대로 소작지에서 떠날 수 있는 것도 아니었다. 그들은 임차인이 집주인에게 임대료를 내듯이, 경작지당 소정의 생산량을 왕에게 바쳐야 했다. 평민은 소작료가 너무 높아서 자신들의 경제적 생활을 나아지게 할 기회가 거의 없었다.

헬레니즘 세계의 사회적 피라미드에서 최상부에 있는 왕가의 여인들은 그리스 역사에서 전례 없는 부와 권세를 누렸다. 헬레니즘 왕국의 왕비들은 왕의 결정에 영향력을 미칠 수 있었기 때문에 상당한 정치적·군사적 힘을 갖고 있었다. 또한 남자 후사가 없을 때에는 그들이 직접 통치를 하기도 했다. 프톨레마이오스 왕가는 왕조의 유지를 위해 남매의 결혼을 허용했기 때문에 왕가의 아들과 딸 모두가 통치권을 물려받을 수 있었다. 예를 들어 프톨레마이오스 1세의 딸인 아르시노에 2세(기원전 316~270년경)는 마케도니아의 후계왕 리시마코스와 결혼했는데, 남편은 그녀에게 영지와 수입원으로서 네 개의 읍을 따로 주었다. 리시마코스가 죽은 후에, 그녀는 남매지간인 이집트의 프톨레마이오스 2세와 결혼하여 남편 못지않은 영향력을 행사했다. 이처럼 왕비의 미덕을 칭송한 것은 여성들을 숭상한 그리스의 관습이 반영된 것이다. 예를 들어 기원전 165년경에 히에라폴리스 시는 페르가몬의 아폴론니스 왕비를 칭송하는 포고령을 반포했는데, 그녀가 신들을 공경하고, 부모를 공경하고, 남편을 존중하고, '아름다운 적자들'을 사랑했다는 내용이었다(오스틴, 《헬레니즘의 세계》, no.240 = *OGIS* 308).

어떤 왕비들은 여성의 생활 조건에 특별히 신경을 썼다. 예컨대 기원전 195년경, 셀레우코스 왕조의 왕비 라오디케는 남서부 아나톨리아에 있는 이아소스 시에 지참금 재단을 하사하여 가난한 집 딸들의 지참금을 지원하도록 했다. 이러한 행위는 헬레니즘 시대에 부유한 사람들이 가난한 사람들을 배려했다는 것을 보여준다. 특히 왕가는 이런 대규모 자선 행위의 모범을 많이 보였다. 그들은 그리스 고전시대의 사회 엘리트들의 공공 봉사 전통을 이어받아, 왕과 왕비에게 어울리는 관대함의 이미지를 드높이려 했던 것이다. 또한 라오디케가 여자들의 지참금을 후원했다는 사실은 재산을 소유하는 것이 여성에게 얼마나 중요한지를 보여준다. 여성이 가정에서 존경을 받고 또 힘을 행사하려면 재산이 있어야 했다.

그러나 헬레니즘 시대의 대다수 여성의 삶은, 이사이오스의 다음과 같은 말에서 드러나듯, 아직도 남자들의 결정에 매여 있었다. "딸의 이익을 아버지보다 더 잘 판단할 사람이 있을까?"(《연설》 3.64) 아버지들은 딸들에게 이렇게 주장하면서 딸의 문제를 좌지우지했다. 상류 계급 여성들은 집안 식구가 아닌 남자들과는 어울리지 못했다. 하지만 가난한 여인들은 일반 대중이 모인 곳에서 일할 수 있었다. 그리스인들은 자기들이 키울 능력이나 의지가 없는 아이는 내다 버렸다. 특히 남자아이보다는 여자아이를 버리는 경우가 많았다. 이집트인이나 유대인은 아이를 유기하는 경우가 없었다. 유기는 영아 살해와는 다른데, 누군가가 그 아이를 발견하여 키워주기를 바라면서 버리는 것이다(보통은 노예로 키우고 입양하지는 않는다). 기원전 3세기의 희극 시인 포시디포스는 영아 유기의 진실을 과장해서 말하긴 했지만, 남아 선호 사상이라는 엄연한 사실을 지적했다.

아들이라면 가난해도 반드시 키우려고 한다. 딸이라면 설혹 부자라고 할지라도 내다 버린다.

－ 스토바이오스, 《선집》 77.7 = *CAF*, 단편 11

물론 부잣집은 딸을 내다 버리지 않았다. 하지만 부잣집이 아닌 집들의 여아는 약 10퍼센트 정도가 유기되었던 것으로 추산된다.

비록 제한적인 방식이기는 하지만, 헬레니즘 시대의 여성들은 자신들의 삶에 좀 더 강한 통제권을 행사했다. 예를 들면 엄청난 부를 가진 여자는 도시 당국에 돈을 기증하거나 대부함으로써 공동체의 공직을 제공받을 수 있었다. 물론 이런 공직은 독립적인 도시국가 시절에 비해 그 권위나 중요도가 떨어졌다. 왜냐하면 이 시대에는 실권이 왕과 고위 행정관의 손에 있었기 때문이다. 이집트의 경우, 여자들은 결혼 문제에서 더 큰 발언권을 얻었다. 이제 표준 절차인 결혼 계약이 신랑 부모와 신부 부모 사이의 계약에서 신랑과 신부 사이의 계약으로 이행했기 때문이다.

사회적 영향력과 재정적 능력이 도시에 집중되어 있기는 했지만, 대부분의 인구는 전부터 그래왔던 것처럼 농촌 지역의 소규모 정착촌에서 살았다. 농촌 지역에서는 다른 민족 집단이 지역적으로 어깨를 맞대고 살았지만, 생활은 서로 섞이지 않고 별도로 영위했다. 예를 들어 아나톨리아의 한 지역에서는 스물두 가지 서로 다른 언어를 사용하는 인구 집단이 살았다.

새로 재건된 헬레니즘 도시의 생활은 토착민들이 살아가는 농촌 사회와는 무관하게 발전했다. 도시의 생활은 특별한 활기를 띠었다. 전에 그리스 고전시대의 도시국가에서는 농촌의 재산, 축제, 신전 등을 돌보기 위해 도시 주민들이 농촌 지역을 오가며 생활했으나, 헬레니즘의 도시로 이주한 그리스인들과 마케도니아인들은 주로 도시에서만 생활했기 때문이다. 도시 주민들이 도시에 애착을 느끼게 된 것도 나름의 이유가 있었다. 부유한 사람들이 고전시대의 도시국가의 전통에 따라 시 당국에 많은 기부금을 내놓았고, 그리하여 도시의 생활이 그만큼 편리해졌기 때문이다. 사모스 섬의 경우, 부유한 기부자가 매달 곡식을 주민들에게 나눠주는 재단을 기부해 도시 주민들이 식량 부족 문제를 걱정할 필요가 없었다.

또한 국가가 후원하는 보통학교가 헬레니즘 도시들에 생겨나기 시작했다. 부자들은 때때로 이런 학교에 기부금을 내놓았다. 어떤 곳에서는 남자아이뿐만 아니라 여자아이도 학교에 다녔다. 많은 도시들이 의사의 비용을 재정적으로 후원하여 의사들을 확보했다. 물론 치료비는 환자가 부담해야 했지만, 아플 때 찾아갈 수 있는 의사가 생긴 것이다. 시 당국에 많은 기부금과 융자금을 내놓은 부자들은 동료 시민들로부터 존경과 칭송을 받았다. 그들은 때때로 국제 관계에서도 자선을 베풀었다. 예를 들어 로도스 섬에 지진이 발생하여 큰 피해가 났을 때, 많은 도시와 왕가 사람들이 로도스인을 지원하여 그 재앙으로부터 빨리 회복하게 해주었다. 로도스 사람들은 차례로 그들의 후원자를 공식적으로 인정하고 명예롭게 칭송했다.

부유한 비그리스인들은 이런 새로운 사회적 위계질서에 적응하면서 점점 더 그리스적 생활 방식을 채택하게 되었다. 예를 들어 레바논에 살았던 시돈의 디오티모스는 태생이 그리스인은 아니었지만 그리스식 이름을 선택했고, 그리스의 일류 스포츠인 전차 경주를 즐겼다. 그는 펠로폰네소스의 네메아에서 열리는 제우스 기념 축제의 전차 경주에 참가하기 위해 네메아까지 여행했고, 경주에서 우승하자 자신이 전차 경주에서 우승한 최초의 시돈 사람임을 알리는 그리스어 빗돌을 세웠다. 그가 그리스어로 빗돌을 제작한 것은 당시 지중해 동부 지역에서 그리스어(코이네 그리스어)가 국제 언어였기 때문이다.

비그리스인들이 이처럼 그리스어를 널리 사용했다는 사실은 그리스 문화에 바탕을 둔 국제 문화가 출현했음을 뜻한다. 헬레니즘 시대에 들어와 통치자와 그 궁정인들, 도시의 상류 계층, 지식인들 모두가 그리스 문화를 채택한 것이다. 그리스 문화가 헬레니즘 세계에 얼마나 널리 퍼졌는지를 잘 보여주는 사례는 아프가니스탄에서 나왔다. 마우리아 왕조의 3대 왕이며 불교 신자인 아소카 왕(재위 기원전 268~232년경)은 아프가니스탄에 그리스어를 표기 언어의 하나로 삼은 기념비를 세웠다. 그 내용은 왕이 신하들에게 불교를 가르쳐 육식을 금하는 등, 자기억제의 불교적 전통을 배우게 했다는 것이다. 이처럼 멀리 떨어져 있는 아프가니스탄에서도 비그리스인들은 그들이 접촉하고 있는 그리스인들과 의사소통을 하기 위하여 그리스어를 사용했다.

새로운 시대의 그리스 문학과 예술

—

그리스어가 헬레니즘 세계 전역에 퍼져 나가면서 그리스어 문학도 새로운 생활 조건을 반영하기 시작했다. 아테네에서 도시국가의 자유를 왕들에게 빼앗기게 되자 당대의 생활상에 집중하고 정치 지도자를 맹렬하게 공격하던 전통(가령 기원전 5세기의 그리스 희극)도 사라졌다. 그 대신 메난드로스(기원전 342~289년경)와 필레몬(기원전 360~263년경) 같은 희극 작가들이, 서로 사랑하는 남녀의 시련과 고난을 다룬 극을 선보였다. 이런 풍속극들은 아주 인기가 높아서, 후대인 로마 시대의 희극 작가들도 이것을 그대로 답습했다.

시칠리아 시라쿠사 출신인 테오크리토스(기원전 300년경 출생)나 북아프리카의 키레네 출신인 칼리마코스(기원전 305~240년경) 같은 시인들은 개인의 정서를 작품의 주제로 삼았다. 이 두 시인은 알렉산드리아로 와서 프톨레마이오스 왕조의 재정 지원하에 살았는데, 이들의 시는 청중으로부터 정서적 반응은 물론, 지성적 노력을 이끌어낸다는 점에서 신기원을 열었다. 이들 시인이 호메로스의 장시와 다르게, 짧고 우아한 시 속에 표현한 복잡한 암시와 신화적 의미를 이해하려면 독자가 상당히 박식해야 했다.

테오크리토스는 그리스인으로서는 최초로 도시와 농촌 사이의 분열을 노래했는데, 이것은 시인이 현실에 점차 눈을 떠갔다는 사실을 보여준다. 그의 전원시 모음집은 '이딜스Idylls'라고 불리는데, 도시의 환경과 전원의 목가적 생활 사이의 단절을 강조한다. 하지만 테오크리토스의 시에서 묘사된 전원의 사람들은 이집트 들판에서 일하는 실제 농부들이 아니라 이상화된 풍경 속의 그리스인들이다. 그럼에도 불구하고 그의 세련된 문학 작품은 프톨레마이오스 왕국의 근본적인 사회적 분열, 즉 도시의 식량 소비자와 농촌의 식량 생산자 사이의 분열을 잘 그려냈다.

칼리마코스의 시는 지성적인 엘리트와 무식한 대중으로 나뉜 헬레니즘 사회의 분열상을 묘사한다. "나는 평범한 대중을 싫어하기에 그들로부터 거리를 지킨다"(호라티우스, 《서정시》 3.1)는 것이 시와 청중에 대한 칼리마코스의 입장이다. 칼리마코스의 시와 그의 치열한 문학적 라이벌인 로도스의 아폴로니오스의 시를 비교해보면, 헬레니즘 시대의 지성시知性詩는 소수의 교육받은 엘리트들을 위한 것임을 알 수 있다. 아폴로니오스는 칼리마코스의 단시短詩와는 달리, 이아손과 아르고호의 선원들에 대한 장시를 썼지만, 아폴로니오스의 시 역시 문학 교육을 받은 사람들만 이해할 수 있는 박학다식을 자랑한다.

기원전 6세기와 7세기의 초기 서정 시인들이 부유한 후원자의 비위를 맞추는 시들을 썼듯이, 이들 헬레니즘 시대의 작가들도 재정적 지원을 해주는 왕가 후원자들의 기호를 감안하지 않을 수 없었다. 자신의 후원자인 프톨레마이오스 2세를 칭송하는 시에서 테오크리토스는 헬레니즘 시대의 문학 후원자를 위한 칭송을 아끼지 않았다.

> 뮤즈의 대변인(시인)은 지원금을 내놓으신 프톨레마이오스에게 칭송을 바치나이다.
>
> – 《이딜스》 17.115~116

헬레니즘 시대의 왕들은 학자들에게 재정적 지원을 해줌으로써 지적인 분위기가 살아나도록 후원했다. 또 그렇게 함으로써 왕가의 관대함과 장엄함을 과시하는 구체적 사례로 삼으려 했다. 프톨레마이오스 왕조는 알렉산드리아를 헬레니즘 세계의 지적 중심으로 만듦으로써 이웃 왕들과의 경쟁에서 앞서갔다. 그들은 이곳에다 세계 최초의 연구 기관을 설립했다. 이 대규모 도서관은 온 세상의 모든 책(그러니까 두루마리)을 수집하겠다는 원대한 목표를 갖고 있었다. 이 도서관은 50만 개의 두루마리를 소장했는데, 당시로서는 놀라운 양이었다. 도서관 옆에는 고용된 학자들이 식사를 함께 하며 지식을 백과사전으로 엮어내는 작업을 하는 건물이 있었다. 《세계의 경이》나 《유럽의 강에 대하여》(칼리마코스 작) 등의 저작이 여기에서 나왔으나, 둘 다 전하지 않는다. 800편이 넘는 칼리마코스의 작품 중에는 이런 산문 저작 이외에도 박식한 시들이 다수 있었다.

알렉산드리아의 프톨레마이오스 왕가가 지탱시킨 이 지식인 사회의 이름은 뮤지움Museum(학문과 예술의 그리스 여신인 뮤즈의 집이라는 뜻)이었는데, 지식을 보존하고 추진하는 문화적 기관이라는 뜻으로 오늘날에도 이용어가 사용되고 있다. 알렉산드리아 학자들의 업적은 대단했다. '놋쇠 내장'이라는 별명을 가진 위대한 학자 디디모스(기원전 80~10년경)는 거의 4000권에 이르는 책을 집필했다고 한다.

헬레니즘 시대의 여류 시인들은 왕가의 후원을 받지 못했다. 하지만 이들은 장례식의 묘비명으로 자주 쓰이는 경구시epigram 분야에 뛰어났다 (칼리마코스도 경구시를 잘 썼다). 이 시기에 경구시는 다양한 개인적 정서, 특히 사랑의 감정을 표현하는 수단으로 바뀌어갔다. 헬레니즘 세계에는 우아한 경구시를 쓰는 여성들이 여럿 있었다. 가령 펠로폰네소스 테게아의 아니테, 남부 이탈리아 로크리의 노시스, 흑해 입구 비잔티움의 모에로 등이 그들이다. 이들 여류 시인의 시에는 고급 창녀에서 존경받는 부인에 이르기까지 다양한 여성들이 등장한다. 헬레니즘 문학에서 이들의 경구시만큼 인간의 감정을 절절하게 전달하는 장르도 없을 것이다. 사랑의 여신 에로스를 노래한 노시스의 이 시를 보라.

에로스보다 더 달콤한 것은 없네. 모든 기쁨은 그에 비하면 시시한 것. 나는 입에서 심지어 꿀을 뱉어낸다. 이 노시스는 이렇게 말하노라. 아직 아프로디테의 키스를 받아보지 못한 자는 그녀의 장미가 어떤 꽃인지 알지 못한다.

– 《팔라틴 백작의 선집》 5.170

동시대의 문인들과 마찬가지로, 헬레니즘 시대의 조각가들과 화가들은 작품에서 개인의 정서를 가장 중시했다(도판 10-2). 고전시대의 예술

도판 10-2 │ 헬레니즘 시대에 만들어진 이 청동 조각상은 베일을 쓰고서 움직이고 있는 여자 무용수를 묘사한 것이다. 무용은 고대 그리스 문화의 특징이었는데 극장에서의 공연 혹은 종교적 의식에서 수행되는 신성한 예배의 한 부분이었다. Claire H./ Wikimedia Commons.

가들은 인물의 얼굴을 평온하게 처리함으로써 생활의 현실보다는 어떤 이상理想을 그려내려고 애썼다. 이에 비하여 헬레니즘의 조각가들은 다양한 예술 장르에서 인간의 정서를 자연스럽게 묘사하려고 애썼다. 인물 조각에서는 리시포스의 유명한 〈알렉산드로스 대왕〉이 젊은 정복자의 열정적인 꿈을 잘 묘사했다. 익명의 페르가몬 조각가가 남긴 조각은 침략자 갈리아족을 물리친 기원전 3세기의 아탈리드 승리를 기념한 것인데, 노예가 되지 않고자 아내를 죽인 뒤 자살한 갈리아 전사를 묘사했다. 이 작품은 수치스러운 항복보다는 고상한 자살을 강요한 명예 규범에 따르는 고통과 희생을 잘 표현해냈다.

알렉산드로스가 페르시아 왕 다리우스를 맞이하여 싸우는 장면을 그린 대규모 그림은 알렉산드로스의 엄청난 집중력과 다리우스의 겁먹은 표정을 잘 보여준다. 이 그림을 그린 화가는 에레트리아의 필로크세노스이거나, 이집트에서 온 그리스 여성 헬레나일 것으로 추정된다. 이 화가는 그림의 정서적 영향을 강조하기 위해 원경의 단축 및 빛과 그림자의 강력한 대비를 활용했다.

헬레니즘 시대 조각 작품의 매력을 제대로 감상하려면 초기의 그리스 조각과 마찬가지로 이 조각에 밝은 색이 채색되어 있었다는 사실을 기억해야 한다. 사실 기원전 4세기의 조각가 프락시텔레스는 자신의 최고 조각상들은 당시의 최고 화가인 "니키아스가 채색한 것"이라고 말했다고 한다(플리니우스, 《박물지》 35.133).

그러나 헬레니즘 예술은 사회적 맥락에서 고전시대의 예술과는 다르다. 고전시대의 작품들은 공공 전시를 위해 도시국가가 제작을 의뢰했거나, 부유한 개인들이 도시국가에 헌납하기 위해 제작했다. 헬레니즘 시대에 들어와 조각가들과 화가들은 왕가와 도시의 엘리트에게 제작 의뢰를 받았다. 엘리트들은 자신들도 왕가 못지않은 예술적 기호를 지녔다는 것을 과시하고 싶어 했다. 예술가로 성공을 거두려면 예술가들은 자신들에게 돈을 지불한 후원자의 비위를 맞추어야 했다. 그래서 헬레니즘 시대에는 다양한 주제의 예술 작품이 나오게 되었는데, 왕, 왕비, 엘리트 들의 취향이 서로 달랐기 때문이다.

조각은 이런 다양한 취향을 반영하여 일상생활 속의 다양한 인간 포즈를 묘사했다. 이것 또한 고전시대의 예술과는 다른 점이다. 헬레니즘 시대의 조각가들은 이전 시대에는 알려지지 않은 인물들, 고상한 행동의 모범인 외국인들(죽어가는 갈리아 전사), 술주정뱅이, 영락한 운동선수, 주름진 노인 등을 묘사했다. 특히 여자의 누드가 인기 품목이었다. 프락시텔레스가 크니도스 시를 위해 조각한 알몸의 아프로디테는 너무나 유명해져서, 아나톨리아 비티니아의 왕인 니코메데스가 그 조각상을 건네주면 크니도스의 공공 부채를 모두 갚아주겠다고 제안했을 정도였다. 하지만 크니도스 시는 그 제안을 거부했다.

헬레니즘 시대 예술의 지속적인 혁신은 추상적 개념을 표현한 조각 작품에서 잘 드러난다. 평화나 정신 이상과 같은 개념을 표현하기 위한 조각상까지 만들어질 정도였다. 자유의 여신상을 조각한 현대의 조각가는 이런 전통을 이어받은 셈이다. 그래서 현대의 신고전주의 건축도 헬레니즘 시대의 상상력 넘치는 공공 건축물을 모방하고 있다. 헬레니즘 건축은 과감하게 도리아풍과 이오니아풍을 뒤섞는가 하면 장중한 코린토스풍에 화려한 장식을 가미하기도 했다.

철학과 과학 분야의 새로운 사상
—

헬레니즘 시대의 그리스 철학은 전보다 더 많은 사람들에게 전파되었다. 일하는 대중들은 전과 마찬가지로 철학자들의 강연에 참석하거나 철학 저서를 읽을 시간도 여유도 없었지만, 부유한 계층에서는 전보다 더 많은 사람들이 철학을 연구했다.

아리스토텔레스의 수제자인 테오프라스토스(기원전 370~285년)는 아테네에서 2000명의 청중을 앞에 놓고 연설을 했다. 대부분의 철학 연구생은 남자들이었으나, 여자들도 특정 철학자에게 소속된 그룹의 구성원으로 참가하기도 했다. 왕들은 궁정에 유명한 사상가를 모셔 오려 했고, 그리스 이민자들은 철학이 곧 인생의 지침이라는 생각을 멀리 떨어져 있는 헬레니즘 도시들에까지 전했다. 예를 들어 그리스에서 수천 마일이나 떨어진 곳인 옥소스 강변에 위치한 고고학적 도시의 유적을 발굴한 결과, 그리스의 철학 책은 물론이고 델포이의 아폴론 신탁이라는 도덕적 교훈이 적힌 기명이 발견되기도 했다.

형이상학에 집중하는 철학자들은 별로 없었다. 철학자들은 플라톤이 말한 영혼의 개념이나 그 밖에 감각의 범위 너머에 있는 그와 유사한 존재는 거부하고 철학적 유물론에 몰두했다. 이제 철학적 탐구는 우연이나 기타 속세의 어려움으로부터 인간의 독립성을 보존하는 데 집중하게 되었다. 자연 세계의 과학적 탐구도 철학에서 독립된 전문 분야가 되었다. 헬레니즘 시대의 철학은 다음 세 분야로 나뉘었다. 첫째, 진리 발견의 과정을 다루는 논리학, 둘째, 존재의 본질에 대한 기본적 진리를 다루는 물리학, 셋째, 논리학과 물리학의 적용 결과로 인간이 행복과 복지를 획득하는 방법인 윤리학.

이 시대에 생겨난 가장 중요한 철학 유파는 에피쿠로스학파와 스토아학파였다. 이 두 사상은 나중에 상류층 로마인들 사이에서 아주 큰 인기를 얻었다. 헬레니즘 시대의 다양한 철학 학파는 많은 점에서 다음과 같은 동일한 질문에 집중되었다. 인간이 삶을 살아나가는 데 가장 좋은 방법은 무엇인가? 서로 다른 철학 학파들은 서로 다른 경로를 통해 동일한 답변에 도달했다. 그것은 바로 개인은 외부 세계의 혼란으로부터 자유로울 수 있도록 내적 평온을 얻어야 한다는 것이었다. 이러한 철학적 목표는 마케도니아 왕국의 부상, 그 후에 등장한 헬레니즘 세계 등 다양한 정치적·사회적 변화를 경험하게 된 그리스인들에게 아주 특별한 정서적 의미가 있었다. 공격적인 왕으로 표상되는 외부 세력은 도시국가들에서 국제적으로 자유롭게 행동할 자유를 빼앗았고, 이제 개인과 도시국가의 운명은 저 멀리 떨어진 곳에 있는 변덕스러운 군주의 손에 달려 있게 되었다. 인간의 생활과 자유로운 선택의 기회는 이제 개인의 통제를 벗어난 듯이 보였다. 따라서 철학하기와 철학자들과의 연구에 시간을 바칠 수 있는 부유한 사람들이 헬레니즘 시대의 혼돈스러운 생활 조건에서 개인적이고 내밀한 해결안을 찾고자 한 것은 당연했다.

에피쿠로스학파는 그 창시자인 에피쿠로스(기원전 341~271년)에서 그 이름을 따온 것이다. 그는 제자들을 아테네에 있는 자기 집의 초록 정원에 앉혀놓고 철학을 가르쳤다(그래서 그의 학파를 정원 학파라고도 한다). 에피쿠로스가 지도한 이 학파는 기존의 전통을 부정하는 새로운 사회적 형태가 되었다. 에피쿠로스가 여자와 노예까지 학파의 구성원으로 받아들였기 때문이다. 그의 애인 레온티온은 테오프라스토스의 학설을 강하게 비판한 논문으로 이름이 높았다.

에피쿠로스는 인간이 쾌락을 추구해야 한다고 보았다. 하지만 그가 말하는 쾌락은 일반인이 생각하는 쾌락과는 달랐다. 그는 고통이나 계속되는 혼란, 인간의 열정과 욕망 등에서 완전히 떠난, '혼란의 부재'가 곧 쾌락이라고 가르쳤다. 세속의 근심과 걱정에서 벗어나 친구들과 함께 평온하게 살아가는 삶이야말로 마음의 평화를 유지하는 가장 좋은 방법이라는 것이다. 이러한 가르침은 그리스 시민의 이상을 심대하게 위협하는 것이었다. 왜냐하면 그리스 민주제는 수입이 있는 남자에게 도시국가의 정치에 참여할 것을 요구하고 또 같은 계급의 여자에게는 공공 종교 축제에 참가할 것을 의무적으로 규정했기 때문이다.

에피쿠로스는 또한 인간은 죽음에 대한 걱정으로부터 자유로워져야 한다고 가르쳤다. 이미 데모크리토스와 레우키포스가 설파한 바와 같이, 모든 물질은 무작위적으로 움직이는 미세한 원자로 이루어졌기 때문에, 죽음은 신체의 원자들이 고통 없이 흩어지는 데 불과하다는 것이다. 더욱이 모든 인간적 지식은 경험과 감각에서 나오는 것이어야 한다. 사람들이 신들의 작용이라고 생각하는 현상, 가령 천둥 같은 것은 이 세상의 일에 신들이 개입해서 발생하는 것이 아니며, 신들은 완벽한 평온 속에서 저 멀리 떨어진 곳에 살기에 인간사에는 관심조차 없다는 것이다. 그러니 인간은 살아서나 죽어서나 신들을 두려워할 이유가 없다는 것이다.

이에 비해 스토아학파는 에피쿠로스학파보다는 개인들에게 덜 고립적인 방법을 제시한다. 스토아라는 이름은 그 철학이 논의되었던 장소인 아테네의 '채색 주랑Painted Stoa'에서 따온 것이다. 기티온의 제논(기원전 333~262년)이 키프로스에서 스토아학파를 창건했고, 아나톨리아의 킬리키아 출신인 크리시포스(기원전 280~206년)가 이 사상을 널리 전파했다.

스토아학파는 인간은 탁월함의 추구를 인생의 목적으로 삼아야 한다고 가르쳤다. 그들이 말하는 탁월함은 보편적 자연과 조화를 이루는 삶이다. 자연은 운명이라는 형태로 모든 존재를 관장하는, 신성하면서도 합리적인 힘을 말한다. 이러한 자연과 조화를 이루기 위해서는 경험뿐만 아니라 이성을 사용해야 한다. 그렇게 하자면 양식, 정의, 용기, 절제와 같은 '완벽한' 미덕을 갖추어야 한다. 스토아학파에 따르면, 제논과 크리시포스의 가르침은 남자뿐만 아니라 여자에게도 적용된다. 제논은 문제적 저서이며 단편으로만 전해지는 《폴리테이아^{Politeia}(국가)》에서 철학적으로 다스려지는 이상적인 사회에서는 남녀의 불필요한 구분을 없애기 위해 남녀 공통의 옷을 입어야 한다고까지 주장했다.

모든 일은 운명 때문이라는 스토아학파의 주장은 과연 인간이 자유 의지를 갖고 있느냐는 질문을 제기하게 만들었다. 이 근본적인 문제에 아주 미묘한 추론을 전개한 끝에, 스토아 철학자들은 목적을 가진 인간의 행동도 의미가 있다는 결론을 내렸다. 가령 스토아 철학자도 정치에 참여함으로써 악에 대하여 구체적 행동을 취해야 한다는 것이다. 자연은 그 자체로 선량하기에 악이 발생하는 것을 막지 않는다. 왜냐하면 악이 존재해야 비로소 탁월함이 그 의미를 획득하기 때문이다. 인생에서 중요한 것은 선을 얻기 위한 과정이지 그 결과가 아니다. 게다가 진정한 스토아 철학자가 된다는 것은 고통과 슬픔을 조용하게 참으면서 욕망과 분노로부터 벗어나는 것을 뜻한다. 이러한 삶의 자세는 오늘날 'stoic(견인주의적)'이라는 단어에 남아 있다. 스토아 철학자는 인내와 극기심을 통해 평온을 얻는다. 스토아 철학자들은 죽음을 겁낼 필요가 없다고 말한다. 인간은 현재의 생활과 비슷한 방식으로 삶을 여러 차례 되풀이할 것이기 때문이다. 이러한 반복이 일어나는 것은 세계가 정기적으로 불에 의해 파괴된 뒤에 다른 모습으로 형상을 취하기 때문이다.

다른 철학 학파들은 플라톤이나 피타고라스 같은 초기 철학자들의 정신을 이어갔다. 그들 중에서 회의학파와 견유학파가 그 독특함으로 주목의 대상이 된다. 회의학파는 에피쿠로스학파와 마찬가지로 개인적 평온함을 목적으로 하지만 전혀 다른 전제 조건을 가지고 있다. 펠로폰네소스에 속하는 엘리스의 피론(기원전 360~270년경)의 가르침을 따르는 이 학파는, 인간의 감각이 이 세상에 대하여 모순적인 정보를 제공하므로 확실한 지식을 얻는 것은 불가능하다고 본다. 따라서 인간이 할 수 있는 것은 사물의 실재에 대해서는 판단을 유보하고 사물의 현상에 의존하여 살아갈 수밖에 없다고 생각한다. 피론의 사상은 그가 알렉산드로스 원정군의 일원으로서 출정했을 때 만난 인도의 금욕주의적 현인에게서 빌려온 것이라고 한다. 회의학파의 기본 전제는 그 어떤 일관된 학설도 거부하는 것이다.

반면에 견유학파는 물질적 안락을 비롯해 일상생활의 모든 관습을 거부한다. 그 대신 인간은 완전한 자급자족을 목표로 삼아야 한다고 가르친다. 자연스러운 것은 뭐든지 좋은 것이며, 그 누구 앞에서도 부끄러움 없이 수행할 수 있어야 한다. 이 사상에 따르면, 가령 사람들 앞에서 대변을 보거나 간통을 하는 것도 허용된다. 이 학파는 남녀 모두에게 성적 욕망을 자유롭게 발산하라고 가르친다. 더욱이 견유학파는 편안한 생활의 안락과 사치를 경멸한다. '견유犬儒, Cynic'라는 말은 '개와 같이'라는 뜻인데, 비관습적인 생활 방식을 잘 나타내는 말이다.

초창기의 유명한 견유학자는 흑해 연안에 있는 시노페의 디오게네스(기원전 400~325년경)였다. 그는 옷을 빌려오긴 했으나 거의 벗고 살았으며, 커다란 저장용 항아리 속에 들어가 자는 것으로 유명했다. 기원전 4세기 후반의 여자 견유학자 히파르키아도 유명했다. 그녀는 테오도로스라는 불유쾌한 무신론자를 다음과 같은 논증으로 물리친 적이 있는데 이 논증은 아리스토파네스의 《구름》에 나오는, 부자간의 저 유명한 에피소드를 각색한 것이다.

테오도로스가 하면 잘못이 아니라고 생각되는 것은 히파르키아가 해도 잘못이 아니다. 따라서 테오도로스가 자기 자신을 치는 것은 잘못이 아니다. 따라서 히파르키아가 테오도로스를 쳐도 그녀에게는 아무런 잘못도 없다.

– 디오게네스 라에르티오스, 《저명한 철학자들의 생애》 6.97

헬레니즘 시대에 과학은 철학에서 분리되면서 혜택을 보았다. 실제로 역사가들은 이 시대를 가리켜 고대 과학의 황금기라고 부른다. 이처럼 사상과 발견이 꽃피게 된 데에는 여러 가지 요인이 작용했다. 첫째, 알렉산드로스의 원정과 과학자들의 탐구에 대한 지원은 이 세상의 서로 다른 양상에 대해 호기심을 불러일으켰고, 그리하여 지식의 축적을 가져왔다. 둘째, 왕가가 헬레니즘 시대의 과학자들을 재정적으로 후원하여 과학을 장려했다. 셋째, 알렉산드리아에 과학자들이 집결함으로써 여행과 통신이 원활하지 못하던 시절에 학자들의 지속적인 교류가 가능해졌다.

가장 큰 진전을 보인 분야는 수학과 기하학이었다. 기원전 300년경에 알렉산드리아에서 학생들을 가르쳤던 유클리드(에우클레이데스)는 2차 공간과 3차 공간의 해석에 획기적인 진전을 가져왔다. 유클리드 기하학의 명성과 효용은 오늘날까지도 지속되고 있다. 시라쿠사의 아르키메데스(기원전 287~212년)는 수학의 대가로, 파이$^\pi$의 근사치를 계산했고, 또 매우 큰 정수를 다루는 방법을 고안했다. 그는 또한 유체정력학流體靜力學(유체의 균형을 다루는 학문)을 발명했으며, 물을 높은 지점까지 끌어올리는 스크루와 비슷한 기계 장치를 고안했다. 현대에서도 많이 쓰이고 있는 말인 '유레카eureka'는 아르키메데스가 욕조에 들어가는 순간 어떤 문제에 대한 해결안이 떠올라서 "나는 발견했다"(그리스어로는 'heurēka')라고 말한 데서 나온 것이다(비트루비우스, 《건축에 대하여》 9, 서문 10).

헬레니즘 시대의 정교한 수학은 복잡한 계산을 필요로 하는 연구 조사 분야에도 도움을 주었다. 기원전 3세기에 사모스의 아리스타르코스는 지구가 태양 주위를 돌고 있다는 정확한 태양계 모델을 처음으로 제안했다. 그는 또 태양이 겉보기보다 훨씬 크고 또 멀리 떨어져 있다고 주장했다. 후대의 천문학자들은 아리스타르코스의 태양 중심 모델을 거부하고 전통적인 지구 중심 모델을 지지했다. 그가 지구 궤도와 관련하여 내놓은 계산이 실제로 관측해본 천체의 위치와 일치하지 않았기 때문이다. 아리스타르코스는 간단한 실수를 범했는데, 타원형 궤도가 아닌 원형 궤도를 상정한 것이다. 그 후 1800년이 흘러, 현대 천문학의 아버지인 폴란드의 천문학자 코페르니쿠스(기원후 1473~1543년)에 의해 태양계 모델의 정확성이 확인되었다.

키레네의 에라토스테네스(기원전 275~194년경)는 수학적 지리학의 개척자이다. 그는 뚝 떨어져 있지만 똑같은 높이를 가진 건물들의 그림자 길이를 측정함으로써 아주 놀라울 정도로 정확하게 지구의 원주를 계산해냈다. 후대의 고대 과학자, 특히 천문학자이며 지리학자였던 프톨레마이오스는 기원후 2세기에 알렉산드리아에서 연구를 했는데, 헬레니즘 연구자들이 제안한 자연계의 이미지를 더욱 갈고 다듬어 개선했다. 헬레니즘 시대 연구자들의 사상은 현대 과학이 등장할 때까지 주도적인 과학 사상으로 남았다.

고대의 기술 수준은 측정하는 데 한계가 있었기에 그리스 과학은 정량적일 수밖에 없었다. 고대에는 아주 짧은 시간 동안 정확하게 측정할 수 있는 기술이 존재하지 않았기 때문에 정밀한 과학 실험은 불가능했다. 미세한 물질을 다량으로 측정하는 것도 거의 불가능했다. 그러나 이러한 어려움 속에서도 발명을 위한 노력이 계속되었다. 아리스타르코스와 동시대인인 알렉산드리아의 크테시비오스는 공기압으로 돌리는 기계 장치를 고안했다. 그는 이런 공기 역학 제품 이외에도 물로 동력을 얻는 물펌프와 최초의 정확한 물시계도 고안했다. 그의 후배인 기원후 1세기의 알렉산드리아 사람 헤론은 증기로 동력을 얻는, 회전하는 구체를 고안함으로써 헬레니즘 시대의 기계공학적 정밀함의 전통을 이어갔다. 하지만 이 발명 장치는 금속 파이프, 부품, 스크루 등을 생산하는 야금술이 미진해 쓸모 있는 증기기관의 발명으로까지 이어지지는 못했다.

헬레니즘 시대의 공학 지식은 군사 기술에서 많이 응용되었다. 가령 왕들은 공학 기술자를 고용하여 강력한 투석기, 바퀴로 이동시키는 공성탑攻城塔을 고안하게 했다. 이런 무기들이 있으면 성벽으로 둘러싸인 요새와 다층의 전함들을 공격하기가 한결 수월했기 때문이다. 비군사적 목적으로 기술을 대규모로 사용한 경우는 알렉산드리아 항구에 270미터 높이의 등대(파로스)를 건설한 일이었다. 금속제 거울을 이용하여 주위에 피워놓은 거대한 장작불을 되비치는 이 등대는 바다 위를 여러 마일 비출 수 있었다. 그 위용에 겁을 먹은 선원들은 그것을 이 세상의 경이驚異라고 여겼다.

의학도 헬레니즘 과학의 발달을 촉진한 진보적 정신의 혜택을 보았다. 이 시기에 그리스 사람과 근동 사람이 자주 접촉하게 되면서 고대 메소포타미아와 이집트의 의학 지식이 서방에 알려지게 되었고, 그리하여 인간의 건강과 질병에 대한 이해를 높여주었다. 기원전 325년경에 코스의 프락사고라스는 질병의 진단에서 진맥이 지닌 중요성을 발견했다. 그보다 조금 뒤에, 칼케돈의 헤로필로스는 알렉산드리아에서 일할 때 인간의 시신을 해부함으로써 해부학을 연구한 서양 최초의 과학자가 되었다. 헤로필로스가 만들어낸 해부 용어는 오늘날까지도 사용되는데, 소장小腸의 한 부분을 가리키는 듀오데눔duodenum 같은 것이 그런 예다.

헬레니즘 시대의 해부학은 또한 신경과 신경계의 발견이라는 발전을 성취했다. 그리하여 해부학적 지식이 인체 생리학의 지식을 앞지르게 되었다. 인간의 건강은 신체의 네 가지 체액이 이루는 조화에 의해 결정된다는 예전의 사상이 생리학에서는 여전히 주류였다. 의사들은 좋은 체액 상태good humor를 유지하는 사람은 건강하며, 질병은 이러한 체액의 불균형에서 온다고 보았기 때문에 그 균형을 바로잡기 위한 여러 가지 약제, 식이 요법, 운동 등을 처방했다. 의사들은 또한 피를 뽑는 것(방혈放血)이 체액의 균형을 유지하는 데 도움이 된다고 생각했다. 이 잘못된 조치는 19세기까지 의학계에 그대로 존속했다. 다양한 여성병은 자궁의 위치가 잘못된 탓이라고 생각했다. 이 시대의 의사들은 여자의 자궁이 체내에서 돌아다닌다고 생각했던 것이다.

헬레니즘 시대의 종교

—

헬레니즘 시대에 지식이 팽창하고 다양화함에 따라 그리스의 종교적 실천의 다양성도 따라서 증가했다. 그리스 종교의 전통적인 컬트는 여전히 인기가 높았으나 통치자(왕)를 신격화하는 컬트가 새로운 정치적·사회적 조건에 발맞추어 생겨났다. 전부터 이미 존재했던 컬트들, 가령 그리스의 치료신 아스클레피오스의 컬트나 이집트 여신 이시스의 신비 컬트 등은 헬레니즘 세계 전역에서 유명해졌다. 많은 그리스 컬트와 지중해 동부의 원주민 컬트가 서로 비슷해졌고, 상호 영향을 주는 과정에서 컬트의 실천을 공유하게 되었다. 이처럼 서로 다른 전통이 뒤섞이게 된 것은 원래 다양했던 컬트들이 인간 생활의 고난을 치유해준다는 공통된 전제를 갖고 있었기 때문이다. 그런가 하면 그리스 컬트와 원주민 컬트가 사이좋게 공존하기도 했다. 가령 이집트 파이윰 지구에 사는 마을 주민들의 경우, 전과 다름없이 전통적인 악어신을 믿었고, 또 사체를 미라로 처리하는 동시에 그리스 신들에게도 경배를 바쳤다. 다신 신앙의 전통에 따라, 같은 사람이 신구 컬트를 아무런 부담 없이 숭배할 수 있었던 것이다.

헬레니즘 시대의 다양한 컬트들은 공통의 관심사를 갖고 있다는 점에서 헬레니즘 철학의 중심 테마(인간과 예측불허의 힘인 운명 사이의 관계)를 연상시키기도 한다. 그리스 종교는 언제나 이런 주제를 다루어왔다. 그리고 펠로폰네소스 전쟁 이후의 그리스 역사는 인간 존재의 예측불가성을 더욱 뚜렷하고 무서운 것으로 부각시켰다.

하지만 천문학의 발달은 천체 운행의 수학적 정밀성을 드러냈다. 이제 종교는 천체의 균일성과 인간 존재의 혼란성 사이에 가로놓인 단절을 설명해야 했다. 그러한 단절을 이어주는 한 가지 인기 높은 방법이 점성술이었다. 사람들은 점성술에 의지하여, 신성으로 간주되는 항성과 별들의 움직임에서 조언을 얻고자 했다.

알 수 없는 운명의 가혹한 손길을 피하는 또 다른 방법으로서, 인기 있는 헬레니즘 컬트의 신들은 독실한 신자들에게 다양한 구원을 약속했다. 그중에 한 가지 형태가 강력한 통치자가 제공하는 안전이었다. 이른바 통치자 컬트에서 통치자는 신과 동격인 존재로 예배되었던 것이다. 이러한 컬트는 통치자가 내놓는 거액의 기부금에 대한 감사 표시로 시작되었다. 예를 들어 아테네인들은 기원전 307년에 살아 있는 마케도니아인 안티고노스와 그의 아들 데메트리오스를 수호신으로 신격화했다. 그들이 아테네 시에 엄청난 기부금을 내놓으면서 민주제를 회복시켜주었기 때문이다(아테네의 민주제는 그 일이 있기 15년 전에 다른 마케도니아 장군에 의해 폐지된 바 있었다). 대부분의 통치자 컬트와 마찬가지로, 이 컬트는 기부금에 대해 직접적인 감사 표시를 하는 동시에 더 많은 추가 기부금을 타내기 위해 통치자의 비위를 맞추려는 행위였다.

안티고노스 왕조는 고대 마케도니아의 관습을 존중했지만 그들의 왕국에서는 자신들을 숭상하는 신격화 컬트를 인정하지 않았다. 그러나 셀레우코스와 프톨레마이오스 왕국 휘하의 많은 도시들에서는 왕과 왕비를 위한 통치자 컬트가 다양하게 존재했다(프톨레마이오스 왕과 왕비는 고대 이집트 종교의 전통에 따라 신으로 간주되었다). 기원전 283년에 이집트 사제들이 세운 기념비는 신적인 존재인 왕과 왕비의 자격을 다음과 같이 구체적으로 묘사해놓았다.

프톨레마이오스 3세 왕과, 그의 누이이며 아내인 베레니케 왕비는 많은 기부금을 내놓는 신들이다. … 그들은 좋은 정부를 제공했으며 … 가뭄이 오래 들자 사람들을 구원하기 위해 수입의 상당 부분을 희생했고 … 곡식을 수입해옴으로써 이집트의 주민들을 구원했다.

– 오스틴, 《헬레니즘의 세계》, no.271 = OGIS 56

병을 치료해주는 신들은 인생의 험난함으로 고뇌하는 인간들에게 또 다른 형태의 보호막이 되어주었다. 히포크라테스가 기원전 5세기 후반에게 해의 코스 섬에 의학 학교를 설립한 이래, 그리스의 과학적인 의학계는 질병에 대한 초자연적인 원인과 치료의 개념을 거부해왔다. 그런데도 헬레니즘 시대에 들어와 아폴론의 아들이며 질병 치유의 신인 아스클레피오스에 대한 일반 대중의 믿음은 더 깊어졌다. 병을 낫고자 하는 사람은 여러 곳에 있는 아스클레피오스 신전을 찾아가, 특별한 숙소에서 잠을 자며 꿈속에서 그 신을 만나야 한다. 신이 그의 꿈에 나타나 치료 방법을 알려주는 것이다. 그 처방은 주로 식이 요법과 운동 요법이었다. 질병을 낫게 해주어서 감사한다는 내용의 기념비가 무수하게 세워진 것을 보면 환자가 잠자는 동안 신이 꿈속에 나타나 기적적으로 치료해주었다는 것을 간접적으로 증명한다. 다음은 이런 기념비의 전형적인 내용이다.

아테네의 암브로시아는 한쪽 눈이 멀었었다. … 그녀는 어떤 치료법은 믿을 수 없고 또 불가능하다고 비웃었다(기념비에 이렇게 쓰여 있다). … 그러나 그녀는 잠을 자러 갔고, 환상을 보았다. 그녀는 신이 그녀 옆에 서 있다고 생각했다. … 신은 병든 눈을 쪼개고서 약을 그 틈새

로 넣어주었다. 아침이 왔을 때 그녀는 눈이 나은 채로 신전을 떠났다

— 오스틴, 《헬레니즘의 세계》, no.146 = *IG* 4, 2d ed.,1, no.121, Ⅳ

다른 컬트들도 세속적이고 구체적인 구제의 핵심으로서 신비한 지식을 약속했다. 일상생활이 위험으로 가득 차 있고 많은 사람이 어려서 죽었기 때문에 구체적인 위험으로부터 보호하는 것이 영혼의 다스림이나 내세의

운명보다 더 중요한 문제였다. 그러나 헬레니즘 시대에는 사후에 대한 도덕적 준비가 점점 중요한 종교적 문제가 되었다. 이런 이유들로 인해 아테네 근처에 있는 엘레우시스의 데메테르 비의는 계속해서 인기가 있었다. 특히 그리스 신 디오니소스의 신비 컬트와 이집트 여신 이시스의 컬트는 이 시기에 크게 인기를 끌었다. 이시스는 시리아의 아타르가티스 여신, 프리지아의 키벨레(위대한 어머니) 여신, 아나톨리아의 리디아 여신 등과 함께 헬레니즘 세계에서 널리 숭앙된 여신이었다. 이시스 컬트는 프톨레마이오스 1세의 지원을 받으면서 인기가 더욱 높아졌다. 왕이 알렉산드리아에 이시스 컬트를 위한 공식적인 자리를 마련해주었던 것이다. 왕은 또 이집트 신 오시리스를 그리스 신화의 틀에 집어넣어 사라피스라는 새로운 신을 만들어냈다. 사라피스가 하는 주된 일은 이시스의 배우자로서 봉사하는 것이었다. 사라피스는 난파와 질병으로부터 인간을 구조하는 기적을 행하는 신으로 알려져 있다. 지중해 세계에서 가장 유명한 여신이 된 이시스의 컬트(도판 10-3)는 이집트 종교와 그리스 종교의 요소가 뒤범벅된 의례와 축제를 벌이는 것으로 유명하다. 이시스의 숭배자들은 여신의 도움으로 가혹한 운명의 악마 같은 영향력을 극복하는 것은 물론, 개인적으로도 정화된다고 믿었다.

이시스 같은 그리스 여신이 그리스인들(그리고 후대의 로마인들) 사이에서 커다란 인기를 누렸다는 사실은 헬레니즘 세계의 문화적 교류가 원만했음을 보여주는 좋은 사례이다. 또한 많은 유대인들이 그리스어를 채택하고 그리스 문화를 상당히 받아들였다는 점도 특기할 만하다. 특히 팔레스타인 이외의 지역, 가령 알렉산드리아 같은 헬레니즘 도시들의 유대인 공동체에서 성장한 유대인들이 그러했다. 히브리 성서는 기원전 3세기 초에 알렉산드리아에서 그리스어로 번역되기도 했다. 이 번역은 프톨레마이오스 2세의 요청에 의해 이루어졌다고 한다.

헬레니즘화한 유대인들은 전통적 유대주의의 의례적 실천과 생활 습관은 그대로 유지했으며, 그리스 신들을 숭배하는 것을 거부했지만 그들의 생활은 점점 더 '그리스인같이' 되어갔다. 헬레니즘의 정치와 문화는 팔레스타인의 유대인 공동체에도 영향을 미쳤다. 이집트의 프톨레마이오스 왕국과 시리아의 셀레우코스 왕국 사이에 자리한 팔레스타인 지역은 기원전 3세기에는 프톨레마이오스 왕조가 정치적·군사적으로 지배했고, 기원전 2세기에 들어와서는 시리아의 셀레우코스 왕조가 지배했다. 두 왕조는 유대인들이 예루살렘 최고 사제의 정치적 지도 아래 고대의 전통에 따라 살아가도록 허용했다. 그런데 기원전 2세기에 들어와 전통적인 유대 문화 안에서 그리스 문화를 어느 정도까지 허용할 것인가를 놓고 유대인 내부에서 분쟁이 벌어졌다. 셀레우코스 왕조의 왕 안티오코스 4세(재위 기원전 175~163년)는 예루살렘의 친親헬레니즘 유대인(최고 사제직을 장악한 유대인) 편에 서서 그 분쟁에 개입했다. 기원전 167년에 안티오코스는 유대인의 지성소를 철거하고 그 자리에 자신이 숭배하는 시리아 신 바알 샤멘을 경배하는 신전을 세웠다. 그리고 안식일이나 할례 의식 같은 유대교의 종교 의례를 금지시켰다. 그 후 마카베오족의 족장 유다가 반란을 일으켜 25년 동안 항전한 끝에 셀레우코스 왕조로부터 유대인의 독립을 얻어냈다. 마카베오 반란의 가장 유명한 에피소드는 유대 반란군이 예루살렘의 신전을 되찾아서 유대인의 신을 경배하는 장소로 회복시킨 일이었다. 유대인들은 그 일을 아주 감동스러운 것으로 여겨, 그 후로 그날을 하누카(성전 봉헌) 기념일로 기념하고 있다. 그리스 문화가 비록 일부이긴 하지만 오랜 전통을 지닌 유대인마저 끌어당겼다는 사실은 헬레니즘 세계의 많은 사람들이 겪었던 변화를 잘 보여준다.

헬레니즘 세계의 다양성은 새로운 것을 많이 포함하고 있다. 왕국의 창건은 그리스 세계의 세력 분포와 정치적 지도와 사회적 역학을 바꾸었다. 왕국의 왕비들은 고전시대 그리스 도시국가들의 여성보다 더 큰 부와 지위를 누렸다. 헬레니즘 시대의 철학자들은 외부 세계의 혼돈 속에서도 개인적 평온을 얻을 수 있는 사고방식과 행동 방식을 추구했다. 과학자들과 의사들은 자연계와 수학 분야에서 새로운 발견을 많이 성취했는데, 실질적인 응용 기술보다는 학순적 지식에 기여한 바가 더 컸다. 새로운 종교적 컬트의 의식과 믿음은 숭배자들을 가혹한 운명의 손길로부터 보호하고, 또 신성과의 개인적 접촉을 더욱 용이하게 해주었다.

그리스 문화가 전파된 이 방대한 세계에서 이러한 발전들이 이루어지는 동안 대부분의 사람들이 영위한 일상생활의 기본적 특징(육체적 노동, 가난, 노예제, 물질적·사회적 출세의 제한된 기회 등)은 긴 역사를 거쳐오는 내내 그러했듯이 별로 변하지 않았다. 그들의 선조가 그러했듯이, 대부분의 사람들은 들판, 포도원, 목초지, 공작소, 시장 등지에서 대부분의 시간을 보내며 힘들게 일했다. 이것이 고대 그리스 역사에서 볼 수 있는 가장 지속적인 현상이다. 이것이 고대 그리스인들이 이루어낸 엄청난 업적과 쌍을 이루는 사실임을 명심해야 한다. 고대 그리스를 전반적으로 평가하려면 스토리의 이런 측면도 반드시 고려해야 한다.

후기

시작을 위한 끝

이 책의 서두에서 제시한, 고대 그리스 역사에 접근하는 방식을 유지하려면 여기 책 끝에서 어떤 규정적인 결론을 제시하려는 유혹은 물리치는 것이 좋을 듯하다. 첫째, 1장에서 말한 것처럼 그리스 역사는 헬레니즘 시대에서 끝나는 것이 아니다. 둘째, 이 간략한 개설서에는 고대 그리스인들이 자신들의 역사를 평가하면서 내렸던 판단을 검토할 공간이 없다. 역사가들은 공정한 판단을 내리자면 먼저 당대의 사람들이 그들 자신에 대하여 말하는 것을 경청하고, 그런 다음에 그 당대인들의 견해를 심사숙고하면서 역사가 자신의 견해를 진술해야 한다. 그러나 개설서의 성격상 나는 이 책에서 그렇게 할 수가 없었다.

그렇지만 나는 독자들이 이 간략하고 선별적인 개설서의 범위를 넘어서서 상당한 시간을 연구에 투자한 후에 나름의 결론에 도달하기를 권유하고 싶다. 이런 보람 있는 탐구를 시작하는 방법은, 결국 1장에서 한 말을 다시 강조하는 것이 되지만, 독자들이 고대의 사료들을 직접 입수하여, 여러 맥락이 제거된 발췌본이 아니라 온전한 원본(혹은 완역본)을 연구하는 것이다. 현대에 나온 2차 사료를 연구하는 것은 그다음 단계가 되어야 한다. 파우사니아스의 인상적인 말처럼, 고대 그리스사의 대부분의 사항은 논쟁의 대상이 되었다. 이 말은 정치에서 스포츠와 사랑에 이르기까지 인간의 모든 행위를 일종의 경쟁으로 보았던 그리스 문화를 지칭하는 것으로서 아주 적당해 보인다. 이 말은 그리스인들이 그들 자신의 역사에 대해 내린 판단에도 그대로 적용된다. 가령 서기 1세기 초에 그리스 지리와 민속학 관련 저술을 남긴 그리스 저술가인 스트라보가 내린 논쟁적인 그리스 문화의 정의定義가 좋은 사례이다. 서기 1세기라는 연대는 유럽의 역사에서 하나의 전환점이었다. 왜냐하면 이 무렵에 로마 제국은 찻잔 속의 폭풍으로 끝날 현상이 아니라는 사실이 분명해졌기 때문이다. 나아가 그리스인들이 로마인들에게 빼앗긴 정치적 독립이나 헬레니즘 시대에 누렸던 국제적 지위를 되찾지 못하리라는 점 역시 분명해졌다.

스트라보의 책 속에는, 다른 그리스인 저자들이 로마인을 그리스인과 비교하면서 "공정하고 고상한 야만인들"이라고 부정확하게 묘사했다며 솔직하면서도 강렬하게 비판한 문장이 있다. 스트라보는 이어서 그리스 문화에 대한 자신의 견해가 훨씬 우수하다고 진술한다. 그는 아주 노골적인 언사로 그리스 문명의 전파가 다른 나라들에 미친 부패화의 영향을 이렇게 요약한다. "우리(그리스인)가 살아온 방식은 거의 모든 사람들 사이에서 개악시키는 변화를 가져왔다. 즉, 그들로 하여금 사치와 쾌락을 추구하도록 만들었는데, 그러다 보니 그것들을 더 많이 얻으려는 기만적인 수법을 무수히 양산시켰다"(《지리》 C 301 = 7.3.7). 어쩌면 스트라보는 그리스의 세계 내 지위가 위축된 점을 너무나 분통하게 여겨 동료 헬레네인들을 혹평했는지도 모른다. 아니면 그 자신이 동료 저술가들과 경쟁한다고 생각하는 문학적 경기에서 더 높은 점수를 얻고자 했는지도 모른다. 어느 경우든, 이 문장은 우리에게 이런 사실을 상기시킨다. 고대 그리스인들은 그들 자신의 문화적 장단점에 대한 비판적 평가를 자유롭게 표현했다는 사실 말이다.

그리스 문화의 영향을 부정적으로 평가한 스트라보의 의도가 무엇이었든 간에, 그의 발언은 고대 그리스인들이 언론의 자유를 자랑스럽게 생각했다는 것을 보여준다. 그들이 볼 때, 언론의 자유라는 핵심적 요소는 이런 의미였다. 즉, 어떤 말을 하면 그것을 듣는 사람이 불쾌하게 여길 줄 알면서도 그 말을 할 수 있는 자유였다. 나는 이 개념(언론의 자유)이 사료 연구라는 힘든 일을 하는 사람들을 해방시키는 개념이니만큼 기억해둘 가치가 있다고 생각한다. 사료 연구를 하다 보면 연구자는 경청할 만한 판단을 표현할 수 있는 입장에 서게 된다. 그들의 연구 결과는 증거에 대한 사려 깊고 겸손한 명상에서 나온 것이기 때문이다. 이런 작업을 하다 보면 그 연구자는 자신이 보기에 잘못된 다른 사람들의 결론에 대하여 노골적으로 불복할 자격을 얻게 된다. 고대 그리스인들의 성취와 실패에 대해서는 흥미롭고 지속적인 문제들이 여전히 질문과 답변의 대상으로 남아 있다. 이 사실은 독자들을 낙담시키는 것이 아니라 오히려 격려한다. 독자는 스스로 더 깊은 연구를 수행함으로써 스트라보, 이 개설서의 저자, 그리고 다른 고대 그리스 연구서의 저술가들과 자유롭게 또 적극적으로 경쟁할 수 있다. 그렇게 하여 독자는 오늘날에도 다양한 방식으로 우리의 삶에 영향을 미치는 그리스 역사에 대하여 나름의 설득력 있고 의미심장한 결론에 도달할 수 있고 또 그것을 표현할 수 있을 것이다.

역자 후기

이 책은 토머스 R. 마틴(1947~)의 《고대 그리스사》의 수정 제2판(2013년)을 완역한 것이다. 이 책의 초판은 1996년에 나왔고 국내 번역본은 2003년에 나왔다. 그동안 원저자는 책 속에 들어가는 도판 30컷을 모조리 교체하고(2000년), 이어 책의 내용을 전편에 걸쳐 수정하여 제2판을 내놓았다. 저자는 약 1500매 분량의 초판 원고에 500매 분량을 추가 집필해 책의 30퍼센트 이상을 수정했다. 수정된 내용은 주로 그동안 학계에서 새로운 주장이 제기되어 바뀐 부분(가령 선형 A 문자는 그동안의 주장과는 다르게 인도-유럽어가 아닐 가능성이 있다), 그리스의 2대 국난이었던 페르시아 전쟁과 펠로폰네소스 전쟁의 상세한 분석과 논평, 가난한 사람들이 그리스 민주정에 참여한 과정, 여자와 노예에 대한 그리스인들의 편견, 그리스의 종교와 성에 대한 새로운 해석, 인간의 명예심과 자부심이 역사적 사건에 미치는 영향, 아테네와 스파르타의 패권주의, 그리스와 근동의 국제관계, 플라톤의 사상이 기독교에 미친 영향, 아리스토텔레스에 대한 높은 평가 등이다.

저자는 고대 그리스사에 깊은 외경을 느낀다면서 그 성공과 실패를 똑같이 애정 어린 눈으로 바라보고 있다. 우선 성공을 살펴보면, 고대 그리스사는 민주제의 확립과 발전이라는 주제를 줄기차게 추구해온 역사이며, 문학, 철학, 역사, 예술 등의 분야에서도 후대에 많은 영향을 끼쳤다. 문학이라고 하면 소포클레스, 아이스킬로스, 에우리피데스라는 세 거장이 있는 비극과, 아리스토파네스라는 걸출한 작가가 있는 희극 분야가 있다. 철학이라고 하면 이데아와 영혼의 선재설先在說을 주장한 플라톤과 자연과학을 폭넓게 탐구하며 인간의 이성을 강조한 아리스토텔레스가 있다. 역사에는 폭넓은 지리적 범위, 역사적 증거에 대한 비판적 접근, 생생한 이야기 등으로 서양 역사의 아버지로 불리는 헤로도토스와, 펠로폰네소스 전쟁을 예리한 눈으로 분석한 투키디데스가 있다. 예술은 수많은 신전의 건축물과 그 신전을 장식하는 소벽의 조각들, 그리고 온갖 독립 조각상들이 예술의 정화를 뿜낸다. 그리스사의 실패에 대해서는, 노예제의 지속적인 존속과 여성 비하, 도시국가들의 단합 실패가 초래한 외세에 대한 굴복, 스파르타의 기이한 성생활과 동성애 허용, 아테네 인사들의 배신 행위와 스파르타의 헬로트 학대 등을 지적한다.

저자가 이 책을 써나가면서 보인 두 가지 특징은 진술의 간략함과 묘사의 함축성이다. 가령 페르시아 전쟁 때 아테네가 페르시아의 강화 요구를 거부한 대목을 두고서, "그들의 이상을 지키기 위해 타협을 포기한 이런 자세는 고대 그리스 역사에서 하나의 결정적 순간이다"라고 말하는데, 이 문장은 고대 그리스사의 핵심을 가장 간결하게 보여주는 진술이다. 또한 플라톤에 대해서는, "그의 사상은 나중에 영혼의 문제와 인간과 신의 관계에 대한 복잡한 문제 등 기독교 신학에 중요한 영향을 주었다"라고 말한다. 플라톤은 본질적으로 단일한 존재인 신성이 어떻게 이 세상을 구성하는 다양한 아이디어를 허용할 수 있는지, 또 실체가 없는 신성이 어떻게 거칠고 제멋대로인 물질세계의 모델이 되었는지 이해하기가 힘들었다. 즉, 비#물질인 신이 어떻게 물질인 세계를 허용할 수 있느냐는 것이었다. 그는 신성을 제1원인, 로고스(이성), 우주의 혼령, 이렇게 셋으로 나눔으로써 그 문제를 해결했다. 이것이 나중에 기독교 신학에서 성부-성자-성령으로 발전한다. 〈요한복음〉은 "태초에 로고스가 하느님과 함께 있었으며 그 로고스는 하느님이었다"라고 말한다. 요한 사도가 이처럼 플라톤 철학의 근본 원칙을 빌려 로고스를 설명했기 때문에, 2세기와 3세기의 그리스도교 신자들은 그리스도교 계시의 놀라운 발견 사항을 미리 예고한 플라톤을 깊이 연구했던 것이다. 이런 역사적 배경을 감안하면 저자의 플라톤 해설이 얼마나 함축적인 문장인지 알 수 있다.

저자는 전쟁이 벌어지는 와중에 적국과 협상할 것이냐 전쟁을 할 것이냐 하는 미묘한 문제를 두고서 역사가로서 깊은 통찰을 보인다. 페르시아 전쟁과 펠로폰네소스 전쟁의 경과를 서술하면서, 아테네가 한 번은 페르시아와, 다른 한 번은 스파르타와 평화 협상을 할 기회가 있었는데 전자든 후자든 모두 거부했다면서 특히 펠로폰네소스 전쟁에서 강화를 거부한 것이 정당한 역사적 노선이었는지 의문을 제기한다. 그러면서 그 상황을 1938년에 영국 총리 네빌 체임벌린이 2차 대전을 피하기 위해 독일 히틀러의 주데텐란트의 합병 요구에 굴복한 상황과 비교한다. 이런 유사한 역사적 상황은 늘 되풀이되므로 고대 그리스사의 여러 장면이 우리에게 깊은 생각 거리를 안겨준다는 것이다. 저자의 이런 태도는 우리가 평소에 역사적 사실에 대해서 갖고 있는 믿음을 강화해준다. 그러니까 모든 역사적 사실은 하나의 상징으로 기능한다. 역사의 사실은 결코 어떤 독립된 사항으로 동떨어져 있는 것이 아니라, 지금 여기의 어떤 실제 상황에 지속적으로 영향을 미친다는 것이다. 바로 이런 이유로 크로체는 "모든 역사는 현대사"라고 했고, E. H. 카는 "역사는 과거와 현재의 대화"라는 명언을 남겼다.

저자는 이 책에서 그리스인이 그리스인으로 되어간 과정과 그리스인의 정체성, 그리스인의 정신을 보여주려고 노력한다. 저자는 그리스의 역사는 "개인의 삶과 공동체의 유대감을 향상시키기 위한 분투의 과정"으로 정의한다. 이것은 페르시아 전쟁 때 강화 요청을 거부한 사건에서 극명하게 드러난다. 또 그러한 그리스인의 모습을 "언제나 최선이 되기 위해 살았고 또 죽었다"라고 말하면서 '탁월함arete'의 개념을 잘 요약한다. 저자는 또 가난한 사람들도 정치에 참여할 수 있게 된 과정을 세밀하게 탐구하면서, 그리스인들이 누린 법 앞에서의 평등과 언론의 자유가 최선을 지향하는 그들의 삶에 결정적인 계기가 되었다고 말한다. 다시 말해 가난한 시민들에게 참정권을 부여하는 민주제가 있었기 때문에 개인들의 정신이 난만하게 꽃피어 자연과학과 철학에서 새로운 사상이 발달할 수 있었다는 것이다.

언론의 자유와 법 앞에서의 평등은 곧 정의를 향한 열망인데, 이 정의에 대한 신념은 호메로스의 《일리아스》와 《오디세이아》에서도 잘 드러나고, 또 소크라테스의 처형 사건에서 깊이 있게 다루어진 주제이다. 또한 호메로스의 《오디세이아》는 그리스인들의 공통된 정체성인 종교적 심성을 잘 보여준다. 이 서사시에는 세 가지 질문이 나온다. 첫째 질문은 '나는 무엇을 하는가?'이다. 그 대답은 살아남기 위해 모험을 한다는 것이다. 둘째 질문은 '나는 누구인가?'이다. 이에 대하여 오디세우스는 폴리페무스의 동굴에서 "I am nobody(나는 아무도 아니다)"라고 대답한다.

셋째 질문은 '나는 어디로 가는가?'이다. 이것은 오디세우스가 고향 이타카로 돌아가기 직전에 들른 동굴과 관련이 있다. 벌들이 부지런히 만들어내는 이 동굴의 꿀을 가리켜 '생성의 꿀'이라고 하는데, 동굴은 세상의 상징이요, 꿀은 남녀 간의 사랑이 만들어내는 자식의 상징이다. 천상에서 유배 온 인간의 영혼은 고향(이타카, 곧 천상의 상징)으로 돌아가기 전에 반드시 동굴을 거쳐야 하는데, 이 동굴의 답답함을 견디게 해주는 것이 곧 생성의 꿀이라는 것이다. 세 가지 질문을 모두 종합하면 인간은 천상에 돌아가기 위해 이 지상에 왔으며, 지상에 있는 동안 신성을 알지 못하면 그는 '아무도 아니'라는 것이다.

고대 그리스인들은 이처럼 종교에 깊이 헌신했으며 그것을 잘 종합해 놓은 것이 그리스 신화이다. 그리스인들은 철저하게 신들의 존재를 믿었지만, 인간 생활을 개선할 기회와 책임은 전적으로 인간에게 달려 있고 또 인간은 무엇이 더 좋은지, 어떻게 해야 그것을 실현할 수 있는지 알아내야 마땅하다고 보았다. 그리스 문사철文史哲은 바로 이러한 그리스 정신의 영롱한 결실인 것이다.

헌사에서 저자는 학생들과 교수들과 독자들, 그리고 고대와 현대의 그리스인의 우정에 감사한다고 말했다. 이는 지난 19년 동안 이들의 질문과 논평에 성실하게 대답하려고 노력한 끝에 이 수정판을 써낼 수 있었다는 뜻이다. 1차 사료와 2차 사료를 힘들여 읽고 해석해온 노학자의 초상은 이 책의 전편에서 물 위에 어린 햇빛처럼 선명하게 느껴진다. 역자는 2002년에 이 책을 처음 번역한 이후 《로마 제국 쇠망사》, 《알렉산더 대왕》, 《중세의 가을》 등 다른 책들을 번역하면서 이 책의 정보와 자료에서 많은 도움을 받았다. 이제 13년이 지나 이 수정판을 정독, 번역하게 되었는데 다음의 말이 진실이라는 것을 다시금 깨달았다. "고전을 다시 읽으면 당신은 그 책 속에서 전보다 더 많은 내용을 발견하지 못한다. 단지 전보다 더 많이 당신 자신을 발견할 뿐이다."(클리프턴 패디먼)

이종인

추천 도서

고대 문헌

로브(Loeb) 고전 문고(하버드 대학 출판부)에 들어 있는 방대한 컬렉션은 그리스어-영어, 라틴어-영어 대역본 원전을 제공한다. 로브 문고에 들어간 일부 책들이 여기에 소개되어 있다. 여기에 소개된 다른 판본들은 입수 가능한 영역본들인데, 대역본에 비하여 가격이 저렴하다.《고대 그리스사》본문 속에 인용된 고대 저자의 표준 제목이 여기 제시된 영역본과 다를 경우에는 영역본 제목 뒤에 표준 제목을 집어넣어, 독자들이 쉽게 구분할 수 있도록 하였다.

Aeschines. *Aeschines*. Trans. Chris Carey (Austin, TX: University of Texas Press, 2000); 연설문이 포함되어 있음.

Aeschylus. *Oresteia*. Trans. Christopher Collard (Oxford: Oxford University Press, 2002).

_____. *The Persians and Other Plays*. Trans. Alan H. Sommerstein (London: Penguin Books, 2010).

Alcaeus. *Greek Lyric: An Anthology in Translation* (1996) 참조; 단편들이 포함되어 있음.

Alcidamas. *The Works and Fragments*. Trans. J. V. Muir (London: Bristol Classical Press, 2001).

Alcman. *Greek Lyric: An Anthology in Translation* (1996) 참조.

Anaxagoras. *The First Philosophers* (2000) 참조.

Anyte. *Sappho's Lyre* (1991) 참조.

Apollonius of Rhodes. *Jason and the Golden Fleece (The Argonautica)*. Trans. Richard Hunter (Oxford: Oxford University Press, 2009).

Appian. *Roman History*. Trans. Horace White. 4 vols. Loeb Classical Library (Cambridge, MA: Harvard University Press, 1912~1913); *The Syrian Wars*를 포함.

Archilochus. *Greek Lyric: An Anthology in Translation* (1996) 참조; 단편들이 포함되어 있음.

Aristophanes. *Lysistrata and Other Plays*. Trans. Alan H. Sommerstein. Rev. ed. (London: Penguin Books, 2002); *The Acharnians, Lysistrata, and The Clouds* 포함.

_____. *The Birds and Other Plays*. Trans. David Barrett and Alan H. Sommerstein (London: Penguin Books, 2003); *The Birds, The Knights, The Assemblywomen, Peace, and Wealth* 포함.

_____. *Frogs and other Plays*; *The Wasps, The Poet and the Women, and The Frogs*. Trans. David Barrett and Shomit Dutta (London: Penguin Books, 2007) 포함.

Aristotle. *The Complete Works*. Ed. Jonathan Barnes. 2 vols. (Princeton, NJ: Princeton University Press, 1984); *Constitution of the Athenians, Politics* 포함.

_____. *Aristotle and Xenophon on Democracy and Oligarchy*. Trans. J. M. Moore. New ed. (Berkeley and Los Angeles: University of California Press, 2010); Aristotle's *Constitution of the Athenians and Xenophon's Constitution of the Spartans* 포함.

Arrian. *The Landmark Arrian: The Campaigns of Alexander (Anabasis Alexandrou)*. Trans. Pamela Mensch (New York: Pantheon Books, 2010); *Anabasis* 포함.

Athenaeus. *The Learned Banqueters (Deipnosophistae)*. Trans. S. Douglas Olsen. 8 vols. Loeb Classical Library (Cambridge, MA: Harvard University Press, 2006~2012).

Atthidographers. *The Story of Athens: The Fragments of the Local Chronicles of Attika*. Trans. Philip Harding (London: Routledge, 2008).

Callimachus. *The Poems of Callimachus*. Trans. Frank Nisetich (Oxford: Oxford University Press, 2001)

Chrysippus. *The Stoics Reader* (2008) 참조.

Clement. *Miscellanies. The Ante-Nicene Fathers: Translations of the Fathers Down to A.D. 325*. Vol. 2 (Peabody, MA: Hendrickson, 1994); 1885~1897년판 재출간본), pp. 299~567.

Critias. *The Older Sophists* (1972), pp. 241~270 참조.

Curtius Rufus, Quintus. *The History of Alexander*. Trans. John Yardley. Rev. ed. (London: Penguin Books, 2004).

Democritus. *The First Philosophers* (2000) 참조.

Demosthenes. *Demosthenes*. Various translators. 7 vols. Loeb Classical Library (Cambridge, MA: Harvard University Press, 1930. 1949); 연설문이 포함되어 있음.

_____. *Demosthenes, Speeches 1~17*. Trans. Jeremy Trevett (Austin, TX: University of Texas Press, 2011).

Didymus. *Didymos on Demosthenes*. Trans. Philip Harding (Oxford: Clarendon Press, 2006).

Diodorus Siculus. *Library of History*. Trans. C. H. Oldfather. 12 vols. Loeb Classical Library (Cambridge, MA: Harvard University Press, 1933~1967).

_____. *The Persian Wars to the Fall of Athens: Books 11~14.34 (480~401 BCE)*. Trans. Peter Green (Austin, TX: University of Texas Press, 2010).

Diogenes Laertius. *Lives of Eminent Philosophers*. Trans. R. D. Hicks. 2 vols. Loeb Classical Library (Cambridge, MA: Harvard University Press, 1972).

Dissoi Logoi [Double Arguments]. *The Older Sophists* (1972) 참조.

Epic of Creation. Pritchard, *Ancient Near Eastern Texts* (1969), pp. 60~99 참조.

Epicurus. *The Epicurus Reader: Selected Writings and Testimonia*. Trans. Brad Inwood and L. P. Gerson (Indianapolis, IN: Hackett, 1994).

Euclid. *Elements*. Trans. Thomas L. Heath. 2nd ed. (New York: Dover, 1956).

Euripides. *Euripides*. Trans. David Kovacs, Christopher Collard, and Martin Cropp. 7 vols. Loeb Classical Library (Cambridge, MA: Harvard University Press, 1994~2008); *Medea* 포함.

_____. *Fragments: Aegeus-Meleager*. Trans. Christopher Collard and Martin Cropp. Loeb Classical Library (Cambridge, MA: Harvard University Press, 2008); *Melanippe the Captive* 포함.

Excerpta de insidiis. 영역본은 없음. 그리스어 텍스트는 다음에서 찾아볼 수 있음. *Excerpta historica iussu Imp. Constantini Porphyrogeniti confecta*. Ed. C. de Boor. Vol. 3. (Berlin: Weidmann, 1905), 구글 북스의 무료 e-북으로 온라인상에서 볼 수 있음.

The First Philosophers: The Presocratics and the Sophists. Trans. Robin Waterfield (Oxford: Oxford University Press, 2000).

Fragments of Old Comedy. Trans. Ian C. Storey. Loeb Classical Library (Cambridge, MA: Harvard University Press, 2011).

Gorgias. *The First Philosophers* (2000) 참조; *The Older Sophists* (1972).

Greek Elegiac Poetry: From the Seventh to the Fifth Centuries B.C. Trans. Douglas E. Gerber. Loeb Classical Library (Cambridge, MA: Harvard University Press, 1999).

Greek Lyric. Trans. David A. Campbell. 5 vols. Loeb Classical Library (Cambridge, MA: Harvard University Press, 1982~1993).

Greek Lyric: An Anthology in Translation. Trans. Andrew M. Miller (Indianapolis, IN: Hackett, 1996).

Hecataeus. *Brill's New Jacoby*. 유료 구독 신청을 하면 온라인으로 그리스어 원본과 영역본을 볼 수 있음.: http://referenceworks.brillonline.com/browse/brill-s-new-jacoby; 인쇄된 영역본은 없음.

The Hellenistic Philosophers. Vol. 1: *Translations of the Principal Sources, with Philosophical Commentary*; Vol. 2: *Greek and Latin Texts with Notes and Bibliography*. Ed. A. A. Long and D. N. Sedley (Cambridge: Cambridge University Press, 1987); Zeno's *The Republic*의 단편들 포함.

Hellenistic Poetry: An Anthology. Trans. Barbara Hughes Fowler (Madison, WI: University of Wisconsin Press, 1990).

Herodotus. *The Histories*. Trans. Aubrey de Selincourt. Ed. John Marincola. Rev. ed. (London: Penguin Books, 1996).

Hesiod. *Theogony and Works and Days*. Trans. Martin West (Oxford: Oxford University Press, 1988).

Hippocrates. *Hippocratic Writings*. Trans. J. Chadwick et al. New ed. (London: Penguin Books, 1983).

Homer. *The Iliad of Homer*. Trans. Richmond Lattimore. New ed. Richard Martin 의 서문과 주석 (Chicago: University of Chicago Press, 2011).

_____. *The Odyssey of Homer*. Trans. Richmond Lattimore (New York: Harper Collins, 1999).

The Homeric Hymns. Trans. Michael Crudden (Oxford: Oxford University Press, 2001).

Horace. *The Complete Odes and Epodes*. Trans. David West (Oxford: Oxford

University Press, 1997).

Isaeus. *Isaeus*. Trans. Michael Edwards (Austin, TX: University of Texas Press, 2007); 연설문 포함.

Isocrates. *Isocrates I*. Trans. David Mirhady and Yun Lee Too (Austin, TX: University of Texas Press, 2000).

_____. *Isocrates II*. Trans. Terry L. Papillon (Austin, TX: University of Texas Press, 2004).

Justin, Cornelius Nepos, and Eutropius. Trans. John Selbey Watson (London: H. G. Bohn, 1853).

Leucippus. *The First Philosophers* (2000) 참조.

Libanius. *Orations*. '연설 25'의 영역본은 없음.

Lucian. *Selected Dialogues*. Trans. C. D. N. Costa (Oxford: Oxford University Press, 2005); *Timon* 포함.

Lysias. *Lysias*. Trans. S. C. Todd (Austin, TX: University of Texas Press, 2000); 연설문 포함.

Menander. *The Plays and Fragments*. Trans. Peter Brown (Oxford: Oxford University Press, 2001).

Mimnermus. *Greek Lyric: An Anthology in Translation* (1996) 참조; 단편들 포함.

Moiro. *Sappho's Lyre* (1991) 참조.

Nicolaus of Damascus. *Brill's New Jacoby*. 유료 구독 신청을 하면 온라인으로 그리스어 원본과 영역본을 볼 수 있음.: http://referenceworks.brill online.com/browse/brill-s-new-jacoby; 인쇄된 영역본은 없음. 다음 자료도 참조. *Excerpta de insidiis*.

Nossis. *Sappho's Lyre* (1991) 참조.

The Older Sophists: A Complete Translation by Several Hands of the Fragments in Die Fragmente der Vorsokratiker edited by Diels-Kranz with a New Edition of Antiphon and Euthydemus. Ed. Rosamund Kent Sprague (Columbia, SC: University of South Carolina Press, 1972).

Palatine Anthology. *The Greek Anthology*. Trans. W. R. Paton. 5 vols. Loeb Classical Library (Cambridge, MA: Harvard University Press, 1925~1927).

Pausanias. *Guide to Greece*. Trans. Peter Levi. 2 vols. (London: Penguin Books, 1971).

Philemon. *The Fragments of Attic Comedy After Meineke, Bergk, and Kock*. Trans. J. M.

Edmonds (Leiden, Netherlands : Brill, 1957~1961).

Pindar. *Greek Lyric: An Anthology in Translation* (1996); *Olympian Odes* 포함.

Plato. *The Collected Dialogues*. Ed. Edith Hamilton and Huntington Cairns (Princeton, NJ : Princeton University Press, 1971); *Apology, Crito, Gorgias, Protagoras, The Republic, Statesman, Symposium, The Atetus* 포함.

Pliny. *Natural History*. Trans. H. Rackham. 10 vols. Loeb Classical Library (Cambridge, MA : Harvard University Press, 1967~1975).

Plutarch. *The Age of Alexander: Ten Greek Lives*. Trans. Ian Scott-Kilvert and Timothy E. Duff. Rev. ed. (London : Penguin Books, 2011); *Alexander* 포함.

_____. *On Sparta*. Trans. Richard J. A. Talbert (London : Penguin Books, 2005); *Agis and Cleomenenes, Lycurgus, and Xenophon's Constitution of the Spartans* 포함.

_____. *Greek Lives*. Trans. Robin Waterfield (Oxford : Oxford University Press, 1998); *Cimon, Lycurgus, Pericles, Solon* 포함.

_____. *Rise and Fall of Athens. Nine Greek Lives*. Trans. Ian Scott-Kilvert (London : Penguin Books, 1960); *Aristides, Cimon, Pericles, Solon* 포함.

_____. *Moralia*. Trans. Frank Cole Babbitt. 15 vols. Loeb Classical Library (Cambridge, MA : Harvard University Press, 1956~1969).

Pollux. *Onomasticon*. 영역본은 없음. 19세기에 출간된 그리스어본 *Iulii Pollucis Onomasticon ex recensione Immanuelis Bekkeri* (Berlin : F. Nikolai, 1846)는 구글 북스의 무료 e-북에서 온라인상으로 볼 수 있음.

Polybius. *The Histories*. Trans. Robin Waterfield (Oxford : Oxford University Press, 2010).

Posidippus. *The Fragments of Attic Comedy After Meineke, Bergk, and Kock*. Trans. J. M. Edmonds (Leiden, Netherlands : Brill, 1957~1961).

Protagoras. *The First Philosophers* (2000) 참조; *The Older Sophists* (1972).

Pseudo-Aristotle. *Oeconomica*. Aristotle, *The Complete Works* (1984) 참조.

Pyrrho. Diogenes Laertius, *Lives of Eminent Philosophers* (1972) 참조.

Sappho. *Sappho's Lyre* (1991) 참조; *Greek Lyric: An Anthology in Translation* (1996); 단편들이 포함되어 있음.

Sappho's Lyre: Achaic Lyric and Women Poets of Ancient Greece. Trans. Diane Rayor (Berkeley and Los Angeles : University of California Press, 1991).

Solon. *Greek Elegiac Poetry* (1999) 참조; *Greek Lyric: An Anthology in Translation* (1996); 단편들이 포함되어 있음.

Sophocles. *Electra and Other Plays*. Trans. David Raeburn (London: Penguin Books, 2008).

_____. *The Three Theban Plays: Antigone, Oedipus the King, Oedipus at Colonus*. Trans. Robert Fagles. Rev. ed. (London: Penguin Books, 1984).

Stobaeus. *Anthology*. 영역본은 없음. 19세기에 출간된 그리스어본 *Ioannis Stobaei Anthologium*. 5 vols. Ed. Curtius Wachsmuth and Otto Hense (Berlin: Weidmann, 1884~1912)는 구글 북스의 무료 e-북에서 온라인상으로 볼 수 있음.

The Stoics Reader: Selected Writings and Testimonia. Trans. Brad Inwood (Indianapolis, IN: Hackett, 2008); Zeno's *The Republic*의 단편들 포함.

Strabo. *Geography*. Trans. Horace Leonard Jones. 8 vols. Loeb Classical Library (Cambridge, MA: Harvard University Press, 1960~1970).

Theocritus. *Idylls*. Trans. Anthony Verity (Oxford: Oxford University Press, 2002).

Theognis. *Greek Elegiac Poetry* (1999) 참조; *Theognidea* 포함.

Theophrastus. *Characters* (다음 자료 포함. Herodas: *Mimes*, and Sophron and Other Mime Fragments). Trans. Jeffrey Rusten. Loeb Classical Library (Cambridge, MA: Harvard University Press, 2003).

Theopompus. *Brill's New Jacoby*. 유료 구독 신청을 하면 온라인으로 그리스어 원본과 영역본을 볼 수 있음.: http://referenceworks.brillonline.com/browse/brill-s-new-jacoby; 인쇄된 영역본은 없음.

Thucydides. *The Landmark Thucydides*. Trans. Richard Crawley. Rev. ed. (New York: Free Press, 1996); *The Peloponnesian War* 포함.

Tyrtaeus. *Greek Elegiac Poetry* (1999) 참조; 단편들이 포함되어 있음.

Vitruvius. *Ten Books on Architecture*. Trans. Ingrid D. Rowland (New York: Cambridge University Press, 1999).

Xenophanes. *The First Philosophers* (2000) 참조.

Xenophon. *Xenophon*. Various translators. 7 vols. Loeb Classical Library (Cambridge, MA: Harvard University Press, 1953~1968); *Anabasis, Hellenica, Memorabilia, Symposium* 포함.

_____. *Aristotle and Xenophon on Democracy and Oligarchy*. Trans. J. M. Moore. New ed. (Berkeley and Los Angeles: University of California Press,

2010); Aristotle's *Constitution of the Athenians and Xenophon's Constitution of the Spartans* 포함.

Zeno of Citium. *The Stoics Reader* (2008) 참조.

사료들의 컬렉션

이 책들은 연대별 혹은 역사적 주제별로 배열된 고대 사료들의 번역본 모음이다.

Austin, Michel. *The Hellenistic World from Alexander to the Roman Conquest. A Selection of Ancient Sources in Translation*. 2nd ed. (Cambridge: Cambridge University Press, 2006).

Crawford, Michael, and David Whitehead. *Archaic and Classical Greece: A Selection of Ancient Sources in Translation* (Cambridge: Cambridge University Press, 1983).

Davison, Claire Cullen. *Pheidias: The Sculptures and Ancient Sources* (London: Institute of Classical Studies, 2009).

Dillon, Matthew, and Lynda Garland. *Ancient Greece: Social and Historical Documents from Archaic Times to the Death of Alexander*. 3rd ed. (London: Routledge, 2010).

Emlyn-Jones, C. J. *The Ionians and Hellenism: A Study of the Cultural Achievement of Early Greek Inhabitants of Asia Minor* (London: Routledge & Kegan Paul, 1980).

Irby-Massie, Georgia L., and Paul T. Keyser. *Greek Science of the Hellenistic Era: A Sourcebook* (London: Routledge, 2002).

Kearns, Emily. *Ancient Greek Religion: A Sourcebook* (Malden, MA: Wiley-Blackwell, 2010).

Lefkowitz, Mary R., and Maureen B. Fant. *Women's Life in Greece and Rome: A Source Book in Translation*. 3rd ed. (Baltimore, MD: Johns Hopkins University Press, 2005).

Pollitt, J. J. *The Art of Ancient Greece: Sources and Documents* (Cambridge: Cambridge University Press, 1990).

Pritchard, James B. *Ancient Near Eastern Texts Relating to the Old Testament*. 3rd ed. (Princeton, NJ: Princeton University Press, 1969).

Rhodes, P. J. *The Greek City-States: A Source Book*. 2nd ed. (Cambridge : Cambridge University Press, 2007).

Rhodes, P. J., and Robin Osborne. *Greek Historical Inscriptions: 404~323 BC* (New York : Oxford University Press, 2003).

Robinson, Eric W. *Ancient Greek Democracy: Readings and Sources* (Malden, MA : Blackwell, 2004).

Rusten, Jeffrey, ed. *The Birth of Comedy: Texts, Documents, and Art from Athenian Comic Competitions, 486~280*. Trans. Jeffrey Henderson (Baltimore, MD : Johns Hopkins University Press, 2011).

Samons, Loren J. *Athenian Democracy and Imperialism* (Boston : Houghton Mifflin, 1998).

현대의 연구서들

고대 그리스사에 대한 현대의 연구서는 방대하고, 국제적이며, 다양한 언어로 나와 있다. 이 제한된 추천 도서들은 《고대 그리스사》에서 다루어진 주제들과 관련된 영어본들만 제시했다. 독자들은 이 책들이 고대 그리스사에 참고할 만한 책 전부라고 생각해서는 안 된다. 또 내가 이 책들의 결론에 반드시 동의한다고 추정해서도 안 된다. 이 추천 도서들 뒤에 실려 있는 비교적 최근의 논의 사항들과 참고 문헌은 현대 이전의 학문적 성과에 대해서도 언급한다. 예전 연구서들도 가치 있고 참고할 만하지만, 여기서는 지면 문제로 제시하지 않았다.

Acton, Lord (John Emerich Edward Dalberg). *Historical Essays and Studies*. Ed. J. N. Figgis and R. V. Laurence (London : Macmillan, 1907).

Adkins, A. W. H. *Moral Values and Political Behaviour in Ancient Greece: From Homer to the End of the Fifth Century* (London : Chatto & Windus, 1972).

Adkins, Lesley, and Roy A. Adkins. *Handbook to Life in Ancient Greece* (New York : Facts on File, 2005).

Balot, Ryan. *Greed and Injustice in Classical Athens* (Princeton, NJ : Princeton University Press, 2001).

Biers, William. *The Archaeology of Greece. An Introduction*. 2nd ed. (Ithaca, NY : Cornell University Press, 1996).

Blundell, Sue. *Women in Ancient Greece* (Cambridge, MA: Harvard University Press, 1995).

Boardman, John. *The Parthenon and Its Sculptures* (Austin, TX: University of Texas Press, 1985).

Boedeker, Deborah, and Kurt A. Raaflaub, eds. *Democracy, Empire, and the Arts in Fifth-Century Athens* (Cambridge, MA: Harvard University Press, 1998).

Borza, Eugene N. *Before Alexander: Constructing Early Macedonia* (Claremont, CA: Regina Books, 1999).

Bosworth, A. B. *Conquest and Empire: The Reign of Alexander the Great* (Cambridge: Cambridge University Press, 1988).

――――――. *Alexander and the East: The Tragedy of Triumph*. New ed. (Oxford: Oxford University Press, 2004).

Bowden, Hugh. *Mystery Cults of the Ancient World* (Princeton, NJ: Princeton University Press, 2010).

Briant, Pierre. *From Cyrus to Alexander: A History of the Persian Empire* (Winona Lake, IN: Eisenbrauns, 2002).

――――――. *Alexander the Great and His Empire: A Short Introduction*. Trans. Amelie Kuhrt (Princeton, NJ: Princeton University Press, 2010).

Buckler, John, and Hans Beck. *Central Greece and the Politics of Power in the Fourth Century BC* (Cambridge: Cambridge University Press, 2008).

Bundrick, Sheramy D. *Music and Image in Classical Athens* (Cambridge: Cambridge University Press, 2005).

Burkert, Walter. *Greek Religion: Archaic and Classical*. Trans. Johan Raffan (Oxford: Blackwell, 1985).

Cambridge Ancient History. Vols. 1~7. 1. 2nd and 3rd eds. (Cambridge: Cambridge University Press, 1970~1994).

Camp, John McK. *The Athenian Agora: Excavations in the Heart of Classical Athens*. Rev. ed. (London: Thames & Hudson, 1992).

Cartledge, Paul. *The Spartans: The World of the Warrior-Heroes of Ancient Greece* (Woodstock, NY: Overlook Press, 2003).

――――――. *Alexander the Great: The Hunt for a New Past* (London: Macmillan, 2004).

Castleden, Rodney. *Mycenaeans* (London: Routledge, 2005).

Chadwick, John. *Linear B and Related Scripts* (Berkeley and Los Angeles: University of California Press, 1987).

Cherry, Kevin M. *Plato, Aristotle, and the Purposes of Politics* (New York: Cambridge University Press, 2012).

Cline, Eric H. *The Oxford Handbook of the Bronze Age Aegean* (Oxford: Oxford University Press, 2010).

Cohen, David. *Law, Sexuality, and Society: The Enforcement of Morals in Classical Athens* (Cambridge: Cambridge University Press, 1991).

Cohen, Edward E. *Athenian Economy and Society: A Banking Perspective* (Princeton, NJ: Princeton University Press, 1992).

Cosmopoulos, Michael B., ed. *The Parthenon and Its Sculptures* (Cambridge: Cambridge University Press, 2004).

Crane, Gregory. *Thucydides and the Ancient Simplicity: The Limits of Political Realism* (Berkeley and Los Angeles: University of California Press, 1998).

Cunliffe, Barry, ed. *Prehistoric Europe: An Illustrated History* (Oxford: Oxford University Press, 1998).

Dalby, Andrew. *Siren Feasts: A History of Food and Gastronomy in Greece* (London: Routledge, 1996).

Davidson, James N. *The Greeks and Greek Love: A Radical Reappraisal of Homosexuality in Ancient Greece* (London: Weidenfeld & Nicolson, 2007).

Demand, Nancy H. *The Mediterranean Context of Early Greek History* (Malden, MA: Wiley-Blackwell, 2011).

Dickinson, Oliver. *The Aegean Bronze Age* (Cambridge: Cambridge University Press, 1994).

_____. *The Aegean from Bronze Age to Iron Age: Continuity and Change Between the Twelfth and Eighth Centuries BC* (London: Routledge, 2006).

Dillon, Sheila. *Ancient Greek Portrait Sculpture: Contexts, Subjects, and Styles* (New York: Cambridge University Press, 2006).

Donlan, Walter. *The Aristocratic Ideal in Ancient Greece: Attitudes of Superiority from Homer to the End of the Fifth Century B.C.* (Lawrence, KS: Coronado Press, 1980).

Dougherty, Carol. *Prometheus* (London: Routledge, 2006).

Dowden, Ken, and Niall Livingstone. *A Companion to Greek Mythology* (Malden, MA: Wiley-Blackwell, 2011).

Easterling, P. E., and J. V. Muir, eds. *Greek Religion and Society* (Cambridge: Cambridge University Press, 1985).

Ebbinghaus, Susanne. *Gods in Color: Painted Sculpture of Classical Antiquity.* Arthur M. Sackler Museum, Sept. 22, 2007~Jan. 20, 2008 (Cambridge, MA: Harvard University Art Museums, 2007).

Ehrenberg, Margaret. *Women in Prehistory* (Norman, OK: Oklahoma University Press, 1989).

Emerson, Mary. *Greek Sanctuaries: An Introduction* (London: Bristol Classical Press, 2007).

Ferguson, John. *Morals and Values in Ancient Greece* (Bristol, UK: Bristol Classical Press, 1989).

Ferrari, Gloria. *Alcman and the Cosmos of Sparta* (Chicago: University of Chicago Press, 2008).

Figueira, Thomas J. "Mess Contributions and Subsistence at Sparta." *Transactions of the American Philological Association* 114 (1984): 87~109.

Fisher, N. R. E. *Slavery in Classical Greece* (London: Bristol Classical Press, 1993).

Forsyth, Phyllis Young. *Thera in the Bronze Age* (New York: P. Lang, 1999).

Foxhall, Lin. *Olive Cultivation in Ancient Greece: Seeking the Ancient Economy* (Oxford: Oxford University Press, 2007).

Fredal, James. *Rhetorical Action in Ancient Athens: Persuasive Artistry from Solon to Demosthenes* (Carbondale, IL: Southern Illinois University Press, 2006).

Frederiksen, Rune. *Greek City Walls of the Archaic Period, 900~480 BC* (Oxford: Oxford University Press, 2011).

Gagarin, Michael. *Writing Greek Law* (Cambridge: Cambridge University Press, 2008).

Garland, Robert. *Daily Life of the Ancient Greeks.* 2nd ed. (Westport, CT: Greenwood Press, 2009).

Golden, Mark. *Children and Childhood in Classical Athens* (Baltimore. MD: Johns Hopkins University Press, 1990).

Green, Peter. *Alexander the Great and the Hellenistic Age* (London: Weidenfeld & Nicolson, 2007).

_____. *The Hellenistic Age: A Short History* (New York: Modern Library, 2008).

Grethlein, Jonas. *The Greeks and Their Past: Poetry, Oratory and History in the Fifth Century BCE* (Cambridge: Cambridge University Press, 2010).

Gruen, Erich S. *Heritage and Hellenism: The Reinvention of Jewish Tradition* (Berkeley and Los Angeles: University of California Press, 1998).

Guthrie, W. K. C. *A History of Greek Philosophy*. 6 vols. (Cambridge: Cambridge University Press, 1962~1981).

Hansen, Mogens Herman. *Polis: An Introduction to the Ancient Greek City-State* (Oxford: Oxford University Press, 2006).

Hanson, Victor Davis. *The Western Way of War: Infantry Battle in Classical Greece*. 2nd ed. (Berkeley and Los Angeles: University of California Press, 2000).

Henderson, Jeffrey. "The Demos and Comic Competition." In *Nothing to Do with Dionysus? Athenian Drama in Its Social Context*. Ed. J. Winkler and F. Zeitlin (Princeton, NJ: Princeton University Press, 1990), pp. 271~313.

Herrmann, John J., and Christine Kondoleon. *Games for the Gods: The Greek Athlete and the Olympic Games* (Boston: MFA Publications, 2004).

Holleran, Claire, and April Pudsey, eds. *Demography and the Graeco-Roman World: New Insights and Approaches* (Cambridge: Cambridge University Press, 2011).

Holt, Frank Lee. *Lost World of the Golden King: In Search of Ancient Afghanistan* (Berkeley and Los Angeles: University of California Press, 2012).

Howe, Timothy. *Pastoral Politics: Animals, Agriculture, and Society in Ancient Greece* (Claremont, CA: Regina Books, 2008).

Hughes, Alan. *Performing Greek Comedy* (Cambridge: Cambridge University Press, 2011).

Hughes, Bettany. *The Hemlock Cup: Socrates, Athens, and the Search for the Good Life* (New York: Knopf, 2011).

Hurwit, Jeffrey M. *The Art and Culture of Early Greece, 1100~480 B.C.* (Ithaca, NY: Cornell University Press, 1987).

_____. *The Acropolis in the Age of Pericles* (Cambridge: Cambridge

University Press, 2004).

Jouanna, Jacques. *Hippocrates* (Baltimore, MD: Johns Hopkins University Press, 1999).

Kennell, Nigel M. *Spartans: A New History* (New York: Wiley-Blackwell, 2010).

Kraay, Colin M. *Archaic and Classical Greek Coins* (Berkeley and Los Angeles: University of California Press, 1976).

Krentz, Peter. *The Battle of Marathon* (New Haven, CT: Yale University Press, 2010).

Kuhrt, Amelie, and Susan Sherwin-White, eds. *Hellenism in the East: The Interaction of Greek and Non-Greek Civilizations from Syria to Central Asia after Alexander* (Berkeley and Los Angeles: University of California Press, 1987).

Kurke, Leslie. *Coins, Bodies, Games, and Gold: The Politics of Meaning in Archaic Greece* (Princeton, NJ: Princeton University Press, 1999).

Langdon, Susan Helen. *Art and Identity in Dark Age Greece, 1100~700 B.C.E.* (Cambridge: Cambridge University Press, 2008).

Lape, Susan. *Race and Citizen Identity in the Classical Athenian Democracy* (Cambridge: Cambridge University Press, 2010).

Levi-Strauss, Claude. *Totemism*. Trans. Rodney Needham (Boston: Beacon Press, 1963).

Lewis, John. *Solon the Thinker: Political Thought in Archaic Athens* (London: Duckworth, 2006).

Lissarrague, François. *Greek Vases: The Athenians and Their Images*. Trans. Kim Allen (New York: Riverside Book, 2001).

Llewellyn-Jones, Lloyd, ed. *Women's Dress in the Ancient Greek World* (London: Duckworth, 2002).

Long, A. A. *Hellenistic Philosophy: Stoics, Epicureans, Sceptics*. 2nd ed. (Berkeley and Los Angeles: University of California Press, 1986).

Loomis, William T. *Wages, Welfare Costs, and Inflation in Classical Athens* (Ann Arbor, MI: University of Michigan Press, 1998).

MacDowell, Douglas M. *The Law in Classical Athens* (Ithaca, NY: Cornell University Press, 1978).

Mallory, J. P. *In Search of the Indo-Europeans: Language, Archaeology and Myth*

(London: Thames & Hudson, 1989).

Manning, J. G. *The Last Pharaohs: Egypt Under the Ptolemies, 305~30 B.C.* (Princeton, NJ: Princeton University Press, 2010).

Marincola, John, ed. *Greek and Roman Historiography* (Oxford: Oxford University Press, 2011).

Martin, Luther. *Hellenistic Religions: An Introduction* (New York: Oxford University Press, 1987).

Martin, Richard P. *Myths of the Ancient Greeks* (London: Penguin Books, 2003).

Martin, Thomas. R. *Herodotus and Sima Qian: The First Great Historians of Greece and China. A Brief History with Documents* (Boston: Bedford Books, 2009).

Martin, Thomas R., and Christopher W. Blackwell. *Alexander the Great: The Story of an Ancient Life* (New York: Cambridge University Press, 2012).

Middleton, Guy D. *The Collapse of Palatial Society in LBA Greece and the Postpalatial Period* (Oxford: Archaeopress, 2010).

Mikalson, Jon D. *Ancient Greek Religion*. 2nd. ed. (Malden, MA: Wiley-Blackwell, 2010).

Miller, Stephen G. *Ancient Greek Athletics* (New Haven, CT: Yale University Press, 2004).

Mirto, Maria Serena. *Death in the Greek World: From Homer to the Classical Age*. Trans. A. M. Osborne (Norman, OK: University of Oklahoma Press, 2012).

Missiou, Anna. *Literacy and Democracy in Fifth-Century Athens* (Cambridge: Cambridge University Press, 2011).

Mohen, Jean-Pierre, and Christian Eluere. *The Bronze Age in Europe* (New York: Harry N. Abrams, 2000).

Morris, Ian. *Burial and Ancient Society: The Rise of the Greek City-State* (Cambridge: Cambridge University Press, 1989).

Morrison, John S., J. F. Coates, and N. B. Rankov. *The Athenian Trireme: The History and Reconstruction of an Ancient Greek Warship*. 2nd ed. (Cambridge: Cambridge University Press, 2000).

Murray, William M. *The Age of Titans: The Rise and Fall of the Great Hellensitic Navies*. (New York: Oxford University Press, 2012).

Niels, Jenifer. *Women in the Ancient World* (Los Angeles: J. Paul Getty Museum,

2011).

Nielsen, Thomas Heine. *Olympia and the Classical Hellenic City-State Culture* (Copenhagen: Det Kongelige Danske Videnskabernes Selskab, 2007).

Nixon, Lucia, and Simon Price. "The Size and Resources of the Greek Cities. In *The Greek City: From Homer to Alexander*. Oswyn Murray and Simon Price, eds. (Oxford: Clarendon Press, 1990), pp. 137~170.

Nussbaum, Martha C. *The Fragility of Goodness: Luck and Ethics in Greek Tragedy and Philosophy* (Cambridge: Cambridge University Press, 2001).

Oakley, John H., and Rebecca H. Sinos. *The Wedding in Ancient Athens* (Madison, WI: University of Wisconsin Press, 1993).

Ober, Josiah. *Democracy and Knowledge: Innovation and Learning in Classical Athens* (Princeton, NJ: Princeton University Press, 2008).

Osborne, Robin. "Pots, Trade, and the Archaic Greek Economy. *Antiquity* 70 (1996): 31~44.

_____. *Greece in the Making, 1200~479 BC*. 2nd ed. (London: Routledge, 2009).

Padgett, Michael J. *The Centaur's Smile: The Human Animal in Early Greek Art* (Princeton, NJ: Princeton University Art Museum, 2003).

Parker, Robert. *Athenian Religion: A History* (Oxford: Clarendon Press, 1996).

_____. *On Greek Religion* (Ithaca, NY: Cornell University Press, 2011).

Patterson, Cynthia B. *The Family in Greek History* (Cambridge, MA: Harvard University Press, 1998).

Pomeroy, Sarah B. *Spartan Women* (New York: Oxford University Press, 2002).

Powell, Anton. *Athens and Sparta: Constructing Greek Political and Social History from 478 BC*. 2nd ed. (London: Routledge, 2001).

Preziosi, Donald. *Aegean Art and Architecture* (Oxford: Oxford University Press, 1999).

Price, Simon. *Religions of the Ancient Greeks* (Cambridge: Cambridge University Press, 1999).

Pritchard, David M., ed. *War, Democracy and Culture in Classical Athens* (Cambridge: Cambridge University Press, 2010).

Raaflaub, Kurt A. *The Discovery of Freedom in Ancient Greece*. Trans. Renate

Franciscono (Chicago: University of Chicago Press, 2004).

Raaflaub, Kurt A., Josiah Ober, and Robert W. Wallace, eds. *Origins of Democracy in Ancient Greece* (Berkeley and Los Angeles: University of California Press, 2007).

Rawlings, Louis. *The Ancient Greeks at War* (Manchester, UK: Manchester University Press, 2007).

Reden, Sitta von. *Money in Classical Antiquity* (Cambridge: Cambridge University Press, 2010).

Renfrew, Colin. *Before Civilization: The Radiocarbon Revolution and Prehistoric Europe* (Cambridge: Cambridge University Press, 1979).

Rihil, Tracey Elizabeth. *Greek Science* (Oxford: Oxford University Press, 1999).

Robinson, Eric W. *Democracy Beyond Athens: Popular Government in the Greek Classical Age* (Cambridge: Cambridge University Press, 2011).

Roisman, Joseph, ed. *Brill's Companion to Alexander the Great* (Leiden, Netherlands: Brill, 2003).

Ruffell, I. A. *Politics and Anti-Realism in Athenian Old Comedy: The Art of the Impossible* (Oxford: Oxford University Press, 2011).

Sallares, Robert. *The Ecology of the Ancient Greek World* (Ithaca, NY: Cornell University Press, 1991).

Samon, Loren J., ed. *The Cambridge Companion to the Age of Pericles* (Cambridge: Cambridge University Press, 2007).

Sandars, N. K. *The Sea Peoples: Warriors of the Ancient Mediterranean, 1250~1150 B.C.* (London: Thames & Hudson, 1978).

Scarre, Christopher, and Rebecca Stetoff. *The Palace of Minos at Knossos* (New York: Oxford University Press, 2003).

Scheidel, Walter. "Demography and Sociology". In *Oxford Handbook of Hellenic Studies*. George Boys-Stones, Barbara Graziosi, and Phiroze Vasunia, eds. (Oxford: Oxford University Press, 2009), part 4, chap. 54.

Schofield, Louise. *The Mycenaeans* (Los Angeles: J. Paul Getty Museum, 2007).

Schwartz, Adam. *Reinstating the Hoplite: Arms, Armour and Phalanx Fighting in Archaic and Classical Greece* (Stuttgart, Germany: Franz Steiner, 2009).

Scott, Michael. *Delphi and Olympia: The Spatial Politics of Panhellenism in the*

Archaic and Classical Periods (Cambridge: Cambridge University Press, 2010).

Seaford, Richard. *Money and the Early Greek Mind: Homer, Philosophy, Tragedy* (Cambridge: Cambridge University Press, 2004).

Shapiro, H. A., ed. *The Cambridge Companion to Archaic Greece* (Cambridge: Cambridge University Press, 2007).

Sherwin-White, Susan, and Amelie Kuhrt. *From Samarkhand to Sardis: A New Approach to the Seleucid Empire* (Berkeley and Los Angeles: University of California Press, 1993).

Shipley, Graham. *The Greek World After Alexander, 323~30 BC* (London: Routledge, 2000).

Sommerstein, Alan H., ed. *Brill's Companion to the Study of Greek Comedy* (Leiden, Netherlands: E. J. Brill, 2010).

Stansbury-O'Donnell, Mark. *Vase Painting, Gender, and Social Identity in Archaic Athens* (New York: Cambridge University Press, 2006).

Steiner, Deborah. *Images in Mind: Statues in Archaic and Classical Greek Literature and Thought* (Princeton, NJ: Princeton University Press, 2001).

Stewart, Andrew F. *Classical Greece and the Birth of Western Art* (Cambridge: Cambridge University Press, 2008).

Stoneman, Richard. *The Ancient Oracles: Making the Gods Speak* (New Haven, CT: Yale University Press, 2011).

Strauss, Barry. *The Battle of Salamis: The Naval Encounter That Saved Greece — and Western Civilization* (New York: Simon & Schuster, 2004).

_____. *The Trojan War: A New History* (New York: Simon & Schuster, 2006).

Stuttard, David. *Power Games: Ritual and Rivalry at the Ancient Greek Olympics* (London: British Museum Press, 2011).

Swaddling, Judith. *The Ancient Olympic Games*. 2nd ed. (Austin, TX: University of Texas Press, 2008).

Thorley, John. *Athenian Democracy*. 2nd ed. (London: Routledge, 2004).

Todd, S. C. *The Shape of Athenian Law* (Oxford: Clarendon Press, 1993).

Treister, M. Ju. "Trade in Metals in the Greek World. From the Archaic into the Hellenistic Epoch." *Bulletin of the Metals Museum* 18 (1992): 29~43.

Tsetskhladze, Gocha R., ed. *Greek Colonisation: An Account of Greek Colonies and Other Settlements Overseas*. 2 vols. (Leiden, Netherlands: Brill, 2006~2008).

Valavanes, Panos. *Games and Sanctuaries in Ancient Greece: Olympia, Delphi, Isthmia, Nemea, Athens* (Los Angeles: J. Paul Getty Museum, 2004).

Vasunia, Phiroze. *The Gift of the Nile: Hellenizing Egypt from Aeschylus to Alexander* (Berkeley and Los Angeles: University of California Press, 2001).

Wees, Hans van. *Greek Warfare: Myths and Realities* (London: Duckworth, 2004).

Weiberg, Erika. *Thinking the Bronze Age: Life and Death in Early Helladic Greece* (Uppsala, Sweden: Uppsala Universitet, 2007).

Wickkiser, Bronwen L. *Asklepios, Medicine, and the Politics of Healing in Fifth-Century Greece: Between Craft and Cult* (Baltimore, MD: Johns Hopkins University Press, 2008).

Worman, Nancy. *Abusive Mouths in Classical Athens* (Cambridge: Cambridge University Press, 2008).

Worthington, Ian. *Philip II of Macedonia* (New Haven, CT: Yale University Press, 2008).

Wrenhaven, Kelly L. *Reconstructing the Slave: The Image of the Slave in Ancient Greece* (Bristol, UK: Bristol Classical Press, 2012).

Wycherly, W. E. *How the Greeks Built Cities*. 2nd ed. (New York: Norton, 1976).

찾아보기

고대 그리스사

1판 1쇄 2015년 10월 15일
1판 2쇄 2020년 8월 14일

지은이 | 토머스 R. 마틴
옮긴이 | 이종인

편집 | 천현주, 박진경
마케팅 | 김연일, 이혜지, 노효선
디자인 | 이석운, 김미연
종이 | 세종페이퍼

펴낸곳 | (주)도서출판 **책과함께**

　　　　주소 (04022) 서울시 마포구 동교로 70 소와소빌딩 2층
　　　　전화 (02) 335-1982
　　　　팩스 (02) 335-1316
　　　　전자우편 prpub@hanmail.net
　　　　블로그 blog.naver.com/prpub
　　　　등록 2003년 4월 3일 제25100-2003-392호

ISBN 979-11-86293-32-4　　03920

이 도서의 국립중앙도서관 출판예정도서목록(CIP)은 서지정보유통지원시스템 홈페이지(http://seoji.nl.go.kr)와
국가자료공동목록시스템(http://www.nl.go.kr/kolisnet)에서 이용하실 수 있습니다.
(CIP제어번호: CIP2015026169)